远涉重洋

欧亚贸易
与商业公司的崛起

[以色列] 罗恩·哈里斯 著

张锐 译

中国出版集团 東方出版中心

图书在版编目(CIP)数据

远涉重洋：欧亚贸易与商业公司的崛起 / (以) 罗恩·哈里斯著；张锐译. -- 上海： 东方出版中心，2024. 11. -- ISBN 978-7-5473-2725-8

Ⅰ. F749

中国国家版本馆 CIP 数据核字第 2025AE0808 号

copyright © 2020 by Princeton University Press
All rights reserved. No part of this book may be reproduced or transmitted in any form or by any means, electronic or mechanical, including photocopying, recording or by any information storage and retrieval system, without permission in writing from the Publisher.
Simplified Chinese translation copyright © 2024 by Orient Publishing Center

上海市版权局著作权合同登记：图字 09-2021-0253 号

远涉重洋：欧亚贸易与商业公司的崛起

著　　者　[以] 罗恩·哈里斯
译　　者　张　锐
策　　划　刘　鑫
责任编辑　刘　军
封扉设计　甘信宇

出 版 人　陈义望
出版发行　东方出版中心
地　　址　上海市仙霞路345号
邮政编码　200336
电　　话　021-62417400
印 刷 者　上海盛通时代印刷有限公司

开　　本　890mm×1240mm　1/32
印　　张　16.25
字　　数　360千字
版　　次　2024年11月第1版
印　　次　2024年11月第1次印刷
定　　价　98.00元

版权所有　侵权必究
如图书有印装质量问题，请寄回本社出版部调换或拨打021-62597596联系。

献给哈达斯(Hadas)

远涉重洋：欧亚贸易与商业公司的崛起

目录

致谢 / v

关于城市名称的说明 / ix

导论 / 1

第一部分 背景：地理学、历史编纂学、理论

第 1 章 环境与贸易 / 15

第 2 章 理论框架：制度发展与环境互动 / 49

第二部分 组织性构成要素

第 3 章 一般性构成要素 / 67

第 4 章 不同组织的构成要素 / 97

第 5 章 康曼达 / 136

第三部分 组织革命前夕的远程贸易企业

第 6 章 三个地区的家族企业 / 183

第 7 章 × 商人网络 / 210

第 8 章 × 统治者与国营的贸易 / 242

第四部分　转型后的公司：非人格化合作时代

第 9 章 × 商业公司的起源 / 269

第 10 章 × 荷兰东印度公司 / 294

第 11 章 × 英国东印度公司 / 313

第 12 章 × 公司为何只出现在欧洲 / 358

结语 × 制度迁移与公司 / 393

注释 / 406

参考文献 / 460

索引 / 496

致　谢

本书撰写的时间超过了十个年头。在此期间，我深入研究了对于自己来说颇为陌生的文明、时期和制度的历史。在历史文献、史料来源、制度细节的解释方面，我需要有人对我进行指导，并就理论框架提出建议。乔尔·莫基尔是我最为亏欠的学者。他是一名理想的丛书编辑，他鼓舞人、激励人并坚持与时俱进。在我担任（法学院）院长这一职务之前，他曾提醒过我随之而来的后果；但是，在我上任之后（我主持了漫长但极具收获的五年工作），他又通过延期项目来支持我和这本书的出版。他治学严谨，其方式亦卓有成效。他睿智地挑选了三名匿名审稿人，从三个不同的学科和地区角度审查该文稿。这些审稿人提出了宝贵的意见和建议，我向他们表示衷心感谢。多年来，我从许多学识渊博的专家那儿得到了建议和帮助。从罗马帝国时期的埃及到元代的中国，从旅居阿姆斯特丹的亚美尼亚商人到印度尼西亚的荷兰商人，一些专家带我见识了全新的领域，而另一些则提供了部分重要的线索。在我写作的不同阶段，有些人对不同的章节发表了评论；还有一些人，我跟他们保持着密切的联系和交流。在这里，我要衷心感谢格雷戈里·阿布拉夫斯基、瑞恩·阿布拉米茨基、贝尼托·阿鲁纳达、塞布·阿斯拉尼安、迈克尔·伯恩、里图·贝拉、彼得·博尔施伯格、凯瑟琳·伯克、穆拉特·奇扎卡、马克·科恩、罗伯特·库特、阿尔布雷希特·科德斯、朱塞佩·达里-马蒂亚奇、邓钢、罗文·多林、豪尔赫·弗洛雷斯、科大卫、劳伦斯·弗里德曼、莫德凯·阿基瓦·弗里德曼、奥斯卡·基德勃姆、约书亚·盖茨勒、斯特凡妮娅·贾尔德罗尼、罗伯特·吉本斯、弗朗索瓦·吉普鲁、杰西卡·戈德堡、亚迪拉·冈萨雷斯·德德拉、阿夫纳·格雷夫、蒂莫西·吉南、郭黎、梅拉夫·哈克莱·罗滕伯格、芮乐伟·韩森、亨利·汉斯曼、皮埃尔-西里尔·豪科尔、理查德·赫尔姆霍兹、桑蒂·赫吉布、菲尔·霍夫曼、艾拉·雅格、马提斯·德琼格、哈桑·卡利耶、阿玛莉亚·凯斯勒、丹·克勒曼、铁木尔·库兰、娜奥米·拉莫罗、盖伊·劳瑞、大卫·利伯曼、吉斯莱恩·莱登、皮乌斯·马勒坎达蒂尔、尼尔·纳撒内尔、帕特里克·奥布莱恩、冈美穗子、塞夫凯·帕慕克、奥姆·普拉卡什、大卫·鲍尔斯、多米尼克·拉思伯恩、希曼舒·普拉巴、罗伊、让-洛朗·罗森塔尔、尤瓦尔·罗特曼、提坦卡拉·罗伊、苏基朗、哈里·谢伯、彼得·特明、克里斯·汤姆林斯、弗朗西斯卡·特里维拉托、西德尼·G.塔罗、迪安·威廉姆森、加文·莱特、王国斌、叶文心、乌里·伊夫塔赫和曾小萍。我很幸运得到了如此多人的帮助，但不幸的是，这份名单实在是太长了，我无法在这里将他们作出的贡献一一列出。

特拉维夫大学法学院有着一支卓越的法律史团队，能够成为其中的一员，我感到无比的荣幸。这支队伍是世界上体量最大、实力最强，也是最具多样性的法律史团队之一，它从各个方面支持了我。我也很难找到一个比这里更具魅力且思想开放的学术队伍了，这里的成员有莱奥拉·比尔斯基、乔斯·布伦纳、阿耶·埃德雷、罗伊·克雷特纳、谢·拉维、阿萨夫·利霍夫斯基、多琳·卢斯蒂格、伊法特·蒙尼肯达姆、莉娜·萨拉梅、大卫·肖尔、以利米勒·威斯特赖希和谢伊·沃兹纳。此外，在斯坦福大学行为科学高等研究中心（CASBS），我有幸做了一年的驻访学者，并完成了本书的最终修订工作。无论是在特拉维夫还是在斯坦福的同事，他们都从很多方面启发了我，拓宽了我的视野。我曾在欧洲、亚洲和北美的多所高校中，通过讲座、工作坊或会议的形式，介绍过书中的部分章节和全书的整体结构。若要将这些经历全部列出，恐怕过于冗长。在这里我只想提及两个：一个是由弗朗索瓦·吉普鲁组织的第六届欧亚之路研究网络年度会议，另一个则是由让-洛朗·罗森塔尔在加州理工学院组织的、为期一天的研讨会，当时主要探讨的就是这本书。

鉴于有些文本的语言我并不掌握，有些档案馆和图书馆我也无法亲临现场，我得感谢那些能干且敬业的研究助理们，他们是：奥德·阿布特、罗伊·宾科维奇、雷切尔·哈桑、雷切尔·克拉格斯布伦、吉塔·马肯斯、马塞洛·梅尔尼克、埃纳特·托莱达诺和克里蒂·夏尔马。除此之外，多年来，我还聘请了特拉维夫法学院的学生担任本课题的研究助理，这些青年才俊们是沙哈尔·阿夫拉哈姆、乔纳森·本苏桑、梅西·本·纳夫塔利、汤姆·宾科维奇、罗特姆·恩雷希、奥尔加·弗里斯曼、莫尔·格雷夫、纳撒内尔·哈巴尼、玛雅·海伊、阿米特·伊泰、阿夫什洛姆·卡舍尔、希利特·奥尼、奥兹·皮尼亚斯、约夫·肖里、玛雅·谢尔哈夫、伊多·曾、安德烈·亚古波尔斯基、埃亚尔·雅科比和诺加·扎米尔。在课题的初期阶段，吉拉·海莫维奇的编辑工作格外出色；到了收官阶段，阿曼达·戴尔对文稿进行了质量极高的梳理和校对工作。该研究课题还得到了以色列科学基金（Grant #1128/11）、大卫伯格基金会法律与历史研究所,以及 Cegla 交叉法学研究中心的大力支持。

我的家人陪伴着我走过了漫长的、迷人的,但同时也颇费精力的知识之旅(有时也包括地理上的旅行),这本书就是在此期间创作的。如果没有我的妻子哈达斯和儿子尤瓦尔、盖伊、伊多与丹的关爱、陪伴以及无止境的耐心和支持,这本书是无法完成的。

关于城市名称的说明

多年来，由于语言的差异、朝代的更迭以及音译方法的变化，欧亚大陆上的城市和其他一些地点被赋予过许多名称。按照一般规律，本书将使用最常见的当代名称作为默认名称。至于其他形式的名称，只有当它们出现在同时代的记载或二手文献里，才会在文中被使用。在下面的列表中，前者为默认名称，后者则是文本中提到的其他名称：

Batavia（巴达维亚）是当今 Jakarta（雅加达）的欧语旧称。

Bombay（孟买）是 Mumbai 的欧语旧称。

Cochin（科钦）是 Kochi 的欧语旧称。

Fustat（福斯塔特）也被称为 Fostat、Al Fustat、Misr al-Fustat 或 Fustat-Misr，它是穆斯林统治下埃及的第一个首府。如今，福斯塔特是开罗老城的一部分。

Fuzhou（福州）曾被拼写为 Foochow。

Guangzhou（广州）的传统拼写方式为 Canton。

Madras（马德拉斯）是金奈（Chennai）的欧语旧称。

Malacca（马六甲）也以 Melaka 被人熟知。

Quanzhou（泉州）曾作 Chinchew（或 Chinchu）。欧洲古代的

文献也一度使用该城市的阿拉伯语名称，即 Zayton。

  Samarkand（撒马尔罕）也以 Samarqand 被人熟知。

  Turfan（吐鲁番）亦作 Turpan 或 Tulufan。

导　论

公元 1400 年前后，欧亚大陆上远程的海陆贸易主要还是由若干短途贸易连接而成。瓷器，从中国运往中东或欧洲，在南海、印度洋和阿拉伯海湾的各大港口几经转手。丝绸和香料也在陆上丝绸之路沿线绿洲的商人之间进行交易。来自欧亚几个主要地区（中国、印度、波斯和阿拉伯）和不同族群（例如犹太人和亚美尼亚人）的商人，是经营高价值热带商品贸易的主角。当此之时，欧洲人尚处于欧亚贸易的边缘地带，他们大多从东地中海地区的转运港口购买所需的亚洲产品。

早期的商业通常由个体商人主导，或在小型行商之间展开，后者包括固定和流动的代理商、家族企业、小型合伙关系和族群网络。但是到了 1700 年，情形已完全改变。海运成为主要的运输方式，船舶穿越印度洋，绕过好望角，最终驶入大西洋，货物可以直接从中国、日本和印尼群岛运往欧洲西北部。这时的贸易几乎被英国和荷兰的商人控制，他们采用了更大规模、非人格化的组织形式：股份制商业公司。英国东印度公司（the English East India Company，EIC）和荷兰东印度公司（the Dutch East India Company，VOC）就是这样的两个公司，它们相继掌控了日益增长的欧亚海上贸易。

在 15 世纪，欧亚之间的常规贸易尚不绕经好望角。到了 16 世纪，自瓦斯科·达·伽马（Vasco da Gama）开辟了好望角航线（1497—1498）之后，曾有 815 艘船舶沿此航线向东到达亚洲，它们大部分来自葡萄牙，但没有一艘是由商业公司运营的。然而在 17 世纪，起码有 3 187 艘船舶沿此航线行驶，其中近 95%由商业公司运营，仅荷兰与英国的东印度公司旗下的船舶就多达 2 577 艘（占总数的 80%）。[1] 与此同时，荷兰与英国在远程贸易中的主导地位也逐渐渗透到亚洲间贸易当中，并体现在欧洲商人居住于印度洋各港口人数的不断增长上。尽管这并不意味着亚洲人已被完全排斥在所有贸易之外，但随着时间的推移，欧洲人的优势变得越发明显。另外，欧洲商人是唯一能够跨越大西洋和太平洋，将欧亚大陆与美洲（及其白银）连接起来的商人，他们在人类历史上首次建立起了全球性的商业网络。

从另一个角度看，就通常的商业组织形式而言，直到 1500 年前后，欧亚大陆各地的商业组织基本相同，主要是家族企业、合伙关系和族群网络。此后，西欧发生分化，更大规模的商业——首先是贸易，其次是金融，随后是基础设施和运输，再到制造业——开始采用商业公司的形式，它们大多都吸纳了股份资本。这种新的组织形式在欧洲存在了 300 多年之后，才慢慢扩散到欧亚大陆及全球各地。

还有一种抽象的观点认为，从人格化交易到非人格化交易的转变，是欧洲经济发展的关键阶段，对欧洲的经济崛起具有根本性意义。[2] 人格化交易或合伙经营，是基于家族、乡土或族群的亲属关系。陌生人之间的非人格化交易，传统上仅限于简单且即时的易货交易或现金交易。在西欧，这种从家族企业和封闭式合伙制向股份公司的转变，绝不仅仅是从一种组织形式转向另一种组织形式，而是从人格化合作到非人格化合作的转变。这种转变堪称一场组织革命。

研究问题

本书首先将贸易组织视作一个整体，并提出了一系列的研究问题，进而将研究问题的重点聚焦于股份制商业公司的发展上。这些宽泛的研究问题主要是：在近代早期的欧亚贸易中，各地区是否使用相似或不同的组织形式进行贸易？假如它们使用了类似的组织形式，这是因为每个地区为了实现类似的功能，而各自在本地独立地发展出了类似的组织解决方案吗？还是其中有些地区引入和移植了其他地区发展出来的组织形式呢？抑或是，在不同地区发展出了功能等同但结构相异的组织形式呢？如果各地区没有采用形式相似或功能等同的组织形式，为什么在一个地区被证明有效的组织形式，却没有引入或移植到其他地区呢？

上述关于1400年至1600年这一时期的问题，本书在第二部分和第三部分作了解答，并由此引出了第四部分研究的核心问题，即1600年前后的股份制商业公司。股份制商业公司为什么只出现在西欧？这个问题可以分成三个子问题：为什么这种转变发生在1600年前后？为什么是在远程贸易的背景下出现的？为什么是在英国与荷兰共和国，而不是在其他西欧国家出现的？本书的最后一章将围绕两个比较性问题展开：如果欧洲的商业公司在组织远程贸易方面如此有效，为何在接下来的300年内没有被欧亚其他地区效仿呢？为什么某些具有类似公司特征且在其他地区盛行过的制度（如宗族、瓦克夫、行会）没有得到进一步发展，并成功与以公司为基础的欧洲商贸企业竞争呢？在研究组织发展的同时，本书还将讨论这些组织的发展具有怎样的意义。这些新型组织的发明（而不是技术、暴力或地理环境），是西欧人在欧亚远程海上贸易中占据主导地位的主要原因吗？

为了回答这些问题，本书详细研究了约 1400 年至 1700 年期间，组织形式在欧亚贸易转型中所扮演的角色。这里所考察的三个世纪，每个世纪都有所不同。首先，在 15 世纪，欧洲商人尚未在亚洲出现。亚洲人通过家族企业、商人网络和国家运营的航行来组织贸易，在中国、印度和阿拉伯地区之间进行高价值的商品交易。到了下一个世纪，葡萄牙人绕过好望角来到亚洲，他们动用国家机器开展贸易，一路到达印度的科钦、果阿，以及中国的澳门和日本的长崎。至于本书研究的第三个世纪，即 17 世纪，荷兰人和英国人也到来了，他们将创业活动组织成公司，并接管了大多数与印度和印度尼西亚的远程贸易。

为了解答本书所提出的研究问题，比较研究的方法至关重要。因此，这里对比了中国、印度、中东和西欧四个主要地区使用过的组织形式。由于上述四个地区都曾在相同的环境（泛印度洋）中从事同样类型的商业活动——远程贸易，所以，对于比较制度分析而言，这是一次难得的机会，是一项自然实验。

论　　点

本书的核心论点分为两个层面：第一个层面所涉及的内容较为微观和具体；第二个层面则较为宏大，而且更加难以论证。前者旨在解释商业公司在西欧的兴起，以及荷兰和英国的公司转向非人格化合作的缘由。后者则旨在阐明整个西欧，特别是英国和荷兰共和国，何以在欧亚远程贸易乃至全球贸易中成为霸主。第一个层面有助于增进对商业组织历史的认识，第二个层面则深化了对贸易史和经济发展史的研究。

第一个层面的论点是，英国与荷兰的东印度公司，作为首批长期存在的股份公司，其组织结构设计奠定了人类历史上首次大规模、多边化、非人格化合作的基础。更具体地说，它促使成千上万的被动投资者自愿筹集起大量资金成为可能。为了使这种大规模、非人格化的合作成为可能，其组织结构设计必须在两个层面上传达出可信承诺。第一个必需的承诺，就是统治者不会挪用新筹集的有形资本。由于英国和荷兰共和国的政府具有约束性，所以在1600年前后，这样的承诺只有在这两个国家才能被可信地传达出来。我们将这一承诺视为外生性的。第二个必需的承诺，是企业家不会欺骗或逃避外部的被动投资者。荷兰和英国的东印度公司管理层给外部投资者提供了一种合理的承诺组合，即让他们参与决策制定，通过出售股票退出，获取信息以及分享利润。如果没有这种制度化的可信承诺，外部投资者就不会向被称为"商业公司"的这种全新的、陌生的和非人格化的机构投资。以公司形式向陌生人传达可信承诺，是通向非人格化投资乃至现代经济之路的一大突破。非人格化集资被用于固定航线上运行的众多大型、装备精良且能航行多年的船舶上。这一论点的重要性在于，1600年前后英国与荷兰的东印度公司在远程贸易中所带来的组织革命，是商业组织史上的一个重要转折点。它为股份制商业公司未来在金融、运输、殖民乃至工业革命中的应用奠定了基础。

第二个层面（更为宏大）的论点是，组织革命对英国与荷兰的海上贸易产生了更为直接的经济和政治影响。该论点证明，运输、航行、战争以及诉诸暴力的动机，并不足以充分解释英国人与荷兰人能在远程贸易中占主导地位的原因。与其他的组织形式相比，新的组织形式能够使英国人和荷兰人更有效地调动更多的资金、船舶、航程以及代理商。股份制商业公司的出现，既对17世纪上半叶的贸易产生了积极的作用，也给贸易史以及随之而来的全球化和帝国主义带来了深远的影响。

第一个层面的论点（即组织层面）可以解释欧洲后来为何能在18、19世纪长盛不衰。在这两个世纪中，股份制商业公司的模式与辅助性的股票市场（supplementary stock market）相辅相成，共同在金融、运输、殖民和工业革命中发挥了重要作用。这并不是说商业公司一出现就立即对经济产生了影响。换言之，这种影响体现在欧洲人于17世纪从亚洲人手中接管了欧亚远程贸易；或者说，不是技术或军事因素，而是制度性因素对欧洲人掌控欧亚贸易起到了关键性作用。那些认为欧洲人直到19世纪才占据主导地位，或将欧洲人的崛起归因于使用暴力的历史学家，可能会同意第一个层面的论点。第一个层面的论点并不建立在第二个层面论点的有效性之上，但第二个层面的论点（与欧亚贸易有关）却要假定第一个层面的论点是正确的。

仅对第一个层面的论点——关于商业公司的起源与兴起——感兴趣的读者，我不建议直接阅读本书的第四部分，因为第二部分和第三部分对于理解组织创新的必要性非常重要。这两个部分阐述了在近代早期曾经非常成功的组织形式——家族企业、商人网络和统治者控制的企业——存在着怎样的缺陷；还揭示了第一批商业公司形成的基本构成要素。如果意识不到荷兰东印度公司与英国东印度公司是两个不同的公司实体，并在创立之初就因历史原因而有所不同，我们就很难发现它们在组织模式上的差别。如果不了解商业公司早期的迁移形式及其原因，也就很难理解商业公司未曾迁移这一事实。公司的独特性植根于欧洲的宗教和英荷的政治结构当中，并与两国的股票市场紧密相连。这一点只有通过比较的方法才能够理解。倘若不了解葡萄牙人在亚洲遭遇的组织危机，郑和终止下西洋的原因，以及莫卧儿帝国、奥斯曼帝国和明朝统治者将注意力从海洋转向欧亚大陆，从而为后来者创造了良机，就无法解释荷兰东印度公司与英国东印度公司能够获得成功的原因。因此，即使是那些只对商业公司感兴趣的人，仍然需要耐心读完第二部分和第三部分。

本书在论述过程中，有三个极富意义的创新点。首先，本书第一次在同类型的研究中考察了这一时期欧亚远程贸易中存在过的各种组织形式，以及这些组织应对挑战的方式。众所周知，欧亚大陆是不同民族、宗教、技术和知识迁移融合的沃土。但制度的迁移尚未得到应有的重视。其次，本书还揭示了贸易组织在整个欧亚大陆上的迁移，这在同类研究中也当属首次。最后，鉴于对制度迁移的研究缺乏明晰的理论框架，为了研究组织迁移，本书提出了关于制度迁移，以及更重要的、关于制度迁移阻力的独特研究理论框架。这一理论对于其他研究也有借鉴价值。

理论、方法与史料

本书从两条路径追踪了不同地区制度的演变过程：一条是受周

边环境影响的本土制度演变,另一条是与周边环境无关的外来制度的移植。为了使分析更加精确,我将采用类型学中的三种制度类型,并将三种类型对应于每类组织形式以进行研究,并解释其原因。第一种制度类型是地方性制度,它在不同的地区产生,独立传播,遵循一种地方的、本土的路径进行演变。这种类型的制度可以称为"内生性"制度。第二种制度类型,其发展主要靠模仿、复制、移植、引进和传播其他地区的制度(即遵循从一个地区扩散到另一个地区的路径进行演变)。本书将第二种类型的制度称为"迁移性"制度。第三种制度类型可以称为"嵌入性"制度。这类制度也是在本土逐步演变而成的,但对此处提及的类型学而言,重要的是它与在各个地区独立发展出来的内生性制度不同,在历史上,它们仅在一个地区产生。此外,就类型学而言,最根本的是这种制度类型并不像迁移性制度那样会迅速地散布至发源地以外。我在这里使用的三种类型,并不假定它们就是真实的历史状况,而是出于分析的需要,以便确认哪些组织是本土演变出来的,哪些是从其他地区迁移而来的。我并不打算去论证不同类型的制度在本质论意义上是否为真实存在的。

相对简单的组织形式(如行商、受雇于两方的流动和常驻代理商、小型家族企业及一般合伙关系等内生性制度),是在欧亚大陆各地本土化且独立地发展出来的。[3]迁移性制度(如商队、航海借贷和康曼达)则更为复杂,而且涉及更多的社会与文化因素。这种制度较为罕见,据我们所知,只在一两个地方出现过,并且通过模仿、移植和引入的方式传播到欧亚大陆的许多地区。在近代早期的欧亚贸易中,公司是最为复杂的制度。它只起源于西欧,是一种嵌入性制度,并且在接下来的几个世纪从未被任何其他地区效仿过。

在历史上,从内生性组织形式的盛行到以迁移性组织形式为主导的转变,并不是按时间顺序发生的;尽管迁移性组织形式在时间上紧随内生性组织形式的出现而出现,但它在各个地区出现的时间却不统一。虽然这种转变发生的时间不能被十分准确地界定,但它至少已经部分始于本书所涉及的时期之前。相比之下,从迁移性组织形式向嵌入性组织形式——公司的转变是急剧的。它的出现有着明确的时间和地点——1600年前后的西欧。由于促成多边非人格化合作的需要,嵌入性组织形式——公司——最终扩展到家庭和族群网络之外。一旦实现这一突破,新的形式就可以积累资本、分摊风险、获取信息并且经久不衰。对于欧洲的欧亚贸易而言,这一点至关重要。然而,正是由于公司根植于欧洲文明,它很难融入其他的地区和文明当中。

本书的第1章将介绍有关欧亚贸易、地理环境以及远程贸易面临的组织性挑战的文献。第2章将考察制度理论和组织理论,研究制度与环境相互作用中静态和动态的制度发展情况。第3章至第5章探讨组织的构成要素。其中,第3章涉及一些较为普遍的和内生性的组织形式,介绍它们的特征和应用情况;第4章和第5章研究构成要素发生的变化,那些只在欧亚大陆某些地区存在的组织形式的迁移情况,及其迁移途径。第6章全第8章聚焦前公司时代存在的大多数组织形式,这些复杂的形式都有着基本的构成要素——家族企业、商人网络和统治者控制的企业。第9章至第12章开始讨论公司时代,并解释了它在英国和荷兰共和国的兴起以及商业公司的嵌入性和非迁移性。

为了避免论述过于抽象化和程式化,本书将对参与过欧亚贸易的一些组织进行微观研究,分析各种形式的具体细节:从代理和借贷合同、合伙协议到家族企业、商人网络，以至特许经营。如此一来，既可以使读者了解到可资利用的一手史料及其内容，又有助于读者了解不同组织形式在现实生活中所发挥的作用，以及个体商人、商品、交易场所和实际贸易的情况。运用微观研究的方法，我们可以了解到一手的史料，这比单纯阅读二手文献能获得更深入的认识，也就是说，能够更好地掌握这一时期的情况及当时真实存在的人物和贸易企业，而不是单纯抽象的组织形式原型。当然，使用微观研究的方法，并不意味着我就是研究中涵盖的所有地区和各个时段的专家。开展微观研究有赖于精通各种语言和史料的专门史家，这超出了我的能力范围。我在此开展微观研究的目的，并不是要对专门史研究作出贡献，而是旨在服务于更宏观的比较研究。

本书案例的选择，基于两个主要标准：第一，该组织与欧亚贸易的相关性，要么是代表普遍现象的典型，要么是转变过程中形成的新组织；第二，能够获取足够多的一手史料，以支持对组织细节的分析。此外，为了理解这些史料（往往零散琐碎且多使用古代语言），记载、注释以及对其作过历史分析的二手文献也是不可或缺的。当然，这会造成偏向于选取成功的和等级制官僚体系的案例，换言之，就是偏向于选取西欧及少量中国的案例。所以，对印度和中东地区而言，我必须在第一个选择标准上不过于苛求，勉强接受在时间和代表性方面不那么理想的微观研究。

本书第二部分至第四部分的章节对欧亚贸易中存在过的所有主要组织形式都作了微观研究，包括从契约、代理、家族企业和族群网络开始，到合伙关系、康曼达、政治统治者，最后再到公司。本书所选的微观研究在地理分布上也较为广泛：从中国的泉州、南京和吐鲁番，到欧洲的里斯本、伦敦和阿姆斯特丹，从爪哇海沿岸,到印度的苏拉特、伊朗的伊斯法罕、埃及的库塞尔·卡迪姆(Quseir-al-qadim)和开罗以及意大利的里窝那(Livorno)。

由于一般的贸易史料,如海关记录、港口单据,考古发掘的文物和游记,不足以充分揭示贸易组织的真实情况,所以数据的有效性是一大挑战。现存详细记载着组织信息的史料,大多是关于欧洲的贸易及其组织的。关于1500—1700年间欧亚贸易的绝大多数史料(现存于里斯本、阿姆斯特丹和伦敦的档案馆),只详细记载了葡属印度、荷兰东印度公司和英国东印度公司的组织情况,而关于它们与亚洲组织的贸易信息则少之又少。尽管如此,本书仍尽力消除这种偏向,至少在某种程度上如此。就亚洲而言,本书参考了前后不同时期的文献,以及一些特殊的史料,包括埃及沙漠中的莎草纸、中国西部洞窟中发现的契约、爪哇海沉船的考古发掘、中国某港口城市的族谱、德国私人家庭档案中的遗嘱、荷兰东印度公司档案馆馆藏瓜加拉提(Guajarati)家族企业的回忆录、开罗犹太经家的书信、伊朗亚美尼亚修道院的账簿和委托书、里斯本国家档案馆中的葡萄牙国王契约、明朝的官方史书、英国女王以及荷兰联省议会颁发的公司特许状。这些都是微观研究中运用的一手文献。

关于欧洲中心主义的成见

如果只提出"为什么欧洲文明是公司的发源地"这个问题,很可能会遭人批评,因为这代表了一种预设,即公司是一种高效的制度,是经济发展的必要阶段,而欧洲因发展了它就必须受到赞扬。的确,本书从整体上讲可能会被批评是以欧洲为中心,毕竟它所提出的问题看似是以欧洲为准绳的。然而,我想要尽量避免给读者造成类似的第一印象。在某种程度上，它确实以欧洲为中心；但在某些重要的问题上，它却不以欧洲为中心。很显然，本书以印度洋和丝绸之路为讨论的中心，并重点关注了中国、印度和中东地区的商业组织。关于"为什么公司仅在欧洲发展起来"这个问题，实际上并非只有欧洲或者欧洲的发展道路才能作为标准答案。相反，恰恰是欧亚远程贸易促使欧洲找到了解决办法。由此可见，欧洲商业公司的建立是为了解决欧洲所遇到的难题，而不是因为欧洲固有的优势。同样，本书研究的另一个核心问题，即"不同的地区如何组织欧亚远程贸易"，也并不以欧洲为准绳。

除此之外，就欧亚大陆各地区的篇幅而言，本书也绝非以欧洲为中心。它将欧亚大陆视为一个整体，对贸易组织及其演变、作用和结果作了调查和分析。本书的时间范围有意涵盖整整一个世纪——从1400年到1500年。而在这个世纪中，欧洲在欧亚贸易中是缺席的。本书用了大量的篇幅讨论印度洋及周边海域的远程贸易，这些地区多由亚洲人主导，而欧洲人控制的亚洲-好望角航线仅仅是个例外。尽管涉及亚洲大部分地区的史料都极为稀少，但我仍致力于确保绝大多数的微观研究与欧洲无关。本书没有将欧亚大陆的所有地区与欧洲逐一比较，而是有意识地将中国、印度和中东地区进行比较。书中承认非欧洲组织形式（家族企业、族群网络和其他人格化的组织形式）具有它们各自的优势，并促使贸易繁荣了数百年。这还表明，知识、技能、技术，乃至制度，曾被大量引入欧洲，而不是从欧洲传出。公司只是一个例外。

第一部分

背景：地理学、历史编纂学、理论

第1章

环境与贸易

从本地贸易到长途贸易,再扩展为欧亚远程贸易,对欧亚大陆的所有商人而言,都是一个巨大的挑战。经营者必须克服海洋、海峡、沙漠和草原上的艰难险阻,有时甚至必须战胜恶劣的气候。他们从一处起运的商品必须与相隔遥远、气候不同和文化相异的另一处人们的需求相匹配。但是,所得的回报可能是丰厚的。这些挑战是什么?技术、决心和制度在战胜挑战中所发挥的作用是什么?哪些地区较早解决了这些难题从而获得了回报?它们又是如何做到的呢?本章将对这些问题进行解答,并阐明制度在克服这些挑战中的重要性。我还将解释学者们为何没有给予制度以应有的关注。

关于非制度性的贸易全球化文献

欧亚远程贸易备受历史学家的关注,但他们对其组织的细节和发展却并不太重视。现有的文献主要涉及贸易本身及社会和经济方面的影响,很少谈及相关的组织。让我们研究一下早期文献中四个具有影响力的传统,它们均与欧亚贸易和欧洲的崛起有关。[1]

斯密型增长(Smithian growth)——通过市场的扩张与整合以

及不同地区在各自优势的基础上制造不同商品所带来的增长,那些对它感兴趣的学者,将远程贸易的扩张视为这种增长类型的完美体现。芬德利(Findlay)和奥罗克(O'Rourke)对欧亚和全球贸易的实际交换(商品、价格、数量)以及由此产生的市场整合水平进行了最为权威的研究。[2]他们对那些参与贸易的企业的兴趣,完全是因为他们想要考察这些企业是否具有市场垄断性。在大多数情况下,斯密派的学者将参与贸易的企业仅仅视为"黑匣子",他们对组织细节不感兴趣。

对于那些以马克思主义视角探讨贸易的人来说,其主要问题是资本积累。马克思主义学者对商人和公司的盈利颇感兴趣,而欧亚贸易是获得巨大利润和资本积累的绝佳机会。沃勒斯坦(Wallerstein)的《近代世界体系》就是一个很好的相关分析案例。[3]近代世界政治经济体系是由于欧洲贸易向大西洋、好望角航线,并最终向太平洋的扩张而形成的。它与早期帝国的区别在于,它依赖贸易,而并非政治和军事力量。新兴的欧洲资本中心利用与世界边缘地区的贸易往来,使用全球体系来积累资本,并成为资本主义时代的主导力量。这些历史学家对于资本主义世界贸易组织的细节没有给予太多的关注,但他们十分在乎剥削、资本积累和对新世界体系的依赖。珍妮特·阿布-卢古德(Janet Abu-Lughod)的《欧洲霸权之前:1250—1350年的世界体系》正是分析在欧洲人崛起之前传统欧亚贸易的主要示例。[4]

本书的另一股灵感来自布罗代尔(Braudel)[5]和年鉴学派(Annales)。布罗代尔采用了"长时段"的概念,即对持续最久和变化最慢的元素进行历史分析,然后逐渐转向变化更快的元素。地理环境是其分析的起点,下一步则是对缓慢变化的人口和农业进行分析。随后,他转向国内制造业和零售业、区域贸易以及（在分析框架顶端的）远程贸易。他淡化了短期政治和军事事件的重要性，而远程贸易在他的分析中占有独特的位置，因为这不同寻常。正是因为不确定性很高，所以潜在的利润也很高。只有在达到这一分析水平时，才能确定变化的动力，特别是资本主义的兴起。布罗代尔在地中海和资本主义兴起方面的著作，激发了后人对于印度洋的研究工作，其中以乔杜里（Chaudhuri）的著作《印度洋的贸易与文明：从伊斯兰教的兴起到1750年的经济史》为代表。[6]

就我们的目的而言，与前期制度相关的著作中，最有价值的来自马克斯·韦伯（Max Weber）。更具体地来说，受韦伯的理性化理论影响而产生的文献数量巨多。对于韦伯而言，其理论解释涉及个人成本收益的计算；宽泛点说，是有关组织运行的官僚模式，法律体系的构建与宗教分离；从更通俗的意义上讲，则为祛魅。对于我们而言，最主要的问题是高度理性和精打细算的资本发展，在这当中，经营核算是工具，利润最大化是目的。受韦伯启发的欧亚贸易研究数量很少且风格迥异。历史学家尼尔斯·斯特恩斯加德（Niels Steensgaard）的《17世纪亚洲的商业革命：东印度公司与商队贸易的衰落》是最为显著的例子。[7]这种韦伯式的传统对我们至关重要，因为他的兴趣在于探究企业的"黑匣子"，而不仅仅是经济产出。斯特恩斯加德研究了不同公司的可靠性和运作模式，一边是葡属东印度公司（国有企业），另一边是英国与荷兰的东印度公司（股份公司）。他分析了这些公司如何管理账目，如何作出决策以及试图实现何种目标，尤其是怎样将利润最大化和权力最大化相结合。受到韦伯启发的还有经济学以外的学者，他们广泛地研究了欧亚贸易，旨在了解公司的"黑匣子"。但是他们没有使用1960年以来的经济学新成果，包括从企业和交易成本理论到契约和代理理论。他们明白不是所有的"黑匣子"都具有相同的功能，但他们从未完全打开过公司的"黑匣子"，检查其中零散的部分，以便更好地理解相关原因。

海洋环境：地理与世界体系

珍妮特·阿布-卢古德饶有说服力地将1250年至1350年期间出现的世界体系描述成八条环线。印度洋由三条互相交叉的环线组成，每条环线都基于一个子区域，即南海、孟加拉湾和阿拉伯海。[8]这些不单单是一些不同的海域。印度次大陆和马来半岛的地理结构以及季风区，使得从一条环线进入另一条环线要比单纯在任一闭环中旅行更为复杂。此外，每条环线都由不同的文明及其主要的宗教主导。阿拉伯海（包括印度的许多主要港口）多以伊斯兰教为主，孟加拉湾以印度教居多（也有佛教徒存在），南海则以儒家文化为主导。在1400年，全球约1/3的人口居住在印度洋沿岸，其中28%在印度，21%在中国。[9]1500年，全球最大的十个城市有四个位于中国，即北京、杭州、广州和南京，两个在印度（毗奢耶那伽罗城和高尔）。[10]根据阿布-卢古德的说法，印度洋位于世界体系的中央。

图1.1显示了世界体系的不同区域。欧洲也是世界体系的一部分，尽管距离遥远（只有巴黎位列全球十大城市），但它通过陆路和海洋连接到该体系的各大中心。

陆上的连接系统被统称为"丝绸之路"。这些路通过中亚草原将中国东部的主要城市（北京和杭州）与地中海和黑海的港口

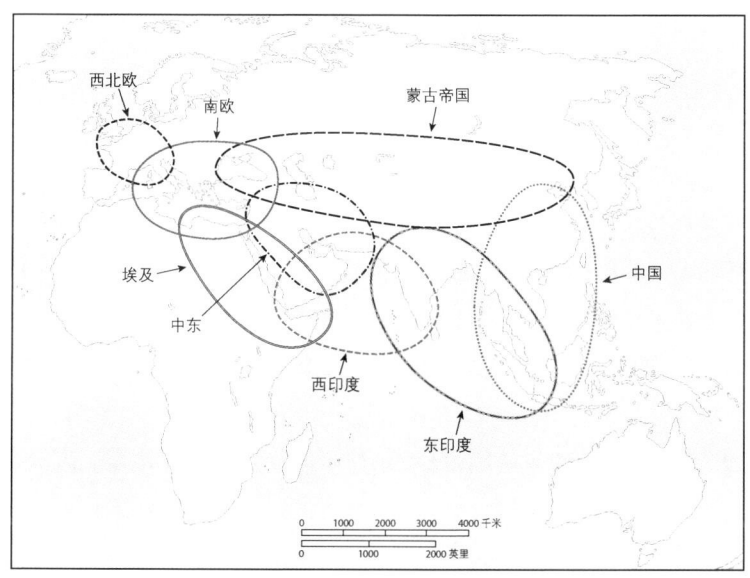

图 1.1 标注地区名称的世界体系的八条环线

来源：adapted from "Thirteenth Century World System," https://commons.wikimedia.org/wiki/File：Archaic_globalization.svg。

（阿勒颇、卡法和君士坦丁堡）连接起来。印度洋与欧洲的贸易可以利用两条海上航线：第一条是从阿拉伯海到波斯湾，经美索不达米亚河流，再从陆地上穿过当今伊拉克和叙利亚的沙漠，最后抵达地中海东部港口。第二条路线是由阿拉伯海到红海，再从陆路通往尼罗河，一直到地中海沿岸的亚历山大港。丝绸之路、波斯湾和红海位于另外三条环线的中心。1500 年，世界近 10%的人口和全球十大城市中的三个（开罗、大不里士和君士坦丁堡）位于这些环线当中。[11] 就阿布-卢古德提出的世界体系而言，地中海和西欧位于其中的第七和第八环线的中心，而美洲不属于该体系。

海 洋 环 境

在欧洲人到来之前,在印度洋旅行,从阿拉伯地区到中国的距离要超过任何一趟欧洲旅行或地中海之旅。[12]从福州到亚丁的航程大约为5 450海里,[13]从南京到巴士拉的距离大约为6 330海里。[14]地中海贸易最长的路线之一,即亚历山大到巴塞罗那,只有大约1 480海里。[15]典型的波罗的海贸易路线——从阿姆斯特丹到圣彼得堡也才1 280海里。[16]因此在欧洲人到来之前,印度洋的船运商、航海家和商人的航行距离是欧洲人1492年前所经历的四到六倍。哥伦布的发现之旅对于欧洲的标准来说,可谓是质的飞跃,因为它比地中海或波罗的海的航程长了近三倍,但较印度洋的标准而言仍然很短。加的斯到哈瓦那的距离约为3 980海里,这只有中国到阿拉伯地区距离的60%。[17]

许多亚洲商人和船舶运营商所面临的挑战来自印度洋的中等距离贸易。这类贸易是在欧洲人熟悉的时间尺度上。从亚丁或霍尔木兹到马拉巴尔海岸(卡利卡特或科钦),选择阿拉伯海航线需要四到五个星期。沿海岸线航行所需的时间会比跨洋航行多出一到两个星期。[18]从科罗曼德海岸到马六甲或万丹/巴达维亚(雅加达),走孟加拉湾的路线需要三到四个星期,如果沿海岸航行则需要更长的时间。[19]从马六甲或万丹/巴达维亚到广州/福州,从南海的路线走,大约需要四到五周的时间。[20]大多数商人会选择四至六周的中短途贸易,而不是从中国一直延伸到阿拉伯地区的远程贸易。

距离越长,商品的价格差异越大,潜在的收益也就越高。然而,季风是印度洋远程航行的主要干扰因素,不仅仅是航海距离这么简单。阿拉伯海和孟加拉湾每年经历两次季风季：西南季风（4月或5月至9月）和东北季风（10月、11月或12月至2月、3月或4月）。[21]在季风高发期，船是不能逆风而行的。[22]每逢季风盛期，印度洋都会被"关闭"，船舶在季风来临前必须抵达某个安全港。每年的6月至8月，印度周边海域会被完全封闭90天左右。[23]当季风来临时，船舶只可顺风航行，不可逆向行驶。[24]例如，根据伊本·马吉德（Ibn Majid）于1490年前后撰写的航海手册（正好在葡萄牙人到达之前），为确保安全，船舶只能在2月20日至4月11日期间，即西南季风高峰之前，从马斯喀特航行至马拉巴尔，然后再在东北季风之前的8月29日到9月18日，从亚丁返回印度。[25]从马拉巴尔到马六甲的航行必须在4月18日前出发，以免在穿越孟加拉湾时受到西南季风的影响；而为了避开东北季风，船只还必须在9月28日之前驶出，如此才能到达马六甲。同一艘船在同一年当中从阿拉伯半岛抵达马六甲的机会非常小。它必须在2月开航后离开马斯喀特，并于4月在马拉巴尔港口作短暂停留。同样从马斯喀特向东的航行，在8月到9月就不太可能完成，因为当船到达马拉巴尔时已为时太晚，无法在同一年前往马六甲。那些想从中国向西航行的人也面临着同样的问题。他们的机会很少，每年只有不到两个月的时间（从12月底到2月中旬），船只穿越孟加拉湾和阿拉伯海，从马六甲或苏门答腊一直驶向亚丁或霍尔木兹。通常等中国船只到达马六甲后，为时太晚且已无法继续前行至亚丁，他们在同一年能计划到达的最远地区就是孟加拉海岸。[26]

有大量文献记载的郑和船队，平均花了54天的时间才穿越了第一环线——从太平湾到马六甲，接着又花了44天才穿过马六甲到达位于第二环线的卡利卡特（Calicut），然后再花了34天从阿拉伯海到达霍尔木兹。[27]抛开季风和中途停留不谈，从理论上讲，从霍尔木兹到刘家港的航行可能需要 82 天（约三个月），而从福州到霍尔木兹的航行可能需要 135 天（将近四个半月）。[28]

表 1.1 郑和第七次下西洋行程表

出发地	启程日期	目的地	抵达日期	净航行时间
长乐（福州）五虎门	1432 年 1 月 12 日	占婆/归仁/占城（今越南）	1432 年 1 月 27 日	15 天
占婆	1432 年 2 月 12 日	印尼爪哇泗水	1432 年 3 月 7 日	24 天
泗水	1432 年 7 月 13 日	印尼三佛齐巨港	1432 年 7 月 24 日	11 天
巨港	1432 年 7 月 27 日	马六甲	1432 年 8 月 3 日	7 天
马六甲	1432 年 9 月 2 日	苏木都剌（今印尼苏门答腊亚齐）	1432 年 9 月 12 日	10 天
苏木都剌	1432 年 11 月 2 日	僧伽罗（今斯里兰卡）贝鲁瓦拉	1432 年 11 月 28 日	26 天
贝鲁瓦拉	1432 年 12 月 2 日	卡利卡特	1432 年 12 月 10 日	8 天
卡利卡特	1432 年 12 月 14 日	霍尔木兹	1433 年 1 月 17 日	34 天

净航行时间共 135 天（约 19 周）。包含停留的总航行时间 372 天（约 53 周）。

来源：Hui and Xin (2011, pp. 212-214)；Ma (1970 [1433], pp. 14-17)；Dreyer (2007, pp. 150-155, 161)。
注：表格中不包含福州以前的国内走访地区。

表 1.2 郑和第七次下西洋行程表

出发地	启程日期	目的地	抵达日期	净航行时间
霍尔木兹	1433 年 3 月 9 日	卡利卡特	1433 年 3 月 31 日	22 天
卡利卡特	1433 年 4 月 9 日	苏木都剌	1433 年 4 月 25 日	16 天

续　表

出发地	启程日期	目的地	抵达日期	净航行时间
苏木都剌	1433 年 5 月 1 日	马六甲	1433 年 5 月 9 日	8 天
马六甲	1433 年 5 月 28 日	占婆	1433 年 6 月 13 日	16 天
占婆	1433 年 6 月 17 日	刘家港（今江苏省太仓）	1433 年 7 月 7 日	20 天

净航行时间共 82 天（约 12 周）。包含停留的总航行时间 120 天（约 17 周）。

来源：Dreyer（2007，pp. 155，160 - 161）。
注：始于占婆的航程未被马欢完全记载。因此，我们无法确定郑和船队是否在占婆与北京之间的某处停留。

从表 1.1 和表 1.2 中，我们可以看出郑和船队第七次航行持续的时间。季风给印度洋贸易增加了三重复杂性，这是单看航海距离所无法反映出来的。首先，季风增加了航行时间，从而延长了资金周转的时间。其次，它使可航行的时间缩短，从而减少了每次航行中两地商人的竞争。最后，它要求商人和船长对不断变化的海洋和天气情况有着高度了解，这使得进入该地区的外来者，如西欧人，最初处于不利的地位。

欧洲人在海上贸易中的真正腾飞，要等到他们首次沿好望角航线成功抵达印度之后。哥伦布穿越大西洋花了九个星期，而瓦斯科·达·伽马第一次离开里斯本，花了大约十个月的时间才抵达印度的卡利卡特。[29]他的回程时间超过十二个月。[30]绕过好望角，从里斯本到卡利卡特的距离有 9 510 海里。抵达亚洲远东的船只，来到新加坡要行驶 10 730 海里，到广州更是要航行 12 125 海里。[31]从欧洲到印度的航程比欧洲或地中海的最远距离长了六倍，是大西洋到中美洲航线的两倍之多；前往中国的航程是去美洲的三倍；这一距离同样是亚洲人在印度洋经历过最长行程的两倍。绕过好望角到达印度洋的欧洲人必须克服巨大的挑战。本书所关注的挑战不是发现好望角航线，并派几艘船绕过它进行一次航行。本书关注的是如何建立贸易路线和不断重复的远洋航行。这条路线必须经得起多次航行并抵达印度洋的港口，其行程是欧洲和地中海贸易距离的八倍之多，在这些目的地中，他们遇到了精明的亚洲商人。此处的挑战来自组织方面，并至少与航行所碰到的挑战一样多。

丝绸之路的环境

"丝绸之路"一词并非指一条单一的、界限分明的道路。它在近代才被创造出来，专指各种陆地上的线路，这些路线之间形成了一个网络，从中国一直通向地中海。[32] 丝绸之路充分利用了广阔的草原——从欧亚大陆的北部（农耕土地、较为肥沃、人口密集）延展至南部——合理绕开了这些地区而不是穿越其中。这条路始于中国的腹地，穿过河西走廊（在大漠戈壁和雪域高原之间）不断向西部延伸。之后，它从南北两侧分开，沿塔克拉玛干沙漠可到达喀什，然后再越过天山山脉以南和喜马拉雅山脉、帕米尔山脉以北的山口。这条路一直延伸到中亚的大草原、伊朗高原、新月沃土（Fertile Crescent）和地中海。[33] 丝绸之路的主要路段包括开阔的草原或沙漠地带，途中会经过一个接一个的绿洲。它的一条分支是中亚草原往北走，从北部（萨莱）绕过里海，并途径塔奈斯（位于亚速海岸）直抵伏尔加河和黑海（卡法）。[34] 另一条连接的路线是从印度次大陆经开伯尔山口和阿富汗到达中亚的丝绸之路。[35] 图1.2和图1.3显示了丝绸之路的不同轨迹。

第 1 章 环境与贸易　25

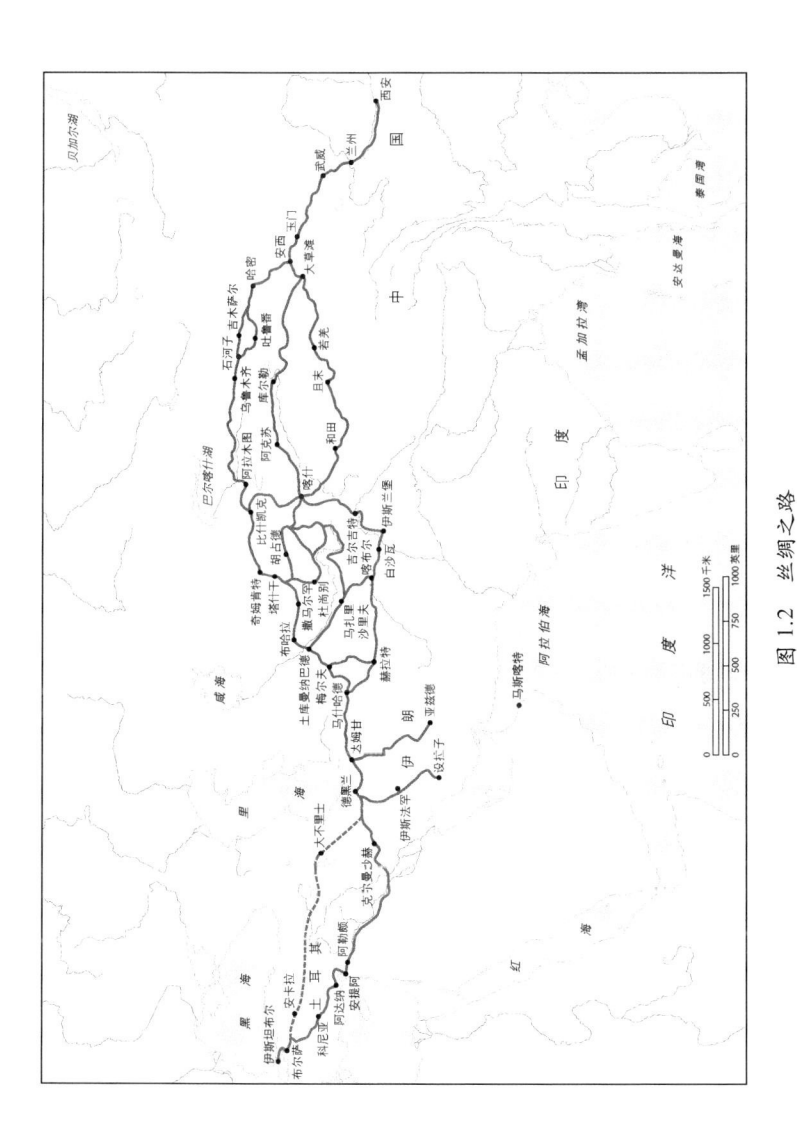

图 1.2　丝绸之路

来源：adapted from https://commons.wikimedia.org/wiki/File：Seidenstrasse_GMT.jpg。

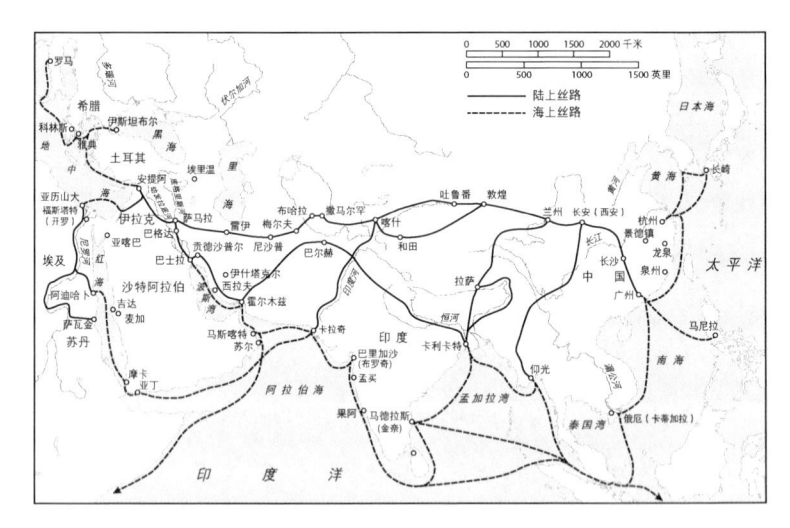

图 1.3　丝绸之路与海上贸易路线图

来源：adapted from http://voices.national geographic.com/files/2012/09/silkroadmap-950x492.jpg。

自古以来，丝绸之路就一直被沿途流动的商人使用。在历史上的部分时期，它曾被广泛使用，而在其他时候，它又遭遇冷落。就我们的目的而言，丝绸之路历史上较为重要的是蒙古和平时期（Pax Mongolica，处于本书研究时期之前）。在这个时期，蒙古人追随成吉思汗及其后人，不论是武力层面还是政治层面，几乎统治了丝路全线。[36]在 13 世纪和 14 世纪，令人无法预料的土匪和强盗在丝绸之路不复存在，丝路也逐渐开始繁荣。[37]一些历史学家称，丝绸之路的贸易早在 15 世纪就已走向下坡。而另一些人则认为，它在 17 世纪甚至 18 世纪才开始没落。历史学家对丝路衰落的原因展开了辩论：有些人将之归因于蒙古人在亚洲统治的瓦解，有些人称是由于黑死病引起，另一些人还谈到了中国、中亚和波斯的政治危机，还有些人认为是欧洲印度洋贸易的兴起而导致的。[38]我们不必在这些辩论中采取立场。

历史学家们非常清楚"丝绸之路"的路线和行程时间。诸如马可·波罗（1254—1324）和伊本·白图泰（1304—1369）等著名的旅行家，都记录了各自在丝路旅途中的部分重要行程。[39]根据弗朗切斯科·巴尔杜奇·佩戈洛蒂（Francesco Balducci Pegolotti）在1340年前后制作的行程可知，旅行者大约需要270天（净时间）沿丝绸之路从黑海的塔娜到达北京。[40]抛开必要的休息和调整时间以及恶劣天气的影响（如沙尘暴或暴风雪），完成一次单程的旅行需要花费十八个月左右。[41]因此，一次丝路往返旅行（涵盖贸易的时间），可能需要三年以上。这些时间听起来算是合理，因为在同一时期的其他报告中也提到，从克里米亚到中亚的旅行时间为八到十个月，而从中国到中亚的旅行时间为一年。[42]这些报告所对应的朝代为元朝，在此期间旅行所对应的特征是安全、绿洲设施完善，以及拥有基础设施、商队、驻军和邮政服务。比这更早或更晚的旅行，需要更长时间，且不确定性因素也变得更多。不管讨论哪个时期，这段旅程都需要经过陆路，涉及多种交通方式的转换：牛车、骆驼车、骆驼、驮驴和内河船。[43]

当时的运输成本未能得到完整的记录。佩戈洛蒂的资料也是唯一的信息来源。他计算了一名商人拥有一支商队所需要支付的费用，这支商队包括40至60头牲畜、补给物资和60名随从人员。佩戈洛蒂估计，包括向蒙古统治者缴纳的关税在内，总成本约为3 500弗罗林金币。[44]而当时的弗罗林金币包含3.5克黄金。[45]因此，整个旅程的总成本约为12.25千克的黄金。但是，该商队运输的货物可以卖到25 000弗罗林金币，[46]利润相当可观。话虽如此，从北京到塔娜，由同一名商人连续运输货物的情况并不常见。由于路途遥远，完成往返路途所花费的时间较长，加上语言和文化的障碍，货物在交易过程中出现多次转手的情况则更为常见，相关的运输成本和利润也会分摊给不同的商家。

货 物 交 易

关于欧亚大陆商品贸易的文献很多，我们无须在此一一赘述，通过一个简明的调查便可传达出本书所研究的组织形式的含义，以及各种商品之间的价格差距（由此贸易产生的利润值）。

从古代到本书研究的起始年份（1400年），温带和寒冷地区对热带商品的需求量很大。在这些热带商品中，需求量最大的当数胡椒、肉豆蔻、丁香、梅斯、肉桂、生姜和豆蔻等香料。地中海和欧洲对香料的需求量巨大，主要是因为其烹饪、药用以及作为一种身份象征的奢侈品消费。[47]其他热带商品包括椰子、水果、糖、乌木、象牙、宝石和熏香。我们将在讨论穆泽里斯纸草时看到，古罗马的商人已经从印度引进了这些香料。[48]阿拉伯人在第一个千年结束之前已经从印度的马拉巴尔海岸进口了香料，他们甚至抵达了遥远的印尼群岛。[49]中国人在唐宋时期，就从东南亚进口热带产品。[50]欧洲人到达印度洋后，从斯里兰卡和印度的马拉巴尔海岸进口香料。荷兰人还在班达（Banda）小岛上种植香料，并通过位于摩鹿加群岛（Moluccas）上的东印度公司经营，因此，他们称这些岛屿为香料群岛。热带商品的贸易主要通过印度洋进行，这些商品穿过印度尼西亚的马六甲海峡和巽他（Sunda）海峡来到中国；通过波斯湾、红海，然后绕过好望角到达中东和欧洲。

一些位于更加北部、气候温和或干旱的国家，如中国、波斯和欧洲诸国，出口本国特有气候下生产的农产品和原材料。它们还利用自身相对的优势以及专业知识来制造丝绸、地毯和瓷器，并出口这些成品。由于物品的体积通常较大，所以只有当每单位重量的价值足够高时才能被运输。这些商品往往作为奢侈品和代表身份的物品被出口到进口国的上流社会。那些体积较大且价值较低的商品（如谷物、大米和大多数木材），则更有可能被用于本地消费或仅支持短途运输。温带国家的商品既通过陆上丝绸之路，又通过海上丝路进行贸易，经过印度洋，之后经由好望角航线进入大西洋。

丝绸之路不仅覆盖了中国、地中海和欧洲商品的贸易，还用于热带商品的贸易。这些热带商品从东南亚来到中国，并沿陆路到达中亚及其他地区。值得注意的是，"丝绸之路"不仅用于远程贸易，还用于草原游牧民族与中国、波斯及其他邻国间的贸易。到了18世纪，它的北部分支在中俄贸易间扮演了重要角色，当时的中国向西发展，而俄国也不断向东扩张。[51]丝绸之路的名称可能会引起误解，这条路实际上不仅用于丝绸贸易，而且（在不同时期和不同距离内）也适用于马匹、奴隶、武器、毛皮、呢绒、地毯、茶叶、香料、草药和金银的交易。

价格差是远程贸易的动力，这里的例子将提供一些有用的背景信息。经济史学家芬德利和奥罗克发现，在17世纪，来自印度和香料群岛的胡椒可以在阿姆斯特丹以东南亚价格的三到四倍出售。[52]他们引用了戈迪尼奥（Godinho）的早期数据，在考虑到损耗和运输成本之后，马拉巴尔和里斯本之间的利润率为260%，净利润率达到152%。

相较于香料群岛或摩鹿加群岛的丁香价格，马六甲的价格要高出30倍，印度高达100倍，里斯本则是240倍。后来，随着贸易的发展，利润空间才变得越来越小。到了 17 世纪，从东南亚到阿姆斯特丹的加价，在最高峰的 25 倍、好几十年内维持的 15 倍和最低不到 5 倍之间浮动。在伦敦出售的肉豆蔻价格竟然是班达群岛价格的 840 倍。[53]

根据洛佩兹（Lopez）的说法，14 世纪君士坦丁堡的生丝价格是中国价格的 3 倍。[54]在斯波义信（Yoshinobu Shiba）的启发下，芬德利和奥罗克指出，在中国宋朝时期，西夏的丝绸价格是原本价格的 40 倍。以 40 为倍数不一定具有代表性，但以 3 为倍数却似乎又太低了。然而，一旦波斯和意大利的生丝制造业发展起来，价格的差距可能会有所缩小。

在整个欧亚大陆上，白银的价格差距很大且产生了根本性的全球效应。这一点可以通过比较金银比来更好地计算。图 1.4 列出了 1150—1800 年期间的汇率，纵轴显示了在此期间，不同地点兑换一重量单位的黄金所需白银的重量单位数量。

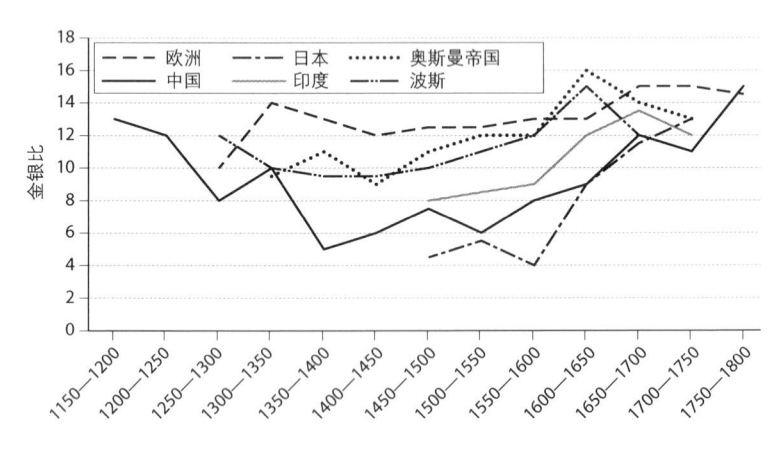

图 1.4　兑换一单位黄金的白银量（1150—1800 年不同地区的兑换率）

来源：von Glahn (1996); Flynn and Giráldez (2002); Pamuk (2000, pp. 46, 63, 136, 163); Floor and Clawson (2000); Chaudhuri (1968); Fragner (1986, p. 565)。

在 1400 年，即我们考察的初期，这个兑换比率在欧洲为 12，在中国仅为 6，在日本是 4.5。在欧洲，一个商人必须支付 12 单位的白银来换取 1 单位的黄金，而在中国，同样单位的黄金他只需要支付 6 单位的白银。这样的比率差异在一个世纪后基本相同。到了 1500 年，越往东走，兑换比率就越低：欧洲为 12.5，奥斯曼帝国为 11，波斯为 10，印度为 8.5，中国为 6，日本为 4。到了 1700 年，价格已经几乎持平，不同年份的比率都在 12 到 16 之间浮动。

16 世纪初的葡萄牙商人，与其在里斯本出售 25 单位的美洲白银换取 2 单位黄金，不如将其出口到澳门并在那里出售换取 4.16 单位的黄金。从理论上讲，该商人可以将这些黄金运回欧洲，购买 52 单位的白银后返回中国，并再在那里购买 8.66 单位的黄金，依此类推。白银的差价是远程贸易的主要推动力。白银具有三个功能：首先，它被用来制作珠宝。其次，它是一种交换媒介，通常以铸币的形式出现。最后，它是一种保值工具。白银是一种重量轻、价值高且便于长途运输的货币，对于欧洲商人来说，这是至关重要的，因为没有任何其他物品可以用来支付给亚洲商人。白银从美洲的西班牙矿山出口到欧洲，并从欧洲（绕过好望角）运到印度和中国。另外，它也可以直接从美洲（经由阿卡普尔科和马尼拉）出口到中国，或者从日本卖到中国。

价格差使远程贸易获利巨大。然而，贸易并非没有风险。距离越长，运输成本和相对的不确定性就越高（我们将在本章和下一章中来讨论此话题）。价格差异并非一成不变，价格波动会带来市场的风险。但对奢侈品的需求弹性不大。例如，由于印度和香料群岛的胡椒进口，阿姆斯特丹的价格大幅波动，并在 1500 年至 1700 年期间呈总体下降趋势。有意思的是，正如芬德利和奥罗克所展示的那样，糖的价格并未下跌。造成这种差异的原因是，亚洲的胡椒产量充足，能够供应亚洲和欧洲市场，而巴西和西印度群岛的糖供应却受到劳动力、殖民者和奴隶短缺的制约。[55] 从亚洲进口的市场风险在本质上不同于从美洲进口的市场风险。胡椒及其他香料和热带商品通常是亚洲人为亚洲人生产，这能保证亚洲拥有充足的胡椒供应，一旦克服了运输障碍，欧洲也将获得供应。因此，欧洲商人一直在亚洲寻找欧洲市场上供应不足的亚洲商品。他们转而进口中国瓷器、棉花、茶、珍珠、咖啡、靛蓝和硝石。抛开最初巨大的价格差，市场的风险仍然存在。贸易组织必须考虑到这些风险，既要改善有关市场价格的信息流动，又要分散风险，这是如何完成的呢？接下来，我将分析组织面临的挑战和解决方案。

对贸易制度的环境挑战

远洋贸易是近代早期世界里最具挑战性的商业活动。商人必须处理与运输有关的风险，在陌生的印度洋航线和丝绸之路上穿行。在海上，他们不得不面临暴风雨、季风、珊瑚礁和沙洲之类的风险；在陆地上，他们需要面对沙尘暴、冬季的暴风雪以及水和食物的匮乏。在途中或贸易目的地，他们还必须承担各类政治、军事方面的风险，如海盗、土匪、敌对势力或不可靠的外国统治者，这些人可能会进行掠夺，甚至给予致命一击。商人们也要承受价格波动和出口商品的需求不足等市场风险。如果他们的目标不仅是基本的易货交易，他们还必须掌握通用的交换方式，克服信用风险及合同执行的风险。

从经济角度来看，欧亚远程贸易比短途贸易具有更大的不确定性，洋流、季风、海盗、排外的亚洲统治者以及未知的市场条件都是一些不可抗因素。通常，这些不确定性无法被量化成概率（哪怕是猜测），也不能转化为风险分布。在更为熟悉的贸易路线中，不确定性也许被转化为可计算的情景，它们处于同时期商业风险的顶端。欧亚远程贸易的投资风险比任何本国贸易都要更大，例如零售、批发、工艺品、制造业，或较短路程的贸易任务以及经由更常规的路线前往较为熟悉的目的地。

开展业务最简单的方式是成为个体商户和流动商贩，这些人携带着货物步行、骑马或航行至预先设定的贸易目的地。参与销售的人员是独立的个体，过着艰难的生活。他们要面临人身危险（甚至死亡的威胁），以及旅行和市场的风险。他们只能根据自身在贸易中获得的知识和信息采取行动，不能分散或分摊风险。

为了跨越这些障碍，流动贸易商合作体制被建立。本书的第二至第四部分将予以阐述和分析。现在，我仅进行初步的介绍。这样的体制为个体商户提供了共同的基础设施，支付一定的费用便可使用。如船只（货船）可以运载流动商贩和货物；又如商队旅馆可为陆路流动商贩提供住房、食物及保护。聘请专业的代理商有助于克服文化障碍、地理局限并分散风险。财力有限的商人可寻求贷款和股权投资，其动机类似于雇用代理商。商人们可以利用企业、合伙关系和网络寻求更广泛的合作。通过这些合作形式，他们可以互相提供服务，使用相同的基础设施，并共享市场信息。

更为庞大和复杂的组织形式解决了流动贸易商所面临的问题，但由此又产生出了一系列新的问题。他们渴望在资本投资上有所飞跃，因为商人们必须为大型船舶、雇用大量船员，购买诸多昂贵的出口商品等提供资金。商人们必须有能力提供更长时间（几个月甚至几年）的周转资金，这一切都取决于所走的路线及其距离。

当雇用代理或与他人共同投资时，代理商问题开始显现。多人贸易企业规模越大，代理成本就越高。委托方不得不要求保证金，监督代理方并考虑剩余的代理费用。[56]信息是流动商贩需面对的主要问题，因为他们必须了解不熟悉的路线和市场。一些更大型的企业雇用了代理商，但也会面临不同的信息挑战。投资者和管理人员与他们的代理商之间，相隔着数千英里的海洋和草原。在电报时代来临之前，信息的传播依靠人员的流动。委托方和代理方之间的信息不对称，加剧了企业中的代理问题。每一个结构较为复杂的企业都必须找到恰当的方法，以克服投资门槛（通过增加投资者来筹集更多的资金）和信息的不对称（通过改善信息流和监控手段）。

由于涉及跨文化、跨辖区的国际贸易，上述企业往往还面临着法律问题。它们受制于多个法律体系。通常，它们和自身的贸易伙伴受到不同地区、族群或宗教法规的约束，其贸易伙伴也享有本国法庭的偏护。在直接与外国统治者打交道时，交易不受第三方约束，这就意味着统治者可以随意没收外国企业的财产（如货物、船舶和仓库）。只要身在国外，流动贸易商就时刻处于危险之中。外来的贸易企业越富裕，其在国外的设施越持久，就越有被没收的风险。外国商人越是感受到某国统治者有征收的威胁，他们越有可能一开始就避开其港口，而实现潜在有利贸易的可能性就越小。然而，外国统治者不征用的承诺常常无法令人信服。用来克服远程贸易困难的组织模式越大，众筹的资产就会越多，本土的统治者也就更倾向于掠夺商贸企业的资产。为了消除本土征收的威胁，统治者们必须找到可靠的方法来予以承诺。

国际远程贸易给组织设计带来了巨大的挑战：组织面临着不确

定性、高风险、高投资门槛，缺乏可靠的抵押物品，流动商贩和消极投资者之间信息不对称，不断增加的代理问题，有关外国统治者保护财产权利等问题。从事远程贸易的商人，不论来自何方，在任何环境下都面临着一系列类似的问题。在 1400—1700 年期间，远程贸易组织处于组织发展的最前沿。在规模和目标上，它们所面对的特殊挑战堪比公元初期的罗马天主教会和独立城市、18 世纪的运河、19 世纪的铁路、当今的金融领域以及未来在行星间及星系中航行的宇宙飞船。这意味着研究类似的话题就好比在任何一个时期对其技术进步的研究。对于理解组织的演变和对经济变革的影响是极具吸引力和启发性的，能够起到积极的作用。

本书概述了近代早期世界在欧亚大陆环境中（海上和陆上）最为苛刻的商业活动——远程贸易。在当时所有的制度中，贸易组织所面对的困难最具挑战性，因此这种制度成了近代早期世界的先锋。本书将重点放在贸易组织上，不仅因为它是商业公司的起源，还因为它（不亚于技术或军事力量）可以解释贸易全球化和欧洲在欧亚贸易中逐渐占据主导地位的原因。

哪些非组织性因素可以解释欧洲的贸易优势

本书导言提出了两层核心论点。第一层论点解释了欧洲商业公司的兴起以及西欧向非人格化合作的转变，如果能只用这一层核心论点（组织）说服读者，我将感到很满足。但是，我还想付出更多的努力，用第二层核心论点（关于贸易）说服至少一部分读者，即组织上的突破能解释欧洲在欧亚远程贸易中统领地位的上升。就欧洲在欧亚贸易中占主导地位这一问题，我将在本章的剩余部分对其他解释作出评估,并以此为本书其他论点打下基础。

近期,一些试图解释欧洲与亚洲(尤其是中国)之间大分流的文献层出不穷。关于欧洲的独特性、欧洲的奇迹、西方的崛起、欧洲霸权和国家富裕等现有文献已相当丰富。[57]这也是理所当然的。人们在试图理解近代人类历史以及呈现的全球不平等时,是无法绕过这些话题的。然而,这种分流仅在某种程度上与我们的讨论有关。我们的目的不是要了解欧洲工业化、城市化、运输革命或金融革命期间发生的分流。我只关注贸易。因此,当前的问题如下:为什么欧洲或欧洲西部的某些地区开始主导欧亚远程贸易?由于我们的时间范围是1400—1700年,因此我们必须考察16世纪或17世纪初期存在的差异的解释。那些涉及18世纪甚至19世纪分流的文献与我们关系不大。

现在,让我们按照地理、技术和政治顺序,来解释欧洲在贸易中从崛起到占据主导地位的可能原因。这些因素越是难以说服我们,即它们是欧洲贸易优势的唯一或主要缘由,我们就越有理由从组织性出发,探索更为广泛的原因。我们首先将介绍地理,因为它很容易被忽略。西欧在地理上绝不可能占有优势。印度才是地理的中心。东南亚处于印度洋到南海的通道上,地理位置优越;阿拉伯中东地区则既可以进入地中海也可以进入印度洋。相比之下,葡萄牙、英国和低地国家位于偏远地区,甚至可以说是与世隔离。这些国家远离东地中海港口,而后者又连接了丝绸之路和通往红海与波斯湾的陆路。葡萄牙、英国和低地国家唯一的地理优势(仅在发现美洲后才变得明显)是相对靠近美洲的白银矿床,对它们而言,白银变成了必不可少的欧亚贸易商品。谈到地理位置,除了这一点外,这些国家毫无优势可言。也许正是因为它们在地理上不占优势，才激发了其在组织层面的不断创新。稍后，我会反过来谈地理劣势，将其作为引发荷兰和英国组织革命的一种假设。

航运

让我们转向技术：西欧是否掌握精湛的航海技术并占有优势？与英国工业革命相关的大型发明，例如蒸汽机、纺织工业中的新型纺纱机和织布机、钢铁工业中的新型炼焦技术和更高效的熔炉，可以解释18世纪后期和19世纪的经济分流。[58]正如丹尼尔·海德里克（Daniel Headrick）曾明确表示的那样，在19世纪，欧美海军购置了蒸汽船，这些船由钢铁制成并安装了炮弹，这使其比奥斯曼帝国、印度和中国的船只更具优势。如此一来，也促使西欧人将炮舰帝国主义推至全球：从尼日尔河和尼罗河到长江、东京湾以及夏威夷群岛。欧洲军队在小型殖民战争中使用了机关枪，这导致从南非到阿富汗生灵涂炭。[59]但是，这些与我们要探讨的历史问题无关。技术突破的根本原因，可能在于人口统计学、农业变革或者启蒙运动的思想（鼓励进行实证和实验研究、批判性的科学和哲学思考、思想交流和知识积累），但都未曾早于17世纪末和18世纪被发现。[60]姗姗来迟的技术创新，无法解释早期（如16世纪和17世纪初）的航海优势。我们必须从整体的技术转到与造船和航海有关的具体技术上，将时间提前（约为欧洲人首次抵达印度洋时），并将西欧人与亚洲人加以比较。这里不是抽象的对比，而是对印度洋环境下的功能方面进行比较。

在欧洲人到达前，印度洋上的本土船只在建造时只考虑了以下几个因素：季风影响、海岸线自然环境的变化以及可用于建造的材料。[61]不同类型的船只曾出现在不同海域：阿拉伯海及其分支——红海和波斯湾的单桅帆船、斯里兰卡和孟加拉湾的单舷船、东南亚的双舷船和南海的中式帆船。[62]印度洋地区在造船时主要使用的是绳索（通常是椰壳），而不是铁钉。亚洲人使用的本地木材，大多是印度柚木，中国人使用铁钉和松木。在欧洲人到达之前，中式帆船无疑是印度洋中最大型号的船只。可以说，它在技术上也是最先进的。平坦的底部和浅吃水的优点使典型中式帆船非常适合在浅水或河口水域中航行。较欧洲船只而言，中式帆船的转向系统更为科学。[63]

相比之下，中世纪晚期的西欧人在航行技术上没有任何优势。相反，这些技术向西迁移，先是在12、13世纪，随着十字军从东地中海到达意大利，然后在14、15世纪，因着热那亚的衰落，转移到西班牙和葡萄牙。[64]伊比利亚人利用这些技术和航运工具，使著名的克里斯托弗·哥伦布（Christopher Columbus）沿着非洲海岸航行并穿越了大西洋。在这些地区，欧洲人的航行技术远远胜过土著人的技术。但是，在1498年他们首次抵达印度洋时，这些技术是否存在优势？答案显然是否定的。他们唯一的优势就是会使用或许能让船舶更为坚固的铁钉，这些钉子在印度洋上从未出现过。当然，中国人和阿拉伯人也同样使用铁钉。不过，在印度洋的环境中使用椰壳也有优势，这种材料易于获得且不会生锈。此外，到了17世纪初，许多印度船只开始使用铁钉。[65]就船桅、帆装、船帆、龙骨和船体而言，葡萄牙的船舶在印度洋上没有明显的优势。相反，亚洲船只因地制宜，为了更好地适应大海、货物和航线，在不同地区有着不同的设计，而葡萄牙船只的型号却是固定的，它们能够承受大西洋和好望角的航行，但无法适应阿拉伯海、斯里兰卡周边水域或马六甲海峡的特殊环境。[66]

即使从规模上来讲，葡萄牙人首次抵达亚洲时遇到的中国和东南亚船只也比他们自身的要大得多。瓦斯科·达·伽马的旗舰仅长27米。他四艘船的船员总数只有170人。早期的英国东印度公司和荷兰东印度公司的船只长度在30—50米之间，载重量为150—500吨，每艘船的船员总数为50—150人。据中国的史料记载，在葡萄牙人到达之前的几十年，郑和船队中包括巨大的"宝船"，其中最长的达到了140米，有9根桅杆，可运载1 250吨的货物和数百名船员。虽然关于船舶尺寸的官方报告的准确性一直存在争议，但即使撇开那些船只，从马可·波罗和伊本·白图泰到第一批抵达亚洲的葡萄牙旅行家的报告，以及来自中国造船厂和南海沉船的考古证据都足以表明，宋朝和明朝时期的中国船只有50至100米长，平均载重量为350—500吨，最大的载重量可达1 000吨，容纳1 000人。因此，即便按最低数值估算，同时期的中国船只也比16世纪和17世纪初的欧洲船只大得多。[67]

自进入亚洲的初期开始，葡萄牙人就开始利用亚洲造船厂为自身建造船只，以此来提升舰队的能力。他们与地方当局达成协议，并在果阿和科钦建立了主要的航运中心。很自然，这一过程让亚洲的造船方法和材料与欧洲的造船方法得到了有机结合。[68]欧洲人在印度的出现和造船活动创造了一个双向的学习过程。印度人从阿拉伯人、中国人和葡萄牙人那里学会了有效使用钉子的方法，到了16世纪末，大多数的印度船只在制造时都使用了铁钉。英国人于1600年前后抵达那儿，对于部分类型的船只，他们更加青睐印度的造船法。与欧洲的钉扎法相比，不将钉子直接钉在船架上，而是钉在用于连接的木板上，这种方法花费更少，而且在某种程度上更为有效。如此一来，用新的木板替换损坏的木板也更加方便，自然而然延长了船舶使用的寿命。英国东印度公司的造船厂将这种方法与钉扎法结合起来使用。欧洲人采用的另一种新材料是亚洲柚木。他们发现这种材料可以使船舶更加耐用。欧洲橡木制成的船只使用年限为 10 至 12 年,而使用亚洲柚木制成的船只寿命可达 50 至 80 年。很显然,这是一个巨大的差异,所有欧洲人(葡萄牙人、荷兰人和英国人)自此将船坞搬到了易于获取柚木的马拉巴尔海岸、古吉拉特邦和缅甸。通过将船坞转移到亚洲而实现的成本节约非常可观。在欧洲建造一艘船的费用为每吨 54 印度卢比,之后的成本降到了每吨 27 印度卢比左右。[69] 欧洲人和亚洲人在造船技术与材料方面的交流互鉴,表明了欧洲人在第一阶段不占有任何优势。到了 17 世纪,大多数船只都是混合型的,用船舶优势来解释欧洲人在印度洋的主导地位,似乎是行不通的。

航海

同样在航海方面,欧洲人在 16 世纪或 17 世纪也不具有明显的优势。欧亚大陆上所有的航海者都有合理计算纬度的方法,人们借助一些工具来测量地平线上的北极星或南十字座的高度。阿拉伯人、印度人和欧洲人使用星盘,中国人使用牵星板。更为复杂的六分仪直到 18 世纪才被欧洲人发明。中国人首先发明了磁罗盘,一直到 16 世纪,欧亚大陆上所有的人都用它来定位方向。在我们研究的这个时期内,不论是欧洲人还是亚洲人都没有办法来精确地计算经度,因为航海经线仪直到 18 世纪才被发明。

在其他方面,亚洲人也占有优势。他们对季风区更加熟悉,而这一知识对于在印度洋上航行尤为重要。他们还了解海岸线,这也事关沿海航行和抵达港口及海峡。他们手持航海图和地图,而欧洲人仍有待制作或获取它们。亚洲航海家比新来的欧洲人更为专业，他们熟知海底环境、海洋植被、鱼类、鸟类和浮游生物，对危险的沙洲、岩石、大雾也有所了解。[70]尽管欧洲人的海航工具与亚洲人的相似，但他们在印度洋上的头几十年，仍然依靠阿拉伯和印度的领航员帮助他们穿越海洋、途径海峡、进入港口，并抵达预定的登陆地点。相反，亚洲人能够在整个印度洋上独立航行，从东非海岸前往南海。我们不知道亚洲人是否打算寻找非洲以外的土地。尽管他们有这样做的动机，但他们未能找到绕过好望角的航线，这是因为航行的限制，还是另有其因呢？这个问题有待商讨。[71]总之，海洋航行的技能和技术要么是内生的，要么是外来的，并且在整个欧亚大陆能通用，欧洲在印度洋的商业扩张无法用航海优势来解释。

暴力与战争

一旦对欧洲非军事技术和航海的优势提出了质疑，另一观点就会随之出现：欧洲贸易主导地位的提高是其军事技术，以及精英们诉诸暴力和武力的意愿与决心的结果。面对和平的美洲印第安人，使用武力征服新世界被认为是欧洲暴力倾向的主要例证。[72]至于亚洲的案例则发生在16世纪初的数十年，葡萄牙人到达印度后不久，就和卡利卡特的扎臭林人发生了小规模冲突。另一个例子是，在17世纪初期，随着荷兰人和英国人的到来，暴力被加剧使用。在这一时期，还有一些重要的案例，包括：霍尔木兹之争，英国东印度公司和波斯在1622年从葡萄牙人手中成功夺取这块地方；安博伊纳大屠杀；1623年（印度尼西亚马鲁古）安汶岛事件，当时荷兰东印度公司人员对20名英国人和日本人使用了酷刑并将他们处决。[73]

欧洲人将暴力引入印度洋的另一个迹象可以在不断变化的海洋

法体系中看出。人们时常争辩说，尽管没有充分的文献证明，但在欧洲人到来之前，印度洋被认为是一片自由的海洋。即使是亚洲最强大的统治者，也没有挑战任何地区或族群的船只在海上自由航行和贸易的权利。[74]待葡萄牙人到来后，他们希望实行一个新的制度，根据该制度，海洋只属于葡萄牙国王，任何其他国家的船只都必须获得葡国国王的许可才能航行。葡萄牙人想采用早期在地中海东部发展的概念，证明超级大国的统治者管理公海是合理的。葡萄牙人的困难在于按照罗马法，公海不能归任何人所有。罗马人视地中海为"我们的海"（mare nostrum），将其与公海区分开来。如此一来，就很难确定该观点是基于对这片海域的所有权、主权还是管辖权。威尼斯人和热那亚人并未控制地中海的所有海岸，因此宣布地中海的部分地区（如亚得里亚海）为封闭海域（mare clausum），以证明对其拥有管辖权是合理的。此外，他们在区分所有权和管辖权时，使用了不同的理由。葡萄牙人将同样的理念运用在印度洋，称此地区为自身的管辖范围（尽管并非如此），并实行了卡塔兹许可证制度（Cartazes licensing system）。非葡萄牙船只必须在葡萄牙港口申请航行和贸易的许可，并支付一定的许可费用。未经许可的船只将遭到俘虏。当荷兰人到达亚洲后，通过格劳秀斯（Grotius）的理论发展出了一种相互竞争的海洋法概念，即自由之海（mare liberum）。根据这个理论，海洋是自由的，不能置于任何统治者的管辖之下。但这不是和平的概念，毕竟，格劳秀斯是荷兰东印度公司的律师。他被荷兰东印度公司聘用，以证明荷兰人捕获葡萄牙船只的正当性，最具体的事例为1603年捕获圣卡塔琳娜号事件，这起事件发生在今天新加坡和马来西亚的边佳兰之间。[75]

可以说，欧洲人在亚洲的暴力行为是欧洲频繁战争的延续。欧洲统治者发动了多场战争的原因是从中世纪到近代早期的欧洲，政治单元很小、分散且不稳定。有文献强调，欧洲发展出了有战斗能力的强国，而英国的财政与海军关系就是这种能力的一个典型例子。英国人能够在发展中的股票市场上征收更多的税款，获得大量的资金，从而建立起了一个帝国。18世纪，英国的财政支出还谈不上现代，其缘由是它主要用于军事，而且规模不断扩大，一直达到了现代的规模。这使得英国能够往世界上较偏远的地区派遣更多的舰艇和士兵，最为重要的是，其规模达到了法国和其他欧洲财政体系所无法竞争的水平，更不用说亚洲体系了。[76]由于拥有这种国家财政能力，英国海军在世界上占据了统领地位。英国掌管的海军舰船数量从1689年的100艘，增加到1815年的214艘，也就是说，从比法国海军更小的规模扩展到了其规模的近三倍。[77]但是，该文献仍然无法解开我们的困惑。英国的财政革命始于1689年前后，其海军仅在18世纪得到迅速发展，如此一来无法解释整个17世纪英国在亚洲的优势。"先发制人"可以较好地解释17世纪荷兰共和国贸易主导地位的提高，这一切都源于16世纪后期开始的财政革命。葡萄牙没有经历一场财政革命，但是在16世纪，它在印度洋占有重要地位。此外，因果关系的研究方向从通过扩大贸易来扩大税基，到改进收税机构，再到提高税收，进而到设计可靠的承诺手段，使统治者不占领土地，而是扩大国家债务，加强海军实力，以此来建立帝国。但是，这里我们想寻找的是在贸易征税开始之前，它们在亚洲获得成功的原因。

　　文献中的另一条脉络强调，欧洲频繁的战争是其陆军和海军技术发展的助力器。欧洲的技术优于那些暴力程度和战争爆发频率较低的地区。欧洲陆军和海军技术的优越性使其能够扩大贸易并最终征服世界。在 1550 年至 1600 年之间，欧洲的主要大国有 71% 的时间处于战争状态。在 1600 年至 1650 年之间，战时百分比为 66%；在 1650 年至 1700 年之间，该比例变为 54%。[78] 运用锦标赛模型，霍夫曼（Hoffman）得出结论，时刻濒临战场迫使欧洲的统治者采用上一场战争中最好的火药技术，并尝试改进和创新。他们广泛地采取边干边学的策略，一代复一代。频繁的战争推动了创新的脚步。

这并不代表亚洲人在征服中不使用暴力。正如成吉思汗和帖木儿一般，他们亦尽其所能地使用了暴力。但是在亚洲的某些地区，比如日本，政治的统一和稳定降低了战争爆发的频率；又如中国，在对抗以游牧民族为主的敌人时，先进的火药技术所起的效果不佳；或者像是奥斯曼帝国和印度莫卧儿王朝那样，国家税收和金融创新能力低下。亚洲人在陆地上的战斗多于海战。在 17 世纪，葡萄牙人、荷兰人和英国人的军队在整个亚洲都有被亚洲人分别击败的经历。关于暴力的有效部署，我们今天所熟知的在亚洲发生的欧洲人的领土殖民主义，主要是基于 18 世纪和 19 世纪的战争。由于我们对海战最为关心，因此让我们考察一下早在 16 世纪和 17 世纪，欧洲在船舶上更有效使用火炮的能力。

火炮与船舶

1965 年，希波拉（Cipolla）借鉴潘尼迦（Panikkar）写道："在整个 15 世纪，欧洲的科学技术发展迅猛。到了 1498 年，葡萄牙船只的军备在印度（和中国）海域是完全出人意料的新事物，这使得葡萄牙当即受益。欧洲的大炮比亚洲任何一种大炮都要强大。"[79] 希波拉称，舰船上的火炮可以解释欧洲在亚洲的扩张。由于西欧人建造的船只需要经受得住大西洋的浪潮和暴风雨气候，因此他们的船舶要比在地中海或印度洋上建造的较窄或较浅的船只更为结实和稳定，并且能更好地发射炮火。欧洲人开发了更为轻便、安全和小巧的青铜炮。但他们很快意识到，不应将火炮置于船头高处，而应架在舷侧，甚至尽可能靠近吃水线附近。这当然是一个普遍的观点。[80]但是，自希波拉的经典著作问世50年以来，情况变得更加复杂。

大炮和火药很可能源于中国，但传遍欧亚大陆却花了一些时间。然而，在我们讨论的时期内，它们已经被印第安人、阿拉伯人、奥斯曼人和欧洲人所利用。直到1571年勒班托战役失败之前，奥斯曼帝国在地中海不断向西扩张，攻打欧洲的海上强国，如威尼斯、热那亚及其拉丁盟友。即使在勒班托战役之后，他们在抗衡摩洛哥海岸的西班牙舰队中也表现出色。有人认为，在印度洋，当使用帆船而不是桨帆船时，16世纪的葡萄牙人较奥斯曼人有着更为明显的优势，这并不是指前者拥有较好的火炮或船只，而是由于他们能在甲板上布置更多的加农炮。[81]但还有人认为，正如我们在第12章中将要了解到的那样，奥斯曼帝国实际上在1525年至1550年期间阿拉伯海的战争中，击溃了葡萄牙人。[82]

与印度人相比，葡萄牙人借助甲板上的火炮获得了最初的优势。有新证据表明，印度人向他们学习。印度商人也在自己的船只上装置了大炮，但起初没有足够的空间有效利用它们。他们花了点时间之后才知道，为有效地使用大炮，需要舍弃一些商品，腾出更多的空间。否则，这些商品将处于危险之中。[83]印度的工程师还意识到，他们必须使船体变得坚固，才能在船上装载更多的武器。[84]到了17世纪初，印度本土船只可以装载足够的武器，并且与欧洲人一决高低。正如欧洲人聘请亚洲船员一样，印度船东也率先雇用了欧洲炮手，以确保火炮的正确使用。这些炮手成为向当地人传播知识的重要媒介。

面对中国，欧洲海军的能力受到更大程度的限制。在16世纪和17世纪，葡萄牙人和荷兰人都没有对中国大陆进行任何大规模的入侵。盘踞在澳门的葡萄牙人，每年都需要上贡。他们跟中国的贸易只局限于澳门。荷兰人也仅在台湾附近活动。即便如此，荷兰人也不得不在一个与潟湖隔开的半岛上修筑两个防御用的堡垒。1632年，荷兰东印度公司在福建沿海的料罗湾被明朝海军击败。1661年，他们再次败给了明朝忠臣郑成功，后者决定进驻台湾，并以此为基础抗击清军。最近，一份来自欧阳泰（Tonio Andrade）的分析报告中显示，荷兰人在中国人面前，显示不出任何的陆军或海军优势。中国人有自己的大炮，而且他们也仔细研究过捕获的每一门欧洲大炮。他们使用手枪，并对步枪进行试验。他们的部队训练有素，纪律严明。中国的帆船能很好地适应南海状况和季风特点。它们被证明在海战中卓有成效。只有当海洋状况更接近大西洋时，荷兰船舶和航行技术的优点才凸显出来，特别是在刮大风的深水区域航行时。荷兰人唯一的优势是建造堡垒。他们使用欧洲的技术，这些技术经历了数代人的战争和封锁才得以发展起来。[85]但这两个堡垒最终还是彻底失陷。总之，在我们研究的这个时期，中国与荷兰之间唯一一次重大战役中，荷兰人没有展现出明显的技术或航海优势，并且以失败告终。这次胜利为郑成功和他的子嗣，即郑氏家族提供了机会，使他们可以组建一家利润超过荷兰东印度公司的贸易公司。[86]

综上所述，欧洲人唯一明显的优势是他们能够在海战中，从船上有效地使用火炮。然而，希波拉犯了一个错误，这不是由于能力的缺乏，而是因为部分研究尚不存在，尤其是关于印度洋上的奥斯曼舰队，印度和中国的航运与火炮技术以及两国间的技术交流。

最后，我们得出以下结论：首先，较亚洲人而言，欧洲人在运输或航海技术上并未显示出任何优势；其次，亚洲人的船舶适应性更好，对印度洋的环境也了解更多；航海技术之所以相对容易传播是因为它并不限于某种文化或文明之中，因此该领域中的任何技术优势都可以在较短时间内通过技术引进来抵消。

我们可以假设欧洲人在帆船上使用火炮的能力略胜一筹，而不是在造船或航海技术上。这不是一个完全不合理的假设。然而为了有所区别，在印度洋上配备高级火炮的欧洲船只，其数量必须足够大。当它们参加海战时，这些装备精良的武器需要成为冲突中的关键因素，其结果是必须打乱亚洲商船的航行，通过拦截贸易路线或者对整个印度洋和南海起到震慑性的作用。这得发生在早期阶段，在欧洲商人的贸易主导地位可以通过其他方式，如组织性手段确保之前。18世纪的船只武器优势不能解释我在本书中要说明的内容。到目前为止，我还不能确定现有的历史研究是否可以证实这些疑题均已得到解决。我想鼓励更多的军事和技术史学家对所谓的欧洲在舰炮技术上领先的事实做进一步研究，尤其是围绕以下两个关键问题：亚洲人没有复制这项技术吗？欧洲人能否将该技术优势视作确保其在远程贸易中占据主导地位的决定性因素？只要研究尚未得出定论，针对贸易组织形式演变和迁移的学习就是值得的。这不仅是为了理解公司的出现（我那不太宏大的第一层论点），更是为了探讨更为宏大的第二层论点，即欧亚贸易中的组织（主要是公司）对于欧洲优势的影响。

请注意，本书并不试图解释或评估欧洲在亚洲的殖民，以及英国东印度公司与荷兰东印度公司在其中的作用。纵观两家公司的早期历史或者它们发展远程贸易的过程，暴力并不是主要因素。由于忽略了两家公司历史上的恶劣行迹，我可能会遭到批评。[87]对此，我的正式回应是：本书着眼于贸易，其时间轴截至1700年。这两家公司从实际层面使用武力以及进行土地扩张的事例，大多发生在18世纪和19世纪（就英国东印度公司而言）。众所周知，正是这种实际的诉诸暴力和殖民主义手段，使得其早期历史常常被不太准确地描绘成此后历史发展的伏笔。人们还错误地认为，欧洲在美洲犯下的暴力罪行也能反映亚洲的事实。早期的荷兰与英国的东印度公司都是贸易企业。与亚洲的商人和统治者相比，欧洲人没有压倒性的海军或陆军优势。在1600年，那种迫使德里或北京屈服于荷兰或英国的商业或政治要求的观点是荒谬的。直到17世纪末，英荷两国统治的土地范围仅包括少数香料岛屿和一些港口城镇。[88]他们从来没有计划征服大片领土、建立殖民地或让亚洲统治者屈服。在某种意义上，欧洲人称霸亚洲是基于其海军技术和一贯的暴力政策主张，这种说法带有欧洲中心主义论的色彩，与后来出现的论点背道而驰。

通过排除暴力和其他缘由，本书确定还存在广泛的历史研究空间，可以将重心放在两家姗姗来迟的贸易公司的早期历史，以及它们在组织方面遇到的挑战和相应的解决方案。淡化暴力在17世纪的作用，并不排除这样一种可能性，17世纪初的组织创新使公司得以进入下一历史阶段，这些公司在18、19世纪成为殖民企业，依靠军事力量，并对日益增长的亚洲人口行使主权。

第2章

理论框架：制度发展与环境互动

为什么要发展专门的贸易制度？这些制度能否有效解决商人所面临的远程贸易问题？在缺乏同时代证据的情况下，我们该如何回答以下的问题：建立制度的法学家、政治家和市政议员们的意图究竟何在？那些实施了制度的商人们，其经验又是怎样的？理论可以带领我们走很长一段路，但它不能完全替代历史的烙印。在历史的背景下，虽然理论可以提供尝试性的解答，但史料并不总是存在，而同时代人也不一定理解采取相关制度的前因后果。本章将概述所选择研究的制度及其发展，尤其是贸易组织发展的理论框架。首先，讨论可用于静态分析的理论，然后研究在制度所处的环境中，有助于其动态发展的理论，最后得出缺乏制度迁移研究理论框架的结论。第4章将介绍从其他学科和领域中可以借鉴的理论知识，这点对于研究制度迁移，尤其是贸易组织的迁移能起到积极作用。最后，第12章将提供一些理论见解，这些理论有助于了解制度迁移的阻力。本书旨在为不同学科的读者服务，经济史学家和专门研究公司的学者可以跳过本章中他们所熟悉的部分。

我在此所提的制度是什么意思？在社会科学的不同学科中，制度的定义是多种多样的。[1]在经济学中，一个著名的定义来自道格拉斯·诺斯（Douglass North）："制度是社会游戏的规则，或者更恰当地说，是用来塑造人际交往的人为约束。"[2] 阿夫纳·格雷夫（Avner Greif）提出了另一个较为新颖且颇具影响力的定义："制度是由社会因素构成的系统，这些因素共同产生了一种行为规范。"[3]

制度取决于一些规则和规范，而它们又制约着远程贸易者的交易。规则和规范由人为制定，并不是自然存在的。但是它们对于交易者来说是外生的，完全不受他们的控制或改变；它们不以物理形式存在，也不像工具或建筑。然而，我认为制度不能简单概括为法律规则和社会规范。相反，它包含了由规则和规范组成的系统，受其约束的个人，激励个人遵守规则和规范的手段，以及对违反规则者所采取的制裁。规则本身既可以是自发创建的，也可以是有计划地起草的，也就是说，它既可以是非正式的，也可以是正式的。例如，适用于制度的非正式规则可能有以下几个特点：非书面的、含糊不清的、基于非货币形式进行利益分配的、未明确指定的、预先支付的或不可强制执行的。相反，从积极的意义来说，适用于制度的正式规则可能意味着是"合法的"，即由主权国家颁布，或者即使不是由国家颁布，也满足法律体系承认的规则标准（如公共习俗）。由于本书仅限于合法的制度，因此我将不再旧调重弹，讨论如何区别规则的合法性或社会规范。[4]

也许有人会觉得，这本书因涉及船舶、商队、亚美尼亚商人网络和葡萄牙国营航运，所以不是一本严谨的历史著作。但我认为，如果对在任何地区都可能出现的组织选项（正式或非正式的，法律的或社会的）都不了解，就不可能清楚地理解合法的商业组织形式，如康曼达（commenda）或公司（corporation）。本书不仅涵盖全部的组织形式，还包括创建管理它们的所有规范，从统治者的法令和法规，到渊博的罗马法学家的法典，到宗教法典、宗教教义和三个一神论宗教法庭的裁决，再到不成文的商业习俗、商务法典以及各类族群、氏族和家族规矩。这些同样适用于执法机制和制裁。书中所包含的制度受约束于国家法庭、宗教法庭、商事法庭和商业惯例。其制裁范围包括死刑、征收、从城市或社区中放逐、解雇代理商、终结合伙关系或拒绝与商业同伴展开新的业务。

诺斯将组织与制度区分开来。他认为，前者是参与者，而后者是规则。这不是本书分析组织的意义所在。诺斯谈及的组织在制度框架内运作，并且在外来强加的制度约束下，推动自身的战略目标实现、使利益最大化、夺得政治权力以及培养信徒等。换句话说，与其聚焦于诺斯所指的组织（例如亚美尼亚商人网络及其在新朱尔法的枢纽，以及我提供的其他类似示例），本书研究了商人网络的一般制度性结构，即制度。不同于诺斯的角度（特定组织），本书将蒲氏或富格尔的家族企业视为一种制度；对于英国东印度公司，本书不把它看作特定组织，而是作为一种制度，即股份制商业公司。特定组织会在相关的微观研究中得到分析。但这一切都是为我们更好地理解制度的形成和转变而服务的，这也是本书作为一个整体的意义所在。

本书的主题为"商业组织"，这可能会让读者对制度和组织产生困惑。本书中的商业组织是指为了实现某些商业目标而共同合作的一群人。本研究所选的商业组织形式，大体存在于1400年至1700年间的不同地区中。其主旨在于一般形式本身，而不是采用它们的特定组织。因此，我只能使用"组织"一词，指的是一般性的组织形式，例如商业公司或康曼达。然而，有些读者可能会使用

"组织"一词代指行商、船舶、商队、统治者经营的企业或商人网络。因此,对于前者,我将使用术语"组织";而对于后者,则使用"制度"。通篇而言,这两个术语其实可以互换使用。此外,我在本章和本书剩余部分中使用的一些理论文献,可归纳为新制度学派,使用术语"制度";而其他的著作则属于组织经济学或更为宽泛的组织研究。[5]在理论讨论中,我尝试遵循理论发明者所使用的术语,这也是促使我采用这两个术语的另一个原因。

静态制度分析

在过去的三代人当中,经济学科经过很长一段时间才将其关注焦点从市场转向等级和制度。在市场中,公司会与其他公司或消费者产生交易。法律在交易和公司方面扮演着重要的角色,基于这一点,学界对公司内部关系方面的研究也有了显著的突破。自1960年以来,相关理论方法的发展包括:交易成本经济学(从科斯开始),公司理论(科斯、詹森和麦克林、哈特),[6]产权(阿尔奇安和德姆塞茨),[7]合同和代理理论(威廉姆森、麦克尼尔、麦考利、法玛和詹森、艾尔斯和格特纳),[8]信息经济学(阿克洛夫、斯蒂格利茨、斯宾塞),[9]有限责任理论(伊斯特布鲁克和费希尔),[10]资产划分理论(汉斯曼、克拉克曼和斯夸尔),[11]以及公司治理和财务理论(别布丘克、布莱克、洛克)。[12]到目前为止,用于制度静态分析的理论工具来自应用经济学和法律经济学所提供的标准工具。如今,理论可以为研究制度在其环境中的功能、所面临的问题以及可能产生的影响带来帮助。在针对制度及其功能的静态分析中,我会直接或间接地引用相关的文献资料。我并不打算在方法论上有所创新,也不会去强化现有的理论工具。本书的贡献是将大众所熟悉的工具（通常仅适用于现代组织形式，主要为公开交易的公司）应用于近代早期欧亚贸易中出现过的组织形式，例如旅行代理、家族企业、合伙关系、商人网络和早期公司。

动态制度理论

道格拉斯·诺斯和历史新制度经济学派（HNIE）的建立旨在将动态的制度分析，即制度如何随时间演变的分析，整合到经济史和经济理论当中。[13]诺斯的过人之处在于，他将西方的崛起归因于其有能力设计保护产权、分散风险、监控代理商并降低交易成本的制度。

在一系列的模型中，人们可以找到经济学家和经济史学家探讨制度的四个阶段。[14]在第一个阶段，制度（包括法律制度）被视为市场的先决条件。但是，学者们未曾研究制度本身，他们以"公司"的方式来处理，只检查其投入和产出，而不是当中的结构或管理方式。在这一阶段，学术界的兴趣焦点仍然集中在市场以及制度对它的影响上。第二阶段的问题关乎制度如何发展。答案是由于经济的变化，如扩大市场或新技术的形式，从而改变了创建和转换这些制度的动机。假设制度是由需求所产生的。第三阶段产生的理论模型在结构上类似于第二阶段的，但是增加了供给方的政治、法律、文化因素，以及需求方的经济因素。[15]经济学家开始意识到，法律和制度并不是一旦有需求，就会从国家那里得到满足的。对制度的需求只有在供给方因素出现时，才会被满足。在第四阶段，人们意识到这一过程是相互的，国家（包括其法律）与市场之间不断的互动，带来了制度的产生和发展。这些模型旨在解释经济和法律变化的内生性，阐述相互作用的制度与环境间的联系。从经济变化的角度出发，一方面通过其对合法制度（如财产权）的价值及其对利益集团得失分配的影响，另一方面通过涉及交易成本（有时会改变抑制）的国家法律与政治程序到产权的变化，进而再回到对经济绩效的影响。20 世纪 90 年代，包括诺斯、巴泽尔和利贝卡普在内的几位新制度经济史学家发展并实际证明了制度变迁的第四阶段模型。[16]

如图 2.1 所示，人们可以从中得出结论：自 20 世纪 70 年代以来，制度理论的发展与制度演变的随机方向可分为四个阶段。图中的箭头则表示经济学家和经济史学家如何把握每个阶段的制度与环境间的因果关系。

1993 年，因研究气候革命（以及随后 40 年的经济史实践）而获得诺贝尔奖的两位主要人物是罗伯特·福格尔和诺斯。这一奖项为提高人们对制度重要性的认识创造了良好的机会。[17] 自 20 世纪 70 年代以来，用于研究制度如何与环境互动的理论得到空前的发展。在研究内生性制度动态演化时，我将使用相关的理论（20 世纪 70 年代以前，没有任何经济、法律或国际贸易方面的史学家使用过）。

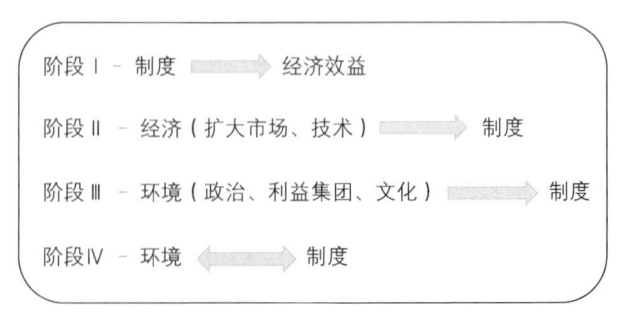

```
阶段 I  - 制度 ══════▶ 经济效益

阶段 II - 经济（扩大市场、技术）══════▶ 制度

阶段 III - 环境（政治、利益集团、文化）══════▶ 制度

阶段 IV - 环境 ◀══════▶ 制度
```

图 2.1 制度研究的各个阶段

在保罗·大卫（Paul David）和布莱恩·亚瑟（Brian Arthur）的理论观点中，我们可以找到一个介绍动态制度变迁分析的有用例子，两人将路径依赖的概念引入了制度变迁理论当中。[18]在此前的理论中，普遍存在的假设为制度将在与环境的接触中不断演变，并朝着更高效的方向发展。大卫和亚瑟则表明，在特定情况下，如增加回报和网络效应，结果可能会有所不同。路径依赖理论最初被用于技术的采用，之后又拓展到不同的制度上，包括组织形式，例如别布丘克（Bebchuk）和劳（Roe）宣称，路径依赖促成了现代公司的发展。他们区分出两种路径依赖：结构驱动和规则驱动。所有权的初始结构对未来的所有权结构有着直接影响。此外，所有权的初始结构对法律规则具有重要影响，因此在这些规则的制定过程中产生了路径依赖。根据别布丘克和劳的说法，这两种路径依赖的结合造成了世界先进经济体在组织法和组织结构方面的差异。[19]

只有少数制度经济学家对贸易制度进行了分析，而进行动态分析的就更是少之又少；若是在欧亚（而非欧洲）贸易的背景下去分析，就更加稀少。诺斯非常笼统和抽象地谈论了三个边际成本上的组织创新：① 增加资本流动性的组织创新（规避高利贷、采用汇票、改善代理控制）；② 降低信息成本的组织创新（印刷价目表、贸易手册）；③ 可分散风险的组织创新（保险、投资组合多元化）。[20]卡洛斯（Carlos）和尼古拉斯（Nicholas）同琼斯（Jones）和维尔（Ville）围绕着两点展开辩论，即 17 世纪的远程贸易公司是可构成有效的合并（以缓解代理商问题并降低交易成本），还是会导致公司效率的低下（为寻求和提取垄断租金）？[21]还有一些研究将英国东印度公司的建立解释为纵横双向的整合，以及作为处理公司总部（包括各种要素）与亚洲服务商之间代理问题的手段，这些研究具有一定的价值。[22]此外，另一些研究则分析了欧洲、地中海和中东的贸易制度。[23]

比较制度分析

如前一部分所述，有关制度与环境之间关系的经济理论研究不断取得新的成就。但在分析制度相关知识的转移方面仍有所欠缺，因此比较研究是朝这个方向迈出的第一步。新制度经济学在初级阶段并不具有可比性，但最近在此框架下展开研究的一些学者增加了一个比较的视角。[24]他们提出了新的问题，即为什么一个环境会产生一套制度，而另一个环境会产生另一套制度？运用比较的方法有助于区分和辨别在不同环境中产生相关制度的因素。[25]格雷夫比较了商人在北非和意大利组织贸易时的不同方式，并将这种差异归因于集体主义和个人主义之间的社会性差异。[26]库兰（Kuran）比较了伊斯兰中东地区和欧洲的制度发展。近期，鲁宾（Rubin）也比较了这两个地区，并给出了不同的见解。[27]彭慕兰（Pomeranz）对比了中国和欧洲的经济发展，特别注意到了制度在其中的作用。[28]最近，罗森塔尔（Rosenthal）和王国斌也多次强调了制度的重要性。[29]他们主要分析了中国人格化且非正式的合约方式及网络，与之相对应的是欧洲那种更为正式、有法律基础且非人格化的合同。更近些时候，张泰苏还将中英两国的典当和抵押贷款进行了比较。他展示了制度的细节差异产生的缘由，以及这些差异如何对经济增长与社会平等之间的不同权衡产生影响。[30]站在经济学的角度去理解，他们的论著可以被视为制度演变的第五阶段。图2.2展示了这一阶段制度与环境关系的研究。此外，研究中增加了比较的维度，用于解释不同制度在不同背景下的发展。

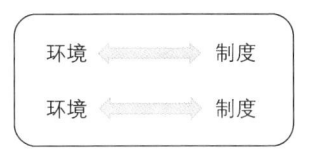

图 2.2　制度研究的第五阶段
　　　　——比较研究

在第五阶段，比较视角的增加体现在一套制度及其环境与另一套制度及其（不同）环境的比较。这一阶段的主要目的是通过所处的环境或与环境的相互作用过程（用双向箭头表示）的差异来解释不同的制度套系。假设第四阶段制度演化的互惠模型在第五阶段的研究中也适用，那么第五阶段的比较研究，不论是从方法还是从历史角度来看都会显得格外深刻，为本书的研究打下基础。这些研究可能会唤起人们对环境之间的差异或两个区域内相互作用机制差异的关注。此外，它对于研究内生性制度也大有用途。由于比较研究不包括对各种环境间制度迁移的分析，因此它们对于迁移性制度的研究用处不大。

识别出不同环境中制度间的区别促使我们要解决下一组问题：每个环境是否意识到在另一个环境中发展出的制度？例如，意大利人知道马格里布的制度，奥斯曼人知道欧洲的制度，那么欧洲人知道中国的制度吗？如果是，他们考虑过将其引进吗？如果不是，那是因为这些制度与观察方的环境不相适应吗？或者，换言之，有充分的理由不引进它们，因为它们不能有效地解决本地区的组织问题？还是它们可以有效地解决另一个地区的问题，只是因为路径依赖、封锁、成本转换、既得利益集团反对、宗教异议等原因而无法引进？可以确定的是，那些非正式网络或合伙制比正规且合法的制

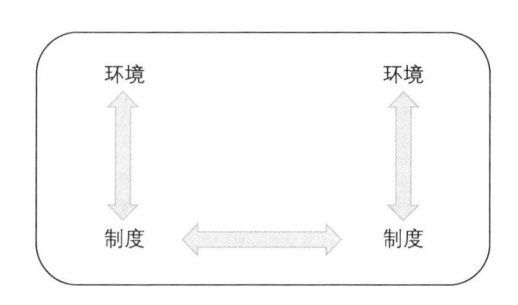

图 2.3　第六阶段——制度的迁移和移植

度更为有效，但当它们失去效用时，便成为阻止引进更为正式且合法的制度（如公司）的障碍。本书的目的是深入分析这些与制度迁移有关的问题，正如图 2.3 中的水平箭头所示的那样。[31]

根据本书采用的框架，用水平箭头连接的制度表示可以迁移，但我们是否拥有为分析水平箭头提供依据的制度性理论呢？

关于法律/制度迁移影响的计量经济学研究

纵观过去 15 年，一系列令人瞩目的经济研究主要是关于制度迁移的影响。但是，正如我们所见，经济学家们大多关注制度迁移对经济发展产生的影响，而不是制度的具体设计或制度迁移的原因。

珀塔（La Porta）、洛佩兹·德西兰斯（López de Silanes）、施莱弗（Shleifer）及魏施尼（Vishny）在法律和金融方面的研究极具影响力，他们的研究发现，法律渊源对于经济效益至关重要。股票市场的资本化和经济增长是根据当前法律体系的法律渊源和法系来预测的。一个国家法律体系所属的法系决定了这个国家的经济效益。其现代法律由法国法移植而来的法律体系，表现最为糟糕。而其法律渊源为德国法的法律体系,有着更好的经济效益。最为出色的当属英美法系。亚洲、美洲和非洲大部分法律体系的法律渊源是通过欧洲殖民政权引入当地的。珀塔、洛佩兹·德西兰斯、施莱弗和魏施尼认为,由于大多数国家的法律都是从外部移植而来,并且是在非自愿的情况下由殖民政权引进的,所以在不知不觉中便解决了因果关系问题。[32]这并不是说发达的经济体就采用普通法系,普通法系国家的发展也离不开其法律渊源。因此,一旦在普通法系的法律渊源和经济效益之间发现计量经济学上的相关性,其缘由必定是从法律到经济效益,而不是相反。经济产出方面的差异可通过各个法系的变化机制来解释。[33]大陆法系以成文法或法典为基础,与之相比较,以判例法为基础的普通法体系,应对经济需求变化的速度更快。

阿西莫格鲁(Acemoglu)、约翰逊(Johnson)和罗宾逊(Robinson)在一系列颇有影响力的文章中,以不同的方式解决了因果关系问题。[34]他们的理论依据是早期欧洲人(士兵、主教和水手)在全球各个殖民地的死亡率,这一方面表明了在当地建立长期定居点的可行性,另一方面体现了殖民地早期的制度类型。由于惯性效应,这些死亡率仍在影响着当下决定经济状况的制度。那些无法供欧洲人定居的殖民地(鉴于高死亡率),出现了攫取性体制。而欧洲人定居的殖民地则发展出了与欧洲相似的体制,这既可以保护私有财产权,又可以在抗衡政府征用时实现制约与平衡。实证结果充分支持了该理论,即死亡率与制度、经济效益(如人均收入等)与制度之间,存在很高的关联性。死亡率是经济发展的外生性因素。当把捐款和其他变量都考虑在内时,这种相关性会保持在稳定的水平。其结果是,那些与财产权保护密切相关的法律和政治制度决定了经济发展。这些制度跟随着移民的流动而迁移,而不是像珀塔、洛佩兹·德西兰斯、施莱弗及魏施尼所阐述的那样，随着殖民的政治权力而迁移。

珀塔、洛佩兹·德西兰斯、施莱弗及魏施尼和阿西莫格鲁、约翰逊及罗宾逊均未研究法律制度实际的迁移及其成因。他们通常依靠法学家，尤其是比较法学家来获得法律数据。他们不会效仿法律史学家，关注法律制度迁移的细节。他们的分析以欧洲帝国为背景，局限于欧洲殖民时期欧洲法律的迁移。关于研究制度如何伴随政治和军事力量从帝国中心向海外殖民地迁移，这是一个相对简单的话题。这些作者并未研究近代早期欧亚大陆更为复杂的迁移环境。然而，他们的结论对我们具有一定的价值，这体现在：① 在他们的背景下，法律和制度关系到经济效益；② 迁移是普遍现象并产生了不同寻常的影响。

法律移植文献

如果经济理论尚且不足，我们还可以使用迁移的法律理论吗？就我们的目的而言，最为重要的法律文献关乎法律移植。针对罗马法和普通法迁移和传播的研究可追溯至 19 世纪。但是，"法律移植"一词仅在 20 世纪 70 年代才由比较法学家兼法律史学家艾伦·沃森（Alan Watson）提出。[35]有关法律移植的文献充分证明，在任何既定的法律体系中，有相当一部分法律规则和法律制度并非在本土发展形成，而是引进了其他的法律制度。[36]本书所坚持的观点是不少法律制度都属于迁移类型。

从历史上看，罗马法伴随着罗马帝国的扩张而遍及欧洲和中东地区。罗马法在中世纪晚期再次复兴，除英国外，欧洲不少地区都对此表示欢迎。之后，罗马法又随着西班牙、葡萄牙、荷兰和法兰西诸帝国的扩张，进入拉丁美洲和其他地区。英国法律随着侨民来到了北美和澳大利亚，后来又因英国殖民官员的执行，使其在亚洲和非洲的殖民地生根发芽。法国大革命将法国法律传遍了整个欧洲，而拿破仑法典则被那些新独立的拉美国家引进，并被强加于法国在海外的殖民地。

法律移植文献为研究制度迁移提供了一个绝佳的框架。据估计，移植更有可能出现在较为普遍的法律领域，而不是在那些地方文化根深蒂固的领域。有人认为，法律规范应比法院的裁定更为灵活。需要注意的是，由殖民政权强制实行的法律移植与由主权国家主动引进之间的差别，通俗点来讲，就是"自上而下"和"自下而上"（本土法学家主动采用另一个司法管辖范围的法律）之间的区别。它指出在各种环境中，其规则在移植后都要进行调整；此外，还有一种被称为"法律刺激"的现象，即移植要么遭到拒绝，要么迫使当地法律围绕着它重新调整。[37]

如果法律制度确实可以在不同的环境中迁移，且历史上的迁移是一种常态，那么某个特定制度在既定的环境中出现，可能不仅仅是环境与演变的制度间的内生和互惠相互作用形成的结果。迁移和移植的机制以及由此所引发的反应，可能会在很大程度上影响到迁移性制度的传播和发展，这些问题到目前为止尚未得到充分研究。

有关法律移植的文献主要存在两个短板。首先，它倾向于以欧洲为中心，大多研究欧洲法律的扩张。尽管法律移植文献也涉及欧洲以外的地区，但到目前为止，对非欧洲法律的移植关注较少。由此带来的结果便是，相关领域的方法论成为专为研究欧洲法律的移植而量身定制的。同样的情况出现在以此为基础的法律渊源文献和殖民地渊源文献。第二个短板在于，到目前为止，法律经济制度，尤其是贸易组织制度从未被太多地关注过。当然，也有少数例外，但对这块内容感兴趣的人毫无意外都不是法学家。[38]法学家们研究的法律移植文献主要集中在民法、合同、侵权行为及财产权等领域。因此，同样为贸易组织研究而制定的方法论有待开发，对其扩张的叙述亦是如此。

结　　论

从这个理论性的章节可以"收获"什么？在过去的半个世纪中，关于交易成本经济学、公司理论、产权理论、合同与代理理论、信息经济学、有限责任理论、资产划分，以及公司治理与财务等方面的学术研究蓬勃发展，这一点彻底改变了我们对贸易组织的理解。在分析交易者面临诸如商业融资、风险和负债分配、监控代理、资产集合、利润共享及收集和传播信息等问题时，这些理论框架尤为有效。此外，它们还在评估各种制度设计的有效性和确定缓解此类问题的方法时，显得卓有成效。

这些理论在静态分析时效果显著，而在动态分析贸易制度的形成和演变时却稍显逊色。关于这一方面，道格拉斯·诺斯所属的历史制度经济学派可以派上用场。该学派首先提出了一个用于考量环境、市场、政治等因素间因果关系和制度的框架。针对一个领域的变化如何影响另一个领域，该框架进行了假设。动态理论不像静态理论那般严谨，也无法提供精准的预测。这不是批评，而是观察的结果，它来自一个更为复杂和动态的现实，这也是该理论试图去解释的内容。历史制度理论对本研究的主要贡献在于制定研究议程和关注研究问题。制度迁移和法律迁移的经济法律理论仍处于初级阶段。此处调查的文献亦不足以满足我的需求。第 4 章试着为研究组织形式迁移提供一个原始框架。第 12 章将为研究非迁移、制度的嵌入性以及迁移阻力，提供一个初步的框架。

20 世纪六七十年代以前那些关于欧亚贸易制度的研究，未曾使用过本章节所讨论的基本理论，因此显得有些过时。任何没有采用过这些理论观点的近期研究，也错过了一个重大的机遇。本书的主要贡献之一，是它抓住了制度经济学和组织理论提供的新机会，并利用这些理论来分析远程贸易组织的运作。

第二部分

组织性构成要素

第3章

一般性构成要素

本章指出,在欧亚大陆的不同地区,许多远程贸易组织的前身制度都曾本地化、独立化和地方化发展。对于制度的内生起源,通常不存在直截了当的证据。一个拥有地方特色、结构简单且没有明显迁移迹象的制度,可以称之为内生性制度。内生性制度往往是有机的,正如行商、家庭或是那些简单制度的案例所显示的那样,它们涉及借贷、代理或船舶等基础功能。它们遍布欧亚大陆,但没有任何证据表明其自身独特的历史渊源或明确的迁移路线。因此,我将它们归为内生性组织形式,并作为(欧亚大陆意义上的)一般性构成要素。

我将介绍内生性制度的三种基本形式:个体行商;借贷与代理的基本双边关系;作为组织单位的船舶。本章包含三个微观研究:① 古罗马时期被称为穆泽里斯纸草(Muziris Papyrus)的贸易文件,其中涉及埃及与印度间贸易的借贷和代理;② 吐鲁番契约(Turfan contracts),反映了7世纪至10世纪丝绸之路上的行商情况;③ 有关印度洋船舶的运营和所有权。

行　商

行商［古代欧洲文献中称之为"流动商贩"（peddlers）］是带着商品四处行走的个体商贩，他们把商品卖给终端消费者、店主或其他贸易商。行商通常会步行或使用牲畜拉着推车，以此携带货物。丝绸之路贸易通常是由行商构成，他们中的每一个人只负责其中的一部分。[1]吐鲁番契约作为案例之一，会在本章得到分析。在部分海上航线中，行商会乘船旅行，比如像无数在南海搭乘桨帆船的行商那样。[2]在这一部分中，研究的沉船和船舶是最有力的说明。

范勒尔（van Leur）提出了"小规模流动贸易"的概念，他明确指出，在1500年前后欧洲人到来之前，欧洲对亚洲贸易的传统看法认为它是原始的、小规模的，主要由小商贩和廉价商品构成，至于船舶也大多是为了短期沿海航行而设计的。[3]梅林-罗洛夫斯（Meilink-Roelofsz）则认为，恰恰相反，早在欧洲人到来之前，亚洲就已存在高度复杂的贸易体系。阿拉伯、波斯、印度、中国和爪哇的船只可以在印度洋和南海进行远距离的航行。[4]另一方面，流动商贩在近代早期的欧洲也非常普遍。[5]

家 族 企 业

在不同的时间和空间，家庭均参与了欧亚贸易。这一点有各类迹象可以表明。乍一看，家庭似乎是社会和商业的基本有机单位，并在人类的各个文明中都曾出现。一个扩展家庭（extended family）

的规模越大（如三世同堂加上一些已婚的夫妇，有时甚至是一个家族），它所能维持的贸易企业的规模就越大。如果家庭的结构不同，那么它们在组织生意时所扮演的角色也会有所不同。自20世纪60年代以来，社会史学家们和人口史学家们一直认为，欧洲的家庭在欧洲工业化之前就已成为核心家庭，这一点与工业化无关。对我们而言，重要的是扩展家庭朝着核心家庭的转变发生在本书的开始年份——1400年之前。就婚姻大事而言，罗马天主教会成为早期的推动力，教会一直宣扬夫妻二人要两相情愿而不是父母包办，它还反对与第二和第三旁系亲属结婚。这带来了今后出现的社会规范，即所谓的新居婚姻，要求新婚夫妇建立自己的家庭，筹办新房、晚婚以及减少通婚。[6]与扩展家庭相比，核心家庭规模较小，在劳动力、资本和商品供应方面必须更多地依赖市场，而不是在家庭内部交易。[7]核心家庭的模式大量存在于欧洲的西北部，在低地国家和不列颠群岛尤为普遍，但并没有传播到南欧或东欧。

西北欧家庭结构的独特性对本书产生了两个影响。首先，与扩展家庭社会相比，核心家庭社会可能会缩小目标，并影响其所创建的商业家族企业类型。其次，由于核心家庭较难自给自足，它们更为广泛地依赖市场。因此，对组织替代品的需求可能会出现在欧洲西北部的家族企业，并最终促使商业公司形成。上述的第一个影响关乎家族企业的演化，它不适用于远程家族企业，而适合其他类型的家族企业。就规模而言，远程家族企业似乎一直处于家族企业分布的顶端。第6章中讨论的欧洲家族企业来自城市、意大利和德意志南部，并且是由非常富有的家族来维持的。这里对农村、西北欧、中下层家庭不予以分析，它们是核心家庭文献当中的典型家庭。来自佛罗伦萨和奥格斯堡的商人家族，其规模更加庞大，它们采取战略联姻及其他婚姻方式,与农民和工匠(手工业者)相比,扩展家庭的结构更接近于帝王家庭和贵族家庭。[8]上述的第二个影响涉及商业公司的发展,将在本书第四部分予以讨论。在第10和11章中,英国和荷兰共和国将成为关注的焦点,那里普遍存在规模较小的家庭。[9]第12章将考察中东、印度和中国的家庭对于企业替代品发展的影响。

我想在这里提出一个与家庭有关的企业和家族企业的基本分类。在大多数文明中,家族企业不受特定或具体的法律框架约束。有一些法律可适用于这些企业(尽管企业自身不会去选择),其中包括家族法、财产法、代理法和合伙法。家族不仅要将自身置于法律之下,还要受制于社会习俗、法规和制裁。家族企业的分类不是基于法律上的区别,而是根据内部的组织和规模。

事实上,第一类家庭参与的商业,即由家长领导的家庭企业,可与独资企业相对应。在这一类中,家长是家庭中唯一参与商业活动的成员,犹如行商或个体商人。家长在贸易中挣得的钱财,随后会供应整个家庭的消费。因此,企业的基本实体是家长本身,而不是家庭。

第二类,家族合伙关系,包括不同家庭的成员为同一个家族企业服务,成员可代表家庭作出集体决定,并让作为一个整体的家族效益最大化(不一定是指金钱方面)。每个人都愿意为了家族而牺牲自我。在家族社会或集体社会中,个人并不视自己为效益或利润的最大化者。在工作中,他会利用整个家族的资源,并且为了整个家族而奋斗。人们常常认为,家族成员间的信任程度很高,在传统社会中,家族内部的欺诈和监督是最为有限的。这些家族并不将个人资产与企业资产分开。家族在贸易人员之间起到了协调的作用。

第三类,家族企业,包括非家族成员,可以为更大规模的生意提供平台。这类家族企业从两个方面来说更像大型合伙企业。首先,它允许非家族成员担任要职,这些人往往有权分享红利。其次,企业的构建不再单纯是自发的或有机的,而是经过精心设计的且有约在先。这种家族企业可以演变成跨国或跨文化的实体基础,也可以成为更为广泛的族群商人网络的组成部分。第 6 章将探讨三家大型家族企业。

借 贷 和 代 理

从内生性制度中的行商再进一步便是双边契约。在组织层面,简要地说,海上远程贸易可以使用三种基本的双边合同形式:借贷、代理以及合伙关系。借贷的基础为事先约定好的资本使用份额。借贷允许一个财产有限的旅行商人,甚至是流动商人,为自己的生意融资。代理是以事先商定的劳动报酬为基础。代理可以让一个更富有的商人从事贸易,却不实际承担长途旅行所带来的艰辛和高风险。合伙关系基于事后利润(正面)或亏损(负面)的分摊。合伙关系可以是以资本为基础,也可以是以劳动为基础,或者两者兼而有之。它不仅允许两个或两个以上的个体分担投资和风险,而且可以分配劳动。借贷和代理是最有可能的内生性组织形式。而对我来说,合伙关系是一种组织形式,它可能是内生性的,但在研究现阶段却不能肯定它是内生性的还是迁移性的。

微观研究:穆泽里斯纸草中的借贷和代理

罗马帝国与印度间的贸易

早在古希腊罗马时期,地中海和印度的商人便开始相互贸易。[10]

随着希腊和罗马的水手学会了如何应对季风,他们更加倾向于选择红海和印度洋的海上路线,而不是那些需要穿越叙利亚沙漠、美索不达米亚和伊朗高原的陆路贸易路线。[11]海上路线通常始于地中海的亚历山大港,之后沿着尼罗河到达科普托斯,再通过骆驼商队穿越沙漠来到红海的迈奥斯-霍尔莫斯港或贝雷尼克港,最后穿过红海进入印度洋。[12]贸易的目的地包括东非海岸、印度南部的马拉巴尔海岸、斯里兰卡,可能还会向东到达更远的地区。那些进口到罗马帝国的商品有奢侈品(如丝绸、珍珠和象牙)、香料、熏香等无数异域商品。[13]

对于罗马时代埃及和印度之间的贸易组织,人们知之甚少。很显然,罗马法在各种法律文本中都有很详尽的记载,尤其是《民法大全》。从现存的手稿中可以大致了解印度洋航线上的贸易惯例。[14]然而,除了极个别的穆泽里斯纸草,当下有关组织的文件几乎不复存在,这一微观研究便是围绕着它来进行的。

本书的起始时间为1400年,那为什么第一个微观研究是有关公元2世纪的莎草纸呢?答案是,它为我们了解古代欧亚贸易的组织实践提供了一个重要的线索。事实上,它是中东和印度之间商人贸易契约文本的最佳来源,它持续了近千年,从古代到中世纪早期,再到开罗犹太经冢(Geniza,我们的微观研究将依此展开)时代。这项微观研究涉及罗马时代的基本元素,如借贷和代理协议,它们长期存在于欧洲和中东,直到公元的第二个千年。微观研究同样很重要,因为它展示了在稳定的政治环境中,即基础设施密集、经济相对发达的情况下,应该如何组织贸易。

穆泽里斯纸草

穆泽里斯纸草,因印度马拉巴尔海岸的港口而得名,也被称为维也纳莎草纸,因为它是1980年由奥地利国家档案馆最先从一名古董商那里购买得来的。它可以追溯到公元2世纪中叶，用希腊语书写，但其在埃及的确切起源地无从得知。穆泽里斯纸草的首个抄本于1985年公布于世，后被多次再版、翻译和注释。[15]

这份莎草纸正反两面都有不完整的文字。它的反面有一段关于赫尔马波龙（Hermapollon）号船从印度到埃及单程运输货物的描述。它根据重量和价格来计算价值和海关费用。在保存完好的一栏中，可以辨认出的货物包括60箱的恒河石楠（一种香料）、象牙和象牙碎片。清单的大部分内容未能保存下来，确切的价格计算也不够清楚。[16]据估算，这批货物的总重量近4 000千克，按亚历山大港的税后价格来算，其价值接近700万德拉克马（drachma），这是一笔巨大的金额，相当于当时在意大利罗马购买一处豪华房产所需的数目。

这份莎草纸的正面看起来颇似合同。鉴于它对本书（贸易组织法律方面）微观研究的重要性，我将提供全文，并使用拉思伯恩（Rathbone）的抄本和2000年的英文译本，以及莫雷利（Morelli）于2011年修订的版本（标有 *）和格林·埃弗斯（Grønlund Evers）于2017年所出版的版本：

穆泽里斯纸草（SB XVIII, 13167）

正面，第二栏（第一栏已丢失）

——] 你其他的管理人员或经理，还有合同呢（?）

我将给（?）] 你一个值得信赖的骆驼夫 [——] (?)，带你 [前往] 科普托斯；我将在守卫的保护下，将（货物）运出沙漠，直到位于科普托斯的公共税收仓库，

[我将]放置它们于[官员]的面前,并且在你本人或者你的管理人员或者他们之中的任何一个人面前密封起来,直到它们在河边装运;我会[在指定的]时间,将它们装到河上一条安全的船上;我会将它们运[到亚历]山大收季度税的仓库,[同样]将放置在官员面前,并且当着你本人或者你的下属的面密封好。

一切由我自掏腰包的费用,从现在起到缴纳季度税和(?)沙漠[运费]、河工搬运费以及其他杂费[——]在穆泽里斯(之行)借[贷]合同中规定的还款日期到达时,如果我[那时]没有以我的名义及时偿还上述贷款,那么[你]和你的管理人员或经理将有选择权和充[分]的权力,如果你这样选择,在没有[通]知或判决传票的情况下进行处决,去支配并拥有上[述]担保并支付季度税,运输[三个]部分,把它们留在你选择的地方,将它们作为担保使用或出售,[并]将它们转让给其他人,如果你这样选择,以你选择的任何方式来处理担保项目,以当时的价格为你自己购买,并扣除和估算[因上述]借贷而到期的款项,条件是到期款项的责任[在]于你和你的管理人员或经理,我们在各个方面都不受指[控],资金的盈余或短缺都[归]我这个借款人和担[保人所有——][17]

这份莎草纸的顶部和底部都有缺失,在剩余的文本中还有一些让人难以理解的词,这种碎片化的性质,催生出了各式各样的注释、说明、间隙填充和解释。

由于其独特性和文本的零散性，穆泽里斯纸草成为一些著名的古希腊-罗马时期埃及史学者所激烈争论的话题。[18]关于合同正面的辩论引发了几个问题。在地理上，一些人认为它涵盖了从穆泽里斯到亚历山大的整条路线，而另一些人则声称它只涉及从红海港口到亚历山大的陆路路线。有人认为它是在印度起草的，也有人认为是在埃及起草的。一些人认为这是一种航海借贷的法律形式，而另一些人则觉得这是一份普通的贷款协议。关于当事人的身份，至少有三种不同的说法：① 一方是金融家，另一方是商人；② 双方都是商人；③ 一方是商人，对方是另一个商人的代理人。有关谁是主动发起方以及哪些资产在交易中用作担保，都有着许多争议与分歧。最后，有人就文本是否属于特殊合同进行了辩论。该合同缺少顶部和底部，人们无法得知当事人的姓名，它或许是范例文件，即没有当事人姓名的原始形式的标准合同模板。

适用法律

穆泽里斯纸草的年代久远，可追溯到古罗马时期，并且出现在地方法律正式罗马化之前。它所使用的语言为希腊语，这一点表明它不是在罗马法（或通俗法）而是在希腊法的影响下起草的。但是，如果文件是一个模板的话，我们将无法弄清协议双方的身份（或者说预期各方的身份）。当然，我们也不能排除这份莎草纸上可见的部分仅仅是交易的一部分的可能性，或者该网络超越了亚历山大到罗马，是帝国内罗马法所主导的另一个地区，还可能协议双方都是（或至少出资方是）罗马公民。因此，我们不能排除合同的起草人将罗马法作为法律背景的可能性。也就是说，关于穆泽里斯纸草究竟使用了哪种法律（希腊法或罗马法或者两者混用）的问题，只有当两套法律中适用的规则不同时才能成立。

在古希腊罗马时期，海上远程贸易组织大体上使用三种不同的组织形式：借贷、代理和合伙关系。[19]在希腊法和罗马法中，贸易时可用于聘请代理人的基本合同类型是委托（mandatum）。[20]委托是委托人和被委托人之间无偿且自愿签订的合同，据此，被委托人将代表前者行事。这类合同被用于商业交易，如个人担保、保证或担保制度。学者们将其视为罗马式代理。另一个适用于船东、船长和第三方之间关系的框架是执行（actio exercitoria）。

贷款可以依赖于约定合同（stipulatio）或借款合同（mutuum）。约定合同是一种"书面形式"的合同，并得到了希腊法和罗马法的认可。[21]有两类借贷合同是通过转让物件（res，因此被称为"物"合同或"物权"合同）而产生的：借款合同和无偿使用合同（commodatum）。借款合同会出让某样东西，而这个东西往往会被消费掉（如金钱）。无偿使用合同是指借出某样物品，但它不会被消费（因此与我们这里的目的无关）。[22]在传统意义上，借款合同是无偿的，它不能产生利息，因此对商业融资的用处不大。为了收取利息并放出贷款，当事人双方不得不诉诸更为正式的合同。

航海借贷

由于雅典海商法和罗马海商法都承认航海借贷是一个单独的类别，因此不必去确认这两种贷款中的哪一个适用于穆泽里斯纸草。在雅典的法律中，此类贷款被称为 nautikòn dáneisma；在罗马的法律中则被称为 faenus nauticum。[23]这类借贷不同于常规贷款，主要体现在两个方面：首先，它们不受严格的高利贷限制，允许收取更高的利息，这就反映了风险的高低。其次，它们有能力将不同的风险分摊给各方。海上的风险，即船舶或货物在海上的损失，会分配给贷款人；而商业风险，即市场价格波动，则由借款人承担。更具体地说，如果船舶或货物在公海途中因沉船或海盗劫持而损失，借款人的债务会被解除。

航海借贷广泛应用于地中海东部的希腊地区。[24]航海借贷记录了固定的利率，并分摊了沉船风险。至于担保金，可以用货物、船舶本身或家乡的房产来充当。[25]关于穆泽里斯文本中提到的贷款是否为航海借贷，这一问题尚不能确定，因为在这份莎草纸存留的部分中并没有明确提到希腊法或罗马法的专业术语。不过，大多数学者还是持这样的观点。

这份莎草纸正面具体提到的合法金融手段是贷款。文本其余部分是指"贷款协议"，且两次提到"上述贷款"。"我"方是借款人，"你"方是贷款人。乍一看，穆泽里斯纸草是一项借贷协议，且很有可能是一份航海借贷协议（faenus nauticum），因为它提到了一个在穆泽里斯签署的协议（穆泽里斯只能通过航海抵达）。但要是更加仔细地阅读，它也可能是一份附加在此前已在穆泽里斯签署过的航海借贷协议之上的附属协议。鉴于文中提到了从红海到亚历山大的部分，即陆地轨迹（包括河运），如果是这种情况，那么早期的航海借贷可能被转换成了常规借贷，或者航海借贷适用于整个行程。

代理

该协议并未声明自身是代理或雇佣协议。然而，一方，即"我"方，反复提及另一方，即"你"方给予的指示。请注意我在这里强调的要点：

> 我将给（？）］你一个值得信赖的骆驼夫［——］（？），带你［前往］科普托斯；我将在守卫的保护下，将（货物）

运出沙漠，直到位于科普托斯的公共税收仓库，[我将]放置它们于[官员]的面前，并且在你本人或者你的管理人员或者他们之中的任何一个人面前密封起来，直到它们在河边装运；我会在[指定的]时间，将它们装到河上一条安全的船上；我会将它们运[到亚历]山大收季度税的仓库……[26]

上述文字表明"我方"实则是听从"你方"发出的指令。其中包括一套五条操作指令，涵盖从红海港口到亚历山大的全部区域。此外，尚存文本中的最后一段列出了必须核算的费用。费用通常会报销给代理人（或合伙人），而不是借款人，因为后者负责自己的费用。

此外，文本还反映了在印度贸易中代理商被广泛使用。这句"你的管理人员"（或者用卡森的译法为"你的代理人"）在短文中出现了四次；"你的经理"出现过三次；"你的骆驼夫"和"你的人"各出现一次。协议的一方——固定方（"你"方），似乎代理人遍布整条贸易线路，不论是红海港口、科普托斯，还是亚历山大。但是，此处的文本不是一个代理合同，因为代理合同会牵涉到合同当事人以外的代理人。这里的文本只承认他们的存在，并且将其作为历史依据加以保存。

合伙关系

罗马法中可以适用于合伙关系的基本范畴是劳资合作关系（societas）。[27]上述文本中不曾提到商业组织中的合伙形式。然而，其他的史料数量有限，在唯一涉及与"香料之乡"（可能是印度）进行贸易的文献中，提到了一个联盟（consortium）。这份可追溯到托勒密时期的莎草纸，其内容为一份合同，记录了一个由五名商人组成的联盟与另一名投资人之间的协议。其中，联盟以航海借贷的形式为航行提供资金支持。事实上，此举可以理解为五个有着合伙关系的商人来借钱。[28]

范例文件

拉思伯恩认为，这份莎草纸包含一份主合同（a master contract）、一份范例文件、一个范本（空白合同），而不是指定各方之间的协议。[29]这样的结论如何成立？当中没有合同双方的姓名、签字或印章；没有指定的金额、利率、货物或日期；甚至连红海港口的名字都没有提及，只有穆泽里斯、科普托斯和亚历山大港：（它们）分别是出发地、目的地和绕不开的枢纽。尽管不太可能，但由于这份莎草纸的损坏（顶部和底部缺失，边缘受损），一些信息或许已经丢失。然而，这些丢失的信息被认为是根据众所周知的商业惯例而完成，其遗漏的细节不太可能是由于疏忽或新手起草而造成的。这里的基本结构和起草似乎相当严谨、合法且周详，绝不是在一次简短的会议上草率拟出的文本。但从另一方面来说，其书写是潦草的，有语法和句法错误，很可能是从一个主合同匆忙抄写过来的。

这些迹象增加了一种可能性，即穆泽里斯纸草的正面不是一份单独的合同，而是一个可以填写不同姓名、金额和日期的范本。拉思伯恩认为，应将其理解为一个系统的代表，在该系统中，投资人是重复参与者和发起方，而旅行者（代理商或服务方）在每份范本中都是不同的。"你"方为起草人。合同的条款显然对他有利。"你"方也很可能是亚历山大的一名投资人。事实上，是第一个采取行动的人，他主动接近流动商贩，并要求他们接受自己的合同范本。这些商贩可被视为他的代理商，也可被看作他给予航海借贷的另一方。投资人挑选了经验丰富、信誉良好的流动商贩，为他们提供资金和指导，在签署了穆泽里斯纸草中的模板合同后，将他们派往印度。投资人作为发起方的观点得到了事实的支撑，这在莎草纸上有明确指出，即他在红海港口和科普托斯有代理和经理，并有骆驼夫奔波于两地之间。一名被动的投资人不太可能拥有这样的基础条件。

商人网络背景下的莎草纸

将穆泽里斯纸草理解为一个积极投资者使用的标准格式合同，符合同时代埃及和红海港口有关商人与贸易基础设施的其他证据。《爱利托利亚海周航记》(Periplus Maris Erythraei) 一书的作者将自己描述成一个常驻埃及、讲着希腊语的商人，并且亲身经历过印度贸易和东非贸易。[30] 来自尼罗河谷地的上游沙漠沿线以及红海港口的铭文和考古证据表明，这里存在过富甲一方的商人，他们有着可敬的古希腊、罗马名字，从事着来自红海和印度洋的贸易。在尼卡诺（Nicanor）档案馆中可以找到这类富商家族的显著证据，其中包括一组在科普托斯发现的碎瓦片，其标注的年代在公元6年至62年之间。它们是尼卡诺及其家人或合伙人根据不同的要求，通过骆驼提供运输服务的收据，他们的服务遍及科普托斯、米奥斯赫尔墨斯（Myos Hormos）和贝雷尼克（Berenike）之间。档案中提到的一名顾客的名字也出现在科普托斯一座庙宇的碑文中，这座庙宇正是为了纪念他而建造的。其中提及的另一名重要人物是亚历山大一个富裕的犹太家族的成员。这些名字多次出现表明，他们是经常往来的商人（很有可能是像尼卡诺那样专业且富有的商人）。在尼罗河谷地梅达莫德一座寺庙所藏的碑文中，记载了两名来自红海的女性商人。在红海与尼罗河之间的沙漠沿线曾出土过一处拉丁铭文，在普林尼的《自然史》中也提到该商人与斯里兰卡和其他地方的贸易有关,他是红海港口的包税人。众多证据表明,尼卡诺及其合伙人并非特例,不少商人和代理都参与了红海至尼罗河的沿线贸易。[31]尽管我们这里的莎草纸无法证明这一点,但不论是哪一方(投资人或旅行方)都很有可能会形成联盟。

另外,投资于印度贸易的资本很可能来自遥远的罗马。[32]罗马经济史学家越发觉得,到了公元前30年以后,罗马帝国向希腊东地中海的扩张引发了罗马对于东方贸易的投资。到了公元1世纪和2世纪,罗马的包税人和其他承包商、罗马士兵、退伍军人、皇室以及较为富裕的精英阶层开始直接并积极地投资东方贸易。[33]与投资人一起,大批有意愿且有能力的代理人自此诞生。他们当中有的是自由人,有的是奴隶,一些人有着埃及社会和文化背景,另一些则有希腊人的背景。代理的身份既取决于投资人的背景,也取决于投资人计划执行的任务。亚洲商品贸易与源自埃及的谷物贸易相结合,形成了在亚历山大和罗马之间不断交易的希腊、罗马商人的网络联盟。[34]

总之,穆泽里斯纸草只记载了一个生意的片段。其中,商人根据标准合同,努力经营,多次与雇员、代理人和流动商人交易。除了代理和借贷外,它还涉及了期权和资产担保。由此可以推断,驻扎在埃及的商人多次跟印度进行交易。他们积极经营生意,借贷资本并雇用职员、代理人和流动商人。他们可能在交易中使用标准格式的合同。他们的交易复杂,包括期权、无追索权贷款和资产担保等要素。根据穆泽里斯纸草上下文的内容,我们可以得出结论,到了公元2世纪,一个连接埃及、罗马和印度,并且在法律和金融上都很成熟的贸易网络已经开始运作。这当中的资金量充足,帝国内部的市场整体良好,法律体系发达有效,商人们娴熟老练,使得大规模贸易得以蓬勃发展。

随着罗马帝国的衰落和最终的灭亡，以及拜占庭帝国在埃及势力的削弱，这样的网络也随之衰败。[35]事实上，只有在开罗犹太经案（公元10世纪至12世纪）和库塞尔·卡迪姆有关12世纪阿拉伯商人的短距离红海贸易的记载中，才可发现与印度贸易复兴有关的证据。[36]犹太经案商人贸易的成熟程度似乎远低于公元2世纪时期的水平，这反映在穆泽里斯纸草上。没有证据能够表明尼罗河沿岸或沙漠地区有着广泛的贸易基础设施，没有使用复杂合同、金融工具和范本合同的证据，也无法证明是通过中介或联盟从远方进行招商引资。

值得注意的是，在希腊罗马世界享有盛名的航海借贷，并不适用于经案时代的犹太商人和穆斯林商人。一个被经案时代商人使用，但未曾被古希腊罗马时期的前人使用过的著名契约为康曼达，第5章将对其展开研究。17世纪，股份制商业公司开始主导欧洲与印度的贸易，但这显然未曾出现在此前的罗马与印度的贸易中。在罗马法和罗马帝国的框架下，存在过一些具有公司特征的协会。但它们都出于公共或半公共目的（如委员会等），而不是基于股份制的投资。[37]第9章将讨论公司及其中世纪的起源。

微观研究：丝绸之路绿洲、粟特行商与吐鲁番契约

关于丝绸之路沿线的贸易组织，一个好的研究案例是吐鲁番契约。本案例涉及的贸易环境将比穆泽里斯纸草更为恶劣和隐蔽，其组织解决方案也更加原始。

现存的大量合同使得这一研究案例颇具吸引力。在吐鲁番（地处今天中国最西边的新疆维吾尔自治区）的墓葬群中，总共发掘了280份合同和众多其他类型的文件，挖掘年份大多是在1959年至1975年间。在敦煌（今天中国甘肃省的西北部）的一个藏经洞里，

又有 280 份合同被发现。[38]这两个地方都位于我们现在要讨论的丝绸之路沿线上。吐鲁番的契约大多源自公元 7 世纪和 8 世纪，而敦煌契约多半属于 9 世纪和 10 世纪。这些合同的年份对我的研究很有帮助，因为它反映了在西亚的组织到来之前所使用的组织形式，时间段是在（公元第一个千年后期）伊斯兰扩张和（公元第二个千年早期）连接东西方的蒙古和平实现前。

图 3.1 显示了吐鲁番绿洲和敦煌绿洲之间的丝路路段。沿着丝绸之路行走，吐鲁番是来自中亚的旅行者遇到的第一个主要绿洲。[39]从 640 年前后到 907 年唐朝灭亡，吐鲁番处于唐朝的统治之下。[40]从吐鲁番到敦煌还需要继续往东前行 800 千米左右。[41]敦煌到唐朝首都长安（西安）的距离约为 1 800 千米。

乍一看，敦煌契约与吐鲁番契约主要是关于日常家务处理的，如耕种、家庭事务、劳动契约，等等。每组合同中只有不到 15% 的内容涉及贸易和交易。表 3.1 显示了在敦煌发现的文献数量，并

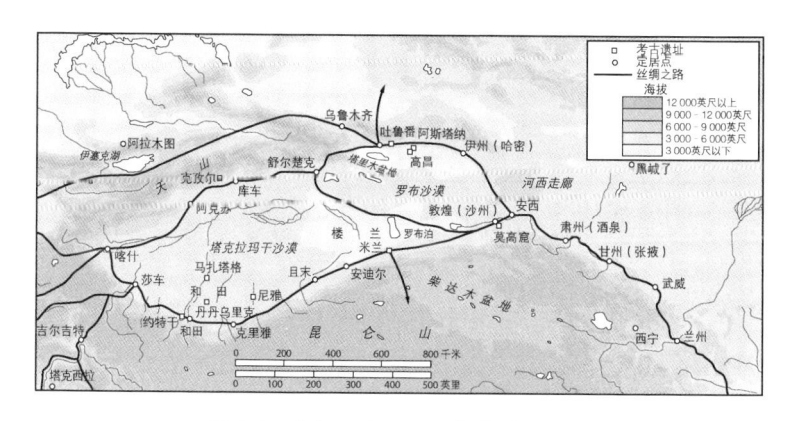

图 3.1　丝绸之路——吐鲁番到敦煌段

来源：Maps in Minutes, 2003。

根据两个因素对其进行分类。一个是文献的主题，如贷款、家庭财产分割、买卖合同等；另一个是文件形式，如合同、副本（copy exercises）或模板文件的汇编。表 3.2 显示了分为两个不同时代（前高昌和高昌，唐代）的吐鲁番契约。

这些合同中的许多主题都包括家庭财产、农业用地和住宅。其余的部分涉及动产，如牲畜、奴隶和商品，但不是高价值的奢侈

表 3.1　在敦煌发现的合同数量（按照主题和类型排列）

	贸易	尚不清楚	借贷	租赁	雇佣服务*	杂项	遗嘱	家庭财产分割	妻子离异	释放奴隶	模板文件集	总计
合同（包括草稿）	19	32	60	8	17	4	4	3	1	1	0	149
副本	12	20	17	3	35	0	1	1	1	0	0	88
模板文件集	2	0	0	0	6	0	7	3	8	6	14	46
总计	115	77	11	58	4	12	7	10	10	7	14	283

来源：Yamamoto and Ikeda（1986, p. 14）。
*雇佣服务包含合同工作（契约和收养）。

表 3.2　吐鲁番契约

	贸易和交换	借贷	租赁	佃农	雇佣服务*	杂项	总计
前高昌时期和高昌时期	17	24	6	35	9	17	108
唐代	25	35	5	75	21	12	173
总计	42	59	11	110	30	29	281

来源：Yamamoto and Ikeda（1986, p. 10）。
*雇佣服务包含合同工作（契约和收养）。

品。一些借贷或劳动合同也可能与贸易有关。但这里也有许多与消费贷款、当地工地建设或家务劳动有关的合同。[42]与远程贸易有关的合同所占比例较低,可能是由于贸易量低所致。在那个时代,商贸交易的口头性质,导致只有非贸易文件才碰巧遗存,或者是尽管两个绿洲都位于丝绸之路上,但这里的人们大多不从事贸易。被发现的那些只是依照法律要求,以书面形式签订的各种本土合约而已。[43]

不管是否涉及粟特人,吐鲁番的契约都用汉文书写且面面俱到。典型的范本包括以下内容:当事人姓名、日期、具体的交易对象(丝绸、白银、土地等)、交易性质(出售、交换、借贷)、交易或借贷缘由(在某些合同中)、价格或利率、支付方式、违约时应采取的行动、付款担保人(在少数合同中)、副本数量及预期去向、抄写员(并非总是在场)、当事人签名或指印,以及证明人的姓名和签名或指印。[44]它们是事先已固定好价格的合同,而不是分摊利润、风险或合资的合同。在这些合同中,人们无法识别出任何类似于合伙关系、康曼达或代理性质的内容。它们没有表现出穆泽里斯纸草及其所包含网络的复杂性。

吐鲁番是粟特贸易侨民定居的绿洲城市之一。[45]粟特人的故乡位于西域西部的河中地区(当今的乌兹别克斯坦、塔吉克斯坦、吉尔吉斯斯坦南部和哈萨克斯坦西南部),其中比较著名的城市有布哈拉和撒马尔罕,他们讲伊朗方言。在丝绸之路沿途的商人群体中,粟特人占主导地位。[46]在吐鲁番,有关粟特人的合同可以根据其姓名,或标注在姓名上的"兴胡"标签来确定。与粟特有关的合同很可能涉及丝绸之路贸易。这些合同似乎最能反映出远程贸易及其组织形式。在吐鲁番发现的销售文件,大约1/5涉及粟特的买家或卖家。

从合同和其他与贸易相关的文件可以推断，一些粟特人在吐鲁番或中国内地有住所，这表明他们属于粟特侨民，而另一些则可能是经由丝绸之路来与当地人进行贸易的外国人。他们中有些人只从事几百千米距离的短程贸易；另一些人在中国边疆地区（敦煌）和首都长安之间进行贸易，两地相距 1 800 千米；还有些人则从索格底亚那（粟特）一路来到吐鲁番或长安，到达长安的距离足足有 3 750 千米。[47] 较其他民族而言，粟特人会更多地参与如金、银、硇砂（ammonium chloride）、丝绸和香料等高价值商品的交易。他们使用骆驼、马、骡子和驴来运输货物，从少数结伴而行的个体，到那些为了穿越边远危险地带而成群结队的流动商贩，商队的规模差异很大。[48]

历史学家乔纳森·斯卡夫（Jonathan Skaff）对于吐鲁番的粟特人颇有研究，他根据现有的文献推断，这些较大的商队其实也是由独立的流动商贩组成的。魏义天（De la Vaissière）是研究粟特商人最著名的历史学家，他根据现存史料得出结论，粟特人一直都使用简单的商业组织形式，并且以家族为单位开展商业活动，这不仅发生在吐鲁番，而且从拜占庭和波斯到粟特和印度，再到中国都是如此。[49]

关于合同纠纷的解决制度，历史学家芮乐伟·韩森（Valerie Hansen）提供了可靠的证据。根据吐鲁番阿斯塔纳墓地发现的 9 份文件，她重新构建了一起纠纷。[50] 文件的两面是关于争论的记录、宣誓书和证词。这些纸张被丢弃后，又被人重新用于制作丧葬服饰。由于吐鲁番气候干燥，它们得以保存上千年，考古学家发现后将其拼凑在一起（尽管有一些缺口），并由韩森重新构建和解释。这起有争议的交易可追溯到公元 670 年，在吐鲁番以西数百千米通往中亚途中的一个小地方，一名粟特商人向一名中国商人借用了 275 匹丝绸。细节不多，但这可能是出于销售目的的贷款或寄售协议。我们所知道的是，此后这个粟特人继续向南行约 300 千米赶往另一个小地方，他用两峰骆驼、四头牛和一头驴运输着额外的 200 匹丝绸、马鞍、弓箭和布匹。但是，他没能抵达目的地，很有可能是在半路被强盗刺杀。公元 674 年，他的兄弟（大概是他的继承人）控告中国商人，并要求于同年收回借贷。粟特人的合同副本消失了。基于明显的原因，商人的副本也从未出现过。吐鲁番司法机关接受了两名粟特商人的陈述，他们声称自己为合同的见证人，并以此来替代书面合同。外商兄弟的能力令人感到惊讶，即便是书面副本不见了，还能要求执行合同的内容。与之前所讨论合同的内容相似，这份消失的合同可以根据诉讼文件进行重构。这是一份货物借贷合同，不涉及货币。其利息也必须是实物，这里的利率高于每月 6% 的官方利率。韩森虽然将双方称为合伙人，但在法律意义上，合同中并不存在合伙特征，也不包括分担投资、劳动、利润、风险或损失。严格意义上来说，双方可以被视为商业伙伴，而不是合作伙伴。借贷并没有担保，合同也未曾公证或注册。

近年来，尽管亚洲史学家对流动商贩贸易（当时的称呼）的概念有所摒弃，但当前无论是吐鲁番契约及相关文件，还是在粟特的史料中，都无法证明在 7 世纪或 8 世纪，丝绸之路沿线的贸易完全不是流动商贩贸易。[51]"流动商贩"在本书中是指携带着货物四处奔走的商人。其交易基于买卖、交换和借贷合同。但是，如韩森所报告的那份借贷合同表明，至少有一些流动商贩不仅仅依靠自有财产进行交易。相反，他们会借来资金或货物，包括（如上述案例中华商所为）利用自己的贸易杠杆，并使用了具有固定预付利息的贷款融资。但没有证据表明，曾出现过其他类型的合同与项目，如合伙制、康曼达，甚至是利润共享的委托代理合同。对于今后的学者来说，关注接下来几个世纪丝绸之路沿线组织形式的使用将会富有成效，因为那时候的阿拉伯人将从海陆两端与蒙古人在中国和中东地区相遇。[52]

一名流动商人带着两峰骆驼独自旅行，并在前往中亚绿洲的途中消失了，这就是我们本次微观研究的案例。我们从吐鲁番微观研究中所得到的总体情况是，丝绸之路贸易的规模要小得多，距离也要短得多，而且远不如从亚历山大到穆泽里斯的贸易那样复杂。这是因为吐鲁番贸易是陆路贸易，而穆泽里斯主要是海上贸易吗？或者是因为穆泽里斯微观研究捕捉到了一个大帝国鼎盛时期的贸易，而吐鲁番贸易却是一个帝国的边缘贸易，且这个帝国没有贸易扩张或领土扩张的野心？又或者，这样的差异仅仅是由于现存资料中信息的片面化所导致的结果？就目前而言，历史资料还未证实人们普遍想象中的丝绸之路，即依靠发达的基础设施，由成百上千峰骆驼和绵延不绝的商队组成。但这是否代表了后期的景象，比如说在蒙古和平的全盛时期？第 4 章将重新谈到丝绸之路及其商队。

船舶作为组织单位

在本书时间范围内的欧亚大陆，使用船只进行贸易可谓相当普遍。然而，航行技术却因地而异。不同地区的造船工、船长和船员使用的桅杆、船桅、甲板、风帆、钉子、船用臂和航行系统均不相同。这些船舶的吨位亦不相同。因此，它们海上航行的能力也参差不齐。但是，这些船的功能非常相似，即把商人和货物从一个港口运送到另一个港口。船舶是如何被组织起来的？谁会拥有、投资、掌控和经营这些运输中的货物，谁又会作为乘客在印度洋旅行？一艘船舶可以由一名富人或一个家族拥有，也可以是共同拥有，如共有制、辛迪加（syndicate）、合伙制或部分所有权的形式。这些模式在决策机制和退出选择方面有所不同。一个典型的共同所有权或辛迪加其实是财产的被动所有者。合伙制包含了联合主动管理。部分所有权与合伙关系的区别在于锁定性，它允许每一个所有者将自己的份额出售给外人，而不解除其船舶合伙人的身份。

  船舶的所有人可以将船作为商业活动的一部分来经营，并用它来运输自己的货物和佣人，但风险自担。他们也可以把船完全租赁给他人，或将作为货运服务的供应商经营船舶，为流动商贩、家族企业或商人及其旅行代理提供服务。每种船舶的所有权模式都可以与不同的船舶运营模式相匹配。船运是一种内生性制度，因为它的组织结构在印度洋的各个地区和港口都是相似的，但这种相似性不知道是否为复制的结果。这里将要介绍的印度洋船舶案例主要为阿拉伯船只（留存至今的多属此类，可以作为证据），这让我们得以一探不同的船舶组织。

微观研究：印度洋的阿拉伯船只

  很不幸，最典型的船舶组织却是最少被记录的，但这并不奇怪。我在这里要描述的是一艘典型的阿拉伯船只，它在印度洋航行，并出现在四处不同的记载中：爪哇岛附近发现的沉船（1998年打捞）[53]、犹太经家文献[54]、在库塞尔·卡迪姆发现的文献[55]，以及一份关于（荷兰东印度公司在马六甲捕获的）阿拉伯船只的详细报告。[56]

1998 年，在距离印度尼西亚苏门答腊岛东北部的勿里洞岛附近不到两海里处，一名印尼海参捕捞人员发现了一艘沉船。[57]这艘船对海洋考古和欧亚贸易史都具有极为重要的意义。大多数考古学家将这艘船的年代定为公元 9 世纪。[58]根据对建造方法和材料的分析，这艘船可能来自波斯湾的波斯或阿拉伯半岛一侧。[59]很显然，由于船上载有中国瓷器，因此这是迄今为止发现的中东直接与中国进行海上贸易的最早证据。[60]根据考古发现，这艘船在东南亚经历了翻新甚至重建的过程，其目的在于修复沿途造成的损坏。[61]据估计，这艘船的长度为 18 米，[62]载货量为 25 吨。[63]沉船内部发现了大约 6 万件中国瓷器，主要是碗和一些其他容器（估计沉船前运货量约为 7 万件）。[64]船上运载的瓷器总重量远远超过了船本身的承载量。我们对于船员的了解并不太多。没有发现人类的遗骸，但从沉船中找到的个人物件和钱币表明，船上有中国、印和中东的商人或船员，[65]还有少量的（非船员个人使用的）非瓷器和一般贸易物品，如镀金银器和中国铜镜，这一点反映出船员很可能参与了私人贸易，甚至被允许从事私人贸易，以此代替工资的发放。[66]船舶的大小、货物的价值以及行程的距离和风险表明，船舶及货物可能并非单属于某一个富商，[67]更有可能是用来运输几个不同商人的货物。这些商人常驻中国或中东，又或者正在当时航行的船上。不幸的是，由于没有找到任何包装或装运单据，调查这艘沉船的考古学家尚未解决货物所有权的问题。这点让人着实感到遗憾。但是，瓶瓶罐罐的包装方式或许能提供一些线索。对于海洋考古学家来说，这也是一个很有价值的研究课题。

按照时间顺序，另一个关于阿拉伯船舶组织的重要文献来自开罗犹太经冢。犹太经冢中提到的大多数船东是个人，有不少是穆斯林，另一些则是犹太人。犹太经冢中提到船舶由两人合伙拥有的案例只有极少数。值得注意的是，在一封时间大约为1130年的信中，[68]记录了也门犹太人的纳吉德（政治领袖）马德蒙（Madmun）和亚丁总督比拉尔（Bilal）之间的合伙关系，他们共同建造并装备了一艘从亚丁开往锡兰岛（今斯里兰卡）的船只。值得注意的是，犹太经冢—印度洋船舶所有权制度允许筹集资金和分散风险，但没有任何迹象表明，在12世纪和13世纪的意大利也出现了部分所有权制度。[69]

除了船主和船长外，一艘船通常还有一名纳胡达（nakhuda）。纳胡达这个词语在犹太经冢中出现了75次。[70]它的用法并不总是一致，这导致了史学界争论不休，但人们近来普遍的看法是，纳胡达的职责不同于船主和船长，他主要负责商业和金融活动。这具体表现在纳胡达有权决定与目的地有关的一切事物，例如在港口停留的时间、接收货物和乘客以及收取相应的费用、在紧急情况下丢弃哪些货物、与地方官员打交道等等。纳胡达会在海事问题上征求船长的意见。在某些情况下，船主或船长本人就是纳胡达。这也是让历史学家困惑不解的原因之一。因为在大多数情况下，船主不会远洋，而是雇用一名纳胡达和船长去航行。尽管纳胡达这个词最初源自波斯语，但该职务却在阿拉伯航运及后来的印度航运中广泛使用。不同于地中海，这很明显是一个在印度洋（贸易）中特有的职业。[71]

犹太经冢中的许多案例表明，不少乘船旅行的商人其实并不拥有船只，这一点也清楚地证明了船只所有权是可以与商人活动区分开来的。在大多数的阿拉伯船只上，商人并不是船主。纳胡达作为船东、船长和商人之间的协调人，同样促进了这种角色间的区分。此外，如果有纳胡达在船上，便可以托运货物。希望进口或出口货物的商人可以选择将其委托给其中一名旅行商人或纳胡达。[72] 1138年初，来自亚丁的卡夫·艾萨克（Khalf b. Isaac）在写给在印度的亚伯拉罕·本·伊朱（Abraham Ben Yiju）的一封信中提到，有纳胡达从印度运来了一批铁器，另一个纳胡达则带来了一些小物件，一名商人派自己的奴隶代理人送来了槟榔，而胡椒和铁器则委托给了一名穆斯林商人，后者将其分开装在两艘印度人拥有的船上（其中一艘有他的奴隶，而另一艘则由一不知名的商人或纳胡达看管）。[73]一名商人，无论是自己旅行还是将货物委托给其他商人或纳胡达，都可以租用整个船舱或者甲板上的部分空间来存放他的包裹、篮子、罐子等。旅行商人可以租用客舱，或者用床垫铺在自己的货物上睡觉。出发前，船长会准备一份萨特米（satmi），即船上所有乘客和货物的清单。[74]犹太经家中的文献反映出一派繁荣兴旺的商业景象，不依赖流动商贩、旅行商人或代理商，而大量使用阿拉伯船只及其船东、船员和船上提供的各项服务。

自1978年以来，在埃及红海港口库塞尔·卡迪姆的"酋长之家"（Sheikh's House）的考古发掘中出土了数百张纸质碎片，为研究红海商业和伊斯兰埃及经济史提供了丰富的信息。[75]这些纸片构成了一种私人工作"档案"（而不是像犹太经家那样的废弃文献存放处），记录了某个从事航运生意的家族及其经营活动。在阿尤布王朝晚期和马穆鲁克王朝早期，该家族曾活跃于红海沿岸。[76]这些来自"酋长之家"的文件和信函主要是用阿拉伯语书写的商业信件、运货单和账户记录，其中详细记录了一个名叫阿布·穆法里吉（Abū Muffarrij）的酋长和他的儿子阿布·伊萨克·易卜拉欣（Abū Ishāq

Ibrāhīm）在参与红海—尼罗河谷贸易时所进行的商业交易（主要集中在公元 1200—1250 年，比犹太经卷的核心文件晚了大约一个世纪）。[77] 从库塞尔的文献中可以看出，酋长家族交易的主要商品是谷物，[78] 可能是为了横跨红海供给赫拉敏（Haramein），即两座圣城——麦加和麦地那。船运单据上还记录有许多其他物品，如食用油、烘焙食品和坚果，其数量之大，足以表明其商业用途，蔬菜和其他易腐的食品可能仅供当地消费。[79] 与犹太经卷中的贸易不同，此类贸易的距离相对较短且商品价值较低。不幸的是，这些文献的保存状况不如犹太经卷，对于它们的重构和分析仍处于初期阶段。[80] 从微观研究的视角来看，它们相对于犹太经卷文献的优势主要体现在其直接与穆斯林商人和船只往来，且涵盖更晚的时期。这些文件反映了利用阿拉伯船只运送货物（不论是否有人看管）的商业惯例，而这些船只既不属于酋长阿布·穆法里吉也不属于他的供货商或客户。例如，下面是由某个代理寄给在库塞尔的委托人的信函：

> 因至仁至慈的真主之名。来自阿布德·阿布·阿尔-萨阿德·伊本·里德万（'Abd Abu al-Sa'ada ibn Ridwan）和伊本·基兰（Ibn Kilan）。我们写信是为了通知酋长阿布·穆法里吉——愿真主赐予他力量，让他的敌人迷失方向，并保证他和他的合同获得成功！——向他报告——愿真主保佑他成功！——由搬运工马吉里（Majli）陪同，我们已经给您送来了三车半 [的小麦？……]。所以，主人 [您] 将大赚一笔 [这批货……]。去库塞尔海岸，然后再运

[给] 阿布·穆法里杰·阿尔-阿巴维 [？]——愿真主降福于他！平安。[81]

酋长参与的贸易利用了现有的船只，并购买了连接红海港口和市场的货运服务。在某些情况下，供货商亲自带着货物旅行，而在其他情况下，则由他们的雇员或代理人负责。还有一些情况，既不是供货商也不是酋长（的雇员或代理人）携带货物，而是使用货运服务。保存在"酋长之家"的商业信函和运单中，包含了订单以及有关船运和船票等有助于商品流通的信息。这些信函和运单是经营贸易的主要工具，但各方并不会总是派人看管它们。[82]

印度洋航运的另一个惯例是货运合同，这类合同未曾出现在上述的文献当中。现存更晚期的合同涉及苏拉特船主兼商人阿卜杜勒·加富尔（Abdul Ghafur）的一艘船舶。这份 1704 年的合同是荷兰东印度公司在捕获该船时得到的，随后便保存在公司的档案中。[83]合同的签订双方为阿加·穆罕默德·萨迪克（Aga Muhammad Sadik，可能是一名商人）和穆罕默德·侯赛因（Muhammad Husain）。后者是费兹·雷桑（Fez Ressan）号船的纳胡达，该船的主人为加富尔。合同规定了不同商品的运费：金银价值的 2%；朱砂的 4%；铜、硝石、漆器和瓷器的 5%；瓷器半成品的 8%。[84]有人可能会说，这并不代表阿拉伯早期的一贯做法。然而，它却是我们目前拥有的最有价值的档案，它的总体内容也类似犹太经家的内容。早期的印度洋货运合同可能更为简单，也可能是通过口头签订的。但没有理由证明它们完全不同。

图 3.2 显示了各类人员间错综复杂的关系。对于印度洋阿拉伯

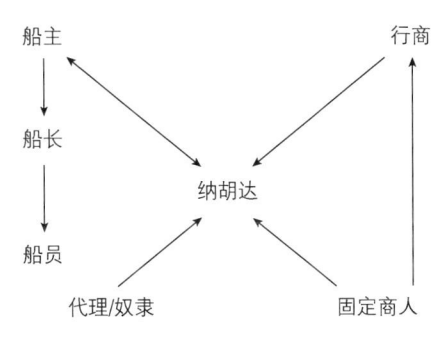

```
        船主                  行商
         ↓  ↖              ↗
        船长    ↘        ↙
         ↓       纳胡达
        船员    ↗        ↖
              ↗            ↘
        代理/奴隶            固定商人
```

图 3.2　船舶相关人员关系图

船只的微观研究表明，船舶不仅仅是运输工具，也是组织手段。资本、劳动、航海与贸易知识在甲板上交汇。船东和固定商户提供资金，船长及其船员提供海上航行和船舶操作的技能，流动商人和旅行代理人则提供贸易知识，而纳胡达最终协调这一切。货船和纳胡达的出现，降低了进入印度洋海上贸易的壁垒，允许没有船只的商人在海上旅行，让另一些商人待在家中，派遣代理前往大洋彼岸。较欧亚其他地区的船只而言，纳胡达使印度洋的货船变得更容易被使用，并且提高了效率。欧亚其他地区，如西北欧，未采用纳胡达作为组织的一部分。然而，货船本身没有形成网络，也不会促进信息的流通，更不会产生用于监管的代理。

结　　论

本章介绍了内生性制度的五个案例（最基本的是流动商贩，其次是家族企业、双边借贷协议、代理和船舶），其中的每一个都可以采取多种形式。三个微观研究（穆泽里斯纸草、吐鲁番契约和印度洋船舶）被用来例证上述形式的实际运作。从这些微观研究可以看出，在辽阔的印度洋和丝绸之路上，商人们是如何与世隔绝，他们要承受暴风雨和海盗的威胁，对于市场和代理以及家人的行踪全然无知。在接下来的章节和微观研究中，我将进一步分析更大规模使用了上述制度的组织形式，以减少那些简单且分散的构成要素中的一些限制。

第 4 章

不同组织的构成要素

在人类的创造中,组织形式并不是唯一在欧亚大陆进行传播的。宗教也曾发生过迁移。佛教从印度传入斯里兰卡、东南亚、中国、日本、朝鲜和中亚。通常来说,它的传播始于公元前 3 世纪,并在公元 8 世纪和 9 世纪达到巅峰。[1]伊斯兰教从阿拉伯地区向外传播,于 8 世纪初抵达西班牙,8 世纪至 9 世纪来到印度,13 世纪至 14 世纪进入印尼。[2]同样,科学知识也在四处传播。三个关键的数学创新——记数系统、将零视为数字,并使用它作为占位符——最初源于印度,随后传入伊斯兰世界,最后到达欧洲。[3]与此相类似的还有实践知识。植物和动物的驯化及其在农业中的应用源自中东。书写技能似乎也是如此,它源于公元前 3000 年的美索不达米亚,后传入埃及,也有可能到达了中国。[4]另一些妇孺皆知的案例是中国人发明火药、指南针和印刷术,随后传到中东和欧洲。弗朗西斯·培根(Francis Bacon)强调,这三个发明的传播十分重要,因为它们改变了战争、航海、文学和知识的扩散。[5]

这一章和下一章,将考察本书提到的第二种组织形式——迁移性制度(migratory institutions)。较前一章讨论的内容而言,我们在此将分析更为复杂、更具社会与文化内涵的组织形式:航海借贷、客栈、商队旅馆和康曼达。它们分别源于欧亚大陆的一两处，后通过引进或强制执行的方式传播到了欧亚大陆的其他地区。

我们应该如何研究这些组织形式的起源和迁移？迁移是经常且普遍发生的现象，其中涵盖知识、技术、宗教和其他人为的创造。让人感到颇为不解的是，法律和经济理论意义上的制度迁移和组织形式迁移较少被人讨论。这就需要我们从整体上研究法律经济制度的迁移，特别要关注那些远程贸易的组织形式。正如在第 2 章中所看到的那样，在制度迁移的研究方面，经济学科和法律学科所提供的理论框架还不够深入和严谨。针对欧亚迁移，我是从特定的人类实践活动、技能和技术迁移的文献中来寻找深层次的理论见解。[6]因此，接下来要介绍的内容将涉及遗传学、考古学、语言学和科学技术史等不同学科。

研究迁移的方法

追踪迁移的路径和时间

能否在两地之间找到合理的迁移路径的证据，这一点可以用来支撑与迁移有关或独立且无关的论点。几千年来，美洲几乎与欧洲、非洲和亚洲相分离。因此，人们可以非常肯定地说，植物和动物的驯化，文字、运输方式和技术的发明，以及宗教组织和政治组织都是在欧亚大陆、非洲和美洲独立出现的。自 1492 年开始，当人们发现了穿越大西洋抵达美洲的固定路径时，大量动植物驯化的迁移确实发生了。一个被称为"哥伦布交换"的时代随之而来。[7]哥伦布交换是将包括牛、鸡、马在内的许多动物运往新大陆，而把火鸡、美洲驼、羊驼等新奇物种向东运回旧大陆；它将包括玉米、可可、西红柿、菠萝、马铃薯等果蔬带回旧大陆，而将大米、咖啡、黄瓜、小麦、西瓜等商品进行反方向运输。当然，这里还包括一些细菌和疾病的双向传播。这种交流对两个大陆的经济产生了重要影响。[8]1492年之后，大规模移民的出现表明，在1492年之前移民的障碍，主要是地理和人文的限制。但事实上，地理障碍的"不可逾越"性并不是一成不变的，它受到人类技术、技能和决心的影响。迁移的时间和随后的路线是可以清楚追踪到的。

  针对已知欧亚航线的移民进行连续多次的观测，我们可以得知迁移的发生。然而，如果航线中不存在一个合理的迁移路线和观测时间，那便会削弱迁移的论点。众所周知，文字书写是在美索不达米亚（约公元前3200年）和中美洲（约公元500年）两地分别产生的。这两种起源被认为不同且互无关系，因为当时的美洲完全与欧亚大陆隔离。让我们再聚焦到欧亚大陆：美索不达米亚的书写系统一路迁移到了中国，还是中国的文字系统也是独立产生的？中国文字最古老的证据来自公元前1300年，但很可能在此之前就已存在。中国的文字中包含了一些独特的地方标志和规则。当下，人们可以追溯到的书写轨迹，始于公元前3000年的苏美尔（位于中国城市群中心以西4 000英里），之后向东迁移到印度河流域（中国以西2 600英里），自公元前2200年前后就一直存在于此。但是，在印度河流域和中国之间的区域，人们未曾发现早期的文字系统。从理论上讲，文字在800年间迁移了1 400英里，在后来的900年间可能又迁移了2 600英里。但目前没有证据表明，公元前2200年至公元前1300年间，印度河流域与中国之间的区域就存在文字。[9]此外，有证据表明，中国的文字成为后来东亚和东南亚其他形式文字的基础，变成了在这些地区传播中国文化的主要载体。因此，研究实际或看似合理的迁移路线与时间，有助于我们确认组织形式共同或独立的起源。

确认渐进式起源或突变式起源

独立起源，指的是从原始状态逐步发展到更为精细或运作良好的阶段；而迁移的发生往往伴随着先进的知识、技术或组织的突然出现。另一个有关文字起源的例子是埃及的象形文字，它被一些研究人员认为是独立产生的，但外来传播的说法更令人信服。埃及位于苏美尔以西仅 800 英里处，两地间经常有贸易往来。尽管埃及干燥的气候有利于保存早期使用的文字，但到目前为止，尚未发现象形文字逐步发展的证据。而同样气候干燥的苏美尔却为几个世纪以来文字的渐进式发展提供了充分的证据。[10] 因此，人们可以得出结论，埃及的文字系统不属于内生，而是基于突发性的迁移。同样的方法也适用于组织形式。

物证和文本证据

也许有人认为，可以更系统地研究实物的迁移或者那些留下了物证的迁移。在考古发掘中发现的生物遗骸，有助于研究人员对动植物驯化的研究。但物证并不能解释一些有趣的问题，如早期的农场主是不是通过观察相邻农场主的动作，而学会了如何驯化特定种类的动物或植物。正所谓业精于勤，通过这种方式，知识实现了快速传播。但还有一种可能是农民直接从邻居那里购买了动物，却根本没有学会如何驯化它们。当然，这些问题不太容易通过 DNA 的检测而得到答案。

以文字系统为例，它们留下了丰富的物证，如铭文，其中富含各种符号细节。总体而言，大量的观察和丰富的数据能使研究人员确定单一文字系统中的不同等级，以及同一语系中不同文字系统之间的差异。但仅基于这样的凭证，人为因素的作用还不能完全显现出来。事实上，与留有物证的迁移研究相比，对组织形式迁移的研究极具挑战性，因为其中有些组织形式出自口头，有些出自书面记载，但只有极少数这样的书面文献保存至今。针对驯化、文字系统或者指南针等问题的研究不太容易，而对康曼达、航海借贷的研究则算得上是困难重重。

形态相似性

在研究组织时，人们经常要解决以下问题：形式之间的相似性是源于迁移和模仿，还是来自类似环境的挑战和作用？形态比较旨在确定共同的起源，当研究对象是由许多个可比较的元素组成时，它才会显得更具价值。就目前而言，DNA层面可获得的细节是研究人员现阶段所能期望的最高水平。采用遗传学的方法，尤其是对线粒体DNA（mtDNA）的分析，使研究人员能够精准地跟踪植物和动物的驯化路径及时间框架。例如，早年关于植物、牛和野猪驯化起源的争论（单一或多种起源），现在可以通过运用过去20年发展出来的新方法解决，即依靠对现代和古代线粒体DNA序列的分析。[11]象形文字、字母表和数字系统的比较，为进化论、相似论和共同起源论提供了广泛的基础。本章所研究的组织形式远没有那么烦琐。我们可以利用细节来比较康曼达或商队旅馆在不同表现形式中的组织细节。

迁移的抽象性或具体性

在调查迁移的过程中，一个重要且复杂的问题是，迁移的不一定是整套组织形式，而是更为抽象的概念。因此，调查应考虑到在不同细节或抽象层面上迁移的可能性。驯化的例子很有启发意义，专有技术可以通过具体的植物、种子或家畜的移动形式迁移。迁移可发生在学习如何驯化特定的动植物层面，也可发生在抽象的概念层面，即从狩猎和群居生活转向基于驯化和农耕的社会（这种转变被称为"新石器革命"）。那些可迁移的不是特定的谷物或牲口的驯化技术（因为它们往往难以适应不同的纬度、土壤或大陆），而是抽象的概念，即人类可以从游牧狩猎和群居的生存方式转变为以农业为基础的定居模式。人类掌握了一个更为普遍的理念，即在不同的地区可获得不同种类的动植物，以此来满足不同的饮食需求。在全球不同地区驯化的多种谷物、豆类、纤维类、根茎类和瓜类，并不能完全说明新石器革命的多重独立性起源。[12]文字系统的例子与此相似。形式上的相似性是可以被说明的，但这仅限于实际符号和字母从一个区域到另一个区域的迁移。美索不达米亚和埃及的文字系统在形态上缺乏相似性，然而这并不妨碍在一般意义上模仿抽象的概念（如使用图形记录口头语言，或者后来占据主导地位的音节符号）。虽然埃及象形文字与苏美尔楔形文字的区别显而易见，但一些学者认为埃及不仅学习了苏美尔文字抽象的概念，而且还借用了它的语标（logography）、声韵和语序。[13]我们必须寻找抽象概念的迁移，比如分享投资、共享利润或分摊风险（给另一方或第三方），而不一定是具体的组织形式。

结构迁移或功能迁移

事实上，相同的知识或技术出现在不同的地方，这并不意味着它们有着同样的功能。通常来说，航运，特别是在公海的航运，其挑战是普遍存在的。每一个希望跨越海洋进行探索、贸易或战争的国家都面临着相似的困难。我们今天所知道的指南针——依赖于自然特性（磁极）——适用于地球的任何地方，并在导航中发挥着普遍的作用，即指明地理位置和前行的方向。人们可以提出假设：指南针就是因此而生，为迁移而服务。可是，实际情况并非如此。在中国，指南针在航海领域投入使用之前，曾被用于风水和算命。[14]同样，火药在战场使用之前也被用于燃放烟花。只有当两者的后期功能显现出来时，才成为引人注目的迁移物品。在中国，天文观测被用于辨别天象是否和谐；在伊斯兰教中，天文观测被用来确定祈祷和斋戒的时间；在欧洲（至少部分人认为），天文观测被用来预测行星的运动。在中国，雕版印刷主要是由国家和官府使用，而在欧洲却由私人印刷，并用于私人用途。数字和"零"最初是在印度形成；阿拉伯人和中国人大多将其用于数学，只有欧洲人在商业会计领域中广泛使用了它们。

我们将会看到，同样的情况也适用于商业组织。家庭在不同的地区履行着不同的商业职能。康曼达在一些地方被用于海上贸易，而在另一些地方则被用于陆上贸易。在一些地方，行会及合伙关系出现在制造业，而在另一些地方则涉及贸易。要确定共同或独立的起源，我们不能只考虑有可能存在的类似功能，还必须解释技术或组织是如何在转换中改变其职能的。

总之，回顾那些用于调查实践知识、技术、科技和数学迁移的方法，为我们研究组织形式提供了一些重要的方法工具。在研究航海借贷、商队旅馆和康曼达的迁移时，我们应该在时间、形态相似性、渐进式或突变式起源上寻找合理的迁移路线和证据。我们还应该意识到，迁移能够发生在不同层次（如具体现实或抽象概念），并且制度迁移还可以随着不同的环境而改变其功能。组织形式迁移需要一个更为丰富的理论模型，因此，下一个重要步骤是对促进迁移的环境和代理进行定义。在做这件事之前，我想表明该模型还有另外两个组成部分，这两个组成部分将在接下来的讨论中加以说明：迁移过程中组织形式的转变和接受方对迁移的抵制。航海借贷、客栈/可汗（khan）/商队旅馆，最后是康曼达的迁移将展现出其变化。最为重要的抵制案例是商业公司，这也使其最终成了嵌入性制度。

什么会促进迁移

在近代早期的世界中，地理和自然的分离是迁移的最大障碍。人们不必借助高深莫测的理论来知悉影响迁移程度和速度的基本因素。地理位置的邻近是一个明显的因素。但邻近性不仅取决于距离长短，还取决于交通的便利程度，需要考虑到地理位置、交通方式、对路线和目的地的了解程度，以及货运代理的有效性。

代理商以实践经验、专业知识、工具、宗教信仰、思想、故事、计划、地图和手册来武装自己。接下来，我将确定可能与制度迁移有关的迁移代理。我会在法律和法律经济制度迁移的框架下，分析帝国、移民、宗教、旅行者和跨文化枢纽的潜在作用和实际作用。商人本身（我认为他们是迁移过程中的内生因素）作为制度迁移中最关键的因素，我将在考察迁移性组织形式时对其进行探究。

制度载体的有效性

帝国

在法律移植的文献中，帝国是法律迁移的典型动因。这一目标可通过战争、征服和行使政治主权来实现。罗马法最初以十二铜表法的形式诞生于意大利半岛中西部的一个小镇上，它从一开始就被罗马帝国带到了古代欧洲、中东和北非的大部分地区。神圣罗马帝国是中世纪晚期中欧接受罗马法的主要推手。西班牙帝国的征服者们把他们的罗马教规带到了拉丁美洲。大英帝国将其普通法带到了海外。这些是帝国推动欧洲法律移植相对充分的实际研究案例。

伊斯兰教法被阿拉伯帝国和奥斯曼帝国带到了它们在中东、东南欧、波斯和中亚所征服的土地。然而，学界对于蒙古帝国及其继承者在亚洲大规模的扩张导致合法移民问题的研究十分有限。1206年，自成吉思汗开始，蒙古帝国迅速扩张。13世纪的头十年到二十年间，它征服了中亚的大部分地区，在随后的数十年中，又征服了伊朗和东欧部分地区。最终，蒙古人于1258年占领巴格达，这使帝国达到了顶峰。[15]此后，蒙古的和平促使思想、技术和制度从中国东部流向中亚、波斯，甚至更远的地方。[16]所以，蒙古帝国并没有促进蒙古文明的迁移，而是推动了其他不同文明之间的互相交流。

十字军本可以将欧洲的法律带到圣地和中东的其他地区。但帝国也可以反其道而行之，把新兼并省份的法律带到帝国的中心，或者创造出某种稳定的政治，使商人能够从远方带来（我们感兴趣的那种）法律体系。因此，可能是十字军把伊斯兰的制度传入了欧洲，也可能是他们帮助意大利的商人将其带回。通过实现蒙古和平，蒙古人促进了丝绸之路沿线法律的传播，从东欧、中东到中国，反之亦然。我们将在下面的章节中谈到这些潜在的迁移代理。

移民与旅行者

欧亚大陆的大规模人口迁移在我们探讨的这个时期之前早已结束。人类最初从非洲迁徙到亚洲及其他地区为第一时期。[17]第二个时期是日耳曼部落和斯拉夫部落从亚洲迁徙到东欧，最后抵达西欧，此乃"迁徙时期"，这一时期恰逢罗马帝国的衰落。近代早期的三大迁移路线分别是欧洲人（和他们的非洲奴隶）越过大西洋来到美洲，俄罗斯人前往西亚和中亚，中国人来到中亚和东南亚。[18]抵达美洲的移民显然与法律的迁移密切相关，这些法律部分适用于帝国境内，部分也适用于帝国之外；有些由政治机构带来，有些作为移民的知识和人力资本。因此，将普通法带到北美的动因绝不仅仅是帝国，还有移民人口。

在我们谈论的时期内，还有其他少数移民直接影响着法律的潜在迁移。他们当中包括前往南亚和东南亚的阿拉伯移民（包括伊斯兰教徒）；迁往亚洲的犹太移民，时间上可能发生在第一圣殿或第二圣殿被毁之后，尤其是在他们被逐出西班牙以后；亚美尼亚移民，他们被迫离开自己的故土奔赴波斯，之后再前往欧洲，或在亚洲继续东迁。

就规模而言，旅行者应排在移民浪潮的末端。欧洲的旅行家，如马可·波罗（1254—1324），13世纪便来到亚洲。[19]耶稣会传教士，如利玛窦（1552—1610），在16世纪抵达东亚，并将精心挑选的欧洲知识与科学技术带到了中国和日本。[20]到了16世纪和17世纪，欧洲商人和征服者越来越多地前往印度洋、南亚和东亚，他们带来了欧洲文明的各种元素。

迁移可以发生在帝国内部，也可以跨越政治边界。大规模迁移的早期阶段多为小规模或发生在小型族群内部，且多为贸易侨民。中亚和东南亚的中国贸易侨民、亚洲和欧洲的犹太与亚美尼亚侨民便是很典型的例子。法律常常从中心地带传播到侨居地或介于两地之间。人类的迁移与宗教的传播息息相关。

宗教的传播

在本书所讨论的时期以及之前的几个世纪当中，我们关心的部分制度已经建立，一些宗教广为流传。拜火教被伊斯兰教逐出伊朗后传入中亚。自此，它在粟特商人和突厥部落中占据了一席之地。之后，拜火教又扩散到了中国和印度，形成了帕西（Parsi）商人社群。[21]摩尼教的传播路径与此类似，它同样迫于伊斯兰教的压力，从伊朗传入中亚和中国。东方亚述教会与拜占庭东正教分裂后，景教从君士坦丁堡传到波斯、中亚、中国、蒙古和朝鲜，直到14世纪随着蒙古帝国的衰落才迅速消亡。它的印度分支在马拉巴尔海岸幸存下来，1500年前后，当第一批到来的欧洲基督徒经由好望角航线抵达此处时，将其成员看作迷失的圣托马斯基督徒。[22]至于那些前往亚洲的天主教传教士，他们乘坐的第一批船舶也采取了相同的路线。此外，随着中国移民定居中亚和东南亚，儒家思想自此得到传播。

早在公元1世纪，佛教就首次走出印度。4世纪时，它在中国取得了初步成功，特别是在外国人和商人当中。在公元600年至1000年间，它传入东南亚和中亚绿洲。后来，有大量的中国人开始礼佛。当时主要的佛教庙宇位于印度北部。前往这些地方朝圣，促使信徒、僧侣和传法僧之间不断往来。[23]佛教在商人中间获得了巨大的成功后，间接地促进了商业活动和知识的交流。此外，佛教的网络可分为东西向（在中亚、中国和东南亚之间）和南北向（横跨喜马拉雅山脉）。

就我们的意图而言，最重要的宗教传播当属伊斯兰教。它所涉及的地域辽阔，传播时间也与本书探讨的近代早期最为吻合。更重要的是，在伊斯兰教中，神学和法律交织在一起。因此，宗教的扩张更有可能伴随着法律和制度一起传播。伊斯兰教自诞生起，仅在一代人的时间里就从阿拉伯半岛发展到了黎凡特（叙利亚、伊拉克和埃及）。到了 750 年，倭马亚哈里发国已经扩展到了伊朗、亚美尼亚和中亚的河中地区（Transoxiana）、印度河流域、马格里布（北非）和伊比利亚半岛。穆斯林于 827 年攻入西西里岛，并在当地持续统治到 1061—1062 年。德里苏丹国是印度历史上第一个重要的伊斯兰政治实体，自 1206 年建立起，一直延续到 1526 年莫卧儿帝国建立。穆斯林商人于 11 世纪第一次抵达印度尼西亚，但大规模的皈依要等到 13 世纪（苏门答腊岛）和 14 世纪（爪哇岛）；伊斯兰国家直到 16 世纪才开始统治这些岛屿的大部分。类似的扩张也发生在马来半岛和菲律宾南部。[24]

伊斯兰教不仅通过向外扩张实现迁移，还在穆斯林的内部充当合法的迁移代理。在前往麦加朝觐和返回的途中，来自不同地方的朝圣者相互见面，分享宗教、法律以及贸易和商业等方面的实用知识。宗教高等教育机构通过教授伊斯兰教法，使宗教学校（如开罗的爱资哈尔大学和巴格达的尼扎米耶）成为知识中心，从而在整个伊斯兰世界传播法律知识。

跨文化枢纽

港口城市，特别是转运口岸，是跨文化交流的重要地区。这里不仅有物物交换，而且也是贸易知识交流的场所，其中就包括如何设计支持和促进贸易的制度。港口城市可以被视为贸易的内生动力,而枢纽的形成离不开商人,后者依赖于当地的贸易。但枢纽也受到地理和政治的影响,甚至可以被视为是由早期商人所创造的(后世商人如此定义)。本章考察的枢纽在(本书的起始年份)1400年已经存在。因此,出于说明的目的,我将它们归为外生性的。我会在本章谈及方法论时介绍它们,而不是在后续的章节中展开说明。

印度洋幅员辽阔,从更广泛的意义上来说,它涵盖从红海到南海的所有海域和海湾,大多数商人都无法全程航行。每个商人会行驶一段后到达某个主要港口,在那里他们会遇到其他地区的商人,后者从别的港口经不同路径到达相同的港口。印度洋的地理环境决定了几个港口的特殊位置,这些港口连接海峡或岬角等其他重要通道。印度洋许多海岸线的地形将港口城市与腹地和以陆地为基础的政治权力中心分离开来;另一方面,这些港口城市更容易通过海上抵达,因此构成了海洋网络的一部分。

印度洋的主要转运城市包括亚丁、也门(位于从红海到阿拉伯海的曼德海峡出口附近)、霍尔木兹(曼德海峡上连接波斯湾和阿拉伯海的一个岛屿)和马六甲(在马来西亚半岛的南部海岸,地处连接孟加拉湾和南海的海峡)。其他具有战略意义的贸易港口包括:科钦(位于印度南部马拉巴尔海岸)、盖尔(位于斯里兰卡西南端)、会安(位于越南中部海岸)、大城府(位于泰国曼谷以北三江交汇处)和泉州(地处中国福建东南沿海、台湾海峡西岸)。在本书所涉及时段末(1700年)及此后,其他港口也开始映入人们的眼帘,一些新的港口得到建造,其中包括位于珠江三角洲的广州和香港、新加坡(马来半岛南端的一个岛屿)、爪哇的巴达维亚,以及上海、孟买和加尔各答。

对我们来说重要的是，（不论真正如此，还是因为管理松懈）这些城市在形式上享有相对的政治自治权，并拥有大量的外商侨民，在欧亚远程贸易路线和网络中起到了转运站的作用。正如历史学家克雷格·洛克德（Craig Lockard）所言："在许多港口中，商人在地方政治中的势力越来越大。这些港口的人员鱼龙混杂，是当地人和来自不同背景的外来者之间的混合体。他们对外开放并接受文化差异。"[25] 虽然港口城市有许多共通之处，但每一个都具有独特的民族混杂性以及自身在整个网络中的地位。

让我们先从马六甲着手。洛克德对这一重要枢纽作了以下描述：

> 到了15世纪后半叶，该港口大约有5万到10万的人口，是东南亚最大的城市。正如许多转运港口一样，马六甲是著名的国际大都市，吸引了来自不同地区的商船，至少有1.5万名讲着大约84种语言的外国商人临时或永久地居留在这儿。他们来自印度洋海盆和印度尼西亚，但也包括越南人、查姆人、冲绳人、日本人和菲律宾穆斯林（有些可能是中国血统）。从主要的侨民社群到沙班达尔（海港总管），苏丹会从中任命四名商人（通常包含一名中国人），负责监督贸易并向首相介绍来访的商人。这种民族多样性、自由贸易中心性和外国侨民的重要性，促使一些历史学家将马六甲视为世界上最早实现全球化的城市之一，它的街道堪比当今任何一座国际大都市。[26]

霍尔木兹曾经是一座荒岛，但它的地理位置非常优越，距离波斯湾入口处的海岸不远。从 1100 年前后直到葡萄牙人抵达为止，霍尔木兹是一个王朝的所在地，其君主源自阿曼。[27]霍尔木兹依靠大陆和附近岛屿供应水和食物，逐渐从一个区域性港口上升为西印度洋贸易网中的一颗明珠。来自欧洲和伊斯兰世界许多著名的旅行家（包括马可·波罗和伊本·白图泰）都曾到访过这里。[28]作为中国朝贡体系的一部分，它曾向元朝的皇帝进贡，郑和的几支船队也曾抵达过此地。[29]波斯历史学家阿卜杜勒·拉兹瓦克·撒马尔罕（Abd-al-Razzāq Samarqandī，1413—1482）于 1442 年将霍尔木兹描述为一个重要的商业中心，这里汇集了来自欧亚大陆的众多商贩。[30]他指出："在贸易旺季，霍尔木兹拥有来自世界各地的人……'你会发现这里有波斯人、阿拉伯人、埃塞俄比亚人、亚美尼亚人、鞑靼人、土耳其人、摩洛人（Mores）、意大利人、法国人、德意志人、英国人、波兰人及其他欧洲人……'。"[31]霍尔木兹的常住人口中有穆斯林（其中大多是波斯人）、犹太人、信仰印度教的信德人和坎贝人。从 16 世纪初开始，葡萄牙人控制了霍尔木兹岛，使之成为葡萄牙亚洲帝国的重要组成部分。[32]在这个世纪中，霍尔木兹的葡萄牙人数量明显增加。在此期间，还有大批来自其他国家的欧洲人侨居此处，如亚美尼亚人、希腊人和讲西班牙语的犹太人（从西班牙经君士坦丁堡和阿勒颇抵达此处）。1620 年前后，仅仅从印度抵达霍尔木兹的船只，每年就有 54 艘。[33]船上的货物随后由当地的小船运往波斯湾的各个港口，并从那里运至陆路，其中以巴士拉最为出名。尼尔斯·斯特恩斯加德认为，霍尔木兹是流动贸易向以公司为基础的贸易转变的重要案例，他称这里的氛围颇具"国际范"。[34] 1622 年，波斯-英国东印度公司联合舰队从葡萄牙人手中夺取了霍尔木兹。[35]自此它便每况愈下，取而代之的是大陆港口班达尔·阿巴斯（Bandar Abbās），这里的国际化气氛再也不如从前了。

亚丁是印度洋西部边缘的一个枢纽。它位于红海的入口处，就像霍尔木兹位于波斯湾的入口处一样。外国商人从四面八方来到亚丁，他们来自波斯、印度、索马里、埃塞俄比亚、红海，甚至中国。亚丁在北非、开罗犹太商人与印度的贸易中扮演了重要角色，这一点从犹太经家的记录中可以看出。[36]据伊本·白图泰介绍，大型船只从坎贝、塔纳、古兰、卡考特等印度港口到达此处。[37]郑和从中国一路航行，也曾造访过亚丁。[38]埃及和印度的商人在那儿定居，而当地的土著居民从事商业、渔业和货运业。"所有运往马格里布和欧洲的香料都要经过亚丁海关……正是在这里，东方和欧洲的商品发生了交换。"布乔恩和伦巴德指出。[39]亚丁在几个方面与霍尔木兹（靠近波斯海岸）颇为相似，尽管波斯人和中亚人的数量不及它，但亚丁居住着更多的阿拉伯人和犹太人。有充分的证据表明，在11世纪，亚丁就具有国际化特征，这个时间远远早于葡萄牙人的到来。[40]

从马六甲向东看，我们可以泉州为例，把南海的这座港口视为一个典型案例。中国人在宋代就向印度洋其他地区的商人、僧侣和旅行者开放了他们的港口。中国与这些地区在宗教、朝贡和商业方面保持着联系。泉州因其地理和政治的开放性，成为中国与印度洋周边地区文化经济交流的中心。渐渐地，在这里永久居住的蕃人得到发展壮大。[41]我们可以确切地说，在宋代时泉州就出现了一个穆斯林居民社区，其历史可追溯到11世纪初，且很有可能一直持续到了20世纪。印度商人大多信奉印度教，他们定居于中国南部港口的历史甚至更早。据记载，宋代（980年前后）一名印度僧侣就曾在泉州南郊购买了一块土地。[42]蒙古人统治下的元朝曾给予外商特权,尤其是穆斯林,以此作为削弱汉人政治权力的手段。此举为他们提供了前所未有的便利,不仅是在泉州和广州,还包括中国的其他地区,甚至是介于中国和外商母国之间,中东穆斯林人口呈现出前所未有的流动性。这大幅度改变了蕃人的性质及其身份认同。[43]然而,元朝的灭亡标志着泉州穆斯林社群的终结。1365年,在朝代更迭之际,福建的汉人行省长官镇压了当地穆斯林首领的叛乱(亦思巴奚战乱),打压了许多阿拉伯商人和波斯商人,以此表示对明朝的忠心。[44]

在大西洋,美洲和欧洲完全隔离,而地中海在部分时期被迅速划分成基督徒和穆斯林两块区域,只有印度洋一直格外国际化。国际性港口城市作为跨文化交流的中心,随着政治环境的变化而兴衰。但不论何时,总会存在一些国际化的港口城市。在这里,不同的民族混居在一起,其中的大多数为阿拉伯人、波斯人、印度人、东南亚人和中国人(1500年后还包括欧洲人)。这些港口是学习宗教、文化和技术的地方,促成了语言和其他元素的共生。它们还是商业实践与不同制度在文化、法律和政治层面相互交融的场所。

贸易组织的迁移

迁移性组织形式各不相同。它们有着不同的起源和迁移路径,其功能也有所差异。下文重点介绍三种组织形式:航海借贷、客栈/商队旅馆和康曼达。航海借贷从地中海传到了拉丁欧洲,之后又经由好望角航线进入了东亚,但并没有在伊斯兰地区传播开来。而客栈/商队旅馆从中东传到了伊斯兰北非和中亚,却未进入信奉基督教的欧洲。康曼达则在欧亚大陆各个地区广为流传。通过比较这三种重要制度的迁移途径，人们可以进一步了解其影响因素以及受抵制的缘由。[45]

本章将利用三种主要的组织形式，而不是对所有的迁移性组织形式进行调查。一些组织形式，如普通合伙制或船舶共有制，比典型的内生性制度更为复杂，而且或许是可以迁移的。人们还可研究汇票、信用证、提单、租船合同、共同海损、海上保险费或押运人的迁移模式（这里仅举几个额外的案例）。对于这些问题的研究是必要的。我之所以没有研究它们，不单单是因为篇幅的限制，还因为早期（可能是迁移的）历史证据和历史文献的缺乏。此外，我选择的三种制度，代表了我打算展示的三个区域的迁移模式。在对它们的起源和迁移作出明确的判断之前，所有这些问题都值得在未来对欧亚地区进行彻底的、基于原始史料的研究。

第5章的内容将聚焦于康曼达，我在这里仅对其本质和迁移做简要介绍，使本章的读者对三条路径有完整且直观的感受。康曼达是一种介于投资人和旅行商人之间的协议（用现代术语来说是"双边有限责任合伙"协议）。这是一种相对复杂的合同关系，涉及雇佣、代理、财务、风险等。康曼达主要是沿着制度发展的第二条路径展开的，即从一个地区迁移到另一个地区。根据现存的记录，它源自阿拉伯地区的某地，或者更广泛地说，它源于中东，曾向东传播到波斯、印度、印度尼西亚群岛，也可能到达过中国；向西迁移则到过意大利和西地中海、中欧和西欧、波罗的海，也可能传入过英国。[46]

康曼达是典型的迁移性制度。在本书中，商业公司是一种嵌入性制度。若要比较迁移性组织形式和嵌入性组织形式，一个特别且具有启发性的案例是将康曼达与公司进行对比。这也是本书后半部分的主要内容。

航 海 借 贷

借贷作为贸易融资手段可谓相当普遍，因此，它应当属于内生性组织形式。航海借贷是一种结构特殊且极其复杂的贷款形式。它源于古代，随着意大利贸易的复兴再次出现，但并未被伊斯兰教法所接受。这部分内容将追寻其独特的空间扩散路径，将其与客栈和康曼达的不同路径进行比对。

正如我们从穆泽里斯纸草的微观研究中所了解到的那样，雅典和罗马的海洋法都承认一种用于海上航行融资的单独贷款合同类别。在雅典的法律中，它是 nautikòn dáneion；[47]而在罗马法中是 faenus nauticum。[48]它们与陆地借贷的区别主要体现在两个方面：其一是利率，与 mutuum 等无偿贷款合同不同，航海借贷允许收取利息。不同于 stipulatio（约定合同）等其他形式的非利息贷款，它不受严格的高利贷限制，允许因风险而收取更高的利息。另一个区别是航海借贷能够将不同的风险分配给各方。海上的风险由贷款人承担，而商业风险则由借款人承担。若因海盗或自然因素而造成货物或船舶受损，借款人的债务将被解除。

公元前 4 世纪，航海借贷在雅典被普遍使用。有一些证据表明，早在公元前第二个千年，它就可能在黎凡特沿岸腓尼基商业帝国的活动中发挥作用。[49]因此，它是早期希腊罗马文明的产物，甚至可能是古代中东文明的产物。不论如何，德摩斯梯尼（Demosthenes）的演讲中提到了大约 20 笔这样的贷款。它们主要用于资助从雅典到各个港口的航行，有些甚至远及西西里岛或黑海。一个财富有限或希望分摊风险、使用杠杆作用的旅行商人，会向另一方借钱,例如更为富有的人、不愿旅行的老人、不从事商贸活动的人或由几个人组成的辛迪加,以购买一艘船或货物,或两者兼而有之,从而进行单程或往返的旅行。虽然有些学者认为雅典的航海借贷有固定的格式或模板,但最近一些学者,特别是科恩(Cohen)发现,在准备航海借贷时,其实有相当大的灵活性和模板化的特点,这能够满足不同条件的航程、风险承担倾向、财富限制和各方的商业偏好。海上损失的风险可以分配给任何一方;利息是根据季节和前往目的地的航海风险水平来确定的;可以用货物、船舶或家乡的不动产作为担保;道德风险有几种处理方法;有时要求借款人的最低股权投资;可以商定采取不同的监测手段;个人或辛迪加都可以提供贷款。[50]

虽然有充分的证据表明(主要来自文学作品),在公元前4世纪的雅典就已经采用了航海借贷,但后期使用它的证据却并不多。一份托勒密时代的纸草记录了五个商人组成的联合会与一名金融家之间的合同,该联合会以航海借贷的形式,为前往"香料产地"的航行筹集资金。[51]此外,穆泽里斯纸草中的内容很可能涉及航海借贷,与印度马拉巴尔海岸的穆泽里斯和埃及亚历山大间贸易的融资有关。[52]这可谓是罗马帝国鼎盛时期使用航海借贷的最佳证据。在罗马,主要证据往往来自一些法律文书,尤其是查士丁尼的《学说汇纂》(*Justinian's Digest*)。

在地中海贸易中使用的合同,在形式上与相隔500年之后的合同有着惊人的相似性。这就产生了一个问题:12世纪热那亚、威尼斯和意大利其他城镇所使用的航海借贷,是在中世纪晚期(由于相似的环境和商业挑战而)各自独立创造出来的,还是地中海西部贸易的兴起其实是利用了古希腊罗马时期经常使用的方法(最后一次被记录、保存在6世纪的查士丁尼的《法典》和《学说汇纂》中)。

这一不断争论的问题可用两点事实加以论证。首先，拜占庭人熟知航海借贷。这反映在东地中海的法律法规中，如公元600年至800年间的罗得海法（Nomos Rhodion Nautikos）中的海事条例，以及约892年在君士坦丁堡汇编完成的法律集——《巴西利卡》（Basilica）。[53]其次，意大利海上城市，如威尼斯和热那亚都与君士坦丁堡保持着很强的政治联系，并且双方之间长期进行贸易往来（早在两地作为中世纪的商业中心时便是如此)。[54]有许多航海借贷合同可以证明，自12世纪下半叶开始，就有人为君士坦丁堡、叙利亚、北非和埃及的贸易提供资金。[55]因此，从以拜占庭帝国为媒介可以看出，在古罗马和中世纪意大利的航海借贷之间，很有可能存在某种必然的历史延续。[56]然而，有趣的是，古罗马时期使用的术语faenus nauticum从未在热那亚的合同中出现过，取而代之的是mutuum一词，用来暗中否认合同的高利贷性质。因为在罗马法中，传统意义上的mutuum其实是一种无偿的陆地贷款。

到了12世纪中叶，航海借贷作为一种组织贸易的模式重新出现，并被广泛使用。航海借贷的利率实际上反映了海运的风险溢价，西地中海往返航行的利率为25%至33%，前往黎凡特的则高达40%至100%。如此高的利润预期足以证明这一点。普通的航海借贷后来衍生出两种新的形式。第一种是船舶抵押借款（bottomry），是以船舶本身作为担保的贷款；第二种是货物抵押借款（葡萄牙语为respondência），即以货物作为担保的贷款。在后者当中，即便船舶沉没大海，只要货物被打捞上来，就必须偿还贷款。将航海借贷划分为不同的种类，能更好地匹配贷款人和借款人在相同行程中的不同目的及需求，使借贷变得更加灵活且更为精准地分摊风险。[57]意大利航海借贷的全盛期很短。到了1225年至1250年期间，它就很少再被使用。航海借贷逐渐被其他组织形式所取代，特别是下一章讨论的康曼达。

既在东地中海希腊罗马和拜占庭的法规与惯例中如此普遍，又在意大利对外贸易（组织与融资）中如此流行，人们或许会猜测，航海借贷肯定也流向了伊斯兰中东地区。伊斯兰教法在其形成时，就受到了早前存在的希腊罗马法、拜占庭法和中东其他法律的影响。等到伊斯兰教传入地中海沿岸时，其教法面临着新的挑战（如处理与海商法的关系），这是因为伊斯兰海商法不如希腊罗马法发达，但它最后还是遵循了罗得海法（Rhodian Sea Law）中的许多形式和规则。这一点可以明显从11世纪伊斯兰关于海洋法的专著《基塔布·阿克里亚特·苏富恩》（*Kitāb Akriyat al-sufun*）中看出，乌多维奇（Udovitch）还对此进行了探讨。[58]人们可以预测伊斯兰教在某个历史阶段受到航海借贷的影响，但这本著作中未曾予以讨论。从现存的有关早期伊斯兰教法的资料可断言，航海借贷在其他伊斯兰文献中也没有得到承认。哈桑·哈利耶（Hassan Khalilieh）得出的结论是，关于穆斯林使用航海借贷的文献和法律材料寥寥无几。[59]

由于航海借贷未能融入伊斯兰文明，其进入印度洋或沿丝绸之路东传至印度和中国的道路受到阻碍。随着葡萄牙人来到亚洲，情况有所变化。越过好望角，他们与航海借贷一同前行。[60]葡萄牙人和西班牙人一样，对意大利的航海借贷非常熟悉。亚洲的帝国是以统治者为中心，葡萄牙人在其帝国边缘地区使用起了航海借贷，下一部分将继续讨论这个问题。不论是在欧洲还是亚洲，葡萄牙商人都会通过航海借贷的形式为他们的贸易筹集资金。在亚洲，他们在澳门—长崎贸易路线上使用了这种借贷,其形式有二:船舶抵押借款(bottomry)和货物抵押借款(respondência),他们用这种方式从日本投资人兼进口商那里借钱。[61]在这条航线上使用航海借贷的主要证据可追溯到17世纪初,当时的日本贷款人很可能从葡萄牙借款人那里了解到了航海借贷及其风险转移的特性。

航海借贷的传播路径不同于客栈或康曼达,其独特之处在于它没有在伊斯兰文明中流传。有趣的是,虽然航海借贷没有像康曼达那样随着伊斯兰教东移,但它绕过了亚洲的伊斯兰世界,经由好望角航线,与欧洲人一起到达了位于远东的日本。

伊斯兰教抵制航海借贷,但如何解释因此而来的特殊传播道路呢?令人立马能联想到的解释是伊斯兰教对于高利贷的禁止。《古兰经》中有几句经文谴责了商业里巴(Ribā,表示价值的"增加"),在圣训中也记载了穆罕默德先知反对收取利息的话语。[62]大多数伊斯兰教法学者,包括著名的哈乃斐和沙菲仪法学家,都将《古兰经》的部分章节解释为禁止贷款中存在任何利息。[63]多年来,一些可绕过或逃避该禁令的方法得到发展。它们经常使用希也勒(hiyal)这个术语,意为用来避免遵守伊斯兰教法禁令的花招。有两个著名的希也勒可用来逃避高利贷禁令,其一是双重出售,这里两种售价的差额包含了利息;另一是用其他货币支付贷款,此处的汇率同样包含了利息。[64]然而,这种迂回的方法与我所关心的内容关系不大。迂回改变了法律和组织安排的形式。我试图解释为什么航海借贷会在伊斯兰中东地区被采用,而不是有没有办法绕过高利贷禁令,准许那些不同于航海借贷的有息贷款存在。

从这个意义上来说,伊斯兰教并不是例外。基督教也不推崇贷款利息。我们可以解释伊斯兰教禁止航海借贷的原因,但对基督教的了解却不多，为了弄清伊斯兰教和基督教在反高利贷法内容或时间上的差异，让我们来考察一下基督教禁止高利贷的发展历程。根据圣经《旧约》中的不同章节，早期基督教对贷款利息就持有反对意见。到了 4 世纪，第一次尼西亚大公会议（公元 325 年）、地区会议和主教会议都禁止神职人员从事高利贷业务，后来这种禁令成为法规。[65]但在那个时期，尚不存在法律条文禁止平信徒之间的借贷附带利息。因此，在宗教层面并不拒绝航海借贷。

540 年，拜占庭皇帝查士丁尼大帝（527—565）将罗马法编入《民法大全》，批准了航海借贷，因为它俨然已成为一种惯例。查士丁尼大帝允许航海借贷的利息高于其他类型的贷款，大概是因为前者的风险更高。[66]6 世纪到 9 世纪的拜占庭与东地中海的海洋法典和立法均允许航海借贷，因为这是以希腊罗马法和航海惯例为基础，如罗得海法和《法律汇编》（*Ecloga*）。[67]

到了 8 世纪和 9 世纪之际，随着罗马天主教会与东正教会在神学方面的分歧不断扩大，两个教会对于高利贷和航海借贷的态度也开始产生转变。在罗马举行的第三次拉特朗大公会议（1179 年）全面禁止了高利贷，那些发放高利贷的人受到严厉的制裁，他们被禁止参与圣事、无法得到体面的葬礼，甚至他们立的遗嘱也被视为无效，这就相当于对高利贷者实施了绝罚。[68]到了 13 世纪，教会对高利贷的管控变得更加严格，在教皇格列高利九世（1227—1241）执政期间，航海借贷的使用率大幅度降低。[69]反对高利贷的运动由方济各会和道明会发起，[70]并在维也纳大公会议期间（1311—1312）达到顶峰。大公会议颁布法令，将所有那些"起草法案"允许高利贷或"明知高利贷可能被支付"的"地方执法官、统治者、领事、法官、律师等官员"逐出教会。[71]事实证明，较拜占庭教会而言，罗马天主教会不太愿意去区分利息和风险溢价。就航海借贷而言，西方基督教只在很短的时间内予以包容，这个时期是从意大利城市的海上贸易复兴，到后来的神学回应（主要是针对高利贷的攻击，特别是航海借贷）。意大利商业活动水平的提高和对贷款融资的日益依赖，可能使得高利贷问题在那个特定的时期和地点，变得尤为尖锐并具有争议性。

拜占庭东正教、罗马天主教以及意大利人对高利贷的不同态度，其根本在于他们对罗马法的看法不同。拜占庭人更加普遍地接受了《查士丁尼法典》和罗马法。如此一来，他们对某些有利率的贷款类型采取了开放的态度。在11世纪至13世纪的意大利，罗马法的地位受到罗马天主教会和教会法的质疑。东西方基督教在实践方面的差异并没有如教义层面那样明显。意大利和法国南部的一些海上城市无视新的宗教禁令，继续遵循着罗马法（准许利息和高利贷），该现象一直持续到14世纪初，甚至更久。教会虽然反对这些放纵的世俗规定，但面对高利息的商业贷款，也只能执行部分禁令。不同于组织和经济层面的解释，目前尚不清楚意大利减少使用航海借贷，在多大程度上可归因于新的宗教禁令。

综上所述，基督教接受航海借贷，伊斯兰教却将其拒之门外，这里的不同原因在于东方基督教并不认为航海借贷为高利贷，而西方基督教直到12世纪晚期才开始禁止商业有息贷款，但伊斯兰教从7世纪开始便禁止了有息贷款。

不论如何，伊斯兰文明在经济和商业繁荣时期，一直与基督教法、犹太教法保持着密切联系，如果没有航海借贷，前者该如何经营呢？[72]这里的一个可能性假设是，他们避开禁令签署合同，把利息伪装成价格；或者他们实际上使用了航海借贷合同，但未能保存至今。据我们所知,在意大利使用航海借贷,许多时候这些合同都要放置在公证处保管,而在中东情况却有所不同。所以,此前的观察也许存在偏差。假设航海借贷确实未被穆斯林采用,那么我将会提出三种解释来阐述其原因。

首先,伊斯兰贸易最初主要依靠陆路——从阿拉伯地区到中亚和丝绸之路,穿越沙漠。海上贸易的发展相对较晚。航海借贷中的海上风险部分无法适用于骆驼商队,因为后者的损失往往并不总是全部,而且受损的原因也不一定可以知晓并核实。等到穆斯林海商组织的需求日益增加时,伊斯兰教法早就已经拒绝了航海借贷。

其次是补充说明,从伊斯兰教诞生起,伊斯兰商人就可以采用康曼达,这将在第5章中予以说明。每当海商需要外部资金时,他们就求助于康曼达;作为股权投资和利润分享制度,它不受高利贷禁令的约束。几个世纪以后,基督徒商人才开始使用这种形式。

第三种可能的解释与此前的叙述不完全一致,那就是伊斯兰教法只禁止穆斯林参与高利贷。有证据表明,甚至有人以航海借贷的形式,从基督徒和犹太人那里借钱。[73]中东有大量的基督徒社群和犹太社群,可供穆斯林商人获得航海借贷,同时又不违反其宗教禁止的高利贷。

中世纪伊斯兰教和基督教禁止高利贷的内容和措施并没有明显的区别。与东方基督教不同,拉丁基督教航海借贷的鼎盛时期较为短暂。1234年,教皇格列高利九世颁布了航行(naviganti)法令,斥责航海借贷的利息部分属于高利贷。[74]该法令给出的基本理由是,在航海借贷中,如果船舶安全抵达,债权人将获得利润,不论生意结果如何,更不管债务人的得失。航海借贷不被视为真正的合伙关系,因为合伙制要求共同承担所有损失和风险,而在借贷关系中,贷款人将大部分责任推给了借款人。[75]到了13世纪中叶,这种形式几乎销声匿迹。[76]

那么犹太教法承认航海借贷吗?我们能从犹太教法对航海借贷的态度中,了解到基督教法和伊斯兰教法之间的差异吗?巴比伦的塔木德禁止高利贷。[77]直到11世纪初,也没有任何有关航海借贷的规则或案例。[78]在塔木德之后,目前已知的最早涉及航海借贷的案例是12世纪法国的一个拉比——迈尔·本·伊萨克(Rabbi Meir ben Isaac,也被称为Rabbi Meir MiCarcasson)。[79]本·伊萨克住在卡尔卡松,离法国南部的地中海港口纳博讷不远。他在哈拉契克书(Halachic book)《塞弗·海泽》(Sefer HaEzer)中允许航海借贷。本·伊萨克的曾孙伊什托里·哈帕奇(Ishtori Haparchi,又称Issac HaKohen Ben Moses,1280—1355)在普罗旺斯长大,后被驱逐到西班牙,最终移居北非,他同意本·伊萨克的决定。[80]然而,后世的其他拉比则持反对意见,如里巴什(Ribash,又称Rabbi Issac ben Sheset Perfet,1326—1408)。他在1388年写给拉比摩西·加巴伊(Moshe Gabbai)的一封回信中提到了航海借贷:"……犹太人显然不能借给他的同胞一个价值20第纳尔的金第纳尔,以此作为远洋船只的担保,而当船只(安全)返回时,他(债务人)应该偿还24第纳尔(作为回报),因为这是一笔贷款,他(债务人)给他规定了利息的金额。"[81]里巴什允许商人和水手为船上货物投保的"现行惯例",似乎准许了第三方保险,而不是将保险视为贷款协议的一部分。[82]由此可以推断,那些居住在基督教社会(允许航海借贷)的犹太人承认这一行为,而生活在伊斯兰世界(抵制航海借贷)的犹太人则对此予以拒绝。但要是就此给出最终的结论,上述观察的结果对我们来说还是过于零散。

几个世纪以来，航海借贷广泛而自由地活跃于地中海和中东地区。大约在公元 200—700 年期间，基督教、犹太教和伊斯兰教严令禁止高利贷，这使其传播路线产生了变化。这三种宗教都严禁高利贷，但对待航海借贷的态度却有所不同。这种差异的根源来自不同的需求模式、历史背景和替代制度。

凡杜克、可汗、卡拉凡瑟拉伊

那些可以接待旅行商队的旅馆，在不同的时期和地区有着不一样的称呼：潘多切恩、凡杜克、丰达科、可汗、卡拉凡瑟拉伊（caravanserai）、莱吉亚（leggia）、瓦卡拉（wakala）和里巴特（ribat）。然而，根据大多数记载，它们基本上都有着共同的起源，表现出相似的特征，并且延续了两千年之久。因此，就本书而言，它们应被视为迁移性制度。为什么是制度？从唯物的角度来讲，它们仅仅是建筑物，属于建筑史的范畴。但这些建筑在远程贸易中发挥了极其重要的作用，给旅途中的商队及牲畜提供了住所、保护及食物、水等各类用品。这里还是重要的信息中心和市场，被统治者当作海关和税收场所。像丝绸之路沿线这样的客栈网络，使单个行商也能够克服障碍，从事远程贸易。如果没有它们提供服务给装备简单的个体商户，那么进入跨区域贸易的壁垒将会高得多（只允许国营商会或大型商会参与）。城镇上的客栈作为跨文化交流和交易的场所，发挥了另一个重要作用，即接待外国商人，为他们提供一处与当地人贸易的地方。

这些关于客栈迁移的研究对我们十分有用，因为它们留下了比航海借贷和康曼达更为重要的遗迹。那些涉及家畜迁徙和文字传播的研究方法工具也与此有关，例如考古发掘（在本书的方法论部分已作讨论）。我们可以对 2 500 个类似的客栈进行实地考察，其中有一些保存完好，但大部分是由考古学家和建筑师重建的。它们分布在欧亚大陆的各个地区，其年代都有精准的记录，比如在碑文、旅行报告以及奥利维亚·康斯特布尔（Olivia Constable）针对客栈的精彩研究中。

希腊单词潘多切恩（pandocheion）的字面意思是"迎接一切来宾"。在古典和古代晚期世界不同类型的旅馆中，这个提供有偿住宿的机构是旅行者唯一可使用的旅馆。[83]德摩斯梯尼（前 384—前 322）和犹太及早期基督教经典（路加福音）都曾提到过它。在公元 4 世纪至 6 世纪的拜占庭叙利亚，尤其是安提阿城周边的遗址，可以找到潘多切恩的考古、碑文证据。

当阿拉伯人控制了近东的拜占庭城市时，后者的许多制度融入了穆斯林的社会中，其中包括潘多切恩。[84]到了公元 8 世纪和 9 世纪，阿拉伯文献中提到了一种名为凡杜克（funduq）的穆斯林制度。[85]在刻有这个词语的碑文中，现存最古老的一块可追溯到 9 世纪晚期。它在词源上同希腊语潘多切恩、希伯来语盆达科（pundaq）及类似的叙利亚语和阿拉米语（Aramaic）单词相近。它的结构与作用同早期拜占庭的潘多切恩类似，尽管并不完全一样。它最早出现在叙利亚的倭马亚（巴尔米拉附近）。这一切都与康斯特布尔支持的结论吻合，即阿拉伯的凡杜克源自拜占庭的潘多切恩。[86]

在接下来的两个世纪中，凡杜克从地中海东部向西转移。人们可以在埃及（开罗/福斯塔特[87]、亚历山大）、马格里布（远至非斯和马拉喀什）、西班牙（格拉纳达、科尔多瓦、托莱多）和西西里（巴勒莫）找到凡杜克。[88]在那个时候的地中海东部，人们逐渐将术语从凡杜克改为可汗（khan），这个转变发生在 11 世纪到 13 世纪之间。起初，同一机构和极为类似的建筑，被同时代的一些学者称为"凡杜克"，而另一些学者则称之为"可汗"。这种转变或许是由于讲突厥语的塞尔柱人和奥斯曼部落迁往安纳托利亚的结果。城市里的"可汗"保持了"凡杜克"的特征。但在打败了蒙古人和十字军之后，阿尤布王朝开始沿着往东的商道修建"可汗"，并一直连接到丝绸之路。

沿途的"可汗"与城市里的"可汗"和"凡杜克"（这个词语在当时的北非和西班牙仍然使用）不同。城市中的"可汗"大多由私人和宗教机构经营，而商路沿线的"可汗"则由统治者建造并拥有。虽然同一个城镇通常会拥有好几个"可汗"，但沿途建造的"可汗"之间，往往会相隔一天的路程（20—40 千米）。城市的"可汗"通常为处理特定货物的商人提供服务，沿途的"可汗"则会满足所有旅客的需求，不论是官员、朝圣者，还是各种商人。郊外的"可汗"通常都更大、更坚固，并且在晚上会关闭大门。[89]

关于 10 世纪 70 年代波斯城市尼沙普（Nishapur）中的"凡杜克"对于商业空间所起的作用，伊本·霍卡尔（Ibn Hawqal）进行了经典描述："凡杜克是商人住宿和做生意的地方，里面有足够的空间供他们进行买卖。每个凡杜克都有自己的特产，也会因此而出名。"[90] 有些凡杜克经营高端产品（如丝绸），另一些则侧重于基础商品和农产品，如粮食、水果、盐等。[91]

正如"凡杜克"和"可汗"之间并不总是存在明显的区别，"卡拉凡瑟拉伊"和"可汗"之间亦是如此。最早被发现的卡拉凡瑟拉伊建筑物来自伊朗，可追溯到 11 世纪至 12 世纪。波斯语卡拉凡瑟拉（kārvānsarā）是一个复合词，将卡拉凡（kārvān，源于单词

karban，意思是"保护贸易者"）与瑟拉（sara，即殿宇，有内庭的建筑）结合在一起，而土耳其语又加了"伊"（-yi）这个后缀。[92]

"卡拉凡瑟拉伊"的建筑规模各不相同。图 4.1 显示了一座"卡拉凡瑟拉伊"的平面图样本。伊朗西北部的里巴特（Ribat-i Karim）拥有后期"卡拉凡瑟拉伊"的所有特征：加固的外墙、高大且单一的入口、由拱廊构成的大型内部庭院、一口中央水井、马厩位于对角线上、在拱廊后面的是一个个供旅客休息的房间。[93]这种城堡式的建筑源自 10 世纪的中亚。塞尔柱"卡拉凡瑟拉伊"从 12 世纪开始就出现在安纳托利亚。这里的塞尔柱"卡拉凡瑟拉伊"是帝国行政和经济大权的象征。[94]

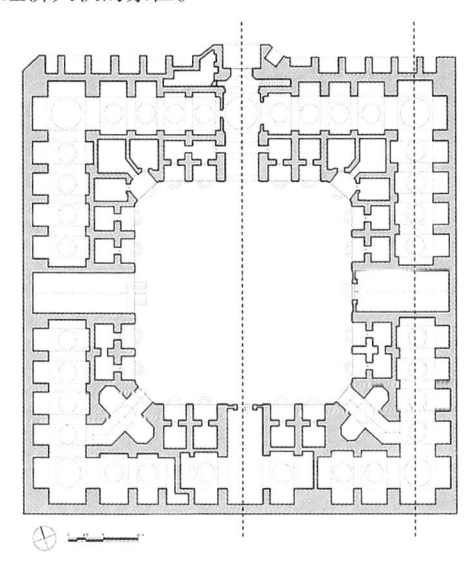

图 4.1　伊朗卡拉季的萨菲王朝时代（1501—1736）商队旅馆的平面图

来源：photo by Babak Gholizadeh，"Carvansara Plan，"https://en.wikipedia.org/wiki/File：Carvansara_plan.png。

"卡拉凡瑟拉伊"的主要功能和沿途的"可汗"一样,皆为提供保护和住宿。它们可供应干净的饮用水、食物、烹饪设施、壁炉、洗浴服务以及像寺庙或清真寺那样的祷告场所。[95]除了提供一些旅行必需品外,在这里还有机会购买当地特产,尤其是在城市里面,还可以遇见来自其他地区的商人旅客,并与其交换货物和信息。[96]在更广泛的层面,"卡拉凡瑟拉伊"有助于旅客间在文化、语言和思想层面的交流,充当了一个社会文化互动的平台。[97]

在各个时期和地区,这种简单的形式也有许多不同之处。绝大多数"卡拉凡瑟拉伊"都必须有储存商品的空间。较大的"卡拉凡瑟拉伊"通常至少得有一个常驻搬运工,其任务是维持秩序和负责安全。[98]有些"卡拉凡瑟拉伊"还有小型驻军。在马穆鲁克和奥斯曼时期(也可能在其他时期和地区),中央政府掌控了更多大型的"卡拉凡瑟拉伊",它们扮演着驿站的角色,同时也负责征税和行政管理。[99]在一些地区,"卡拉凡瑟拉伊"还需为公务旅客和邮政服务。

希伦布兰德(Hillenbrand)将城市中的"卡拉凡瑟拉伊"分为三类:一类是开放式庭院,主要提供住宿和马厩;第二类还是开放式庭院,但住宿和马厩的数量有限,主要为贸易提供便利;第三类的规模更为有限且屋顶完全封闭,只为商人和旅客提供住宿,不为他们的牲畜提供歇息场所。[100]康斯特布尔将"卡拉凡瑟拉伊"和"凡杜克"作了比较,认为两者在城市地区的功能十分相近。[101]

令人惊讶的是,人们对"卡拉凡瑟拉伊"建造和经营时所涉及的组织、所有权和财务知识了解甚少。很难说这一现象是由于史料的缺乏,还是因为历史学家的偏见导致的。一些"卡拉凡瑟拉伊"是由统治者或地方政府建立的;而其他的要么由当地的个人、家庭建立和拥有,要么由富人以瓦克夫(宗教公产)的形式捐赠。有报告称，部分"卡拉凡瑟拉伊"提供免费服务，另一些则收取费用。建造"卡拉凡瑟拉伊"的动机是促进贸易，或者监管旅行者并向他们征税，或两者兼而有之。防御外敌或从中谋利似乎并不是主要动机。[102]

"卡拉凡瑟拉伊"从伊朗一直向东传入中亚、天山通道、塔克拉玛干沙漠的绿洲、阿富汗境内和印度边境。[103]从伊比利亚到南亚和东亚，一个最终由"凡杜克"、"可汗"和"卡拉凡瑟拉伊"组成的网络，使得商人们能够从陆地上穿越欧亚大陆，再乘船前往地中海沿岸的港口城镇。图 4.2 显示了欧亚大陆的"卡拉凡瑟拉伊"和商路的庞大网络。

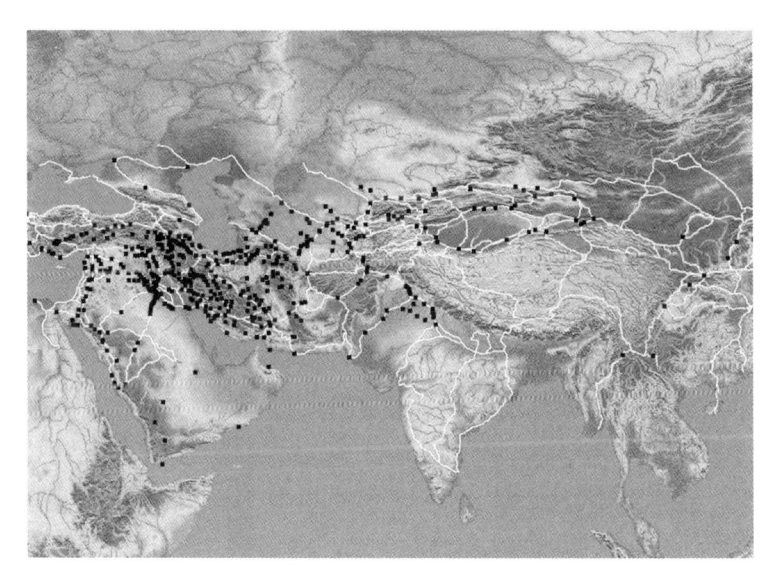

图 4.2 欧亚大陆上的商队旅馆（黑点）和贸易路线（白线）

来源：reprinted from UNESCO, www.unesco.org/culture/dialogue/eastwest/caravan/countries.htm by permission of EVCAU Laboratory。

图 4.3　塔什拉巴特的商队旅馆

图 4.3 显示了最东部的"卡拉凡瑟拉伊"之一——塔什拉巴特（Tash Rabat，位于当今的吉尔吉斯斯坦东部），海拔 3 200 米，为丝绸之路上的商队提供服务。这些商队会在穿越天山山口（位于通往喀什的路上，塔克拉玛干沙漠边缘），到达吐鲁番进一步向东行进之前稍作停留。这座用石头建成的"卡拉凡瑟拉伊"始于 15 世纪，它的前身建筑可能更加古老（可追溯到 10 世纪）。

拉丁世界在引入"凡杜克"时，可能经历了三个重要阶段。欧洲人首先在地中海东部使用过"凡杜克"，然后在十字军东征期间攻陷过"凡杜克"，最后又在欧洲仿造了它。地中海贸易的复兴使欧洲商人（最初主要是意大利人）得以造访地中海东部和北非的穆斯林城市。在寻找住宿和交易场所时，欧洲人发现了"凡杜克"。有 10 世纪末期的文献，最早提到了欧洲商人在埃及的住所。[104]到了

12世纪，一些主要的伊斯兰城镇中的"凡杜克"开始满足更广大的跨文化客户群体的需求，而不仅仅局限于穆斯林。[105]中东存在"凡杜克"，而欧洲却没有，这就造成了差距；欧洲人可以经常出入伊斯兰港口，而欧洲的港口却很少有穆斯林商人光顾。[106]

将"凡杜克"介绍给欧洲人的第二个阶段发生在11世纪到13世纪期间，当时的基督徒在西班牙、意大利南部地区、西西里岛、巴勒斯坦和黎凡特征服了伊斯兰土地。在十字军东征和再征服运动期间，不少拥有大量"凡杜克"的城市得到光复。在基督教政权的统治下，这些客栈保持了同样的结构和功能。欧洲人用拉丁语称这些此前就存在的旅馆为凡迪康（fundicum），意大利语称之为丰达科（fondaco）。图4.4和图4.5中的两张地图来自康斯特布尔的大作，生动地展现了这一进程。

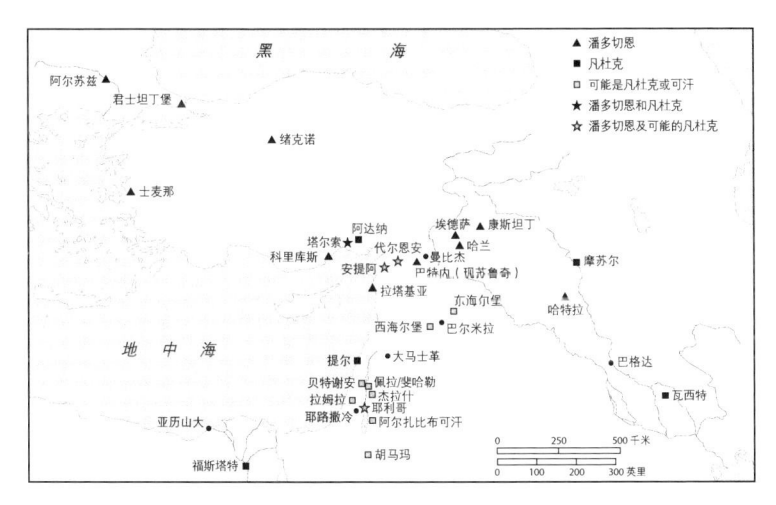

图4.4 地中海东部潘多切恩和凡杜克的分布（2—10世纪）
来源：Constable（2003，p. 12）。

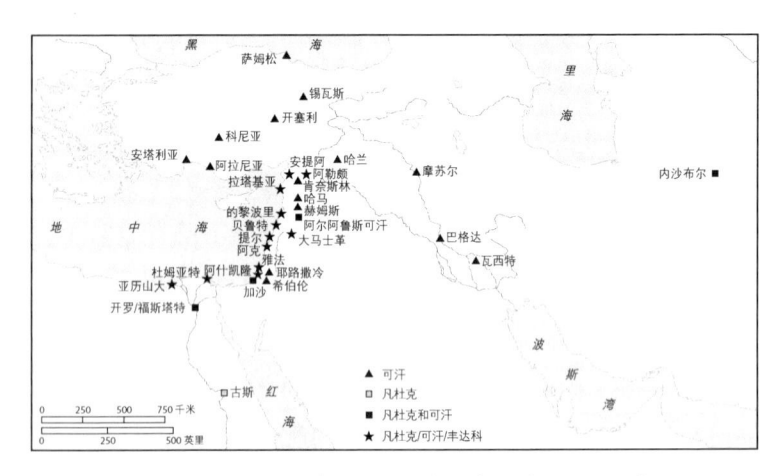

图 4.5　东伊斯兰地中海的凡杜克、丰达科、可汗分布图
来源：Constable（2003，p. 69）。

图 4.4 显示了希腊-拜占庭的制度如何在 10 世纪转变为阿拉伯制度。这一进程集中在安提阿城的周边地区。第二张地图，如图 4.5 所示，显示了伊斯兰"凡杜克"是如何在 10 世纪至 15 世纪被欧洲人接管，并转化为丰达科的。这一过程沿海岸线展开，从亚历山大到贾法、阿克和贝鲁特，再到安提阿和阿勒颇。类似的过程也发生在西班牙和西西里岛，但相关文献记载较少。[107]

丰达科只出现在 12 世纪中期有关欧洲的史料当中。最早只在西西里岛和伊比利亚发现过"凡杜克"转变为"丰达科"。它们逐步向北迁移，从西班牙南部到巴塞罗那、蒙彼利埃和马赛，从西西里到那不勒斯、佛罗伦萨、威尼斯和热那亚。等到 13 世纪，拉丁语和其他南欧语言中可以找到许多版本的单词特指"凡杜克"/"丰达科"。尽管欧洲的"丰达科"与穆斯林城市的"丰达科"有许多共同的特征，但并不是所有"丰达科"的功能都在西欧有必要存在。管控有序的住宿可谓是伊斯兰世界"丰达科"的主要特点之一,但这在欧洲城市却不太需要,因为当地有单独的招待所,且不存在跨文化贸易。这些新型的欧洲"丰达科"起着纯粹的商业和财政作用。在信奉基督教的欧洲,提供住宿的"丰达科"其存在时间往往不长,只在 12 世纪和 13 世纪才短暂出现。当时供外商使用的特殊建筑早已存在,一般不称为"丰达科",而是称为"多姆斯"(domus)和"奥斯皮塔"(hospitia),到了 14 世纪和 15 世纪,它们还被称为"莱吉亚斯"(loggias)。[108]因此,欧洲走上了一条属于自己特有的道路,商业"丰达科"只用于储存货物和征税,不供人食宿。在 14 世纪,许多地方的"丰达科"不再是一个孤立的建筑,它们成为那些更加庞大的建筑群或建筑物的一部分。此时,意大利许多城市的"丰达科"经常与银行、借贷和会计服务绑定在一起。它们变得与穆斯林"丰达科"有些相似,但也承担了新的职能,具备了新的特征。它们占据了新的财政利基(fiscal niches),充当国家仓储、贮存设备和私人商务的场所。[109]

  为什么郊外的"卡拉凡瑟拉伊"没能进入欧洲?其答案主要归结于地理原因。"卡拉凡瑟拉伊"所提供的服务,大多是在漫长的沙漠和草原道路上,如阿拉伯半岛、中东、波斯和中亚。那么为什么像"卡拉凡瑟拉伊"这样一种既供应住宿又提供商业服务的制度未能融入信奉基督教的欧洲?这里的原因一部分归于需求方面,另一部分则为供给方面。"凡杜克"为跨文化和跨宗教贸易所产生的问题提供了解决办法。至于我们的讨论还包括一些外部因素,即在伊斯兰中东地区的基督徒商人要比来到基督教欧洲的穆斯林商人多得多。基督徒商人需要住宿和宗教服务,与此同时,穆斯林统治者也希望把他们从自己城镇的穆斯林人群中分离出来,对他们实施管理。谈到供给方面，在北欧，旅客住宿的解决办法是独立于商业功能而发展起来的。当具有双重功能的伊斯兰"凡杜克"传入南欧时，除了少数例外，欧洲人基本只接受其名称和商业功能，而住宿还是会选择当地的招待场所。[110]

　　针对上述解释，威尼斯成为一个特例。德意志丰达科（Fondaco dei Tedeschi）始建于1228年，为德意志（和其他帝国）商人建造，集仓库、市场和受限制的生活区等多种功能于一体。几个世纪以来，它一直保留着住宿功能。为什么？威尼斯人之所以会这样做，是因为他们想管制和监控德意志商人；从这个意义上讲，他们颇似穆斯林统治者，后者要求拉丁商人住在"凡杜克"。为什么只有威尼斯人这样做？答案很简单，因为他们有能力办到。热那亚和米兰都曾尝试过，但均以失败告终。在意大利西部，当某个城市当局变得过于严厉或苛刻时，外商就会转移到另一个城市，比如从米兰来到热那亚，或者从热那亚前往马赛、比萨或里窝那。威尼斯地理位置特殊，德意志商人要想到达亚得里亚海、拜占庭帝国和黎凡特，这里是唯一的通道，他们必须穿过阿尔卑斯山，越过布伦纳山口。德意志人无法绕开它，不得不遵守当局的要求。[111]始建于1381年的土耳其丰达科（Fondaco dei Turchi）是一个特例，这里的穆斯林商人可以生活在欧洲港口，正如他们的"凡杜克"一样，土耳其丰达科集商业和住宿功能于一体。具有讽刺意味的是，威尼斯竟然设有一个"凡杜克"用于接待穆斯林。在1516年，甚至更早的1252年，威尼斯当局先是要求意大利和德意志出身的犹太人，后来扩展到塞法迪犹太人，在城市一块封闭的区域生活和贸易。至此，欧洲第一个犹太人聚居区诞生了。用于解释穆斯林和犹太人受限制的商业住宿区的原因或许与德意志丰达科相同，但威尼斯确实是拉丁欧洲的一个特例。

结　　论

　　航海借贷和"凡杜克"的迁移路径不尽相同。航海借贷起源于腓尼基和希腊的惯例，并被纳入罗马法。尽管罗马帝国官方宗教——基督教反对高利贷，但它侥幸存活下来。中世纪晚期意大利港口城市的商人常常使用航海借贷，但伊斯兰世界无法接受，认为它是高利贷。随着早期欧洲商人的航行绕过好望角，航海借贷被传入东亚。

　　"凡杜克"／"可汗"／"卡拉凡瑟拉伊"是一个起源于古希腊的制度，它因地制宜地出现在拜占庭帝国、阿拉伯中东、伊斯兰马格里布和伊比利亚、安纳托利亚、波斯和中亚，并只以一种改良过且受限制的方式进入了拉丁欧洲。"凡杜克"／"可汗"／"卡拉凡瑟拉伊"为与远程贸易相关的问题提供了解决办法，这些办法不局限于某个特定的地点或文化，而是普遍适用，因此得到广泛流传。然而，它们在欧亚大陆的不同地区遇到了不同程度和性质的障碍和阻力。

　　"凡杜克"与航海借贷均源于地中海东部，并在该地区共存了许久。然而，这一事实未能促使两者在欧亚大陆出现类似的迁移途径。人们对于外来制度的抵触心理，可能导致了排斥和拒绝。由于神学原因，伊斯兰教拒绝了航海借贷，而"凡杜克"也未能进入拉丁欧洲。对一个制度的反对可能会使其发生变化，努力隐藏其外来或令人反感的缘由，让其适应现有的制度配置。这就是康曼达的转移和变迁模式，第 5 章将对其展开探讨。

第 5 章

康曼达

康曼达是一种非常重要的制度,它在中世纪的商业革命和资本主义萌芽期间起着举足轻重的作用。[1]在不同的条件和变化下,康曼达出现在近代早期欧亚大陆的多个地区和贸易地。[2]康曼达是迁移性制度的主要案例,它发展于一处(或最多两处),后传遍了欧亚大陆的大部分地区。

本章将论述康曼达的特点、起源和迁移。关于康曼达迁移的调查,我综合了多种文献,这些文献均涉及康曼达在欧亚大陆不同地区的出现。近一个多世纪以来,人们对意大利式的康曼达进行了深入的研究。在过去的半个世纪里,伊斯兰康曼达成为热门的研究课题。其他类型的康曼达直到最近才引起历史学家们的关注,有些甚至被完全忽视了。对于每种康曼达出现的个案研究,一方面体现了历史学家们的关怀,另一方面也反映了些许不足。首先,它的广泛出现未曾得到充分的认识。将不同类型的康曼达同等对待,这充分说明了一个问题,即康曼达是终极的迁移性制度;其次,针对某种康曼达的研究所开发出的方法不适用于其他类型,因此每个案例的研究实则采用了一套有限的方法和理论工具;最后,涉及迁移的问题要么只针对一种迁移路径进行调查(伊斯兰世界到意大利,意大利到波罗的海），要么根本不去调查。这既限制了找出额外联系和重复规律的能力，又限制了不同方法的使用，将研究局限于组织特征的形态比较，再从中进行推断，而不顾其出现形式是独立发展出来的还是复制得来的。本章旨在超越上述的种种限制。

典型康曼达的特征

尽管历史学家们普遍认为，在中世纪晚期和近代早期的贸易中，康曼达被广泛使用，且对中东和欧洲的经济发展产生了重要影响，但它的特点却并不为人所熟悉。许多历史学家都知道这样一个事实，即康曼达为投资人和行商之间的一份双方合同，两人在行程结束时可互惠利益。但现实是总会有一些问题时常被忽略，甚至被曲解，如双方的责任、行商的自行决定权、利润的核算以及与第三方的关系。还有人至今不清楚康曼达的法律分类，是合伙关系、代理合同、借贷合同，还是特殊合同？在回答这些问题之前，我们必须知道现有关于康曼达文献的构成，清楚这些文献可提供的信息及对其了解的程度。

现存史料可以提供给我们一些（只在伊斯兰背景下）关于康曼达的具体描述和法律特征。留存至今的阿拉伯-伊斯兰文献，主要是 8 世纪末至 11 世纪的法律论文。[3]这些文章讨论了不同的问题，且问题的结果均与康曼达的运作有关，或许是基于真实案例，又或许只是假设。上述文献还对各种法律问题作出了回应，它们具有较高的法律价值，并提供了精准的解析，但不涉及抽象的概念、原理或理论。

现存的犹太康曼达大概只能在开罗犹太经冢中找到，它们可以追溯到 11 世纪到 13 世纪，主要是一些商人的信件，反映了康曼达的日常使用。这些记载中包含的法律素材很少，只有一些关于犹太教法庭裁决的答复和报告。此外，撰写于 1170 年至 1180 年的迈蒙尼德（Maimonides）的《律法再述》（Mishneh Torah）中，提到了视异教徒为合伙关系的康曼达。由于犹太教法中并不包含康曼达，中东地区的犹太文献对于伊斯兰康曼达的描述，最多只能视为一种补充。[4]

现存的拉丁基督教文献要么是合同，要么更多的是有关康曼达合同存在的记录。这些记录通常以简要的形式保存于公证处及市政档案馆中，虽然所保存的信息多半涉及实践活动，而非法律，但其内容相当广泛。在意大利的主要城镇中，保存着 12 世纪到 14 世纪成千上万的合同与记录。[5]

基础的康曼达是一份双边合同，只涉及两方，即固定的投资方和旅行代理，后者将按照委托人指定的路线全程跟踪。康曼达是一种股权投资合同，规定了具体的投资内容和回报。投资方以货物和现金的形式提供资金（用于支付货物和旅行费用），并有权分享利润。外出的那一方则通常不以资本进行投资。康曼达可称得上是与旅行方签订的一种劳务合同，因为后者付出劳动、专业知识、信息、社会关系，并承担身体上的风险。康曼达的利润将由双方共同享有。[6]

投资者将将资本（在伊斯兰世界，仅为现金；在拉丁世界，也可为货物）单列出来。旅行商人被授予对资产的控制权，负责将其运至某个遥远的港口或市场。因此，从地理意义上来说，旅行方与投资方相隔两地，且不在后者的直接领导或监督下工作。投资方向旅行方提供一个资产池，但他无法完全事先预测事态发展、机会或风险。在法律层面，旅行方需服从委托书或委托书中的商业指示。[7]在伊斯兰哈乃斐学派（Hanafi school）中，委托书的内容可自由决定。它既可以宽泛而自由，"随心所欲"，也可以限制目的地或者货物。换句话说，在哈乃斐教法中，默认情况下的授权，范围很广；当然也可以放弃，转而选择一种限制性更强的授权。相反，在马立克学派（Maliki school）中，授权的范围受到严格的控制，仅限于以现金买卖的商品。从乌多维奇的论著中，我们可以看出，授权范围的定义具有约束力，并非都是默认的。[8]

旅行方是否可以增加投资方的风险来提高自己的收益？他可以赊销给第三方，但是否也可以向第三方借款以增加自己的贸易量？他可以借钱，但前提条件是在持有资产期间，且借款金额不能超过总资产。他不能利用投资方的资本来增加自己的收益，但可以去风险更高的市场或购买风险更高的商品。然而，所有这些行为都可以通过限制性授权加以避免（只要其侵权行为能够得到有效的证实）。

在康曼达中，谁对什么负责？有人认为，投资方是有限合伙人，类似于有限合伙企业中的有限合伙人或有限公司的股东；然而，据我所知，这并不是当时的概念。除了最初投入的资本以外，投资方对第三方不承担任何责任。这首先是因为前者的存在或身份往往不被人所知；其次是由于他与第三方的关系相隔甚远；最后，也是最重要的原因是不允许旅行商人使用杠杆。如果没有杠杆作用（也没有侵权责任），就不会形成超出投资方投资范围的债务。他需要承担失去投资的风险，但并不会因此失去额外的资产，这些资产往往蕴含着巨大的财富。康曼达合同的概念可被理解为创立一个全新的资产池，即一种基金，它与任何一方的资产都毫不相干。[9]康曼达的债权人可以接触到该资产池，但无法触及投资方的私人资产。

行商的责任是什么？在康曼达中，这一方可能会失去自己的投资，即他的劳动和专业知识。然而，只要他没有做违反职责或越权的事情，他个人无须为康曼达资产的损失承担责任。如果他前往未经授权的港口、借债融资或故意损坏货物，旅行方将对投资的损失承担全部责任。但旅行方对任何常规损失不负有责任。在双方之间，只有当旅行方的行为超出了他约定的授权范围，或因不按照一般商业惯例行事而违反了信托义务时，他才需要对投资方负责。海上风险由投资方承担，这一点颇似航海借贷。投资资本的商业风险也是由投资方承担，[10]但在航海借贷中并非如此。

康曼达的主要特征在于区分使用资产。当投资方将资金转移到康曼达账户，旅行方又对该笔资产有了实际控制时，资产池就此建立。[11]在伊斯兰世界里，只允许将金钱而不是货物（法学家正在研究这两者间的区别）注入账户。从概念上讲，康曼达的资本也自此从投资方的资产和旅行方的个人资产中区分开来。旅行方根据委托书将资产投入贸易。由此产生的相关费用从康曼达账户中扣除。当康曼达合同终止时，原始资金将返还给投资人。从余额中扣除各项费用后，剩下的由双方再分成。在伊斯兰世界中，通常是五五分，但可能会根据投资水平或旅行方的经验稍作调整。单独设立一个资产池不仅会对债务产生影响，更会涉及财会技能。康曼达在口述社会几乎无法发挥作用。当费用繁多且随着时间推移而分散时，书面账目便显得必不可少。

康曼达的期限长短由单独设立的资产池决定。在早期历史当中，一个康曼达常常只能支持一次航程。但它也可能维持数年。其中有两项基本的行动方针需要遵循：① 如果康曼达即将到期，双方之间仍可以按照相同的条件续签一份类似的康曼达，后者将取代前者；② 双方可以时不时地分享利润，在结清账目后，无须偿还原

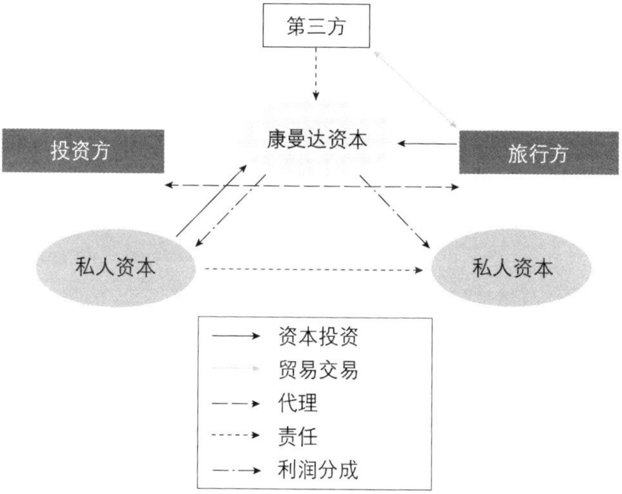

图 5.1 康曼达合伙制架构图

始投资的资本,也不用终止康曼达。[12]

图 5.1 显示了康曼达合伙关系的结构,包括单独的资产池和所涉及的各方。

康曼达以如下几种形式出现在不同的时间和空间:

(1)利润分成会表现出不同的形式。在伊斯兰世界中,通常会将利润五五分成。在意大利,比较常见的形式是 75% 给投资方,25% 给旅行方,但有时也会使用其他的分配比,包括二二分到三一分。

(2)康曼达通常只让固定投资人出资,但根据雷蒙德(Raymond)和洛佩兹(Lopez)的研究,一种重要的意大利变体形式是旅行方也会注入资金,这当然也就影响了利润的分成。[13]第一种变体往往被称为"双边"康曼达,第二种则是"多边"康曼达。

(3)如果旅行方不被禁止,他可以设立次一级的康曼达,并将全部或部分货物交给第三方，后者将前往更加遥远的市场。上一级康曼达的旅行方则变成了次一级康曼达的投资方。这种变体在意大利和伊斯兰世界都得到承认。

（4）康曼达不仅可以针对不同的货物设立，还可以共享一个货物池或一艘船。

（5）双边康曼达可以组成一个复杂的多边体系。例如，某个体旅行方可以将诸多投资方的货物汇集在一起，形成一个康曼达，并为各方提供规模经济效应。

（6）反之亦然，投资方可以将投资分配给好几个不同的旅行方，[14]以分摊风险。[15]

康曼达不是雇佣合同或借贷合同，因为收益不是事前确定的，而是事后产生的。这是一种股权投资。旅行方并不接收事先确定好的工资或利息，而是利润共享。这同样不是一种合伙关系，更不是双方共同管理的企业，并作为企业代表一致对外。有人认为它是有限合伙制的前身，是一种不对称的多边合同。[16]康曼达的制度比人们乍看之下所能理解的更为复杂。它会根据不同的方面来确定各方的关系，包括投资、代理、管控、风险分摊、利润分配和设立单独的资产池等。因此，在现代意义上，它应该被视为股权投资合同的集束以及标准形式的合同或模板。各方在选择康曼达时，会起草一份格式固定且内容翔实的合同，其中只有小部分默认的规则可根据需要来调整。他们实际上是选择了一种发展成熟且形式具体的商业组织。

综上所述，康曼达将多种功能整合到同一个法律经济制度中。与标准代理和借贷合同相比，它赋予了提高效率的机会，允许为旅行代理制订激励计划。它同样也是易受风险影响的消极投资者的曙光。它使热衷于投资高风险项目的土地所有者不仅保护了家庭的财产，而且限制了自身的债务；它让资金有限的年轻商人能够跨越海外贸易的鸿沟，为他们的业务融资。单一的康曼达合同，一方面把若干个合同串联在一起，另一方面也成了某个复杂合同网络的一部分。合同中的每一方都可以是，而且常常也是其他康曼达合同的一方。鉴于这种机制，康曼达可以作为风险共摊的制度和商业网络中不可或缺的一分子。

康曼达的起源：伊斯兰的齐拉德和穆达拉巴

首个有据可查且以完整形式出现的康曼达，来自早期的伊斯兰阿拉伯世界。[17]世界上如此多的地方，为什么偏偏会出现在那儿？其解释有三种：第一，它是纯正的阿拉伯产物，源自那些穿越荒漠的香料商队贸易的独特需求；第二，它是早期拜占庭和中东组织形式的进一步发展，正如在麦加被使用，又如在早期伊斯兰文献中所记述的那样；第三种可能的观点是，康曼达由伊斯兰教法学家首次提出，即便有不少历史学家并不赞同这种观点。

随着伊斯兰康曼达的扩张，它在不同的地区和不同学派中有着不同的名称：穆达拉巴（mudaraba）、齐拉德（qirad）或穆卡拉达（muqarada）。[18]从阿拉伯半岛的源头开始，康曼达与征服者、宗教领袖、教法学家和商人一起南征北战。在倭马亚哈里发国统治时期，它与迅速扩张的伊斯兰教一同传入了伊拉克、叙利亚、巴勒斯坦、埃及和马格里布。[19]值得注意的是，在早期穆斯林法律的所有主要流派中，康曼达的基本特征都颇为相似。[20]这一点恰恰与主要流派间在普通合伙制上的差异形成了鲜明的对比，一边是哈乃斐，另一边是马立克和沙菲仪（Shafii）。整个伊斯兰世界中的康曼达都保持着高度的一致性，这足以证明"同一起源"的假设。不同学派在有关普通合伙制方面的差异，说明了它属于多重起源的内生性制度。关于合伙关系，那些8世纪下半叶撰写的法律条文，对康曼达的多个层面进行了充分的探析。[21]从前一部分对康曼达特征的讨论中，我们可以清楚地看出其复杂性主要来自同时期的伊斯兰文献。这一点足以证明"康曼达"的悠久历史，而且在伊斯兰法理学首次提及它时，就已经有了良好的发展。

至于康曼达源于何处，乌多维奇在20世纪60、70年代首次回答此问题时表示，事实上，在伊斯兰教兴起之前，康曼达就已经在阿拉伯半岛及周边地区的远程商队贸易中使用。随着伊斯兰教法的发展，康曼达逐渐出现在文本当中。[22]然而，它在古兰经中却未被明确提及。乌多维奇认为，古兰经作为先知式和法律式的文本，反映了伊斯兰教兴盛之前和伊斯兰早期的真实状况。最初的一些穆斯林传统都归功于先知本人。先知在成为先知之前，曾前往叙利亚，在那里交易他的未婚妻赫蒂彻（Khadijah）托付给他的货物。[23]根据传统，先知是旅行伙伴，赫蒂彻是类似于康曼达式合伙关系下的投资伙伴。另一些传统认为哈里发欧麦尔（Umar，634—644）的两个儿子从伊拉克返回麦地那时，他们从事的商品交易涉及康曼达。我们还被告知，第三任哈里发奥斯曼（Uthman，644—656）曾以一种"齐拉德"的形式投资自己的钱财，他将利润与代理人五五分成。无论这些轶事在历史上真实与否，马立克和他同时代（8世纪后半叶）的人对此坚信不疑。[24]同样毋庸置疑的是，无论其早期历史如何，到了8世纪下半叶，康曼达在伊斯兰中东地区得到使用，并且被明确地理论化。当它首次出现在意大利城市之前，康曼达在那里起码流传了200年，甚至可能是400年。

至于在名义上认为康曼达是在阿拉伯半岛本土发展起来的这个解释受到了一些史学家的质疑。另一种替代性的研究思路是对阿拉伯商队贸易的独特性提出了疑问，并建议在中东更大的商业枢纽寻找康曼达的起源。还有一种思路是希望我们聚焦在一个更为广阔的大背景之下，除了考虑通常影响伊斯兰教法的文献，也要注意希腊罗马法、拜占庭法、犹太教法和萨珊王朝的法律文献。

我们对伊斯兰教创立以前贾希里亚（Jāhilīyah，又译为"蒙昧"）时期史料的了解，仅限于传统、传说、谚语，尤其是诗歌（该时期阿拉伯半岛北部没有文字系统）。然而，它们并不以书面形式存在，起码在希吉拉（Hijrah）发生后最初的两三个世纪是如此。书面记录历史事件要等到希吉拉之后的 200 年或 400 年之久。[25] 根据这些有限的史料，历史学家们得出结论，阿拉伯贸易涵盖了高价值的奢侈品（香和香料）。这些物品（贵金属、宝石、染料、丝绸和香料）途径也门，但来自印度或更远的地方。一些学者，如克罗内（Crone）[26]和布利埃（Bulliet）[27]持相反意见，他们认为伊斯兰康曼达的诞生地——麦加，并不处在任何主要的贸易线路上，其贸易不是过境贸易，而是主要供应当地的消费。他们表示，与新月沃土、中东或中亚相比，阿拉伯半岛作为一个整体，其贸易并不十分发达。总而言之，克罗内否定了早期学者关于麦加是贸易中心的论点，其原因主要有三：第一，由于麦加的地理位置；第二，麦加本是一个贫瘠的地方；第三，涉及商品的资源问题。麦加远离主要的熏香路线，地处半岛的边缘，而不是位于一个天然的绿洲。克罗内补充说："无论是熏香贸易还是过境贸易都未能长期存在，无法让麦加人以此为生。此外，麦加根本没有熏香、香料和外国奢侈品的贸易。"[28] 克罗内的工作受到后世历史学家的批评。唐纳（Donner）指出，在6世纪的阿拉伯半岛，麦加确实上升到了一个非常重要的地位。其原因一方面是由于麦加的部落——古莱什（Quraysh），它组织了一个遍及整个半岛的贸易联系网，另一方面是因为那里有一个重要的宗教圣地和朝圣中心，即"麦加大清真寺"（Haram）。[29]然而，我们当前的问题是，抛开麦加是否为当地的贸易中心或国际贸易中心不谈，阿拉伯半岛及其周边地区的贸易能否在一般意义上，为齐拉德-康曼达的发展提供功能性需求。

在伊斯兰教创立以前的阿拉伯文献中，一份有可能涉及齐拉德的史料是乌多维奇所关注的伊拉夫（ilaf）协议。该协议由麦加古莱什部落的领导人与其他的部落签订，古莱什商人必须通过这些部落的领地前往土壤肥沃的叙利亚和伊拉克。伊拉夫协议为这些部落首领日后分享贸易利润起到了铺垫作用，当然也为雇用部落人员作为古莱什商队的护送者奠定了基础。[30]这一点与齐拉德有些相似，一方在贸易中投资，另一方则提供服务（或索取保护费）；但也有区别，最明显的是伊拉夫涉及集体而非个人交易。这点完全符合唐纳的历史观点，他认为，6世纪阿拉伯半岛的贸易并不十分发达。尽管如此，古莱什人还是在康曼达的发展中起到了独特的作用。

由于商队贸易网络的主要中心不是麦加，而是巴尔米拉（Palmyra）和佩特拉（Petra），历史学家们或许会在那里寻找康曼达的起源。巴尔米拉和佩特拉都拥有常备军，主要是为了保护商队和商站不受劫匪的袭击。巴尔米拉商队贸易的兴起，似乎与该市有能力保护其路线免遭歹徒团伙袭击密切相关。纳巴泰（Nabataean）和巴尔米拉的军队都是使用骆驼和骏马的骑兵。除官方保护外，他们有时还会雇用私人武装护卫队。[31]"在巴尔米拉，商队往往由一个或多个富商出资，如果是特别庞大的商队，则由城市本身出资。

这种资金和商队的组织模式，在伊斯兰教出现之前就很明显。除了极其富有的投资者外，中产阶级的城镇居民也会投资商队生意。"[32] 没有证据表明，在组织纳巴泰和巴尔米拉的商队时使用了康曼达或康曼达的前身。然而，人们对他们的组织知之甚少，它对我们的用处也不大。

据几名历史学家称，早期的伊斯兰教法和法律制度普遍受到了更为古老的中东法律体系的影响：希腊罗马体系和拜占庭体系、犹太体系和萨珊体系。[33]因此，康曼达的根源可以在其中任何一个体系中找到。事实上，齐拉德与早期犹太"伊斯卡"（isqa）和拜占庭的"克里奥孔尼亚"（chreokoinonia）有一些相似之处。但是，正如乌多维奇所证实的那样，也有一些不同之处使直接影响的假设受到质疑。[34]

分析历史学家们对于康曼达起源的观点，其主要意图不是为了解决长期的争端并得出一个统一明确的结论。这里的主要目的是要掌握解决该问题最有效的方法，了解哪些环境促使了这些制度的发展，哪些因素又会影响它们的迁移。但是，由于我难以掩盖自己对这个问题的看法，我想说，我更相信伊斯兰康曼达是从早期中东制度体系中发展起来的。在我看来，这一解释似乎比阿拉伯商队贸易需求的独特性更有可能。然而，伊斯兰法理学的复杂性以及伊斯兰贸易网络从伊比利亚到中亚的扩张，使伊斯兰康曼达变得极为复杂。

意大利康曼达：独立发展还是移植产物？

19世纪末，诸如韦伯等欧洲历史学家断言，康曼达的根源在于罗马法。它最初出现在中世纪早期民间的罗马法中，后随着意大利 10 世纪至 11 世纪贸易的复兴而广为流传。[35]然而，对于意大利的后期研究显示，在第一次十字军东征（1096—1099）之前，其法律或习俗中只有少数模糊的迹象表明康曼达存在。最早提到"科莱甘蒂亚"（collegantia）一词，即威尼斯方言中的康曼达，是在 976 年一段引用的短句中。[36]1072 年和 1073 年的两份"科莱甘蒂亚"合同，成为拉丁欧洲现存历史最为悠久的康曼达合同。[37]1156 年的《比萨市政法案》首次提到了"康曼达"这个词。热那亚现存最古老的康曼达合同可追溯到 1163 年。到了 12 世纪下半叶，康曼达在意大利各地均得到了广泛运用。[38]

近期，部分学者的定量研究，如冈萨雷斯·德拉拉（González de Lara）、威廉姆森（Williamson）和范杜斯莱尔（Van Doosselaere），进一步证明了康曼达在意大利商业复兴中的主导地位。如图 5.2 所示，冈萨雷斯·德拉拉统计了 1121 年至 1261 年期间，威尼斯公证登记簿中记载的航海借贷和康曼达合同。

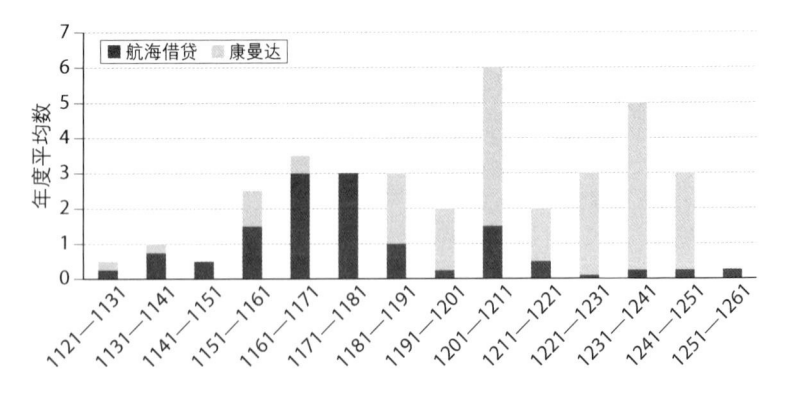

图 5.2　威尼斯记录在案的航海借贷与康曼达合同及其时间分布图
来源：González de Lara（2008, p. 253）。

她还发现了此前一个世纪（1021—1120）的一份航海借贷合同及 11 份康曼达合同。另外，有 38 份合同无法被确切地分类，因而未出现在这个图中。[39]

在对威尼斯进行的一项平行研究中，迪安·威廉姆森找到了一系列 1278 年至 1400 年间的合同，其中包括 777 份康曼达合同、119 份联营合同和 805 份债务合同。其重要的目的地包括：安纳托利亚半岛上土耳其门特瑟酋长国的主要港口——帕拉蒂亚（原"米莱图斯"，289 份合同）和土耳其艾丁贝利克的主要港口——塞尔丘克（原"以弗所"，47 份合同），埃及（亚历山大或杜姆亚特）、罗得岛和塞浦路斯分别在 123 份、104 份和 120 份合同中有所提及，剩余的大部分合同均涉及与爱琴海诸岛的贸易。在威廉姆森确认的一个规模较小且年代较早的样本中，包含了 1190 年至 1220 年间的 122 份文件（合同和收据），大约 78 份为康曼达（52 份单边文件，26 份双边文件），44 份是债务文件。[40]

在对热那亚进行的一项综合研究中，范杜斯莱尔发现自己收集的一大批 1154 年至 1300 年的样本里面，有 93% 的商业卷轴（7 221 卷中的 6 764 卷）为康曼达形式。[41]我们必须牢记一点，范杜斯莱尔所能观察到的只是书面记录，并且由公证处保存。在范杜斯莱尔的数据库中，不包含那些无须向市政当局或公证处登记的组织形式，以及那些时常没有书面记录的组织形式（如简单的雇佣、代理合同或合伙关系）。因此，这里的 93% 指的是那些以书面形式存在，并且完整保存下来的康曼达。毫无疑问，上述数字不包括在意大利形成的所有康曼达合同，因为当时许多威尼斯人和热那亚人的合同根本没有在公证处和市政厅登记。况且，我们对意大利城市的研究不多，对在那儿签署的康曼达合同就更是知之甚少。

关于意大利康曼达起源的争论,已经持续了数十年。大多数的中东史学家认为,意大利是从他们那儿引进的。历史学家们的依据是时间顺序,事实上,齐拉德的起源至少比康曼达早了两个世纪,两者的基本形态也颇为相似。他们提到在第一次和第二次十字军东征前后,意大利人首先在通往东地中海的贸易线路上使用了康曼达合同。这就表明,与黎凡特穆斯林的相遇成为意大利人了解康曼达的纽带。[42]更宽泛地说,凡杜克从中东向拉丁世界扩张的路线和时间与此近似,这也可用来支撑该论点。[43]其他商业惯例的迁移,如汇票和簿记,也遵循了类似的过程。[44]然而,我们在方法论一章中介绍的案例(指南针、印度/阿拉伯数字和印刷机),则显示了知识从东方(从中国或印度经阿拉伯中东地区,或者源于伊斯兰世界)到欧洲的迁移。[45]

意大利的历代史学家大多相信,该国的康曼达是在本土独立发展出来的。而一些著名的欧洲地中海贸易史学家则一致表示,伊斯兰齐拉德可以在一本9世纪末或10世纪的商业手册中找到,该手册出版于大马士革,比在意大利首次提及的时间早了约两个世纪。[46]他们还认为,意大利的康曼达是随着意大利港口城市的崛起而出现的,这是由于城市日益增长的商业需求,它基于早期的罗马元素构成。[47]那些赞成是意大利独立发展出来的人,强调"齐拉德"与"康曼达"之间的区别而不是相似之处:康曼达仅用于海上贸易,而齐拉德也应用在陆路贸易中;康曼达被用于单程航行和单次风险投资合同,齐拉德则可持续数年;康曼达中的利润分成是固定的(或者起码变动较少),而齐拉德中的利润分配是灵活机动的;康曼达中的投资可以是商品或钱币,齐拉德

表 5.1　康曼达与齐拉德之间的差异

特征	伊斯兰齐拉德	意大利康曼达
投资种类	仅限于货币	货币或货物
投资方	单方面	单方或双方
利润分成	通常五五分，但随机应变	通常分别给 75%、25%
周期	可适用于一组航程	单次航程
适用范围	陆地和海上	海上

只能使用货币。[48]表 5.1 标注了伊斯兰齐拉德和意大利康曼达之间的差异。

表 5.1 以早期的学术成果为基础，当把其置于讨论中心时，意大利康曼达和阿拉伯康曼达之间的差异也许能看得更为清楚。近期，较为年轻的一批意大利史学家提出了一个综合性观点。法瓦利（Favali）表示，当把康曼达与伊斯兰教开创之前和早期伊斯兰的齐拉德相比时，差别是微不足道的。[49]乍一看，这很奇怪。意大利人怎么能模仿伊斯兰教开创之前的齐拉德？这是一种三个世纪前就已经在中东消失的制度。对此，有两种解释方法。其一，事实上，康曼达进入意大利的时间比人们想象的更早，但在它的早期历史中，并没有留下任何痕迹；其二，尽管伊斯兰教法义本旨在对伊斯兰教开创前的齐拉德进行修改和伊斯兰化，但使用齐拉德的惯例直到意大利人接触时，并没有改变，况且意大利人是在实践中掌握它的。鉴于伊斯兰留存下的史料多半是书本中的律法，对于意大利人来说，他们大多遵循行动中的法律，因此法瓦利的理论不无道理。与此同时，米格诺（Mignone）的解释阐明了康曼达的几个历史根源。[50]齐拉德并不是凭空出现的，它曾受到早期美索不达米亚、希腊和罗马

制度的影响，如航海借贷。意大利人在 11 世纪就接触到了齐拉德，当时的他们也很清楚拜占庭的克里奥孔尼亚、古罗马的航海借贷（foenus nauticum）以及劳资合作关系（societas）。因此，米格诺猜测意大利康曼达是齐拉德与（由拜占庭帝国保存的）早期罗马和东地中海制度的混合体。康曼达最早出现在受到拜占庭影响的威尼斯，这一事实恰恰印证了该论点。

我想提出另一种较为中庸的解释。与其将 11 世纪或 12 世纪意大利法学家对罗马劳资合作关系和航海借贷的引用理解为康曼达源自古罗马，不如将其解释为一种具有忧患意识的尝试，即将一种新制度纳入现有的体系中来。康曼达，无论源于阿拉伯还是意大利的商业惯例，都不符合《民法大全》中罗马法的体系。1070 年前后，意大利重新拾起《民法大全》；1088 年，欧洲第一所大学在博洛尼亚诞生，在此之前，康曼达（在 10 世纪的威尼斯，作为独立发展出来或外来引进的制度首次出现）和罗马法虽然有些不协调，但既不明显，也没有给任何人带来麻烦。

然而，罗马法的复兴使其成为人们学习的对象（仅次于教会法）。在同一时期相同的意大利城镇，康曼达也逐渐开始流行，并最终导致了不和谐的发生。换句话说，作为新产生的制度，康曼达源自底层商人，或是对阿拉伯齐拉德制度的引进，这便刺激和挑战了已经地位明确的罗马法。法学家们对康曼达的概念进行了重新定义，使之更能符合罗马法的规定。但这只是学术层面的重新概念化，不应让史学家混淆不清，因为它实际上与制度本身的历史渊源毫无关系。这种重新认识对商人手中康曼达的运作也没多大影响。

我不打算在这里解决这场持续了数十年的争辩。很有可能康曼达不是凭空出现在 10 世纪和 11 世纪的意大利，它要么基于意大利古老的法律架构，要么来自从黎凡特（或西西里岛）引进的伊斯兰制度。伊斯兰康曼达也很可能不是突然出现在 7 世纪或 8 世纪的阿拉伯半岛，而是源于阿拉伯半岛在伊斯兰教开创之前的旧习俗，或者行省的罗马法；继而基于希腊罗马，甚至是腓尼基、以色列、埃及，以及自古以来就存在于地中海东部的美索不达米亚元素。就本书的意图而言，来自东地中海的元素是平行且独立地影响了伊斯兰教和拉丁世界，还是它们首先影响了伊斯兰教，后来才（通过伊斯兰教）影响到了意大利，这并无太大区别。从克里特岛的角度出发，它源自意大利或阿拉伯地区或许有很大的不同。但站在撒马尔罕或广州，甚至汉堡或伦敦的角度考虑，康曼达起源于地中海的东部还是西部，问题并没有那么重要。换言之，从整个欧亚大陆的角度来看，康曼达似乎有着相对固定和单一的起源。

既然我们已经回顾了航海借贷和康曼达的历史，便可以在图 5.3 中展示东地中海的不同地区，以及在古代和中世纪发展出来的主要海运合同形式。该图显示了从古代雅典到中世纪意大利，具有相似特征的合同的演变过程，说明了它们是海上贸易中广泛传播运用的制度。

对我们来说，最重要的是康曼达在大部分地区绝非独立、本土产生的。它有着单一的源头（指构成要素方面），是一种（或最多两种）现实发明的体现。康曼达从意大利向西迁移到拉丁地中海的其他港口城市，如马赛、蒙彼利埃、纳博讷和巴塞罗那。这一点是康曼达在意大利本土扩张的直接延续，并且有充分的史料记载。[51] 康曼达向北迁移，越过阿尔卑斯山，来到大西洋和波罗的海的港口，但在那儿的资料较少，议论却更多。

154　远涉重洋：欧亚贸易与商业公司的崛起

146

11—13世纪	意大利康曼达	航海劳资合作关系	意大利康柏尼亚合伙关系	陆路劳资合作关系 ┊ 航海借贷
8—12世纪	齐拉德/穆达拉巴			
5—8世纪	拜占庭克里奥孔尼亚	→	对于债权人，航海包含风险 →	犹太伊斯卡
前2世纪—4世纪		罗马劳资合作关系		罗马航海借贷
前5世纪—前3世纪				雅典航海借贷

| 不对称合伙关系（一方提供劳动，另一方提供资本） | 对称合伙关系（一般合伙制） | 复杂借贷——贷款人承担海上风险 |

图例：
—— 对称合伙制度
—·— 不对称合伙制度
—— 风险分配的复杂借贷，贷款人承担海上风险
混合框架意味着这些制度具有双重性质

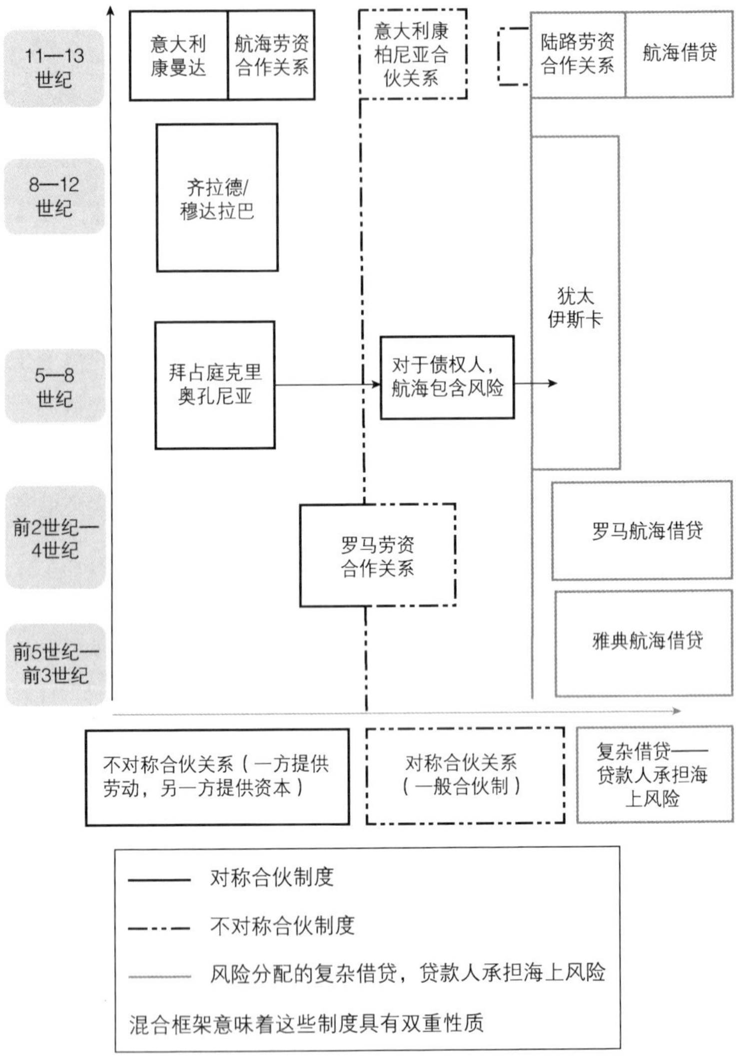

图 5.3　古代到中世纪地中海的组织形式

汉萨康曼达：一条独特的道路？

1250年前后的汉萨港口，尤其是吕贝克和汉堡，存在一种被称为威德勒贡（Widerlegung）的海上贸易组织形式。通过这种形式，商人从合伙人那里获得资本（也可以投入一部分自己的资金），将资金带到海外进行贸易，待他回来时再与合伙人分享利润。[52]那么汉萨的城镇是仿效了意大利的康曼达，还是独立发展出了类似组织呢？

有学派认为，在中世纪晚期的拉丁地中海港口就已存在康曼达，大约过了150年或200年之后，在汉萨城镇出现了一种相近的组织形式，这一事实表明了模仿的存在。[53]根据该观点，这种组织在150年到200年的时间里往北迁移了1 300千米，跨过阿尔卑斯山口，并获得了商业的连接。[54]

19世纪，由莱温·戈德施密特（Levin Goldschmidt）领导的另一个学派〔随后是他的学生维利·西尔伯施密特（Willy Silberschmidt）和保罗·雷姆（Paul Rehme）〕认为，汉萨贸易法是独立于地中海而发展起来的，但由于遇到了类似的海上贸易问题，因此提出了相近的解决方案。[55]西尔伯施密特采用了这一理论，他认为汉萨组织形式平行于意大利的康曼达和航海劳资合作关系（societas maris）等。[56]

最近，科德斯（Cordes）提出了令人信服的第三种解释。他的方法是首先仔细比较了意大利康曼达与汉萨城镇常见的合同形式。这些合同在许多方面具有相似性。不论是在南方还是北方，都有两名角色明确且互相独立的合伙人：一名是纯粹的投资人

(Kapitalgeber),他把钱财或货物交给另一个人,即资本持有者(kapitalführer),后者结合自身优势,进行一次海外贸易旅行。双方参与的比率截然不同。在热那亚,投资人提供 2/3 的资金,而资本持有者只有 1/3。因此,在分配利润之前,还需要有一个关于偿还投资资本的条款。另一方面,在吕贝克,最终的利润要对半分。[57]在这里,不需要提前计算应偿还的出资额;相反,只需将最终的资本分半。[58]

在康曼达中,投资者会得到利润的 3/4,而资本持有者只有 1/4。自此,康曼达与航海劳资合作关系共同形成了一个新系统,即"1/4 利润"(quartum proficui):资本持有者因其商贸活动,有权获得"1/4 的利润"。其余的 3/4 将按资本比率划分。在康曼达中,3/4 会支付给投资者;在航海劳资合作关系中,投资人会根据自己的贡献保留 2/3,其余的 1/3 将给予资本持有者。因此,他总共保留了一半的利润。[59]

在汉萨案例中,利润在两个合伙人之间对半分成。此前有学者解释称,利润分成和康曼达的差异均由环境的不同而引起。[60]那些穿越波罗的海和北海的航行要比穿越地中海更为危险。因此,作为资本持有者的旅行方,其所占份额会比地中海时来得更高。然而,科德斯认为,这种解释并不符合威德勒贡所制定的规则。在那种情况下,资本持有者也保留了一半的利润,他甚至不仅承担了旅行的重负,而且还贡献了一半的资本。[61]在吕贝克,人们习惯将利润分成两等份,而不去考虑相对应的资本投资和劳务贡献。[62]基于资本投资来分成的概念对于吕贝克法(Lübeck law)并不陌生,但这只在有缺损的情况下才会出现。否则,利润均为平分。[63]

从本质上讲,利润分成有两个原则:按照人头或股本分配。

只有像意大利人那样运用股本分配原则时，才会出现如何评估资本持有者的投资、成本和利润问题。[64]科德斯得出结论，早期汉萨合同基于首个原则，而不是第二个（意大利人的）原则。汉萨商人无法引进和运用意大利的康曼达原则，因为他们不像意大利人那样会使用文字。现存的第一批汉萨合同签订于 14 世纪初。这些合同属于汉萨地区最古老的书面法律文件，出现在口述时代末期，即向书面法律和书面商业记录过渡的时期。[65] 14 世纪后半叶，随着文字书写和计算技能的发展，加上向使用德语的过渡，这为更加复杂和灵活的合同框架打下了基础。[66]很显然，结构较为简单的威德勒贡源于口述商业文化。按照人头来划分企业贸易利润的原则，符合文字出现前的商业惯例。这里的原则不需要书写文字或笔算。[67]

向书面形式的过渡，导致了早期汉萨合同形式中两个构成性特征几乎完全丧失，即单方面资本承载形式和利润对半分成形式。现在，利润分配形式更多倾向于资本投资比例。如以往一样，在利润分配中不再考虑资本持有者的劳务部分。[68]固定商贩可以在办公室中用书面文字来管理他的业务，并且在文件和贸易日志的帮助下，快速发展出处理更为复杂合同的能力。在最早期的债务登记册中，这种趋势已经很明显，自 1400 年前后开始，则变得更加引人注目。然而，过去的威德勒贡并没有被抛弃，而是适应了新的书面媒介所带来的灵活性和想象力。很显然，正是这种灵活性使得没有必要借用地中海地区的贸易技术。[69]从表 5.2 中，我们可以看出康曼达和航海劳资合作关系的利润分配制度，是如何与表 5.3 中所显示的汉萨地区的利润分配制度有所不同。

表 5.2　康曼达与航海劳资合作关系的比较

拉丁地中海	康曼达 投资者	康曼达 资本持有者	航海劳资合作关系 投资者	航海劳资合作关系 资本持有者
资本比重（估为 3/4）	1/3（×3/4）	—	2/3（×3/4）	1/3（×3/4）
劳务比重（估为 1/4）	—	1（×1/4）	—	1（×1/4）
利润分成	3/4	1/4	1/2	1/2

来源：Cordes（1997，p. 142）。

表 5.3　汉萨合同比较

汉萨地区	兰斯的托运业务 投资者	兰斯的托运业务 资本持有者	威德勒贡 投资者	威德勒贡 资本持有者
资本比重	1	—	例如：1/2 或 8/9	例如：1/2 或 1/9
劳务比重	—	1		1
利润分成			对半分成	

来源：Cordes（1997，p. 145）。

科德斯指出，汉萨商业组织最初并不是基于意大利北部的康曼达制度和航海劳资合作关系。某些特征的相似性实际源于其相似的环境和挑战，而并非源于意大利制度。[70]其主要区别，即利润分配原则，来自书写技能的差异，意大利人认识文字，而汉萨人只会口头经营自己的生意，这一现象持续了许久。[71]由于这些差异，即便意大利的影响力在 12 世纪或 13 世纪已经到达了汉萨，它也绝不可能在到达初期就被移植和采用。等到 14 世纪下半叶，由于文字和财会方法的引入，威德勒贡的利润分配原则逐渐得到修订。科德斯承认，到了 15 世纪初期，汉萨同盟法律因受到荷兰和意大利的影响而有所更新。[72]科德斯对此进行了详尽的阐述。起初,汉萨曾存在过一条独立发展的道路,符合口头交易的性质。随后,文字书写被引入商业,进而推动了该道路。这条持续了数世纪的道路不同于意大利人的道路。再后来,自波罗的海城市引入文字之后,汉萨商人仿效了意大利模式,两条道路交汇在一起。科德斯总结称,该案例不仅是对主流文献中有关康曼达起源和迁移的批判,而且是对更为广泛的商法发展文献的批判。这些文献认为,在中世纪有一部统一的欧洲商法。[73]

英国:普通法康曼达?

关于康曼达是否进入过英国,学界一直存在争议。例如,法律史学家波斯坦(Postan)认为,这一点有违普通法甚至习惯法的基本概念,普通法发展出了替代该制度的方法。[74]一些英国历史学家,特别是霍尔兹沃斯(Holdsworth)、普拉克内特(Plucknett)和罗杰斯(Rogers)认为,尽管英国人没有使用一个特别的名字来称呼康曼达,但事实上,他们所使用及默认的合同在内容上与13世纪末的康曼达颇为相似。[75]一些14世纪和15世纪年鉴中的案例确实提及了各方之间的交易,并包含利润分配的元素。这些合同很可能是康曼达合同,因为其中至少有一份是介于意大利商人之间的合同(他们经常使用这种形式的合同),又由于双方投入的不对称性(一方只提供资本,另一方只提供劳动),再加上一些著名史学家的断言。然而,这些有争议的交易发生在普通法的账目令状框架下,只涉及合伙人之间的纠纷,并不触碰合伙人与第三方之间的纠纷。因此,我们尚不能清楚地确定这些交易是否涉及康曼达或一般合伙关系,[76]

152　亦无法肯定普通法法院是否强制执行康曼达。上述事实表明，这些交易在英国可能遭到拒绝，或者在适应普通法形式（行动和术语）的过程中，受到了一定的阻碍。

开罗的犹太商人：伊斯卡或齐拉德？

让我们转向东方，以伊斯兰形式存在的康曼达——齐拉德，频繁出现在开罗犹太经匣的记录中。其中包含了开罗犹太人处理海外贸易的信件与合同，这反映了商人们广泛使用穆斯林的康曼达（齐拉德或穆达拉巴）。在希伯来语中，被商人们称为异教徒的齐拉德（qirad al-goym），有别于犹太合伙关系（qirad betorat isqa）。戈泰因（Goitein）是著名的犹太经匣史学家，他总结说，穆斯林康曼达在犹太商人海上贸易中使用的频率，要比犹太合伙关系或伊斯卡高得多。最早出现在犹太经匣中的康曼达始于11世纪的头十年，它们被保存在一些最古老的文件当中，这一点也符合康曼达源自穆斯林的说法。康曼达曾被使用于犹太人和穆斯林合伙人的合同中，由此引发的争端也会按照相关的穆斯林法律来解决。[77]

开罗及其他地区的犹太人在接受"齐拉德"时的方式颇为独特，这与本章介绍的其他案例均有所不同。齐拉德没有成为犹太教法的一部分，但也没有遭到拒绝。很显然，犹太社群的领袖（Geonim）和拉比不希望犹太商人发现齐拉德是一种独具魅力的组织形式，从而集体抛弃犹太教法庭，选择穆斯林法律和法庭。[78]犹太教法以一种今天被称为"法律多元主义"的方式回应了这一切。[79]犹太商人将其作为他们商业惯例的一部分。当犹太法官面对涉及齐拉德的争端时，他们会作出回应并接受相关的考虑。《释疑解答集》

（responsa）的作者——犹太拉比们，曾处理过伊斯兰制度与犹太诉讼混为一谈时所带来的种种难题。最终，迈蒙尼德在其信条中对此作出了总结，并将齐拉德置于更为广泛的系统中。然而，它被视为一个外来的穆斯林制度，其准则不是源自犹太律法——哈拉卡（Halacha），而是源自伊斯兰教法（Sharia）。当遇到法律冲突时，犹太商人有权选择一个具有犹太组织形式的犹太教法庭，尽管他们也可以选择一个具有穆斯林组织形式的犹太教法庭。[80]这里旨在减少对穆斯林法庭的依赖，其原因并不在于法庭，而在于穆斯林的制度，因为它被认为更符合当前商人的需求。

犹太经纪商人主要在地中海贸易中使用康曼达，但在与印度（经由亚丁）交易时也会采用它。[81]因此，犹太经纪中的记载揭示了它传播到这些商人贸易目的地的全过程。这些商人向西不仅把康曼达传入了北非，而且还可能带到了西班牙和西西里，往东甚至到达了亚丁岛和印度。商人是传播的媒介，或许也扮演着该制度传入印度的出口商的角色。大多数史学家认为，这些人的状况代表了穆斯林的情况，但我们对此缺乏史料。所以，没有理由相信，犹太商人在印度使用了穆斯林的"齐拉德"，而他们的穆斯林同行却不去使用。我们甚至知道，犹太商人在印度贸易中与穆斯林是合伙关系。人们可以很确切地推断，来自开罗和中东的其他城市，如巴格达和巴士拉的穆斯林商人也将齐拉德作为组织形式。因此，选用康曼达奔赴印度以及更远地区的代理商人数，远远超过了沿此线路旅行的犹太商人数量。

亚美尼亚：伊斯兰康曼达还是拉丁康曼达？

康曼达除了依附海路东传，另一条途径则是沿陆上丝绸之路传入亚美尼亚和中亚。目前，有充分的资料表明，在17世纪和18世纪，新朱尔法（New Julfa）亚美尼亚人将康曼达作为核心组织形式使用。在新朱尔法的档案馆中，存有数十份17世纪的康曼达合同。阿斯特拉罕的亚美尼亚法典，编纂于18世纪60年代，其中与之相关的条款多达58条。亚美尼亚的康曼达是一种不平等合伙协议，由居住在新朱尔法的主人（agha），通常是"和卓"（Khwaja，即有钱有势的商人）与代理人（factor，ěnker）签订。[82]因此被称为"恩克鲁特·伊文"（ěnkerut`iwn）。这种单边康曼达的利润分成标准比例为：主人（除首期投资外）获取利润的3/4，代理人得到1/4。然而，也有记录在案的合同是三二分成或三一分成。这有可能是根据代理人的经验而定，经验越丰富，所得到利润的份额就越大。[83]双边版本的合同还涵盖了旅行代理人的投资。这种版本的康曼达合同比单边康曼达出现得少，更有一些版本中的利润分配，达到了五五分。[84]关于合同的有效期通常不设限制，可以持续几年到十年或者更长时间。待任务完成后，旅行代理人会带着详细的利润账目回到在新朱尔法的家，并开始分成。

尽管有着明显的相似性，但令人惊讶的是，直到1988年，卡奇季扬（Khachikian）才首次确认了亚美尼亚的合伙关系近似康曼达。[85]到目前为止，历史学家们普遍认为亚美尼亚商人将康曼达作为一种主要的组织形式。这一最新发现表明，在欧亚大陆更东边的地区，仍然存在另一个未知的康曼达有待探索。

卡奇季扬曾呼吁，需要注意其特征与威尼斯康曼达的相似性。她推测威尼斯和亚美尼亚人之间的联系，这与位于小亚细亚东南海岸乞里奇亚的亚美尼亚王国（1080—1375）也有关，后者与拉丁十字军在政治上保持着密切联系，是威尼斯在12世纪地中海东部的主要海上伙伴。在那个时期，威尼斯人已经在他们的海上贸易中使用了康曼达。对于康曼达的好感，从乞里奇亚一路传到了亚美尼亚人的故土。1604 年，随着阿巴斯一世（Shah Abbas）将亚美尼亚人从朱尔法驱逐出境，康曼达再次传入了新朱尔法。

赫齐格（Herzig）在其 1991 年的学位论文（随后出版）中，针对伊斯兰齐拉德/穆达拉巴提出了不同起源的观点。[86]赫齐格采用了形态相似性、词源学和更广泛的背景来支撑他的结论。他指出，就某些特征而言，亚美尼亚人的"恩克鲁特·伊文"更类似于阿拉伯形式的康曼达，而不是意大利形式的康曼达。亚美尼亚人和阿拉伯人一样，在陆路贸易和海上贸易中使用了它，而意大利的康曼达只运用于海上贸易。它可以持续多年，而不是像意大利的康曼达那样，仅适用于单程航行。波斯语中的穆扎尔贝（muzarbay）和穆扎拉巴特（muzarabat）类似于阿拉伯语的穆达拉巴（mudaraba），亚美尼亚人也使用了这些名称。最后，赫齐格认为，几个世纪以来，亚美尼亚人生活在亚美尼亚和新朱尔法，这里受到伊斯兰文化、阿拉伯哈里发国、奥斯曼帝国和萨法维王朝的影响。尽管如此，他们仍然坚持着自己的宗教，但在文化上，他们从周边国家借鉴了不少。即便亚美尼亚人最初从威尼斯人那里学习了康曼达，可在之后的几个世纪中，他们似乎还受到了伊斯兰穆达拉巴的影响。

阿斯拉尼安（Aslanian）在 2007 年发表的毕业论文和 2011 年出版的书中，重新探讨了该起源问题。他得出的结论是，在新朱尔法建立之前，由于缺少 13 世纪至 16 世纪亚美尼亚商业惯例的记录，人们无法对亚美尼亚康曼达的起源作出明确结论。在它的早期历史中，大约有两到四个世纪是缺失的，没有这些，任何结论都只是假设。当前的研究状况亦多为猜测。虽然阿斯拉尼安不愿就其起源发表声明,但他承认,在新朱尔法的亚美尼亚人中,康曼达的确存在并广泛流行。[87]

中亚和蒙古:斡脱协会

斡脱和康曼达之间的相似之处显而易见:两名合伙人,一方投钱或货物,两人共享利润。最终,斡脱关系成为游牧民族的统治者联系中亚商人的模式。[88]到了13世纪,作为从波斯到中国广泛使用的商业制度,奥塔基(ortag)随着蒙古人的扩张而迅速蔓延。那么斡脱(ortoy)究竟是康曼达的化身,还是仅仅在功能上与其有着相似之处?有趣的是,到目前为止,对于斡脱历史的研究,除了少数个案以外,已从康曼达的研究中分离出来。[89]在接下来的段落中,我将把这两组文献结合起来讨论。

蒙古的斡脱由两方组成:一方是富人,是蒙古社会精英中的一员,他们来自贵族和地主阶级,在元代的中国,甚至可能是皇子或皇帝本人;另一方是经验丰富、信誉良好的商人,通常是中亚的穆斯林或维吾尔人。"斡脱"的使用背景不同于"康曼达",因为其一方是统治者或精英阶层中的一员,其部分职能具有政治性。

据魏天义称,在蒙古帝国早期,斡脱扮演着双重角色,即维持外交关系、派遣朝贡使团和从事贸易活动。那些作为贡品献给蒙古政权的货物,会被交给斡脱商人作为贸易资本。这样来自其他国家的贡品或所占领土上的税收就成了斡脱商人的资本,他们将代表自己的蒙古合作伙伴从事这些商品的交易。[90]此类关系逐渐从以贡品为基础转变为以商业为基础。

富有的一方通常以白银形式进行委托、投资或借出资本(取决于如何解释），并将其给予旅行方。商人带着白银或把银两兑换成可出口的货物出行，之后再带着进口货物从西方归来。一旦回来，他便立马进行利润分成。有消息来源称，70%的收入将留给蒙古精英投资者；其余的30%则分给斡脱。[91] 斡脱是一种单次冒险合同。

1218 年，成吉思汗命令他的家族成员和指挥官（那颜，noyan）各自选择符合条件的非蒙古客户（布哈拉、霍拉兹姆和奥塔尔的商人），向他们提供资金，承诺免税，并将他们作为贸易方一起送到当时统治中亚和伊朗的花剌子模苏丹国（Sultanate of Khorazm）。蒙古统治者为这些中亚商人提供衣服、粮食和其他物资。按照成吉思汗的先例，他的继任者同样鼓励来自更远地区的外商利用类似的特权，无论他们是进入俄罗斯的汉萨商人还是从拉合尔前往中亚的印度人。

斡脱模式随着蒙古帝国的扩张而传入中亚、伊朗和中东。1259 年以后，蒙古帝国分裂，那些相继独立的汗国沿用了该模式。波斯的维齐尔兼历史学家拉希德丁·哈马达尼（Rashid al-Din Hamadani，1247—1318），曾居住在伊尔汗国统治下的伊朗，他将大部分财富（约 3 500 万第纳尔中的 3 250 万）投资于一家大型批发企业。他写道："我把大部分钱财给了值得信赖的商人，他们利用这些资金进行交易，我把他们的名字写在我的账簿上。"他保存着自己从商人那里得到的货物清单，这些货物大多是纺织品，也有皮革和毛皮等。[92]

1258 年蒙古帝国征服巴格达之后，蒙哥可汗（Möngke Khan）任命了一名花剌子模的客户阿里巴图尔（Ali Ba'atur）作为城市的监管者（darughachi），对斡脱进行特别的监督，旨在限制它们的使用。然而，他的兄弟旭烈兀（Hüle'ü，1259 年蒙哥可汗去世后在伊尔汗国的继承人）及其儿子阿八哈汗（Abagha Kahn，1265—1281）

无视蒙哥可汗的限制性规定，命令他们的官员不要以任何方式干涉斡脱，让奥托奇（ortoq）商业再次自由地繁荣起来。由于蒙古人没有像伊斯兰世界那样，对高利贷执行强制禁令，许多没有商业背景的人（通常是犹太人和亚述基督徒）蜂拥而至，他们借钱购买稀有物品（tangsuqs），并形成斡脱。[93]有波斯和亚美尼亚的文献，提到了来自今天的叙利亚和伊拉克、乌梅克［Umek，阿希尔（Asil）］和西缅（Simeon）的商人案例，他们以斡脱形式为蒙古皇子工作。[94]

　　有人可能会问，斡脱源于蒙古，并随着蒙古帝国的扩张向西传播。但是，在语言学层面的词源学研究的结果却恰恰相反。奥塔基、奥托奇、乌塔奇（urtaq，其复数形式为ortey），或斡脱[95]是一个在波斯语、突厥语、维吾尔语和蒙古语中略有变化的术语。其字面意思是商人或商业伙伴。斡脱一词至少可以追溯到6世纪的突厥语。这个词语曾出现在9世纪到11世纪的维吾尔文献中，特指中亚地区的突厥贸易网络。到了11世纪，奥托奇意思为商业合作伙伴，他们会一起筹集资金，并按照约定的比例分享利润。这里的综述支持了一个论点，即"奥塔伊"（ortay）一词很可能来自波斯语或突厥语，它在12世纪或13世纪向东传入蒙古和中国，而不是向西传播。[96]就时间而言，在蒙古人到达中亚之前，蒙古语和汉语文献中都未曾提及奥塔伊。有一种可能是，斡脱源自中亚的某个本土制度，它基于突厥草原的惯例和需要；另一种可能是，奥塔伊式的利润分成由伊斯兰商人或教法学家引入（此前已存在波斯或突厥制度），他们早已熟悉齐拉德。[97]如果有确凿的证据可以证明在伊斯兰教到来之前，6世纪的中亚就已经有斡脱存在，那么独立起源一说便更具有说服力。在任何情况下，斡脱最初不太可能是一个蒙古组织形式，它仅仅是随着蒙古的扩张而传入中亚的。

印度

根据达斯·古普塔（Das Gupta）的说法，委托人和代理人分享利润并共摊风险的康曼达合同，在印度航运商人中相当普遍。[98]乔杜里也认为，依据零星的证据，康曼达合同曾在印度洋贸易中得到使用。[99]这种形式可能是从抵达印度的阿拉伯商人或犹太商人那里复制而来，也可能是从与波斯和阿拉伯地区贸易或者前往麦加朝圣的古吉拉特（Gujarati）穆斯林商人那儿引进的。

在印度的陆路贸易中，康曼达还受到那些使用旅行代理的固定商人的欢迎。[100]它出现在穆尔塔尼、马尔瓦里和卡特里的商人与外界的贸易中，如伊斯法罕及其他波斯城市，博卡拉、撒马尔罕等中亚城市，阿斯特拉罕，甚至是莫斯科。这些信奉印度教、耆那教和伊斯兰教的商人，经常与新朱尔法的亚美尼亚商人在同一条线路上交易。印度商人在此处使用康曼达的证据大多来自18世纪。早期的记录未能留存至今。但是，这些地区使用康曼达的历史很可能已达数世纪之久，它并不是从欧洲人那里复制而来，而是源自伊斯兰康曼达。[101]

16世纪，欧洲商人通过好望角航线抵达亚洲时，也使用了康曼达合同。受到康曼达合同资助的葡萄牙商人乘坐王家舰艇，沿王家航线（Carreiras）来到亚洲。[102]16世纪末抵达印度洋的第一批荷兰商人亦使用了康曼达，他们以此作为创办公司的基础，并开启了荷兰的首次亚洲之旅。因此，那些没有通过阿拉伯商人和波斯商人而接触到康曼达的印度商人，比如说那些来自孟加拉湾的港口商人，可以从欧洲商人那里对它有所了解。

东印度

在现存的文献中，海上康曼达向东迁移的情况并没有被很好地记录在案。正如第 4 章所讨论的那样，对于迁移的重建涉及一系列方法论问题。托梅·皮列士（Tomé Pires）为最早抵达印度尼西亚的葡萄牙人之一，他在 1510 年前后撰写的旅行著作中，记录了自己对于当地贸易习俗的亲身感受，这发生在欧洲人毁灭性的来临之前。[103]他描述了商人和帆船主之间分摊利润和风险的惯例。一些关注近代早期印尼贸易的知名史学家，将此类文献视为印度与印尼的海岛间贸易，甚至是与中国贸易中使用康曼达的证据。[104]他们还提到了中国商人用康曼达投资，以及在中国港口城镇中使用康曼达的外国人。这也许是康曼达从阿拉伯地区传入中国全过程中缺少的最后一环。然而，同时代有关康曼达在爪哇岛和苏门答腊岛流行的报道，可能反映了以欧洲为中心的观念，而不是真实的亚洲习俗。

中国：斡脱遇见齐拉德？

早在宋朝（960—1279），就有初步证据表明中国在海上贸易中使用了合资交易。斯波义信认为，这种交易类型为康曼达和航海劳资合作关系。而苏基朗（Billy So）更加谨慎地给它们贴上了合资企业的标签，并注意到它们与康曼达的相似之处。上述两人均在 12 世纪和 13 世纪的史料（有趣的是，包括在数学论文中）中找到了船运投资的证据，这里既有固定利息，也有利润分成。[105]后一种合同形式与康曼达颇为相似。在驶向印度洋和印度洋以外的南海的行程中，波斯和阿拉伯的商人有可能使用了中东康曼达，即"齐拉德"。这并非难以置信，散居中国港口的阿拉伯商人和波斯商人及其代理人也在使用它，他们甚至可能把中国商人当作另一方。自 8 世纪和 9 世纪第一批商人抵达以来，泉州和广州等国际港口城市世代居住着数以千计的中东人，甚至在蒙古人到达中国南部港口之前，他们可能就已经熟悉康曼达。[106]有关宋代朝贡制度的最新研究表明，当时政府曾与来自西亚的外国商人合作，这些商人作为朝贡使节从大食（阿拉伯半岛或波斯湾）来到宋朝。据向正树（Masaki Mukai）表示，这些国家的海外贸易商发现，承担朝贡使团是有利可图的，因为政府给予他们特殊的待遇，包括准许他们随身携带的私人贸易货物免税。[107]

在已知的汉文文献中，最早提到斡脱的可以追溯到 1237 年，即窝阔台（Ogodei）统治时期（1229—1241）。文献中提到的两名南宋使节，证明了蒙古统治当局惯于将白银委托给穆斯林商人以赚取利息一事。据记载，1253 年出现了首个负责斡脱活动的政府机构。蒙古于 1271 年改国号为元，1279 年灭宋后，开始统治整个中国。斡脱随着蒙古人在中国站稳脚跟。元代的汉文史料中提到了陆路丝绸之路上的斡脱，他们与布哈拉和中亚其他地方的穆斯林商人进行贸易。这些称为"斡脱"的协会主要由阿拉伯人或波斯人，以及维吾尔人组成，他们通过陆路和海路将中国与亚洲腹地、中亚西部和波斯连接在一起，维持着贸易关系。[108]南宋战败后，元朝接管了其主要海港，斡脱也随之进入了中国的海上贸易。《元史》有一段记载，时间是在 1284 年，大意为（元）朝廷亲自提供船只和资金给那些被选中的人，让他们到国外去贸易各类货物。由此获得的利润，朝廷将其分为十份，并拿走其中的七（份），而贸易商得到剩下的三（份）。[109]

阿拉伯或波斯商人在中国对外贸易中发挥了重要作用。元朝的税收和海关收入很大一部分依赖于他们的商业活动。因此，蒙古政权给予他们一定的特权，帮助他们持续开展活动。他们的商业活动在很大程度上是通过参与斡脱来进行的。[110]斡脱商人从蒙古政权和蒙古精英成员那里获得贷款（以白银的形式），这使得他们能够为商队提供资金，并以较高的利率放贷。[111]收入中的70%左右会留给朝廷，其余的30%则分给斡脱。[112]在某些时期，皇室成员通过向斡脱商人放贷，积累了大量的财富。也有时候，他们中的一些人欠下了斡脱商人巨额债务。[113]

元朝政府对色目位阶的成员有所依赖，更具体地说，是对阿拉伯或波斯商人的依赖，尤其是在闽南地区，因为那里的阿拉伯人或波斯人在当地政府中担任了许多重要的官职。海上贸易利润丰厚，自唐代（618—907）起，甚至更早，与此有关的职位就受到了官员们的高度追捧。宋末元初，越来越多的官员参与这项贸易。不论是直接还是间接地从事对外贸易，相关职位均提供了大量积累个人财富的机会。在元代，这种贸易主要是由斡脱商人协会负责。[114]

在忽必烈统治时期，他有意加强朝廷对斡脱活动的管控，相关的法规得到了更为有效的发展。随着南宋的溃败并被划入元朝版图，此类监管力度得到进一步加强。重组后的泉府司，掌领御位下及皇室近亲的出纳金银事。该机构投资海上贸易活动，产生了可观的利润，自那时起，它还负责监督委托给斡脱商人的朝廷资产。[115]本书接下来将要探讨的蒲寿庚（约1230—约1297）和他的祖先，是我们微观研究的主人翁，他们曾在泉州及周边地区负责海关和海上事务，担任朝廷要职，参与了大量的斡脱贸易。舒尔曼（H. F. Schurmann）认为，这"标志着在中国南部被占领后，斡脱商业利益开始在海上贸易中发挥主导作用"。[116]泉州当局把这座城市变成了斡脱户（均参与海上贸易）的主要居住地。[117]蒲寿庚和他的后人们可以完美地利用斡脱制度。在任职期间，他曾积极推动蒙古人的海外事业，但与此同时，他也利用与蒙古人的关系，将自己的个人贸易网络拓展到东南亚、马六甲、爪哇等地。他的外国血统使自己更容易与海外商人沟通，并雇用他们作为斡脱代理人。[118]

在忽必烈驾崩后 20 年不到的时间里，朝廷对斡脱的管控力度开始下降。到了 1311 年，泉府司被迫关闭。这标志着忽必烈统治时期中央集权特征的弱化，然而，这并不意味着帝国朝廷将停止把资金委托给斡脱商人。事实上，在泉府司被撤销之后，斡脱商人在一定程度上不再受到管控和限制。在中央政府和日益强大的商人（处在偏远港口城市）之间，极有可能产生潜在的危机。有学者认为，元末经济危机是后忽必烈王朝无法区分朝廷预算和皇室预算的结果。这种混乱导致蒙古统治家族成员欠下斡脱商人的债务，被错误地视为朝廷债务，而不是个人债务。[119]

总之，部分历史学家认为，看起来类似康曼达的合资企业得到宋代流亡的波斯商人、阿拉伯商人使用，他们居住在华南一些主要的国际港口城市。中国商人可能会成为此类康曼达的一方。有确凿的证据表明，蒙古人把斡脱从中亚带到蒙古，并随着征服的脚步引入中国。康曼达的合同双方均为个人，而斡脱则是统治者或统治者任命的官员与外国人之间的合同。康曼达更符合宋朝海上贸易的特征，这种贸易大多为私人性质，依靠汉人与外国人的合作。斡脱更符合元朝贸易的特点，汉人被禁止参与，外国商人融入本土体系，统治者及其簇拥者发挥了重要作用。因此，作为股份合伙的两种不同形式，康曼达和斡脱在不同时期（甚至可能是同一时期），出现在相同的港口城市。

结　　论

康曼达不仅仅是一个简单的利润共享合同。它是一个复杂的合同集群，且不太可能是在某个地方随随便便地被发明出来的。第7章将探讨三个商人网络。那里的微观研究涉及开罗、新朱尔法和里窝那，其分析结果表明，康曼达尽管复杂，但不应脱离其更加广泛的商业背景。它属于多个组织结构要素，包括家族企业、航海借贷和常规贷款，以及接受薪水和佣金的代理人。在一个信息真空的环境中，它是不可能有效的，这些制度必须支持和加强信息的流动。之后，为了拟定基本的康曼达合同并解决争端，需要有法律框架来制定一系列的规则。康曼达的出现有赖于书写文化，这个观点不仅得到法学家的认同，也得到商人自身的认同。书面文件提供了法律框架，是传达指示的媒介，在发生纠纷时被当作证据使用，而且还加强了信息的流通。最后，不得不提的是，在解决当事人之间颇为复杂的账目问题时，书面文件至关重要。

康曼达的发展、传播和最终衰落，经历了三个过程。其一，是跨区域知识的传递。这一过程包括从最初发展出康曼达的原始地区和法律体系，或者从文化、法律媒介中了解到康曼达，了解它的概念、法律、协议特征以及用途。其二，是积极的回应。法律对商人不断变化的需求作出反应，而这些需求也来自贸易环境的改变。外部变化，如战争、黑死病或者新市场的开拓，会影响商人对于康曼达的选择、使用强度和空间分布，进而影响合同条款和法律框架的选择与起草，这一切都事关康曼达的组成和相关争端的解决。其三，是内在和自主的法律动态。在某些情况下，法律在自身的逻辑范围内发展，而不是与其社会、经济大环境相互作用。在不同的法律制度中采用相同的康曼达时，这些制度会根据其法理学、解释规则和惯例，相应地接受、拒绝或修改康曼达。

对于康曼达的收益和成本的制度经济学分析，学界尚处于起步阶段。因此，接下来将试探性地进行初步讨论。康曼达是结合资本与劳动的良好平台。它似乎是一种绝佳的组织形式，适用于不同类型的人，比如：年长的投资人与年轻的旅行者，富人与财富有限的人，规避风险的人与愿意承担更多风险的人，或者掌握专门知识的人与缺乏相关知识的人。康曼达的有用之处不仅在于投资中固有的不对称——一方的资本和另一方的劳动，还由于双方所承担责任的形式各不相同，在决策管理中的角色不同，收益亦有差异。

一对性质更为类似的双方很可能会选择普通合伙关系，在这种情况下，所有的合伙人在管理、责任、回报以及通常（但并非总是如此）投资方面都具有对等的立场。康曼达可以用来管理人格化或非人格化的合作。当合作非常私人化时，比如父子之间或兄弟姐妹之间，他们往往更愿意在非正式的家族企业内组织他们的商业活动，他们只受限于家法、婚姻、继承和收养，而不是商业法的约束。这是一种更加自愿、顺其自然的形式，并且有利于第三方的执法。但是，若要有效地运转，康曼达则需要一个可用于支撑的制度基础，这主要是因为投资人与旅行者之间的信息不对称。旅行者在远离投资人的目的地开展康曼达业务，后者往往意识不到旅行者会遇到无法通讯、不稳定的航线、政治危机、市场波动等问题，其收益亦会直接受到这些不确定因素的影响。作为一个分享净利润的合营项目，对康曼达中旅行方的监控要比对债务合同中债务人的监控，更难获取及时信息。债务合同的收益是事先知道的：本金加上事先约定的利息。债权人必须确保他的债务人不会潜逃或假装资不抵债。但他不必跟踪自己的账户,也不必确定自己到底赚了多少钱或花了多少钱。

冈萨雷斯·德拉拉和威廉姆森有关威尼斯商人选择康曼达和航海借贷的前沿研究,大致符合上述理论见解。[120]信息流动的速度和质量导致了信息的不对称性,其程度会影响随之而来的选择。商业网络的网点越远(例如黑海或黎凡特的港口与西西里或爱琴海的港口相比),网络越年轻,目的地越新,前往该目的地的频率就会越低,也就越有可能选择航海借贷而不是康曼达。战争、黑死病等类似的大规模灾难导致了使用航海借贷的比例上升、康曼达的比例下降。国家在制度方面越是支持信息的流通——如组织年度护航、雇用国家备案的船员或建立商队旅馆(丰达科),并要求所有康曼达旅行代理人都必须在其中住宿、储存货物和开展业务——康曼达就越会被采用。在一项有关热那亚商业协议的开创性研究中,范杜斯莱尔发现,在风险相对较高的东部海上贸易中,康曼达得到使用;而在风险较低的北部陆路贸易中,却未曾出现。康曼达主要适用于临时合伙人之间,而不会重复匹配使用。康曼达的合作伙伴来自不同的社会与政治团体。[121]范杜斯莱尔作为社会学家,相比商业风险和信息流动而言,他对社会分层和政治权力转移的影响更感兴趣。但他的研究结果并没有与冈萨雷斯·德拉拉和威廉姆森的齐头并进。后两人的研究表明,随着信息流的改善,会发生从债务融资向股权融资的转变。范杜斯莱尔认为,随着贸易的规范化,会发生从股权融资到债务融资的转变。这种差异可以得到调和,因为两组发现所涉及的时间段有所不同,冈萨雷斯·德拉拉和威廉姆森针对商业革命的早期,而范杜斯莱尔则为后期;还有就是地理位置的不同，即介于热那亚与威尼斯之间的比较；或者是方法论的不同，这点也同样可以用来解释研究结果的差异。

值得注意的是，针对欧亚大陆贸易中康曼达使用情况的研究，到目前为止仍数量有限。虽然威尼斯和热那亚的案例广为人知，但它们地处遥远的西方，只代表欧亚贸易网络的一小部分。根据这些案例所得出的结论无法以偏概全。马格里布网络是一小群商人的个案研究，不一定代表同时期的其他网络。亚美尼亚网络和里窝那网络出现于康曼达历史上的晚期，那时候的康曼达在公司的影响下运作。我们遗漏了一些研究以及很可能存留至今的史料，包括以中东为中心并且与印度和印尼群岛进行贸易的阿拉伯商人、与中国进行海上贸易的波斯商人，以及使用丝绸之路的中亚伊斯兰化后的商人。这种缺失不仅影响了我们对历史的理解，而且也左右了理论框架的发展。该理论框架目前可用于环境的分析，其中对于康曼达的选择多于债务融资及雇用带薪的委托代理人。

在某种程度上，康曼达似乎捕捉到了三个相关维度的中心点。当各方的人际关系紧密相连时，如直系亲属或旁系亲戚，他们不需要康曼达。如果人们没有可形成信任的共同基础，无论是声誉的、宗教的或族群的，他们也将无法使用它。当信息流不畅通时，各方亦不能使用。如果有足够的透明度，投资人同样不需要一个出行的股权合伙人。当贸易运转十分机械化时，则不再需要康曼达。当风险很大时，就更不会形成康曼达。正是由于这些原因，也便不奇怪康曼达作为一个中央贸易制度，随着地中海和（更广泛意义上的）欧亚大陆海上贸易的发展而兴衰了，其鼎盛时期是在 10 世纪到 15 世纪之间。

一旦出现，康曼达从东地中海传遍了整个欧亚大陆，成为 500

多年以来欧亚远程贸易中最主要的迁移性制度和关键的制度组成部分。然而，到了16世纪，当中葡两国统治者拥有和经营的公司发展起来时，它又开始显得有些过时了；等到17世纪英国和荷兰的公司壮大时，情况更是如此。

据历史学家们当前所知，康曼达是一种创新制度，曾经崛起过一次或最多两次。有说法称，康曼达从起源地——阿拉伯半岛、地中海东部或中亚（根据不同说法）——迁移到了欧亚大陆的大部分地区。它传入黎凡特、北非、美索不达米亚和波斯；又到过威尼斯和意大利的其他城镇，拉丁西方的地中海港口、汉萨港口、英国和低地国家；它还来到了印度、印度尼西亚群岛和中国，以及亚美尼亚、中亚和蒙古。它的传播媒介多种多样：征服者（阿拉伯人、十字军、蒙古人）、商人（威尼斯人、马格里布人、阿拉伯人）、旅行者和传教士等。图5.4显示了康曼达影响深远的迁移路径，从它的诞生地到整个欧亚大陆。

对于远道而来的康曼达，不同的法律制度有着不一样的反应。在阿拉伯地区，接受一个伊斯兰创教之前的制度，就必须将其纳入伊斯兰历史叙事和教法学校。在意大利，它的传播必须克服罗马法的阻力，并与其相适应。在波罗的海港口，它必须在从口头文化到书面文化的过渡中生存下来，其中又牵扯到法律和商业惯例。在英国，它需要适应普通法的框架。犹太教法承认它是一种伊斯兰制度，可以在拉比法庭上提起诉讼。在亚美尼亚，它融合了基督教和伊斯兰教的传统。在蒙古和元代的中国，它从一种私人手段变成了统治者手中的公共工具。在不同的法律体系、宗教和政治制度中，它都能够被大众接受。这一事实也为我们观察和分析该制度迁移时所面临的各种处境提供了可能。

图 5.4 康曼达迁移路径图

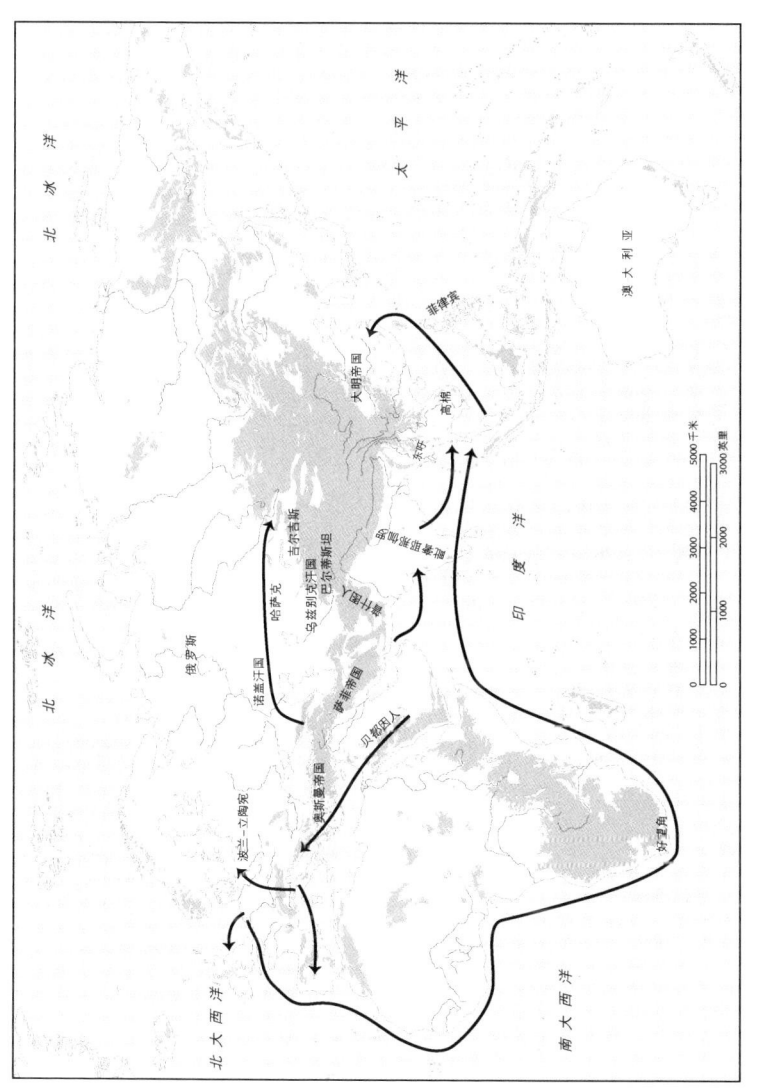

乍一看，读者可能会猜测，尽管该制度本身是靠模仿，但在欧亚大陆的不同地区，却有着不同的术语用来称呼康曼达，它们并没有共同的词源。操不同语言的人相互接触，其共性之一便是词汇的借用，即从一种语言到另一种语言，借用一个或多个单词。[122]需求是单词借用最显著的原因之一，例如，如果一个文化获得了一种新技术、新技术概念或引用外国地名，那么最简单的方法就是将这个外来词与新的外国技术或概念一起采用。但康曼达并非如此。有语言学家解释说，部分用词由于语言结构上的差异而没有被借用；另一些用词则因为文化、宗教、政治上的阻碍，而没有被借用。[123]一些语言学家将反对外来词称为"语言民族主义"或"语言纯粹主义"。[124]这就可以解释意大利语和亚美尼亚语中康曼达的词源与阿拉伯语截然不同的原因。当然，这个理论并非绝对。在某些情况下，外来词比较常见，在另一些情况下，却较为罕见，上述理论似乎支持这两种情况。例如，正如上一章中意大利语中的"丰达科"（fondaco）一词是从阿拉伯语的凡杜克（funduq）借用来的。那什么能解释凡杜克和齐拉德（qirad）之间的区别呢？前者变成了一个外来词（在功能上有部分修改），而后者却没有。可以说，凡杜克本身就是一个修改过的外来词，它源自希腊语和拜占庭语中的潘多切恩（pandocheion）。这种改变使它的发音听起来不再像阿拉伯语，对意大利人来说则更具有国际视野。此外，丰达科的功能是吸引旅行者，特别是来自外国的旅客，与凡杜克的相似性有助于吸引熟悉它的外国人。[125]最后，斯特凡尼亚·贾尔德罗尼（Stefania Gialdroni）提出，对于当时参与罗马法复兴的意大利人来说，这一点很重要，用罗马法的术语称呼康曼达，可以表示它与罗马法的兼容性。她认为，可以预料的是，在意大利所有的城市中，只有在以"新罗马"自称的比萨（该市保存了一份查士丁尼《学说汇纂》的古老手稿），该阿拉伯组织形式才拥有罗马名称：康曼达。[126]她指出，有可能威尼斯人使用的"科莱甘蒂亚"（collegantia），其含义出自拜占庭；而比萨人使用的"康曼达"一词，则源自古罗马。需要注意的是，该分析并未充分说明为什么不同的术语会在不同的意大利城市和不同的伊斯兰教法学流派中使用。我们鼓励语言学家们去研究这些差异的根源。在第 12 章中，我将进一步阐述组织迁移的阻力。

作为终极的迁移性制度，康曼达出现在这一部分的描述中。很难想象还有其他更为先进和复杂的贸易组织，尽管只有一个或两个历史起源，它却传遍了整个欧亚大陆。康曼达是我们最佳的范例，这要归功于：① 它独特的传播模式；② 在近代早期欧亚贸易中占据的主要地位，在开罗、威尼斯、热那亚、马赛、阿姆斯特丹、吕贝克、新朱尔法、科钦和马六甲，它成为许多商业网络的重要组成部分。

航海借贷、凡杜克和康曼达的案例，展示了三种不同的制度迁移模式。航海借贷从古代黎凡特传入希腊、罗马、拜占庭帝国和南欧的拉丁城市。它被伊斯兰教视为高利贷而遭到拒绝，也因此未能进入阿拉伯中东、北非、波斯、中亚或印度。凡杜克源自伊斯兰中东地区，它的起源更早，规模也更小。它与伊斯兰贸易一起进入中亚、印度和中国边境，又传到了安纳托利亚、马格里布和西班牙。但它并没有被信奉基督教的欧洲所采纳。康曼达传到了上述所有的地区，从中国、印度一直到达北欧。我们应该如何解释这三个重要制度在空间上不同的迁移模式呢？对于不同制度的解决方案的需求，可以作为解释的答案。这是基于实行海上贸易和陆路贸易地区间的差异，以及整个欧亚大陆的不同地理位置。对既存文化和宗教、外来制度、贸易和高利贷利息的不同态度，有助于我们理解将制度引入不同文明的愿景。偶然的历史因素在每一种传播模式中都发挥了作用。本书的结论部分将回到三种迁移案例对制度迁移理论的影响。

航海借贷、凡杜克和康曼达的迁移，以及制度以外的大迁移图景，带来了更多的疑问：究竟为什么会存在嵌入性制度？为什么在本书探讨的所有组织形式中，公司并没有迁移？从全局来看，直到1500年，欧洲更多是引进技术和组织形式，而不是向外传播。为什么最前沿的组织创新——公司，不像科学、数学和许多技术创新那样，起源于中国、印度或中东？最佳的贸易组织——公司，是个特例，它发展于西欧，但在向东迁移的过程中却遭遇失败，这点有待解释。本书的第四部分将专门就此进行讨论。

第三部分

组织革命前夕的远程贸易企业

第6章

三个地区的家族企业

本章讨论家族企业中最为重要的案例，其目的有二：① 旨在说明家族企业是一种重要的组织形式，即使是在远程贸易中，也可以达到很大的规模；② 揭示商业公司这种组织形式所要克服的弱点和局限性。

本章的内容基于三个微观研究，每个微观研究来自欧亚大陆的不同地区，代表了不同版本的家族企业。16世纪和17世纪古吉拉特邦的阿卜杜勒·加富尔（Abdul Ghafur）和维尔吉·沃拉（Virji Vora）家族是本章的微观研究首先要探讨的对象，他们是一些重要企业的组织性基础，拥有大量的船只，雇用了众多拥有不同技能的工人，从商人到纳胡达，从水手到士兵，从簿记员到仓库管理员。13世纪，中国东南福建省的蒲氏宗族是本章的第二个微观研究，它在两个方面与古吉拉特邦的情况有所不同：第一，随着时间的推移，中国的宗族组织变得更为正式和复杂；第二，蒲氏宗族依靠在元代国家机构中担任公职，并借助国家提供的制度平台，来组织和壮大自家的生意。本章的最后一个微观研究是富格尔（Fugger）家族企业。此处的家庭结构变得更加正式，但以不同的方式呈现出来。富格尔家族，与近代早期其他的意大利、德意志家族企业一样，依靠合伙关系与辛迪加（syndicate）来扩大其地理范围，并与家族外部人士合作。如同蒲氏一样，他们与统治者保持着密切联系，但不是作为官员出现，而是作为其主要的贷款人。

微观研究：古吉拉特商人家族企业
——维尔吉·沃拉和穆拉·阿卜杜勒·加富尔

将亚洲海外贸易商视为小商贩的观点已存在了半个多世纪，它源于范勒尔（J. C. van Leur）1955年的经典著作《印度尼西亚贸易与社会》。[1]然而，此后的研究表明，印度的一些风云商人远远不只是人们想象中的小商贩或流动商贩那么简单。长期以来，史料的匮乏阻碍了历史学家对印度商业公司的描述。关于这些公司，现有的了解大多基于欧洲文献，因此，人们倾向于将印度公司视为欧洲公司的附属品及合作方。近些年来，少数印度个体商户的历史通过欧洲文献得到重建。其中保存最为完整的当属维尔吉·沃拉和穆拉·阿卜杜勒·加富尔这两名苏拉特商人及其家属。在当时，他们可能是最大的古吉拉特商人，[2]也是范勒尔笔下的小商贩望尘莫及的。在这一部分，我将阐述自己对这两家公司微观研究的结果。这些微观研究说明了家族企业在不依赖国家支持的情况下，如何在印度洋的大部分海域进行贸易；此外，它还揭露了不依靠更广泛的商业网络、国家层面的支持或法人实体平台的家族企业的脆弱性。

维尔吉·沃拉极有可能出生于1590年到1600年之间。首个提到沃拉的记录出自一份1619年的英文文件中。[3]这些记录并没有说明他投身商业的确切时间，也没有描述他成名之前的家族企业状况。[4]有最新的研究结果表明，他是耆那教徒，而不是以前人们所认为的穆斯林。[5]自从1576年古吉拉特邦并入莫卧儿帝国以来，他一直驻扎在莫卧儿主要港口——苏拉特，这里常常有来自欧洲和其他国家的外商光顾。他从当地商人那里购买鸦片和棉花，并以此在印度南部或香料群岛交换胡椒。他还参与丁香、姜黄和豆蔻的贸易，与英国和荷兰进行珊瑚、水银、铅及其他欧洲商品的交易。在多数情况下，他垄断了胡椒粉的市场，要么单独经营，要么组成辛迪加。他有时与英国人贸易，有时也会与他们竞争，有时还会与英国东印度公司的成员在私下进行未授权（非公司）的贸易。[6]沃拉向当地人、莫卧儿人和欧洲人借出了大笔资金。鉴于英国和荷兰的公司几乎无法向印度市场输入欧洲商品，它们不得不借入大量钱财来购买印度商品。[7]由于卷入了商品或信贷交易，沃拉出现在1619年、1630年、1633年、1648年、1654年、1661年、1669年以及其他一些年份的欧洲档案文献之中。[8]

他在印度巴罗达、布罗赫、艾哈迈达巴德、布尔汉普、戈尔康达、阿格拉以及德干和马拉巴尔海岸建立了一个庞大的网络组织。他的代理人计划向所有不受葡萄牙人控制的印度港口供应货物。[9]沃拉还在波斯湾、红海和东南亚国家的港口城镇设立分公司，有大量的经纪人、书记员、会计师等人员为他服务。据悉，他生前积累了800万卢比的财富和好几艘船舶。[10]

在1664年和1670年马拉塔对苏拉特的突袭中，沃拉遭受严重的损失，他的大部分财产被洗劫一空，他本人也于1670年起便销声匿迹。但他的孙子南昌德（Nanchand）在1670年之后仍与英国人有交易往来。瓦拉达拉詹（Varadarajan）认为，在1681—1686年苏拉特法国因素的回忆录中所提到的波拉斯（Boras）兄弟，应该就是指沃拉和他的兄弟。[11]但这也很可能是指他的子嗣。我们可以肯定的是，沃拉本人是重要的商人和银行家，但尚不清楚这家著名的家族企业是否在世代交替中幸存下来。[12]

穆拉·阿卜杜勒·加富尔是古吉拉特邦的另一名声名显赫的商人。他活跃在后沃拉时期，他的商业活动中心同样位于苏拉特。加富尔是一名出身于博赫拉教派（Bohra Ismāʿīlī）的穆斯林，大约于1670年抵达此处，当时的他年轻，一贫如洗。他曾在红海、波斯湾和阿拉伯海进行贸易。之后，加富尔将重心放在西印度洋也门的摩卡（Mocha），在那里他有一座大宅邸和几个仓库。他的纳胡达会在旺季（有时是常年）驻扎在该宅邸，监督他的商品销售。加富尔利用自己的财富获得了政治权力，并享有海关豁免等特权。[13]

在历史上，有两起著名的事件可以体现他的公司规模。由于此前欧洲殖民者和私营商贩（或者在印度可能存在的海盗）的不断侵袭，莫卧儿的统治者要求荷兰东印度公司使用荷兰船只为印度船只保驾护航。此次护航为后世留下了荷兰东印度公司1701年记录的"印度斯坦舰队"事件，达斯·古普塔对此进行了重建。谈到1701年的护航舰队，阿卜杜勒·加富尔拥有19艘船中的8艘。其纳胡达的影响力仅次于莫卧儿皇帝的纳胡达。护航舰队驶向亚丁、摩卡和吉达（Jedda）。吉达航段的主要目的是朝圣，因为这里的红海港口旨在为麦加服务。从印度运来的香料、糖和少量其他货物，多半用于咖啡的交易。[14]

第二个事件发生于1704年至1705年期间，当时荷兰人在马六甲扣留了苏拉特的三艘船。两艘属于帕西商人，一艘属于加富尔。加富尔的船正从马尼拉驶向马六甲。他又派去了一名新的纳胡达（更为精明能干且值得信赖），付清了荷兰人的钱款，修理了那艘船，并将它连同货物、其他乘客以及他们的商品运回了苏拉特。[15]在五年不到的时间里，加富尔的船只和纳胡达以马六甲为区域中心，打入了东至马尼拉的所有贸易；又以摩卡为区域中心，安排常驻代理人，一直向西扩张到了吉达。

因此，在 17 世纪 80 年代中期，加富尔大概是从红海贸易中赚到了第一桶金。他还将船舶所有权与贸易相结合。在荷兰人进行的一项调查中，加富尔拥有苏拉特 112 艘船中的 17 艘（第二大船东只有 5 艘）。[16]根据荷兰航运记录，他的家族以穆拉家族（Mullas）被人熟知，在 1707 年至 1736 年（清单截止年份）期间拥有船只，这是加富尔去世后的第 18 年。清单上总共提到了穆拉家族的 34 艘船，其中最大的一艘重达 400 吨，配有 25 门火炮。到 1718 年去世时，加富尔除了拥有船只和土地外，还积攒了 850 万卢比的财富。[17]

由于阿卜杜勒·加富尔膝下无子嗣，他的逝世引发了有关继承问题的重大争议。地方行政当局执行皇帝的命令，没收了他的全部财产。经过不懈的游说，外加政治手段的使用，阿卜杜勒·海（Abdul Hai）成功确立自己为加富尔的养子，并夺回了企业。然而，阿卜杜勒·海不久之后便去世，他的儿子穆拉·穆罕默德·阿里（Mulla Muhammad Ali）成为企业的新掌门。如此，该家族企业才得以在世代交替中幸存下来。图 6.1 中显示了阿卜杜勒·加富尔的家族谱系及企业的继承状况，从养子阿卜杜勒·海到此后的不同世代。

上述的两家企业均为私营企业，分别由维尔吉·沃拉和穆拉·阿卜杜勒·加富尔执掌。据悉，他们之间不存在合伙关系，也没有将生意从家族资产和事务中区分出来。这两名商人均活跃了 50 年左右，他们的生意还在家族掌管之下存在了一段时间。两个家族的商业活动从 1619 年起码延续到了 1736 年。他们既是商人又是船

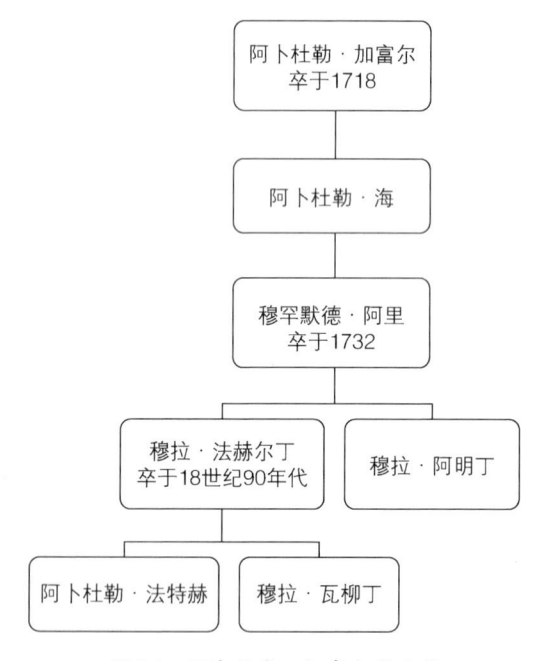

```
阿卜杜勒·加富尔
卒于1718
   │
阿卜杜勒·海
   │
穆罕默德·阿里
卒于1732
   │
┌──────┴──────┐
穆拉·法赫尔丁    穆拉·阿明丁
卒于18世纪90年代
   │
┌──┴──┐
阿卜杜勒·法特赫  穆拉·瓦柳丁
```

图6.1 阿卜杜勒·加富尔的后代

来源：Ghulam Nadri, "The Maritime Merchants of Surat: A Long-term Perspective," *Journal of the Economic and Social History of the Orient* 50, nos. 2/3 (2007): 235–58。

主。沃拉，对于其他商人和欧洲公司来说，还是银行家。他们的贸易范围融贯东西，从马六甲到摩卡，甚至更远。他们在印度、阿拉伯和印度洋等地区的各个港口雇用经纪人、纳胡达和代理商。他们会参与政治，但没有成为主要的政治人物。我们对他们的公司组织和管理知之甚少。我们不知道授予代理人的委托范围是什么、他们如何从苏拉特得到指示、其薪酬和奖励机制怎样，或者他们是如何被监管的。没有迹象表明沃拉或加富尔使用了正式、合法的组织结构。他们解决了风险分摊问题，因为他们足够富有，可以将财富分散在自己拥有的众多船只上，在不同的港口和市场经营，涉足各类货品。然而，从现有的史料来看，尚不清楚他们是如何跨越最初的财富限制，从一艘船（承担其全部财富和未知的风险）发展到拥有众多船只，公司业务遍布不同地区（风险得到分摊）。据我所知，在印度不太可能仅仅拥有几艘船舶的少量股份。从现存的文献中可以确定，他们公司的最终规模和业务范围，并不亚于近代早期欧洲最大的意大利或德意志家族企业。他们独立于欧洲公司，充当自由人，独立决策，经常主动出击，最大限度地增加了自己的财富，而不是屈从于欧洲人。

微观研究：蒲氏宗族的兴衰

蒲氏宗族在几个重要的方面有别于古吉拉特商人，这点恰恰证明了微观研究的必要性。[18]蒲氏代表的绝不是一个松散的家族企业。与上文提到的古吉拉特家族不同，他们与中央政府有着密切且正式的联系。他们利用中国特有的宗族，为自己的生意提供组织明确的平台，自此也拥有了公司的特点。不同于古吉拉特的企业，他们并没有在欧洲贸易公司的影响下开展业务，也没有与其合作。

蒲氏宗族与国际性港口城市泉州的外国海商社群有着密切联系。蒲氏最有名的祖先为商人蒲寿庚，他在宋末元初的政府中担任要职。大多数学者认为，蒲寿庚的祖上是阿拉伯商人或波斯商人，在10世纪前后来到了东南亚定居。[19]姓氏"蒲"字被认为是阿拉伯名字阿布（"之父"）的汉文音译。在11世纪，他们移居至中国东南部的广州。13世纪，蒲寿庚的父亲随家人迁往泉州。作为台湾海峡沿岸的主要港口，泉州因其地理位置和政治开放性，在唐宋时期逐渐吸引了一批外国人定居于此。蒲寿庚和他的兄长蒲寿宬曾担任过许多行政和军事职务，与地方官员和学者建立了紧密的联系。1274 年，宋朝末年，他接受了泉州市舶提举一职，这是外国商人影响力变大的结果。他的官职证实了宋末外商影响力的不断扩大，加上由数千人组成的私人民兵，说明了他对于泉州海上贸易的有效控制。蒲寿庚利用他的政治和海军力量，进一步扩大自己的家族企业。[20]蒲寿庚的财富是巨大的，他的宅邸占据了泉州蕃人居住区的一大半。[21]

1276 年，杭州（南宋都城）被蒙古军队攻陷，当时的蒙古军已经占领了北方。以一个宋朝皇子为首的抗战中心转移到福建，并最终受困于泉州城。起初，蒲寿庚与节节败退的宋朝及当地汉族精英结盟。[22]有消息称，为了能够在泉州奋力抵抗蒙古人，接连败北的宋军指挥官没收了蒲寿庚的全部舰队和财产。蒲寿庚一怒之下，决定站在蒙古人这一边。[23]他阻止宋朝盟军控制整座城市，在等待蒙古人到来的同时，屠杀了居住在泉州的几十名宋朝宗室成员。[24]

在宋朝被推翻以后，泉州的社会、政治、经济结构发生了变化。外国商人变得越发强大，对于城市的财政和管理，他们享受到了前所未有的支配地位。元朝的新政权对蒲寿庚慷慨回报，并授予他很高的官职。

如蒲氏家族这样拥有海外背景的商人，虽然在中国生活了好几代，也经历了社会文化的同化过程，但在宋朝仍需要依靠当地汉族精英阶层的支持。在元朝这样的外族王朝统治下，他们获得了比以往任何时候都要高的地位和更为有利的条件。这不仅是由于他们支持元朝的接管，而且是因为他们同元朝的统治者一样都来自外族。泉州投降不久后，忽必烈格外重视恢复对外贸易关系，这一点对当地的经济尤为重要。1278年,忽必烈"命令福建省的官员蒲寿庚等人招谕海外,让前往东南亚诸岛的商人向外国民众传达元朝的好意。这些岛屿的人民对元朝的正义事业忠心耿耿,如果他们前来,一定会得到友善的对待;只要他们愿意,他们可以在帝国境内的任何地方旅行和交易"。[25]这道命令实际上成了一种许可,准许派遣他的私人船只,或与外商一道投资斡脱,加入利益可观的海上贸易。[26]不久之后,东南亚的几个国家与华南港口重新建立了贸易关系。[27]

蒲寿庚还在海上军事活动中发挥了至关重要的作用。1280年,皇帝命令他建造200艘军舰,将其作为一支庞大舰队(600艘军舰)的一部分,时刻准备着进攻日本。[28]在此后的岁月中,直到1297年,他担任了一系列重要的职位,军事和政治生涯蒸蒸日上,这也进一步确立了他对泉州事务的控制。[29]

蒲寿庚长期的官场生涯和广泛的人际网络巩固了他整个家族的地位,在元朝统治的大部分时间里,其家族是华南沿海地区最强大的家族之一。他的长子蒲师文在蒙古人接管后立即被任命为宣慰使、左副都大元帅兼福建路市舶提举。1297年,蒲师文接替父亲担任福建行省平章。[30]他的次子蒲师斯于1284年被任命为翰林太史院官。他的三儿子蒲均文是著名学者,以其文学成就被人熟知。1296年,蒲均文被任命为右谕德兼中书省知制。1307年,他奉命起草诏书,承认孔子为"大成至圣文宣王"。[31]

蒲寿庚的长孙蒲崇谟被任命为平章政事。他迎娶了一名来自泉州东南部东石镇杨氏的汉族女子为妻,二人育有两子。[32]一个名叫佛莲(Fo Lian)的泉州外籍穆斯林,娶了一名蒲氏女子为妻,此人掌控有一支超过80艘船只的大型贸易船队。[33]

由于那个时期外国商人的特殊地位,许多当地汉人也寻求与他们交往，甚至愿意接受他们的宗教信仰，让年轻女子嫁入这些家族。通过此种方式，他们希望被划为中亚和西亚外国人（色目人）的等级，从而受益于元朝赋予的特权。一个颇为有趣的案例当属苏氏。[34]宋朝初期，苏氏家族在闽南地区拥有强大的势力和影响力。元朝掌权后，他们从城市搬到了泉州西部的农村地区，失去了所有的资产和地位。该家族只有一个分支设法维持了地位，其大部分成员仍然是有影响力的地主。这一支的始祖是苏唐舍，他回到泉州后，娶了一名阿拉伯裔穆斯林，他本人也皈依了伊斯兰教，甚至把自己的名字改成了阿合抹，这是阿拉伯语名字艾哈迈德（Ahmed）的汉文音译。他的儿子和两个孙子也娶了蒲氏的回族妇女。1351年，苏唐舍去世时，他拥有土地、小树林和一笔巨额财产。这表明，苏氏分支的复兴可归功于他们参与了海上贸易，以及与举足轻重的蒲氏家族的联姻。[35]

元明朝代交替之际，蒲寿庚给予蒙古人的支持，被认为是造成其子孙后代悲惨命运的源头。直到最近的几十年，人们普遍接受的说法是，明朝统治后，蒲氏的大多数成员被迫从泉州移居到了偏远的农村地区，他们在那里接受当地的宗教和习俗，有时甚至不得不隐瞒自己的身份。[36]然而，研究人员最近发现越来越多的证据表明，蒲氏家族与蒙古政权的密切关系在元末已经断绝。在元政权的最后几十年，中央政府对周边地区的控制逐渐削弱，包括福建在内的帝国境内爆发了多起叛乱事件。由于泉州驻军（主要由泉州西亚人社群成员组成）发动了一场极具暴力和破坏性的叛乱，当地穆斯林的主导地位在元朝灭亡前不久戛然而止。这一切始于1352年，当时在泉州地区爆发了好几次农民起义。为了应付叛乱，中央政府组织了成千上万的泉州外国居民加入军事行动。但到了1357年，由泉州的两名波斯商人带领的波斯驻军在叛乱（"亦思巴奚战乱"，1357—1366）中崛起。他们几乎没有遇到任何抵抗便控制了泉州府。在后来的五年中，波斯民兵称霸一方，利用中央政权的软弱，轻而易举地夺取了泉州以北的部分区域，其中就包括省会福州。[37]第二阶段的战乱始于 1362 年。那兀纳（Nawuna），可能也是波斯人，他娶了蒲氏的女儿，继承了市舶提举一职，推翻了叛乱中南方派系的首领，并作为代理统治者接管了泉州市。1366 年，亦思巴奚战乱最终被行省联军以及强大的当地汉族民兵镇压。

这几年的政治风暴和军事动乱引发了人们对在泉州外国人的极大不满，尤其是那些被视为对血腥事件负有责任的人。当被汉族军队击败以后，蒲氏家族（现在又与那兀纳有联系）激起了当地民众的愤怒和怨恨。成千上万的阿拉伯和波斯外商在镇压叛乱时被屠杀，他们的坟墓被亵渎。十年的惨战，给泉州的经济和政治带来了沉重的打击。在此期间，穆斯林对海上贸易实行严格的管控，施加一系列的限制，不断地袭击当地汉人权贵。在叛乱期间和结束之后，许多富有的华商和外商都选择了迁往中国的其他地区，从而导致了当地的财富储备的进一步流失。泉州港与国内商业体系的分离，使得其重要性和交易量急剧下降。[38]因此，亦思巴奚战乱的结束，也导致了蒲氏在福建政治、经济事务上霸权的终结。[39]事实上，它改变了整个印度洋远程贸易的游戏规则。为了让贸易能够继续，不同的组织体系势必要取代那些离散的、以社群为基础的网络和斡脱。图 6.2 包含了泉州蒲氏家族五代人的信息，从蒲寿庚的父亲到他的曾孙。

尽管蒲氏不是一个典型的华人家族，但他们确实可以作为一个很好的微观研究案例。蒲氏的历史和家谱在很多史料中有所体现，因为他们在宋元鼎革之际扮演了特殊的历史角色。该家族的历史证

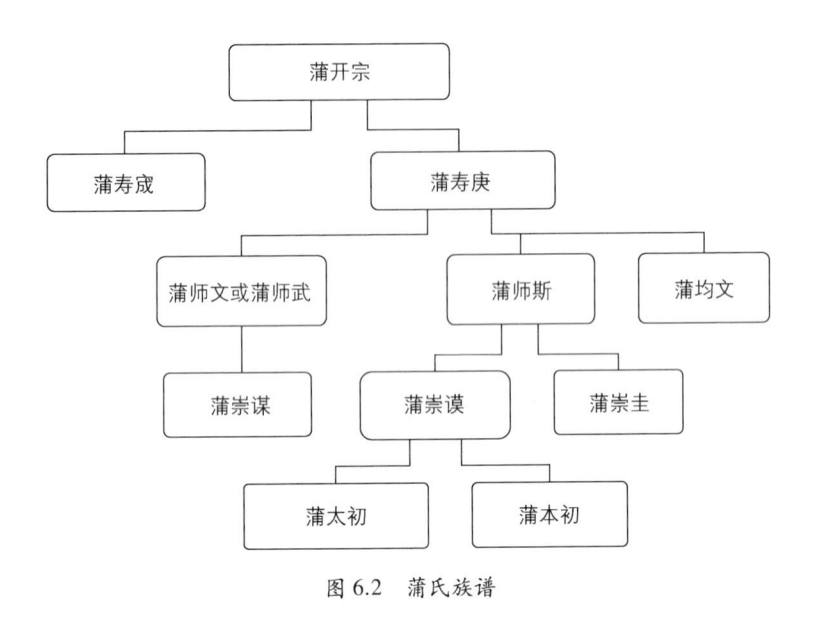

```
                    ┌─────────┐
                    │ 蒲开宗  │
                    └────┬────┘
              ┌──────────┴──────────┐
         ┌────┴────┐            ┌───┴────┐
         │ 蒲寿成  │            │ 蒲寿庚 │
         └─────────┘            └───┬────┘
                      ┌─────────────┼─────────────┐
                ┌─────┴──────┐ ┌────┴────┐   ┌────┴────┐
                │蒲师文或蒲师武│ │ 蒲师斯  │   │ 蒲均文  │
                └─────┬──────┘ └────┬────┘   └─────────┘
                      │         ┌───┴────┐
                ┌─────┴────┐ ┌──┴───┐ ┌──┴───┐
                │ 蒲崇谋   │ │蒲崇谟│ │蒲崇圭│
                └──────────┘ └──┬───┘ └──────┘
                           ┌────┴────┐
                      ┌────┴───┐ ┌───┴────┐
                      │ 蒲太初 │ │ 蒲本初 │
                      └────────┘ └────────┘
```

图 6.2 蒲氏族谱

明了宗族在中国贸易组织中发挥的重要作用：宗族是家族企业的平台。宗族进行祖先崇拜、书写并保存族谱手稿、共同维护祠堂、神庙和墓地。联姻、虚构共同祖先和收养都被战略性地用于商业目的。家族允许将资源汇集在一起，以确保企业的长寿。蒲氏家族的活跃时间过早，无法从明代发展出的宗族形式中获益，这种形式更为灵活，被一些史学家称为"宗族契约"。[40] 然而，从 10 世纪或者 11 世纪一直到 14 世纪下半叶，蒲氏家族经营着一家从未间断过的贸易企业。该家族企业持续的时间，比我在本章微观研究中观察的任何一家古吉拉特、意大利或德意志的家族企业都要长。事实上，它比我在文献中找到的任何一个印度、中东或欧洲家族存在的时间都长。与欧洲或中东的家族相比，中国的家族结构更为正式。蒲氏家族的财富和船只数量也似乎比任何已知的（中国以外的）家族企业都要多。

蒲氏家族的历史也很好地展示了中国国家、家族和商业之间的交织。国家是一个锦上添花的平台，依靠宗族，家族可以在此基础上发展他们的商业愿景。与国家的联系影响好坏参半。当时来运转的时候，家族企业会因为这样的关系而欣欣向荣，从国家那里得到生意、特权和保护；但是当时运不济的时候，家族可能会像统治的王朝一样垮台。[41]由于源自海外，蒲氏家族对于政治的动荡显得特别敏感。该案例同时表明，随着时间的推移，本国民众和外商之间的界限越来越模糊。[42]在元朝鼎盛时期，汉人战略性地选择与蒲氏联姻。元朝灭亡前后，失宠的蒲氏又从战略角度出发，与当地汉人通婚。蒲氏家族的成员，特别是蒲寿庚，在本国的政治体系中担任要职，发挥了重要的作用。无论是在私下或是公开场合，他们都交替积累和配置社会、经济资本。从中国统治者的角度来看，中国港口的官职有时被用来管理本地商人或外商，有时又被用来使地方精英阶层的私营海上贸易合法化（中央政府无法有效地控制）。因此，担任官职是国家和宗族的融合，能够保证家族企业的经久不衰。但这也是宗族的致命弱点。担任官职的宗族会变得愈发脆弱，如果他们无法与没落的王朝保持良好关系的话，后者在危难时刻极具掠夺性，且较少给予回报；或者他们必须决定是否以及何时改变战术，抛弃那个处于崩溃边缘的朝代，联合看似即将夺取江山的王朝。不论是与一个将要垮台的王朝保持联盟，还是与一个最终未能获胜的王朝形成新盟约，这都可能会给整个家族带来灾难。蒲氏能够顺利渡过宋元鼎革，但未能实现元明的过渡。对于任何一个大型家族企业来说，站在崛起的政权一边，及时脱离失败者的政治控制，以及与执政者保持良好的关系，都显得非常重要。这一点对于在华蒲氏以及类似的家族来说尤为重要，因为他们不仅要依靠国家（以其为支持者，但这也使他们担心其有一天变成剥夺者），还要利用国家平台（如官职）来巩固家族企业和财产，促进世代交替、经久不衰。他们与统治者的关系不同于苏拉特的家族企业，后者不用依赖莫卧儿王朝的官职，将其视为一个关键的组成部分；然而，富格尔家族企业的脆弱性不是因为官职，却是因为向统治者提供了半强制性的贷款。蒲氏的确安享了长达三个多世纪（令人印象深刻）的昌盛，而他们的最终没落恰逢郑和下西洋之前不久。

微观研究：富格尔家族——国际商业银行家

针对富格尔家族的微观研究，从时间和地点方面，补充了之前两个家族企业案例中阐述的内容。该家族发迹于欧洲中西部，所处的时代恰逢第一批欧洲人绕过好望角直接航行到亚洲。面对葡萄牙人，富格尔家族选择平行或交叉运作。首批致力于与亚洲进行海上贸易的英国人和荷兰人曾注意过该家族企业的组织模式，但并未采用。任何有关英、荷两国东印度公司形成的创新研究，如果没有将富格尔企业视为替代品，都会显得有些美中不足。

首位有迹可循的富格尔家族成员是约翰·富格尔（Johann Fugger），他是来自德意志南部奥格斯堡附近名为格拉本的小村庄的农民。根据当地市政文献记载，他于1367年来到奥格斯堡定居，投身纺织业。奥格斯堡一方面地处莱茵河与多瑙河谷的交汇处，另一方面位于穿越阿尔卑斯山连接意大利的道路上。这里盛产编织物、布料和纺织品。1276年，它成为帝国的一座自由城市。所有这一切都使得奥格斯堡变成了一个重要的贸易中心，以及一座对于年轻的富格尔来说极具魅力的城市。他从城市的独立地位中受益,并且通过婚姻,使自己成为当地的公民,自此摆脱了封建限制。在14世纪的最后25年中,他不断扩大自己的生意,购买了50台织布机和几辆马车,他的雇员们利用这些马车把他的货物运送到德意志南部的集市。在制造业和贸易领域渡过了一个成功的职业生涯后,他于1408年去世,留下了两个儿子,分别是安德烈亚斯(Andreas,1394—1457)和雅各布(Jakob,1398—1469)。作为继承人的两个儿子极力扩展自己手中的业务,其中包括香料、丝绸以及与威尼斯的羊毛制品贸易。[43]

富格尔的第三代分成两支,罗迪尔·富格尔(Roe Deer,安德烈亚斯的儿子卢卡斯和汉斯)和丽莉·富格尔(Lily,雅各布的儿子乌尔里希、格奥尔格、马库斯和雅各布二世)。第三代富格尔中最出名的要数雅各布二世(Jakob Fugger II,1459—1525),来自丽莉这一分支,通常被人们称为"富翁"雅各布。雅各布二世是家中的第十个儿子,曾立志成为一名神职人员,学习过拉丁语。但在他的两个兄弟突然去世后,他被要求加入家族企业。起初,他是家族在纽伦堡的代表,之后来到威尼斯。从1477年起,他成为富格尔企业在威尼斯的代表和代理人。他的办公室设立在德意志商馆,即该市德意志商队旅馆的生活区域。[44]他极大地提高了富格尔家族在亚洲商品贸易中的地位。威尼斯人从黎凡特、埃及和黑海进口这些物品。第三代富格尔人利用奥格斯堡的地理位置,携带着这些亚洲货物穿过阿尔卑斯山,来到德意志南部以及更远的地方。雅各布二世在威尼斯学会了复式记账法和阿拉伯数字。他将自己的新知识连同拉丁语(作为欧洲跨地区的语言)一起使用,结合家族企业在中欧的不同分支机构,不断拓展生意。1484年,他搬迁至因斯布鲁克,参与了蒂罗尔的采矿业、金匠行业和铸币业。经过三代人的不懈努力，富格尔家族的活动范围从奥格斯堡扩展到了纽伦堡、乌尔姆和法兰克福、威尼斯和因斯布鲁克、汉堡和吕贝克、巴黎、伦敦、马德里和里斯本、克拉科夫、华沙和里加。雅各布二世在里斯本的代理人马库斯·齐默尔曼（Markus Zimmermann）参与了 1503 年和 1506 年向印度派遣远洋船只的活动。[45]但渐渐地，德意志商人受到葡萄牙国王的约束，沦为供应铜矿和白银的配角；此外，葡萄牙人从印度进口胡椒和其他香料到里斯本，德意志人负责北欧市场的分销，不再作为主要角色向亚洲派遣船只。[46]

由于雅各布二世膝下无子嗣，1510 年他与自己的侄子们合作，开始使用"雅各布·富格尔与侄子"（Jakob Fugger & Nephews）的商号。起初，他拥有公司的控制权，对他的侄子们训练有加，以便后者能够在未来发挥领导作用。[47]在 1525 年 12 月，即雅各布二世临终前不久书写的一份遗嘱中，他将自己的毕生事业遗赠给了侄子们（格奥尔格的几个儿子），并将管理权指定给了格奥尔格的三儿子——安东·富格尔（Anton Fugger，1493—1560）。在安东·富格尔担任执行合伙人期间（1526—1560），企业的财富和政治影响力达到了巅峰。到了 1546 年，富格尔企业的运营资本将近 500 万荷兰盾，成为当时欧洲最大的公司，而 1525 年雅各布二世只留下了 200 万荷兰盾。正如此前的雅各布二世一样，安东也面临着困境，即如何吸引他的侄子们积极投入新的公司当中，这家新公司名为"安东·富格尔与侄子"（Anton Fugger & Nephews）。随着安东年龄的增长，加上子孙们的年纪尚小，无法接手这家公司，他开始对自己执掌了 30 年的公司的未来感到担忧。他一一寻找自己的侄子，试图说服他们接手执行董事的职位。最后，他的长子马库斯

（1529—1597）和他的侄子汉斯·雅各布（1516—1576，雷蒙德的儿子）共同接管了公司的管理权。[48]

1574年，富格尔家族沿着这条分支，形成了南北两个独立的活动范围。富格尔家族的第七代传人、格奥尔格·富格尔二世之子——菲利普·爱德华·富格尔（Philipp Eduard Fugger, 1546—1618）和屋大维·塞孔杜斯·富格尔（Octavian Secundus Fugger, 1549—1600）决定加入日益扩大的经由好望角航线与印度间的贸易。由于东方黎凡特—威尼斯—奥格斯堡的亚洲商品危机，他们还将生意转移到西面的大西洋。鉴于葡萄牙主导亚洲路线，他们在马德里和里斯本建立了商站（factories），并最终在果阿成立了一家名为"格奥尔格·富格尔继承人"（Georg Fugger's Heirs）的公司。1585年，西班牙国王菲利普二世（自1581年起，又被称为葡萄牙国王菲利普一世）代表葡萄牙与意大利商人、金融家乔瓦尼·巴蒂斯塔·罗韦拉斯卡（Giovanni Battista Rovellasca）和吉拉多·帕利斯（Giraldo/Gerhard Paris）签署了亚洲合同，这份合同的内容关乎欧亚之间船只和货物的运输。韦尔瑟公司（Welser Company）也加入其中，并从罗韦拉斯卡和帕利斯手中拿走了合同数额的5/12，此后还将合同数额的3/12分给了"格奥尔格·富格尔继承人"。因此，富格尔家族最终在辛迪加中获得了25%的股份，从而在1585年底赢得了为期五年的亚洲合同。1591年，应西班牙、葡萄牙国王菲利普二世的请求，他们获得了为期两年的欧罗巴合同（在欧洲分销亚洲货物的合同）中的7/32。[49]这些都是富格尔下属企业最直接且最集中参与欧亚海洋贸易的案例。

图6.3显示的是富格尔的族谱，其重点为"丽莉·富格尔"这一分支，以及经过了八代人后所延伸出来的不同子分支。

第一代

汉斯·富格尔
莱希费尔德平原格拉本
的农民兼纺织工

汉斯·富格尔
于1367年移民至奥格斯堡，1408/1409年
成为纺织师傅

第二代

安德烈亚斯
1394—1457
商人

老雅各布
1398后—1469

丽莉（始于1473）

Vom Reh
（始于1462）

乌尔里希
1441—1510
商人

格奥尔格
1453—1506

马库斯
1448—1478

"富翁"雅各布
1459—1525
商人

第三代

希罗尼莫斯
1499—1538

乌尔里希二世
1490—1525

安东
1493—1560
商人

马克思
1488—1511

雷蒙德
1489—1535

第四代

马库斯
1529—1597
商人、
收藏家、
市镇政客

汉斯·雅各布
1516—1576
慕尼黑宫廷总司库，
赞助人、收藏家

格奥尔格
1518—1569

第五代

约翰·格奥尔格
1566—1585

雷蒙德
1553—1606

安东
1552—1616

菲利普·爱德华
1546—1618
商人、
收藏家

屋大维·塞孔杜斯
1549—1600
商人、
市镇政客

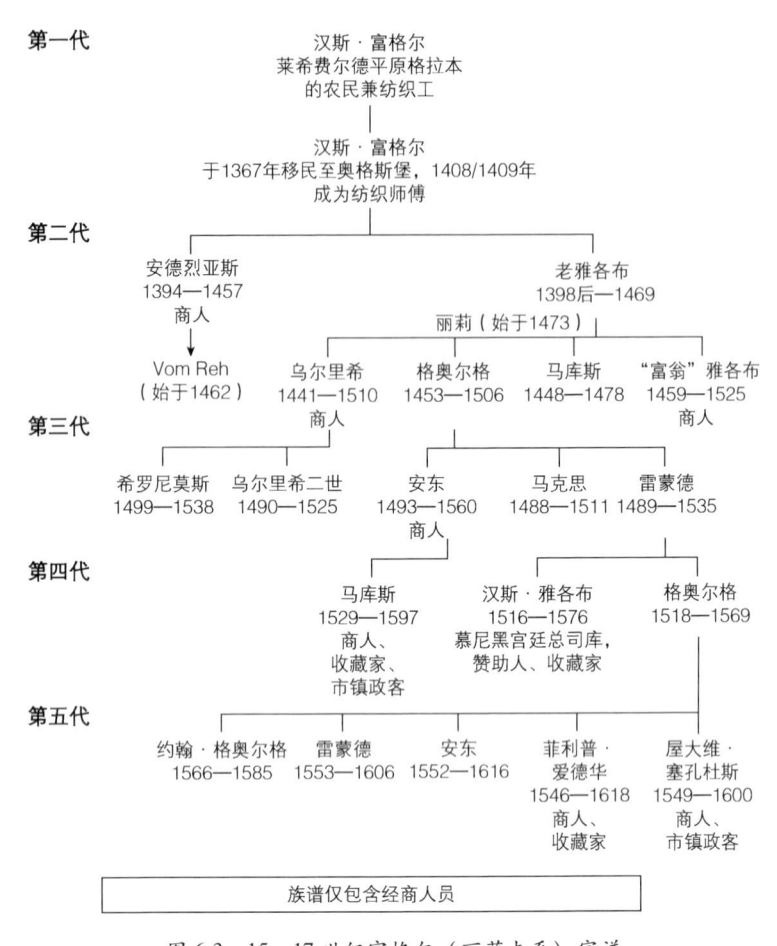

族谱仅包含经商人员

图 6.3　15—17 世纪富格尔（丽莉支系）家谱

来源：Häberlein（2012, pp. x - xi）。

富格尔家族企业究竟是如何创建的？对于一家存在了两个多世纪的公司来说，我们无法给出一个标准答案。但是，我们可以确定其组织特征，这也使得我们能将它同中国的蒲氏与印度的沃拉和加富尔家族企业进行比较。

为了分析富格尔家族的组织形式，让我们先来回顾一下前几个世纪意大利的银行和商业公司。对于这些公司进行深入分析超出了本书的范围，因为它们较少涉及欧亚贸易，而且时间上也发生在我们讨论的起点之前。我们感兴趣的只是它们有可能对富格尔企业的组织模式产生过影响。13 世纪和 14 世纪热那亚的阿尔贝吉（Alberghi）家族，14 世纪佛罗伦萨的巴尔迪（Bardi）、佩鲁齐（Peruzzi）和阿基亚乌利（Acciaiuoli）家族，以及 15 世纪从佛罗伦萨向外扩张的美第奇（Medici）家族，都是意大利家族式商业银行公司的典型代表。在 1310 年至 1330 年期间，巴尔迪公司的合伙人数量约 11 人至 16 人。到了 1310 年至 1345 年期间，他们雇用了 346 名员工，是当时欧洲最大的家族企业。[50] 萨波里（Sapori）解释说，他们的发展道路经历了三个阶段：首先，作为一个家族创办的企业；其次，从外部吸引更多的股权合作伙伴，通常是雇员和代理人；最后，通过从外部吸收存款来实行杠杆化，并将这些债务资本进行投资，贷款给统治者和开展其他银行业务。[51] 他们在佛罗伦萨设有总部，在威尼斯、罗马、米兰、阿维尼翁、日内瓦、布鲁日和伦敦设有分公司。

这些意大利的大型公司是如何组织起来的？每一家公司的核心都是家族，家族的资深成员被视为合伙人。代表和代理人要么是较为年轻的家族成员，要么是支付报酬的雇员。这类实体作为一个整体可以被视为普通合伙关系，即康柏尼亚（compagnia）。这种合伙关系有着特定的期限，从几年到 21 年不等。[52] 14 世纪的佛罗伦萨公司有着中央集权的组织形式，因此生意会在一种合伙关系下完成。15 世纪美第奇的公司有所不同，它是分权管理，并以合伙关系网络的形式来组织。每家合伙企业的成员都包含一名来自佛罗伦萨总部的资深成员，在主要城镇代表美第奇银行与商业公司的代理人（无论是否为家族成员），以及一些小城镇中资历较浅的代表和雇员。就生产企业而言，如丝绸和布料企业，还会有更多的合伙人出现。这种分权管理的模式源自 14 世纪公司倒闭的教训。其设想是将资产池和账户分开，防止由于一个分支机构的破产而导致整个公司全盘破产，如此亦能更好地监控每个分支机构及企业的业务。[53]帕吉特（Padgett）将此类组织形式称为"合伙关系体系"。[54]亨特（Hunt）将其称为"准永久性多重合伙关系"。[55]

1345 年，巴尔迪和佩鲁齐公司破产，20 年之后，约翰·富格尔定居于奥格斯堡。按照时间顺序，富格尔企业的早期业务与美第奇的业务重叠了大约一个世纪。虽然总部设在阿尔卑斯山的另一边，但富格尔的企业在意大利各个城镇都设有资深代理人。这难道是遵循了意大利商业银行的组织模式（中央集权或分权管理）？据我所知，该问题迄今为止尚未得到充分的探讨，无论是在组织相似性方面，还是在确切的组织学习方面。

基于现有的二手资料，让我们来考察一下富格尔企业历史上的两个阶段：第一个阶段为 16 世纪初，第二个阶段是 16 世纪末。前者围绕着"富翁"雅各布的企业（1480—1525）。[56]1469 年，老雅各布（第三代富格尔）去世后，富格尔家族的财产由他的儿子和继承人共同拥有，在旧德国继承法中称之为"甘纳布沙夫特"（Ganerbschaft）。"甘纳布沙夫特"的设立通常是为了保护家族的主要财产，如城堡或宫殿，作为一个不可分割的住所，允许继承人在使用公共设施的同时，在不同的区域居住。诚然，这种继承制度不太适合一个活跃的商业家族企业的遗产继承。大约在 1480 年，兄弟之间通过口头协议建立了合伙企业，经营他们的家族业务。由于采矿活动的范围不断扩大，加上外部合作伙伴的加入，一份正式的书面合作协议于 1494 年签订。家族中最小的兄弟——"富翁"雅各布，成为重要的合伙人和经理。富格尔一家既没有像"甘纳布沙夫特"所建议的那样实行共同管理，也没有如英国和欧洲其他地区那样实行长子继承制，更没有像伊斯兰世界那样实行平等继承制。他们较为务实，选择了用合伙合同和遗嘱将公司的控制权转交给有能力的商人。

当哥哥乌尔里希（1510 年）和格奥尔格（1506 年）去世后，雅各布向他们的遗孀支付了合伙权益中应有的份额。为了吸引家族中的年轻成员加入公司，他向哥哥们的儿子们——乌尔里希二世、希罗尼莫斯、雷蒙德和安东（第五代富格尔家族成员）——提出了建立合伙关系。1512 年，雅各布与侄子们签订了书面协议，并多次延长，直到 1525 年雅各布去世为止。根据这些协议，合伙人必须将自己的劳动和资本奉献给公司。在合伙期间，投资资本会被冻结在公司账户中。在合伙期（通常为六年）结束时，再来分配存留利润。但通常的做法是续签合约，将原来的投资和利润再次冻结六年。在合伙期间，合伙人有权领取工资。若是得到经理的批准，他们还可以为个人所需提取一些资金，其目的在于维持企业足够的现金流。当合伙关系结束时，他们需要在自身的股份中扣除相应的取款额度。从一份合同到另一份合同，管理权越来越集中在雅各布的手中。例如，根据 1494 年的协议，虽然他的兄弟们有权担任企业的代理人，并在交易中对其约束，但 1512 年的协议不再授予他的侄子们这一权力。后者的权力与资深雇员相似，但拥有股份。到了 1494 年，企业的名称变为"奥格斯堡的乌尔里希·富格尔及兄弟"（Ulrich Fugger of Augsburg and Brothers）。1512 年又改为"雅各布·富格尔及兄弟之子（侄子）"［Jakob Fugger and Brothers' Sons（Nephews）］，这点反映出其中控制权的改变。

除了控制权、资本冻结、企业资产与私人资产界定问题外，代际转移成为组织关注的另一焦点。当合伙人去世之后，他们的份额通过支付给遗孀的形式而被买断。或者，如果合伙人的份额由其儿子继承（例如，妻子先逝或遗嘱规定子女继承），那么只有那些愿意并且适合为企业工作的子嗣才能保留其以遗产形式持有的合伙股份份额。为了不危及现金流，那些从政或成为神职人员的子嗣的份额也将被买断，再以分期付款的形式三年内付清。格奥尔格和乌尔里希一世的死亡，充分体现了合伙人的死亡会得到迅速地处理。一个人不可能是被动的合伙人，因此没有成为商人的第四、第五代富格尔人（如格奥尔格的儿子马克思，是一名主教座堂的神长），未能成为合伙人。

担任管理者的合伙人去世，这是对企业寿命的最大威胁。从老雅各布到"富翁"雅各布的转变，速度并不算快。前者于1469年去世，后者直到1512年才开始全面管理和掌控企业。与此同时，企业经历了一个共同所有权阶段、一个不成文的合伙制阶段，以及一个三方的书面合伙制阶段（形式上平等的管理合伙人）。如此规模和复杂的家族企业该怎样在下一次可预测的转型中，即"富翁"雅各布去世时，避免出现同样的不稳定呢？尽管雅各布于1498年结婚，但他没有子嗣，这反而减缓了中央控制权的转移。他可以在1521年和1525年的遗嘱中设计代际转换，而不必担心子嗣间的恩怨，也不必收买他们中的任何一个人。"富翁"雅各布于1525年12月30日去世，享年66岁，他确实相当富有。据他的财产清单显示，其资产总额达到3 000 058莱茵弗罗林（荷兰盾），负债总额为

867 797 荷兰盾，净资产约为 210 万荷兰盾。富格尔的企业和资产被遗赠给了他的侄子雷蒙德和安东，后者将在陷入僵局的情形下最终获得控制权。

第二个案例将我们带到雅各布去世后的半个世纪，即第七代"格奥尔格·富格尔·埃尔本"（Georg Fuggerische Erben，格奥尔格·富格尔企业的继承者）。这是一种合伙关系，发生在 1574 年至 1600 年，介于格奥尔格的三个儿子之间。[57]关于该合伙关系，可用于探讨其组织细节的文献数量有限，尽管如此，我还是选择了这一案例，因为通过该企业，富格尔家族对于欧亚贸易的参与程度达到了顶峰。这家企业的名称表明，它源自一家活跃的企业，由几个兄弟继承而来，这些兄弟将它作为共同持有的财产，正如前一案例中早期的富格尔公司和德意志南部其他的贸易公司那样。由于没有正式的合伙合同，人们无法就公司的法律结构作出明确的说明。[58]因此，我们必须从账目和信函中进行推断。菲利普·爱德华、屋大维·塞孔杜斯和雷蒙德三世（Raymund Ⅲ，1553—1606）这三个兄弟，似乎是投资和利润分享的合作伙伴。菲利普·爱德华和屋大维·塞孔杜斯共同签署了所有的协议与合同。寄出的信函也总是代表他们两人而写。[59]如此一来，似乎是他俩在控制着整个公司，其权利等同于两名执行董事。他们还有才德兼备的集中式总部，使其能够严格且持续地控制着各个分支机构。公司的整体账目，由奥格斯堡总部的总会计师保存；另外，在汉堡、科隆、美因河畔法兰克福和威尼斯都设有代理人。在参与亚洲合同期间，该公司在果阿也拥有一个代表处；在参与欧洲胡椒合同期间，其代理机构遍及吕贝克、阿姆斯特丹、米德尔堡和安特卫普。[60]这是一家全球化且集中管理的家族企业。在集中程度方面，它类似于早期意大利公司的模式，例如佩鲁齐和巴尔迪的家族企业，而不是后来的美第奇模式，即分散式的"合伙制体系"。

我们尚不清楚合伙人的私有财产与公司资本之间是否存在区别。一些账户和资产负债表只包括与业务有关的资本，而其他账户和资产负债表则包含合伙人的所有财产，同时涵盖不动产和看起来像私人财产的东西。[61]虽然合伙人承认公司是其内部事务的一个单独资产池，例如计算投资和分配利润，但这并不影响对第三方的负债。对于公司的债务，每个合伙人都要分别承担连带责任。用今天的话来说，他们有无限的责任。

富格尔家族企业可谓是一个成功的案例。它成立于1367年，在1591年往后，其业务仍然活跃。它经历了六代人和五次代际转移，是16世纪中叶欧洲最大的企业。它与国王和皇帝结盟，在欧洲各地设有分支机构。它参与了制造业、矿产贸易和银行业，创造了协同效应，实现了多样化。它将亚洲商品的贸易从完全依赖威尼斯和陆地线路，转移到了里斯本和海上航线。它向葡萄牙国王提供白银，而白银是印度需求量最大且唯一需求的欧洲商品，它的贷款为"印度之旅"（Carreira da Índia）提供了资金，并且在欧洲建立了印度胡椒和香料的分销网络。[62]

但是，它的组织形式在几个方面存在问题。请注意，这里分析的问题是基于组织理论和历史现实，而不是富格尔明确记录在案的声明。代际转移是一个反复出现的重要问题。精明能干且态度积极的总经理时常欠缺。在一定程度上，这是因为继承人更喜欢悠哉的贵族生活或宗教生活，而不是贸易目的地代理商般的生活。家族内部的纠纷导致了企业的分裂，有时还伴随着竞争和对抗。富格尔家族无法将他们的私人财产与公司的营业资本分开，他们要为商业债务承担个人责任。对于德意志商业银行公司而言,商业失败是一件大事。1529 年至 1580 年间,仅奥格斯堡就发生了至少 63 起企业破产事件,其中包括富格尔家族的两起。[63] 商业失败可能源自一名管理者的违约,从公司借出大笔资金开始,或是因为贸易风险和市场风险的物质化。公共财政和私人事务是在同一家富格尔家族企业内进行的,后者承担的风险比前者小得多。蒲氏依赖官职而容易受到政治动荡的影响,富格尔家族则因向统治者提供了大量贷款而变得脆弱。企业资产和私人资产之间缺乏界限,必定构成了富格尔家族的又一大忧患。那些继承了财富的家族成员,可能更愿意与他们的意外之财保持安全的距离,以确保更为悠闲和体面的贵族生活方式,而不是将其投入商业及其相关的债务。富格尔依靠家族资产,将利润挥霍一空。他们并未从外部获取股本。如果需要更多的资本或分摊更大的风险,他们会以企业联合组织的形式与(如韦尔瑟家族等)其他家族企业合作。他们无法进军非个人股本的股票市场。虽然富格尔家族在欧洲拥有良好的网络关系,但在亚洲(果阿以外)的网络却从未完全形成。富格尔家族依靠其他商业媒介或执政者——最初是威尼斯人,后来是葡萄牙人——获得亚洲商品。他们没有在亚洲建立分支机构和商站网络。这肯定超出了他们的资本、劳动和管理能力。葡萄牙王国以及我们接下来要探讨的英国和荷兰的公司却拥有这般本事。

结　　论

在本书覆盖的时间范围内,大型家族企业出现在印度、中国和欧洲。在这三个地区,家族企业均参与了远程贸易,而且都有着一个共同的轴心：家族本身。在通常情况下，这些公司将贸易与银行业相结合；或者，在少数时候与制造业或采矿业相结合。除了一般的贸易环境挑战外，他们还面临着与家族相关的挑战：家族内部关系和代际转移。然而，关于如何组织家族企业和应对挑战，我们没有理由认为蒲氏、沃拉或富格尔之间曾有过交集。

在中国，宗族创造了一个原始的企业框架。为避免被国家征用，担任官职可以带来一个长久稳定的平台。蒲氏将中国的传统宗族制作为经营基础。他们把生意与港口城市泉州的市舶提举一职联系在一起。

富格尔家族在组织他们的企业时，依靠罗马和欧洲大陆的康柏尼亚法律制度。在欧洲，不存在宗族制度。因此，要实现大型贸易企业的经久不衰和代际转移则更具挑战性。况且，由于小型政治实体的多样性和频繁发生的战乱，企业难以与国家保持稳定的关系。诸如富格尔这样的富裕家族和企业被迫向统治者提供贷款。当贷款后的统治者赢得战争，并能偿还本金和高额利息时，这就为生意带来了好处；但当统治者输掉战争时，对于家族企业的命运就将会是灾难性的。由于私人家庭资产、银行资产和远程贸易资产之间没有界限，像富格尔这样的家族企业很容易受到主权债务失败的影响，从而导致生意破产。但中国式的解决方案亦无法生搬硬套到欧洲，这是因为家族结构、宗教基础、国家政治特征及范围方面的差异。

由于缺乏史料，我们对印度家族企业，包括其组织、法律地位、管理和持续时间的了解较少。古吉拉特的那些商业家族既不依照中国式的支持制度，也不模仿欧洲式的支持制度。但在商业基础设施和持续时间方面，他们可以在一定程度上依赖英国、荷兰东印度公司这样的欧洲公司，甚至是莫卧儿王朝的统治者。

为了适应特殊的贸易挑战和政治社会环境，家族企业不断发展，但它们最终还是会遇到固有的外部限制。它们对代际转移、资产分割和国家征用等问题很敏感。随着元朝的灭亡，蒲氏家族最终瓦解。欧洲最大的商业银行家族企业，如富格尔家族，因16、17世纪频繁的宗教战争，变得异常脆弱。

家族企业模式的组织方式，无法长期维持大规模、财务稳定且从地理范围上能够覆盖整个欧洲、印度和中国的企业。家族企业因其组织局限性，即使是在最发达的形式下，也需要不断寻找新的制度解决方案。我们接下来将转向以康曼达为基础的网络，它覆盖了欧亚大陆上的绝大多数地区。但它不依赖非人格化的合作，也并非经久不衰。统治者所拥有的企业，尤其是葡属印度（Estado da Índia）或郑和的远洋船队，均依靠国家税收和贷款，我们也将在此一并考察。一个新制度——股份制商业公司（我们稍后将会谈到）的出现是为了进军欧亚海上贸易。此外，正如本书的最后一部分将阐明的那样，公司可以提供经久不衰且广泛的投资者基础、私人资产和企业资产之间的资产分割，以及更为强大的政治游说，这足以让统治者信守诺言，保护其股东免受征收之困扰。

第7章

商人网络

商人网络是一种相对较为复杂的组织形式，由若干构成要素组成。一个典型的网络，其成员属于同一城镇或地区、族群或宗教。这些成员的原籍通常被视为整个网络的中心。这里的中心不仅是那些不参与贸易的家庭成员的居住地，而且是旅行者和侨民的聚会场所、集市以及信息中心，是产生和调整规章制度、解决争端的地方。整个网络的节点位于港口和其他市集。至于网络成员，一些年轻的商人长期或临时居住在这些节点，另一些则作为流动商人不时地到访。不同的组织构成要素均适用于网络、家族企业、常规贷款、航海借贷、雇用带薪或委托形式的代理人、合伙关系、康曼达等。谈到法律框架，可以使用相应族群的习惯法或宗教法，又或者以该群体赖以生存的一般文明法为基础。放眼整个欧亚网络，存在一些通用的构成要素。但是，不同的构成要素并非完全适用于所有的网络。航海借贷或康曼达，作为合法构成要素，被拉丁欧洲或伊斯兰中东采用的前提条件有三：① 网络中所对应族群的法律接纳它们；② 所处地区的大众文明接受它们；③ 当地的族群不反对这些要素（如康曼达之于犹太教法的例子）。商队旅馆（caravanserais）作为构成要素的情况只出现在那些卷入了扩张领土内陆路贸易的网络。

制裁可能是合法的，但由于相应族群通常不享有主权或自治权，因此对其制裁更多是从名誉、宗教或社会层面进行。

本章的三个微观研究提供了商人网络运作的真实案例。第一个微观研究立足于开罗的犹太商人网络，这批文献（从10世纪到12世纪）保存在经家当中，其印度部分代表了一个简单而单薄的网络。第二个微观研究是以新朱尔法为中心的亚美尼亚网络（从17世纪到18世纪），它体现了商人网络的缩影，代表了一种最为复杂、最为精细和最具张力的形式。该网络在公司占据主导地位之前便开始扩张，但随着公司的崛起，它又必须适应后者的存在，并善于利用好望角航线。第三个微观研究是基于里窝那的塞法迪犹太网络（18世纪），反映了公司影响下网络的边缘化。这三个微观研究让我们领略到了商人网络的一些兴衰历程。

微观研究：马格里布犹太商人网络（开罗—亚丁—印度）

开罗犹太经家的微观研究为详细了解犹太商人远程贸易组织提供了一个绝佳的机会。这些与印度进行贸易的商人主要居住在开罗。多个世纪以来，经家文献的独特性，使其成为研究穆斯林和犹太贸易组织现存最好的史料。[1]它让我们能够比较罗马帝国时代和中世纪伊斯兰时期印度贸易的组织形式和基础设施。这也是对欧洲人抵达亚洲之前商人网络进行全面微观研究的最后一次机会。

开罗犹太经家是一套约有21万件犹太手稿碎片的档案，它被发现于19世纪末开罗班耶兹拉（Ben Ezra）犹太教堂用于存放神圣手稿的库房。犹太人有义务将任何包含上帝名字的手稿存放在经家之中。因此，经家包含了犹太教文本，如圣经、塔木德以及后世拉比的著作。此外，它还涵盖了许多世俗文献，其原因在于当中可能包含上帝的名字，哪怕只是作为一句礼节性的祝语。这些档案详细勾勒出了一幅有关犹太社会、经济和文化生活的画面，尤其是 11 世纪到 13 世纪的北非和地中海东部地区，甚至包括也门。正如戈泰因等人所展示的那样，开罗犹太经室中藏有珍贵的商人信件、合同和争端解决记录。这些商人的记录表明，他们曾参与地中海、中东和印度的贸易。

开罗犹太经室中保存了一部无与伦比的文献集，其内容关乎中东和印度之间的贸易。多亏了戈泰因、弗里德曼等历史学家的辛勤劳作，其中分散在世界各地图书馆和档案馆的 450 多份文件已经得到识别、日期标注、修复、润色和编辑。就本书而言，幸运的是一项持续多年的项目在近期大功告成，该项目对经室中关于印度洋贸易的记载进行了分析和出版。戈泰因从 20 世纪 50 年代到 1985 年去世，尽管有过中断，但从未放弃过该项目。之后，他的门生莫德凯·阿基瓦·弗里德曼（Mordechai Akiva Friedman）接手。2008 年，一本包含了大量重要文献的英文著作出版，而（有关希伯来文文献）更为全面的出版工作还在进行当中，前四卷已于 2009 年至 2013 年期间出版。该印度文献集包括信件、商业清单、法律文书和票据等。这些史料能够让历史学家对 1090 年至 1150 年间丰富的贸易描述进行重新构建。[2]

当然，犹太经室也有它的局限性，只有那些最终到达开罗的文件才会被收入其中。根据犹太教法令，这些文件提到了上帝而被禁止销毁，因此被保存起来。不过，只有幸存于犹太教堂地下经室，历经八百余年依然字迹清晰的文献，才可以被翻阅。[3]但是，除了上述限制，这批档案在制度和法律问题上，超越了任何其他葡萄牙人抵达印度洋之前的欧亚贸易文献。因此，即便它比本书的时间框架早了两到三百年，将其放在此处探讨，依然合情合理。

开罗枢纽及其辐条

　　大多数基于犹太经桒的文献涉及地中海贸易，但是我这里要介绍的以经桒为基础的微观研究，则侧重与印度的贸易。印度贸易，从开罗通过陆路进入红海，继续航行至出口附近的亚丁，从亚丁再沿着阿拉伯海岸或穿过海洋来到印度港口。这里的印度港口主要是沿着马拉巴尔海岸（特别是库拉姆），偶尔也会向北来到孔坎（如门格洛尔）或古吉拉特邦（塔纳、纳赫瓦拉）。运往东方的货物包括：纺织品、服装、银饰、玻璃、黄铜、地毯和纸张。运回西方的货物有：调料、香料、铁、丝绸、珍珠、瓷器和象牙。[4]

　　开罗的福斯塔特（Fustat）是贸易网络的主要枢纽。从那里，包括（源自非洲西北部的）马格里布商人在内的许多商人，发起并资助前往印度的旅行。代理人最初是在开罗受到聘用，向那里的负责人汇报，结账、收款，并最终在那儿解聘。[5]在开罗，犹太拉比法庭会解决各类争端。[6]从开罗，由印度进口而来的货物也将重新出口到东地中海、北非（马格里布）以及南欧（西西里岛和西班牙）。开罗的关键性地位可从这样一个事实中体现，即在犹太经桒中，没有一封商业信函提及从埃及东南部地区直接到地中海某地的贸易。戈泰因和弗里德曼认为，这并不单纯意味着档案信息的偏差，更可能因为开罗就是印度贸易的终点。[7]图7.1表明开罗是马格里布网络的中心枢纽。该网络从开罗向东延伸到印度、东地中海、北非和南欧。

　　亚丁是第二大枢纽，部分航运在那里终止，大多数来自埃及和印度的船只也会在此结束其航程。犹太经桒中几乎没有关于从埃及到印度的航行记录。[8]经桒文献揭示了亚丁至关重要的作用，它不仅为船只提供安全的庇护、食物和水，而且还是一个交易、储存货

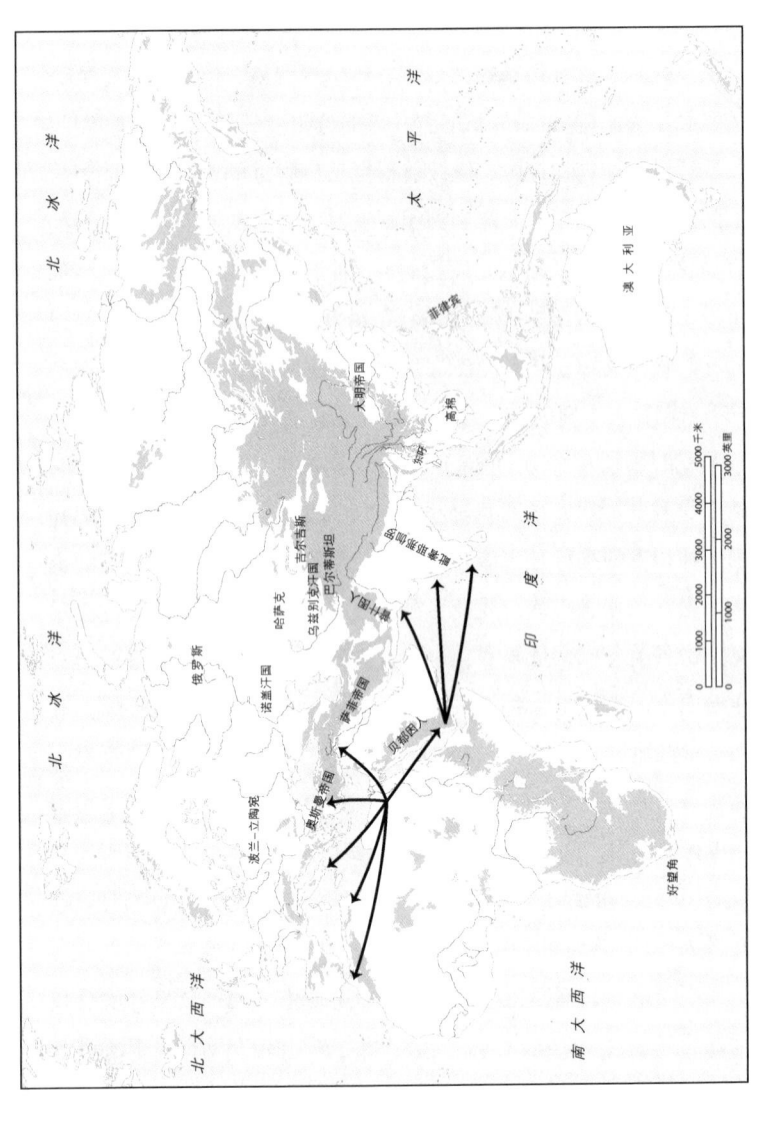

214 远涉重洋：欧亚贸易与商业公司的崛起

图 7.1 马格里布网络

物、建造和租用船只、海关征收、监督代理人、收集信息和解决争端的地方。亚丁犹太社群的资深成员提供许多服务。纳吉德（Nagid）是犹太社群的首领，面对政权，他会代表整个犹太社群和犹太商人，他还负责解决商人之间的争端。商人代表（wakil al-tujjar，希伯来语为 pequīd ha-soharīm）是亚丁行商的代表性人物。[9]

组织性选项

首先，我将根据广为人知的地中海贸易文集，对这个时代的商业组织进行调查。然后，我将专门讨论有关印度贸易的文献。地中海贸易的核心是扩展家庭。它们通常由三代人组成，这些人要么住在一起，要么尽可能待在相邻的地方。家族的成员通常分担生活成本、共享收益，彼此之间表现出极高的信任度。[10]在与外人打交道、签订合同以及承担责任方面，他们往往作为一个整体出现。[11]家族成员会暂住在贸易地，或者往返于开罗和目的地之间。以家族为基础的网络，通过引入家族以外的成员，进行扩张和强化。在犹太经家时代，这种方式主要是为了增加劳动力而不是资本。非家族成员被聘用为拿固定工资的代理人、收取佣金的代理人、康曼达代理——合伙人、正式合伙人（尽管很少），或者受航海借贷资助的合伙人。[12]

犹太经家文献中出现的"正式友谊"颇为独特且引人注目，这种关系被经家研究大师戈泰因所注意；此外，乌多维奇还提到过"非正式商业合作"，他也是著名的犹太经家历史学家。[13]继格雷夫之后，近期文献对此给予了高度关注，并对其性质进行了探讨。[14]"正式友谊"是一个框架，在这个框架内，双方相互提供代理服务。每一方都需向对方提供贸易服务，通常是接收想要出售的货物，并要求购买其他货物作为交换。双方不涉及金钱。然而，从长远角度来看，双方所提供的服务会自然相互抵消。这种关系被认为是非正式的，因为双方当事人并没有签订书面合同。[15]但大多数其他形式的代理及合伙关系也不会签订书面协议，而是以信函或口头承诺的形式产生。这种友谊同样不太正式，因为每一项服务的回报既不固定，也不以货币衡量。然而，正如戈德堡（Goldberg）最近指出的那样，法律规定了这种关系的某些方面，当事人之间的部分纠纷可以提交法院审理。[16]所有学者都一致认为，"正式友谊"是一种最为普遍的雇用代理人的形式。在戈德堡的案例中，有67%的代理服务使用了这种形式。[17]

那么印度的贸易组织是否采用了同样的组织形式，具有大致相同的规律呢？印度贸易组织尚未得到系统的研究，有关组织形式的使用，学界也没有定量研究。然而，戈泰因和弗里德曼收集、注释和近期出版的几卷印度贸易文献，让我们能够比过去任何时候都更好地了解那里的贸易组织。让我先介绍三名在犹太经家中占据重要地位的商人；然后，我将概述印度洋航运的相关知识；最后，我将列举文献中一些具体的例子。约瑟夫·勒布迪（Joseph Lebdi）为一名旅行商人；亚伯拉罕·本·伊朱（Abraham Ben Yiju）是一名常驻印度的商人（他在印度居住了17年）；马德蒙·b.哈桑·b.邦达（Madmun b. Hasan b. Bundâr）是一个来自交通枢纽亚丁的商人。[18]

在1094年至1097年期间，勒布迪从利比亚经开罗前往印度的古吉拉特邦，完成了文献中所记载的旅行。他很有可能在此前和之后也有过其他行程。我们之所以对这段特殊的旅程最为了解，是因为随之而来的官司。[19]作为福斯塔特的杰库泰尔·哈基姆（Jekuthiel al-Hakim）和其他商人的代理人，他在行程中除了运送自己的货物，也携带了合伙人及代理人的货物。他需要按照一些商人的指示，在印度购买某些产品。在亚丁，他交易了部分货物，并承担了额外的任务。在印度，他亲自处理过一些物品，另一些则交给了当地的中间商。有一些购买的货物，他委托给其他商人运往亚丁，还有一些则由他本人在第二季的时候随身带回。接下来的官司是由于一些货物在返程中被丢失在海上。在这场官司中，他所提到的代理或合伙关系，都没有书面合同。[20]所有这些关系形式的背后，均由口头商定。

在其他地方，本·伊朱于1132年从突尼斯经开罗和亚丁抵达印度。在那儿，他一直待到了1149年。[21]他从印度（主要是门格洛尔）将胡椒、香料、槟榔和铁器等商品发往在亚丁和开罗的商人。他会收到来自亚丁的黄金和货物，在印度销售，并与行商交易。他跟亚丁和开罗的商人保持着友谊关系（无论正式与否）、合伙关系以及委托代理形式。[22]

第三个杰出的商人是也门的纳吉德——马德蒙。除了从事贸易活动外，他还于1140年至1151年期间担任亚丁犹太社群的政治首领、商人代表和港务监督（superintendent of the harbor）。[23]据悉，他的家族是从波斯移民到亚丁的。他与开罗的商人代表和其他地中海商人有着联姻关系，并通过雇用代理人、建立合伙关系和购置船只来参与印度贸易。犹太经家中保存了许多封他寄给在印度的本·伊朱的信函，其中包括他希望购买或出售商品的请求和说明。[24]他还经常与开罗的商人通信。他的三个儿子也加入了这一行当，曾旅行至印度。[25]

在经家时代，从聚集在开罗的犹太商人角度来看，地中海贸易和印度贸易间的两个不同之处在于：① 能否利用印度洋贸易所特有的基础设施；② 印度没有大量永久居住的犹太侨民。对印度洋航运和贸易基础设施的全面调查，超出了本书微观研究的范围。[26] 可以说，中小规模的商人能依靠现有的基础设施运输货物，例如：一个商人不必拥有一艘船，便可以带着他的货物从埃及来到印度。他也可以把无人陪伴的货物托付给船上的纳胡达，或交给在港口的大商人代表看管。由纳胡达管理的船只是印度洋贸易所特有的一种组织形式。而商人代表则类似于上文中提到的亚丁代表，并不会出现在地中海所有的港口。[27] 此外，马拉巴尔或古吉拉特邦的犹太商人数量本来就不多（本·伊朱只是一个特例）。如果把这两个差异算在一起，那么"正式友谊"在印度贸易中的重要性就会大大降低，有偿佣金代理人和康曼达代理人的地位则会有所提高。因此，向暂居在印度的代理人发送无人陪伴货物亦变得更加可行。

与印度贸易有关的犹太经家中并没有包含太多的合伙关系或康曼达合同。关于这类合同存在的证据，大都来自信函和法庭上的诉讼记录。接下来分析几个具体的案例。

行商和代理的相关案例

1094 年至 1096 年期间，亚历山大的阿姆拉姆·B.约瑟夫（Amram B. Joseph）致信开罗的纳哈雷·b.尼西姆（Naharay b. Nissim），信中他请求后者协助寻找自己的连襟阿布·法拉吉·尼西姆（Abu 'l-Faraj Nissim）以及从印度寄来的货物：

他［阿布·法拉吉·尼西姆］在信中告诉我们，他把

1¼曼斯（manns）的老樟脑寄给了亚丁的酋长阿布·阿里·哈桑·b.邦达（Abu Ali Hasan b. Bundar），请他卖掉并把收益汇给我们［尼西姆在亚历山大的家人］。他［尼西姆］知道他［亚丁的哈桑］收到了樟脑，但不知道他是否把它汇给了［在亚历山大的］我们。这件事发生在两年前，但我们相信上主，从亚丁来的犹太人会把收益带给我们。[28]

信中后来还列出了至少三名近期从亚丁过来的犹太人，但没有带来任何尼西姆的消息和金钱。阿姆拉姆代表他的妹妹，恳求开罗犹太教的最高权威——纳哈里（Nahary）行使权力，向亚丁的商人代表哈桑（Hasan）施压，要求后者对于多次询问作出回应，并提供有关尼西姆在印度的下落及其所汇钱财流向的信息。这里没有必要把故事讲完。上述段落足以说明信息的偏差之大、旅行时间之长、风险之高。这可能是一个低收入商人的典型案例，他作为一名行商，[29]前往印度，将亚丁作为枢纽，依靠国内航运及其他行商或代理的帮助，发回信息和少量（这里约为30千克）高价值的货物。他在家中的妻子生活极不稳定，没有维持生计的收入，甚至她不知道自己是否成了寡妇，她把所有的希望都寄托在偶尔路过的旅行者所带来的消息上。孤苦伶仃的行商和牵肠挂肚的家人需要长期忍受这样的贸易。

接下来，我们可以找到以书信为手段、从印度发号施令和授权代理人的案例。这封信的收件人是在印度的亚伯拉罕·本·伊朱，由亚丁的约瑟夫·b.亚伯拉罕（Joseph b. Abraham）于1136年至1139年期间撰写：

我的主人，我已经把它寄给您了，它的重量正好是160磅。它是上好的砒霜。我的主人啊，求您按您一贯的恩典将它卖掉，无论上帝恩赐什么用以谋生的价格。请将所得收益为我——您的仆人——购买少量的铁器（如果有的话）、豆蔻和一点硼砂（如果可以的话），或者任何您觉得合适的物品。因为在那里的人能看见不在场的人所意想不到的东西。请通过第一艘驶往亚丁的船寄给我。至于您，我的主人，不用承担任何责任。我的主人，要是您有机会回来，就将它们随身携带。愿上帝保佑。[30]

这封信还包含了一些信息，比如：有关其他货物的说明；"作为您部分服务回报"的五份礼物；寻找可能逃到锡兰的康曼达代理人约瑟夫的请求；一封关于一个刚到印度的埃及商人的介绍信；一封要寄给其他印度商人的信函。将信件作为整体而言，约瑟夫和亚伯拉罕之间的关系似乎是一种"正式友谊"，或许也含有某种委托代理的成分，但不像是合伙关系或康曼达。这种关系之所以能成立，是因为本·伊朱的独特地位，与大多数其他犹太商人不同，本·伊朱没有来回旅行，而是在印度生活了17年。[31]信中承认亚丁（更不用说开罗）和印度之间存在信息上的偏差。因此，委托人授权代理人自由决定价格、货物，甚至是运输的方式。

康曼达与合伙关系的案例

对于居住在中东和北非穆斯林中间的犹太人来说，伊斯兰的康曼达最为熟悉不过。虽然他们会在远程贸易中使用它，但并未将其纳入犹太教法。对于康曼达的使用是有选择性的，它只会以某种形式出现在与部分合伙人的交易中。现在让我们来谈一谈使用这两种基本合伙关系的例子。首先，毫无疑问的是康曼达：

> 现在就从我这里来购买，书写、签字、邮寄给约瑟夫·勒布迪，作为他的证据……我从他那里收到货物，并且对此感到满意，因为我相信我可以从中获利，货物的总价格是460埃及第纳尔，所以我要带着这些货物前往［也门、印度、马格里布］和我认为合适的其他国家，尽可能以商业康曼达形式进行买卖，直到安全返回，无论上帝如何安排，勒布迪都将得到3/4，并且对海上或陆地上的损失不承担任何责任。我个人将得到利润的1/4……[32]

这份11世纪晚期的文件撰写于福斯塔特，是印度文献集中唯一涉及康曼达合同的案例。[33]其特别之处还在于它是一份单方合同，旅行合伙人未进行任何投资。相应地，利润被分成了75%和25%。该合同作为旅行合伙人的声明而起草，并确认收到了货物及合伙关系的条款。它被存放在福斯塔特的抄写员处，大概是用作公证的证据。

其次，关于一般的合伙关系，可以参考1099年在开罗法庭上提交的证据：

> 我记得曾与所罗门（Salomon）先生和他的兄弟约瑟夫，即大卫·勒布迪先生的儿子，一起在马赫迪耶（al-

Mahdiyya）。[34]他俩在一个房间里，所有的商品都在他们的手中［被他们当成共有财产处理］。我分别问了他们之间的关系。他俩各自回答说："我们尽可能地给予彼此我们所拥有的一切。"[35]

此后，名为所罗门的兄弟去了西班牙，另一个约瑟夫则前往印度。所罗门采取路程较短且表面不太危险的行进方式，但最后溺死于地中海。这是一个记录在犹太经家中极为罕见的例子，此处的合伙关系为兄弟和其他近亲之间。所罗门的儿子大卫最终起诉约瑟夫没有将印度之行的利润分给他和他的家人。在福斯塔特法院随后的诉讼中，约瑟夫被迫作出以下承诺，并列出一份清单：

约瑟夫·b.大卫——愿他安息在伊甸园！——将向兄弟所罗门的儿子大卫发誓——愿他安息在伊甸园！——他从未在任何交易、合伙关系、康曼达、继承或其他事项中欺骗过他的父亲所罗门，从他们之间达成任何诸如康曼达或交易的意向起，直到现在。[36]

对于一名受人尊敬的商人来说，如此发誓本身就是一个耻辱。发誓的目的在于证明约瑟夫没有向他兄弟的家人隐瞒在印度贸易中获得的利润。据推测，这些利润必须与他兄弟的继承人毫无保留地分享。

该微观研究中所展现的具体案例，显示了从马格里布经开罗和亚丁一直延伸到印度的网络。这种网络建立在家庭和族群的基础上。其扩展有赖于侨居各地的族群、"正式友谊"、代理商、康曼达、合伙关系合同以及低密度的信息流。它由法律、惯例以及旨在调解争端的解决制度共同构成。网络的存在促进了个人、家庭、双边代理、康曼达和合伙关系,以更有效的方式进行远程贸易。但是,网络的覆盖率和密度毕竟有限。网络不会在航运、通信和防御方面建设基础设施。它必须依靠外部的服务来联络。海上航行或停留在印度的流动代理,往往需要独自照顾自己,而留守在开罗的人们对他们的下落和命运一无所知。这类网络能够促进的贸易量并不是很大。

微观研究:亚美尼亚网络
——从新朱尔法到马尼拉和伦敦

为了符合本书的目的,现在,让我们转向商人网络的微观研究,该网络不论在空间还是时间上都处于中心位置。较其他微观研究而言,它的中心更接近欧亚大陆的中部,其起源时间也恰好处在本书探讨的时间范围(1400—1700 年)之内。该微观研究旨在呈现一个分散的商人网络最为发达的形式。

该网络成立于 1604—1605 年之间,恰逢阿巴斯一世将亚美尼亚人从旧朱尔法(今天的阿塞拜疆)驱逐出境之后。此后新朱尔法(伊斯法罕的郊区,位于今天的伊朗)一直是亚美尼亚商人网络的中心。[37]来自旧朱尔法的亚美尼亚商人在 16 世纪下半叶,侨居于果阿、苏拉特、阿格拉(Agra)从事贸易,而新朱尔法商人又在 17 世纪的孟买、马德拉斯(今金奈)、加尔各答、广州、马尼拉及其他南亚及东亚的港口建立了定居点。他们自 16 世纪开始便居住在威尼斯和里窝那，17 世纪来到了伊兹密尔、马赛、阿姆斯特丹、巴黎和伦敦。他们在 16 世纪的阿勒颇和巴士拉以及 17 世纪的阿斯特拉罕、喀山和莫斯科形成了商人散居地。新朱尔法成为亚美尼亚欧亚商人网络的中心，并向东、西、北三个方向扩展（参见图 7.2）。[38]

与其他族群和商人网络相比，有关亚美尼亚商人的史料可谓相当丰富。[39] 亚美尼亚手稿大多保存于威尼斯、莫斯科和伦敦，因为亚美尼亚商人家族会选择这些地方定居，他们的一些信件和账本也被保存下来。这些文献保存于欧洲商业公司的档案中，特别是英国东印度公司以及埃里温和耶路撒冷的亚美尼亚历史中心。[40] 其他重要的文献，包括反映 18 世纪 60 年代商业规范和组织惯例的《阿斯特拉罕法典》，以及位于新朱尔法的神圣救世主大教堂（又称瓦纳克修道院）中的档案。在大教堂的档案中，存有大量的商业文件、合同、账目、账单、委托书和争端的解决方案，这些资料直到最近才被贸易史学家们广泛使用。将微观研究聚焦于新朱尔法枢纽以及把 1604 年作为开始日期，实属对史料的人为处理。亚美尼亚商人网络很可能在这之前就已经存在，并且在朱尔法或其他地方拥有枢纽；我们仅仅缺少关于此类网络的可对比文献。

直至当下，赫齐格在牛津大学撰写的毕业论文（1991 年），仍是对基于新朱尔法的亚美尼亚网络组织和业务最为全面的研究。[41] 阿斯拉尼安在其哥伦比亚大学博士论文（2007 年）的基础上，于 2011 年出版了一本书，可谓是对此前研究的重要补充。[42] 阿斯拉尼安比赫齐格更广泛地使用了神圣救世主大教堂的档案。他利用的另一份重要文献是来往于新朱尔法和印度城市之间的亚美尼亚人的商业信函，这些信件被保存在英国东印度公司的档案馆中。最近，阿斯拉尼安在伦敦国家档案馆发现了一批引人注目的 18 世纪文献，[43]

图 7.2 亚美尼亚网络

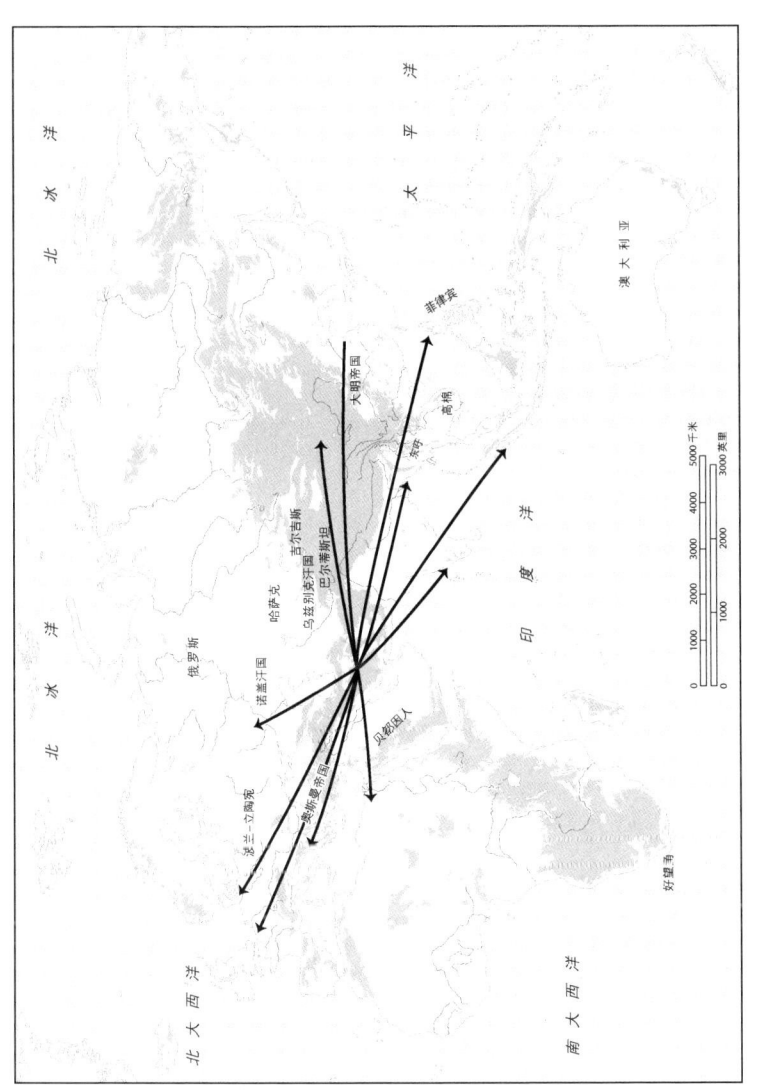

包括大约 1 700 份商业文件，其中不乏许多寄给新朱尔法商人的信函。这些文献于 1748 年在印度洋被英国海军从一艘名为"圣卡特里娜"号的亚美尼亚货船上截获。赫齐格和阿斯拉尼安均翻译并转抄了康曼达与其他合同，使无法阅读朱尔法亚美尼亚方言手稿的历史学家受益良多。

有关亚美尼亚商人的文献，无论是从数量还是范围而言，均算得上是独一无二。文献中涵盖了合同、委托书、提单、信函、账簿、分类账户及同时代法典。它们之所以重要，是因为亚美尼亚商人在欧亚贸易中发挥了至关重要的作用，而且许多文件直接涉及贸易。赫齐格和阿斯拉尼安的著作以及一些补充研究，为亚美尼亚网络组织的微观研究打下了坚实的基础。[44]

家族企业

亚美尼亚网络的核心是家族企业。[45]这些企业最初设立在新朱尔法，以父权制扩展家庭为基础。往往两代人同时活跃于商界。在每一代人当中，总会有几个儿子（通常有三到六个）是活跃的国际商人，而家族中的年长成员则留守新朱尔法，负责管理生意。年轻的成员向东、西、北三个方向来回奔波，或长期驻扎在港口和集市。家族的业务常常与个人事务相重叠。父权制的家庭会照顾在旅途中的家族成员的妻儿，并根据生意的需要来安排婚姻。教堂和宅邸是利用家族企业的盈利而建造的。正如《阿斯特拉罕法典》所反映的那样，习俗支配着每个家族的利益、权力、债务和遗产分配。家族会支撑许多代人的繁衍生息。[46]

阿斯拉尼安和赫齐格研究了赫瓦贾-米纳西亚（Khwaja Minasian）

家族企业。从 1660 年前后到 1747 年，该家族长期活跃于新朱尔法，在印度、马六甲和马尼拉的各个港口都安排了家族成员和代理商，在摩卡和埃塞俄比亚也有业务活动。其族长曾一度拥有 8 艘船。[47]

斯克里曼/沙里曼（Sceriman/Shahrimanian）家族企业于 1605 年从旧朱尔法迁至新朱尔法，到了 18 世纪 40 年代仍然活跃。阿斯拉尼安能够为该家族构建一个包括十二代人的族谱。在鼎盛时期，该家族成员居住在威尼斯、莫斯科、阿姆斯特丹、伊兹密尔和里窝那。他们的企业在新朱尔法雇用了 50 名佣人和上百名代理；此外，还有家族成员分布在苏拉特、果阿、马德拉斯、阿勒颇、伊斯坦布尔、阿斯特拉罕、圣彼得堡、维也纳和加的斯。[48]

康曼达

家族企业通过增加其网络辐条上的康曼达代理人（无论是旅行代理商或常驻代理商），将自身的网络扩大到亲属之外。他们还使用委托代理、代表和一般合伙关系，尽管这种情况不多。[49]亚美尼亚人使用了最高级别的康曼达，[50]既有单边形式（只有留守的合伙人投资），也有双边形式（旅行合伙人也需注入资本）。

以下是一个来自阿斯拉尼安的案例，这是一个典型的单边康曼达，同时有 12 名证人签字：

因上帝之名

按照全能永生的耶稣基督的旨意

本人，马卡尔（Marcar）的儿子霍万詹（Hovanjan），成了巴吉什的赫瓦贾·萨鲁坎（Khwaja Sarukhan）的一名康曼达代理人，从他那里得到了一笔资金，金额为两千四百马其斯（marchils），其中的一半是一千二百马其斯，相当于一百五十六土曼（toman）。无论上帝赐予何种利益，赫瓦贾·萨鲁坎都会得到两份，而我霍万詹将获取一份。在里窝那完成。本文件签署于1108年［或公历1659年］7月25日。善恶均属于上帝。此乃本人亲笔书写。[51]

取自赫齐格的表7.1表明，即便是单边康曼达，也能以不同形式呈现。从表格中可以看出，投资单边合同的一方，可以由几个投资者共同组成。旅行代理方也可以包括若干代理人，他们受到同一合同的委托。这是一种相对高级的形式，因为合同不仅被用作双方协议，而且可视为多方协议，它更加接近当今的有限合作。利润的

表7.1 单边康曼达合同示例

	年份	地　点	投资者数量	代理人数量	资本折合成土曼	利润分成
Khach'ikyan, Shahvelu	1712	伊斯法罕	3	3	90	75∶25
H1D, 67	1682	伊斯法罕	2	1	250	75∶25
PNJ, I, 161	1719	朱尔法	3	1	600	78∶22
NJHV, 124	1711	阿斯特拉罕	?	1	660	67∶33
ASVA, 30 st Hamira 95	1711	胡格利	1	1	210	67∶33
ASVA, 1 st Nadar 79	1694	伊斯法罕	1	2	480	75∶25
BLL 1047, f. 249	1736	马德拉斯	1	1	210	67∶33
BLL 1047, f. 157	1714	朱尔法（?）	1	1	630	71∶29

来源：Herzig（1991, p. 216）。

分配方式可以互相协商且较为灵活，不受法律或习俗的约束；至于旅行方的利润，其范围固定在22%—35%之间。[52]

旅行代理同样投入资本的双边康曼达则更为复杂，这是因为需要签订涉及其他方面的合同。以下是一个双边康曼达的例子：

> 本人马尔谷，加斯帕尔的儿子，成为塞达巴德（Saidabad）的一名康曼达代理人，并从我的主人塞塔哈（Sethagha）——已故的穆克尔（Mukel）之子——那里得到了一笔价值为6 800新铸造的阿尔果德西卡（Arcot sicca），本人马尔谷还注入了自己的资本，即1 500新铸造的阿尔果德卢比。这两笔金额总计8 300阿尔果德卢比，其中一半是4 150卢比，在上帝的帮助下，我将用它进行贸易或以任何方式让其运转。无论仁慈的上帝赐予何种利益，我都将上帝恩赐利润中的5 100卢比和6 800本金交给我的主人塞塔哈，本人马尔谷将从利润中获取3 200卢比，同时取走自己1 500卢比的投资。愿上帝赐予我们福善，远离凶恶。无论发生什么都取决于我们的运气，成功将归于上主。我会把本金和上帝所恩赐的利润返还给我的主人，或者他所指定的代表和要求的地点，不找任何借口。我的主人塞塔哈从他的账户中转出了上述款项。我们写下了两份［副本］康曼达合同，内容相同。本人马尔谷密封了一份，交给了我的主人塞塔哈，而塞塔哈密封了另一份，并递给了本人马尔谷。终。[53]

该康曼达合同很可能出自 1737 年至 1746 年期间，签署于塞达巴德，这里属于穆尔希达巴德（Murshidabad，莫卧儿统治时期的孟加拉首府）郊外的亚美尼亚人聚集区。在此之后，由包括证人在内的 11 人签字，确认了副本与原件的一致。这是一份相对简单的双边康曼达。旅行代理投资了 1 500 西卡卢比（孟加拉卢比）。而投资人注入了 6 800 卢比。因此，整个资产池达到 8 300 卢比。经双方同意，在投资期结束时，双方将获得各自的原始投资，而利润的分成如下：投资人得到 5 100 卢比，旅行代理得到 3 200 卢比。由于旅行代理参与了部分初始投资（18.08%），他的利润分成（38.55%）会高于单边康曼达合同。旅行代理从利润中分得了一杯羹，一部分是出自其劳务报酬，另一部分则是金融投资的回报。在某些合同中，第三类投资为投资者的"订金"，可在康曼达终止前提取，但在那种情况下，需承担一定的利息且不能分享利润。这是一种债务融资，而不是股权融资。

同样来自赫齐格的表 7.2，显示了双边康曼达合同的使用范围。旅行代理的投资占总投资额的 4.2% 至 27%。他们的利润分成在 30% 到 50% 之间。还有 1/3 的合同使用了订金。

一些单边康曼达合同包含了多个旅行方或投资方。[54]同一名常驻投资者可以参与多个康曼达合同，相同的旅行代理也能从多名投资人那里以康曼达形式获取资金。通过这种方式，风险得到分摊，资源也能够共享。新朱尔法的亚美尼亚人几乎只雇用本地人作为康曼达代理。那些更为富裕的家族，往往通过雇用相同社群内资源较为有限的家族成员作为代理人，以此来扩大其网络范围。

表 7.2　双边康曼达合同使用示例

	年份	地点	投资者资本	代理人资本	押金	总计	代理人资本所占百分比	利润分成
1	1731	拉什特	900	300	0	1 200	25.0	50∶50
2	1742	赛达巴德	510	40	80	630	6.3	67∶33
3	1744	朱尔法	1 100	100	300	1 500	6.6	67∶33
4	1740	孟加拉	345	15	0	360	4.2	64∶36
5	1744	赛达巴德	340	75	0	415	18.0	61∶39
6	1741	马德拉斯	375	50	60	485	10.3	64∶36
7	1736	卡利卡特	300	70	0	370	19.0	61∶39
8	1741	孟加拉	300	20	0	320	6.7	70∶30
9	1712	大不里士	5.1	1.9	0	7	27.0	50∶50

来源：Herzig（1991，p. 221）。

规范与纠纷调解

在亚美尼亚的法律书籍，如《阿斯特拉罕法典》中，可以找到具体约束康曼达关系和其他组织形式的规则。这些规则还适用于一些纠纷调解法庭。新朱尔法相对的自治权使"商人大会"成为解决亚美尼亚商人间纠纷的法庭。[55]大会的一个主要任务便是处理有关康曼达合同的争端。另外，还有一些巡回法庭，用于解决侨居海外的朱尔法人之间的纠纷。[56]阿斯拉尼安详细描述了如何利用信件和邮差来加强信息的流通。在管理贸易、调整供应、制定价格和决定向何处派遣康曼达代理人等方面，信息流是一个重要的因素。在监管旅行代理、核查违反义务方面，它也能发挥积极的作用。毕竟，如果无法核实违约信息，法律法规本身的价值就很有限。以单一枢纽为基础的网络结构，强化了监测的力度，因为来自代理商、港口和市场的所有信息均汇集到同一地点，如此便有助于交叉核对。另外，旅行代理的家属得到常驻投资人及其家人的照顾，这一事实具有双重效应，可以确保旅行代理的返回。还有就是那些善于欺诈的代理很难使用赃款养家，因为投资人会注意到他们生活水平的提高。当然，对于欺诈的制裁也涉及社会因素，如禁止这家人进入教堂或与其子女结婚。[57]

与此同时，对于新朱尔法亚美尼亚同胞的依赖，既是该网络的优势，也是弱点。说是优势，因为新朱尔法投资人一家和旅行代理的同胞关系融洽，这样可以确保更高的透明度、信任度和社会执行力。说是弱点，因为该网络无法在同等基础上超越新朱尔法侨民的规模和地点。亚美尼亚新朱尔法网络，以其基本的辐射结构和对代理及合伙人的依赖，在组织上与犹太开罗网络没有区别。但是，它的扩张范围更广，以更为密集和有序的方式来雇用代理人。至于通过枢纽的货物和信息，其流动速度也更快，并且更加依赖于康曼达。这是一种基本的欧亚贸易网络（至少在现存且被研究过的文献中是如此）。欧亚贸易的全面发展，使超越犹太经家网络的地理范围成为可能。穆斯林将伊斯兰教和商队网络传遍欧亚大陆，随之而来的是贸易的增长。接下来的蒙古和平以及蒙古和平对丝绸之路和海上贸易的积极影响，使贸易得到进一步扩大。后来，它还跟随着欧洲人的脚步抵达了印度洋（经由好望角航线），并再次扩张。所有这些发展都为亚美尼亚人提供了以国家为主体（如葡萄牙）和以公司为主导（如英国和荷兰）的基础设施。

微观研究：塞法迪犹太网络
——从里窝那到阿勒颇和果阿

第三个也是最后一个商人网络微观研究，代表了后全盛时期。

这个网络在大商业公司的背景下运作，并且可以使用后者的海运服务。与亚美尼亚的代理不同，它的代理大多为常驻和委派的，而不是流动的康曼达代理。

里窝那位于第勒尼安海沿岸，作为托斯卡纳的一个港口城市，它是地中海最大的集散港之一。它连接意大利半岛和北欧以及奥斯曼帝国，在其鼎盛时期，即16世纪末至18世纪末，曾成功与威尼斯和马赛竞争。里窝那通过宣布军事中立、取消进出口关税、提供良好的运输和储存设施，为商人们带来了便利的政治、法律环境。与许多其他港口城市不同，里窝那对外国的商人和宗教非常友好。[58]这些特点使其成为一个独具魅力的港口，吸引了英国、法国、荷兰、犹太、亚美尼亚等不同国家和族群的商人。

1492年，犹太人被逐出西班牙，1497年又遭到葡萄牙的驱赶。他们中的大多数人移民到北非、奥斯曼帝国和意大利。在那些皈依后正式成为"新基督徒"的人当中，有些人借着宗教裁判所的职位移民到了西班牙和葡萄牙在亚洲及美洲的海外帝国。到了1550年，犹太人已在威尼斯和佛罗伦萨定居，他们逐渐扩展到托斯卡纳的其他城镇。大约在1593年，首个塞法迪犹太人来到里窝那定居。在那儿，他建造了第一座犹太教堂。到了17世纪后半叶和18世纪，里窝那的犹太社群人数在1 500至4 000人之间，占城镇总人口的10%—13%。[59]本案例的研究特点适用于里窝那的塞法迪社群，以及地中海、奥斯曼帝国和伊比利亚帝国的其他塞法迪社群。

弗朗西斯卡·特里维拉托（Francesca Trivellato）在她的书中，为我们提供了一个有关里窝那塞法迪犹太人商业惯例和网络的研究范例。她将研究重点聚焦于两个家族，埃尔加斯（Ergas）和西尔维拉（Silveras），以及他们的商业伙伴。她成功构建了上述家族的族谱,从 16 世纪上半叶的里斯本一直延续到 18 世纪末,当时他们的家族成员分布在欧洲和中东的许多重要城市。[60]特里维拉托重构了两个家族的历史、他们的合伙关系和商业网络,以及作为一个整体的里窝那犹太社群。正是基于丰富的文献,她才得以对这些组织进行详细的描述。她利用的主要文献是埃尔加斯和西尔维拉的商业信函,编号为 13670,年份为 1704—1746 年,现存于佛罗伦萨档案馆。此外,她还使用了里窝那和其他城市档案馆中保存的委托书和其他各类法律文书,其内容涉及合伙关系的法院诉讼记录以及犹太社群有关婚姻、死亡和家庭的问题。

埃尔加斯和西尔维拉的网络向东延伸至奥斯曼帝国,阿勒颇成为黎凡特的中心,其他重要的目的地包括亚历山大、士麦那[①]、阿克和塞浦路斯。他们从阿勒颇进口印花棉布、生丝和香料。该网络向西蔓延到了欧洲,阿姆斯特丹、伦敦和马赛是主要目的地。美洲进口来的毛布及其他货物从那里被运往里窝那。之后,这些货物多半会被再次出口到黎凡特。西欧—里窝那—阿勒颇轴心构成了一条经典的欧亚贸易路线。阿勒颇是从巴格达和巴士拉前来的商队的终点,这些商队运输来自波斯和印度的货物,如香料、丝绸、棉织品和靛蓝。[61]另一个重要的轴心是里窝那—里斯本—果阿路线,该路线允许合伙人直接进入印度洋市场。经由里斯本,合伙人向果阿出口地中海的珊瑚,在那里用珊瑚换取印度钻石。因此,里窝那是欧洲和亚洲之间(较为传统的)陆路贸易和(较新的)海洋贸易的中心。如图 7.3 所示,通过查阅埃尔加斯和西尔维拉的书信邮寄地址的分布,我们可以更好地理解该网络。图 7.4 显示了从里窝那到欧洲和亚洲不同目的地的网络路径。

---

① 伊兹密尔的旧称。——译者注

第 7 章　商人网络　　235

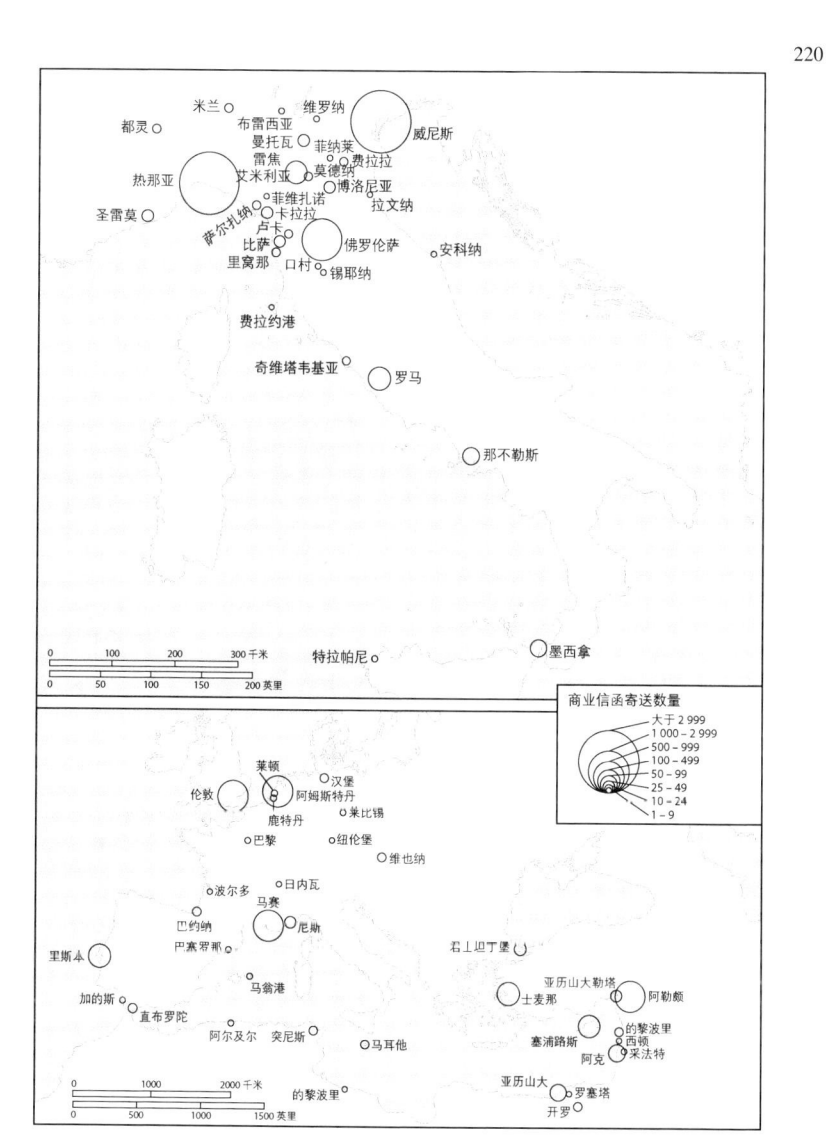

图 7.3　1704—1746 年期间埃尔加斯家族和西尔维拉家族信函目的地
来源：Trivellato（2009, p. 197）。

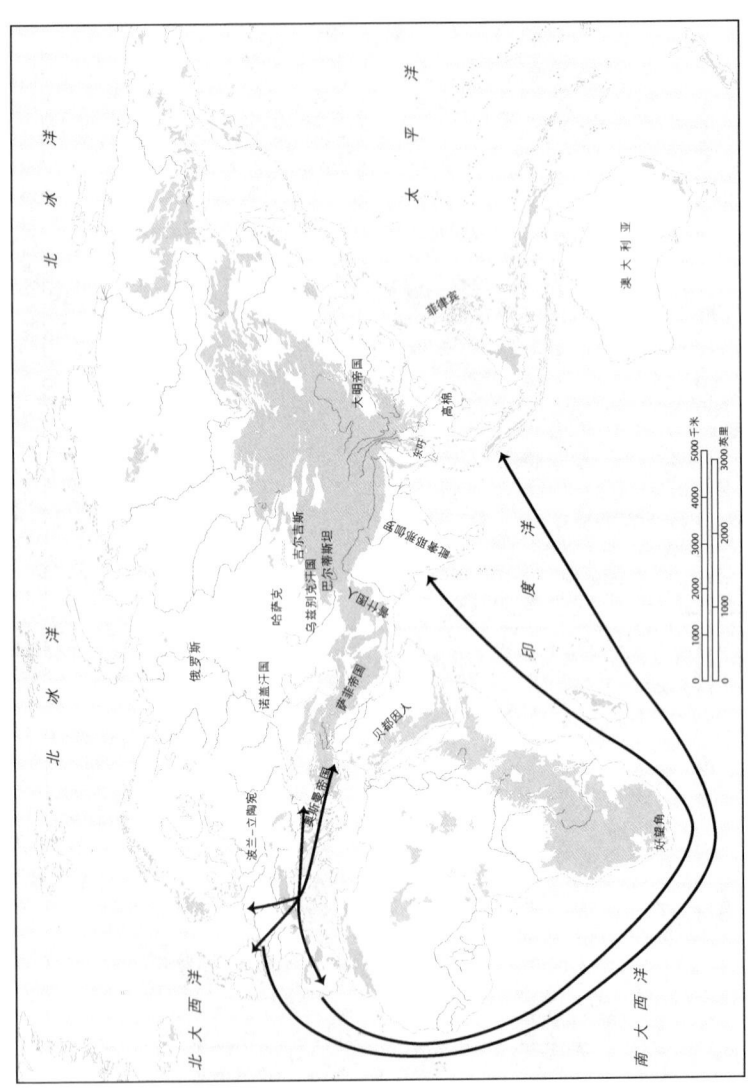

236　远涉重洋：欧亚贸易与商业公司的崛起

图 7.4　17—18 世纪里窝那塞法迪犹太网络

里窝那赛法迪商人网络的成员究竟有谁？特里维拉托找出了四类圈子。第一类是内圈，包括埃尔加斯、西尔维拉和他们的直系亲属。第二类为"葡萄牙国民"（Protuguese Nation），即被驱逐出西班牙的葡萄牙犹太人，他们居住在里窝那以及欧洲和奥斯曼帝国的其他城市，保持着其家族与社会的联系、共同的语言和文化的认同。第三类圈子是那些不属于"葡萄牙国民"，但有着相同宗教信仰的犹太人。第四类圈子包括非犹太人，如里斯本的意大利基督徒商人和果阿的印度教徒代理人。"新基督徒"指的是那些迫于压力而皈依基督教的犹太人，他们遍布亚洲、欧洲和美洲的伊比利亚帝国，可以被归入第三或第四类圈子。

第四类圈子也是跨文化贸易发生的地方。埃尔加斯家族和西尔维拉家族愿意在任何地方雇用最优秀的工人或代理人，不论他属于哪类圈子。在部分情况下，内圈的成员更受欢迎，因为他们最了解公司业务及各种代理人，不单单因为他们是亲属，可以值得信任。

合伙人之间以及与代理人之间的关系该如何得到监管？内圈的关系通常是以家族为基础，通过联姻、家族企业和无限责任的家族合伙制的方式。婚姻是形成这种伙伴关系的主要途径。[62] 1705年，大卫·西尔维拉（David Silvera）与埃丝特·埃尔加斯（Esther Ergas）结婚。两个家族的后代之间还有更多的姻缘，从而进一步加强了这种合伙关系，他们的家族成员还与里窝那其他塞法迪商人家族的成员结为连理。通过联姻和移民，该网络扩展至佛罗伦萨、威尼斯、阿勒颇、君士坦丁堡、波尔多、阿姆斯特丹和伦敦的其他塞法迪社群。[63]

针对埃尔加斯和西尔维拉之间的合伙关系，学界并未发现相关的合同，在现存的档案中，也没能找到可以证明类似合同存在的间接证据。因此,特里维拉托认为,双方从未签署过书面合同,合伙关系均基于默认或口头承诺。[64]例如,若有人希望某一天退出默认规则(所有伙伴平分利益),可以拟定兄弟合同(fraterna contract)。康柏尼亚合伙关系(意大利大型商业银行公司,如美第奇、丹蒂尼、富格尔和韦尔瑟等经常使用,作为控股公司掌管其分公司)很少被里窝那的塞法迪犹太人使用。[65]

里窝那的犹太人跟自己的代理签署合同时,同样很少使用康曼达,或较为新颖但更为复杂的有限合伙制(accomandite,允许多边合同,设定期限,并灵活分配利润)。通过研究1632年至1777年间佛罗伦萨商事法庭的有限合伙制登记册,特里维拉托得出了这一结论,并列举了几个罕见的例子。1717年,雅各布·埃尔加斯(Jacob Ergas)和他的三个儿子塞缪尔(Samuel)、大卫(David)及拉斐尔(Raphael)创建了一个康曼达。他把两万西班牙钱币托付给三个儿子,大概是想让他们作为自己的旅行代理。他一定是因为他的儿子们很爱打官司,而正式确立了这种关系,这一点从现存的同时代的法庭记录中显而易见。另一个例子是弟兄两人与他们的侄子签订了一份类似康曼达的合同,三方各自注入资本的1/3,他们每人都有权获得1/3的利润,并承担1/3的责任。[66]特里维拉托总共找出了约20份里窝那犹太商人间的有限合伙制合同,时间从1670年到1764年。[67]犹太人和基督徒之间的康曼达合同曾出现在18世纪70年代,但数量甚少。

大多数代理都是受到过委托的代理。他们均以非官方的形式被聘用,通过口头形式或商业信函,而不是完全未经公证的书面合同。委托书会被使用,但绝不会被作为强制性的工具。那些用来指定代理人执行明确任务的特别委托书,也会被当成是委托人对代理人所持财产权利的公证书。这样的证书仅对第三方而非代理本人有效。一般委托书有时会被用于任命委托代理人或法定代表人。对于前者来说，类似于信函的非官方手段更为常见。在特里维拉托的研究中，一个十分有趣的发现是，代理的纠纷并不会在法庭上提起诉讼。由于证据确凿，因此委托书也同样不会得到使用。[68]关于第三类和第四类圈子中的代理关系，即与非塞法迪犹太人以及信奉印度教和基督教的代理人之间，特里维拉托发现，没有证据表明当中使用了更为正式的法律工具。

特里维拉托遵循马克·格兰诺维特（Mark Granovetter）的理论，区分了网络中的"强连接"（strong ties）和外部圈子中的"弱连接"（weak ties）。后者可以将网络扩展到核心领域之外的区域。在我们的案例中，跨文化超越了族群界限，旨在创新和探索新的市场及商业机会。[69]由于外部圈子的代理并不共享同一宗教、族群和社群情谊，因此这种关系的基础是一种重复性的互动和多边声誉机制，而不是第三方的争端决议或共同的社群规范以及社会、宗教制裁。[70]商业和社会通信中的信息流是监督的基础。关联方必须懂一门共同的语言和文字。追随人类学家马歇尔·萨林斯（Marshall Sahlins）的脚步，特里维拉托对合伙人或委托人与代理人之间的互惠程度进行了分类（基于社会层面而非法律层面）。内圈的关系，即家族合伙关系，被归为"一般互惠"，因为它建立在彼此负责的基础上，没有时间、数量或质量上的限制。在第二类圈子中，即其他塞法迪犹太人的圈子，这种关系被称为"平衡互惠"，因为在有限的时间里，每一笔交易都期待与将来的另一笔交易相对称。以此类推，在外圈关系中，存在即时互惠的关系。[71]

以里窝那为基础的网络，特别是在18世纪，代表了商人网络的后全盛时期。代理大多受到委派并常驻某地。之所以会这样，是因为该网络依赖熟悉的目的地（有常驻侨民）、成熟的航运服务、高速运转的信息流以及递减的与商业和运输相关的风险。到了17世纪末和18世纪，这一切都因商业公司而得以实现，荷兰东印度公司与英国东印度公司旨在寻求自身效益，以及它们在欧亚贸易中盟友（如基于里窝那网络）的利益。

结　　论

在古希腊罗马的国家基础设施和密集型贸易网络（反映在穆泽里斯纸草上）垮台后，第一个千年后期的贸易复兴带来了贸易网络的重建。马格里布商人与印度的贸易正是处于这一复兴和重建阶段，其特点是全新但遥远的目的地、低频率的互动以及国家基础设施的消失。该时期的网络结构成为支持信息流的主要因素，它不仅有利于代理和贸易本身，还有助于网络成员之间的合伙关系。这一贸易网络包含两个信息中心，最主要的位于开罗，其次是在亚丁。此乃网络发展的初期案例。

新朱尔法亚美尼亚商人的案例表明，无论是在组成部分还是在地域扩张方面，网络组织形式都达到了顶峰。它是一个组织相对严密且以族群为基础的网络，也是一个独一无二的枢纽，所有交易都必须通过这个中心；它的特点是在康曼达和不同投资人的其他代理人之间进行交叉报告；它在新朱尔法拥有一个强大的执法法庭；它的另一个特点是相对成熟的贸易地和频繁的出行。有趣的是，它还得到了外部机构的支持（新成立不久的英国东印度公司和荷兰东印度公司），有效促进了信息的流动。对此，我将在本书的下一部分进行介绍。

里窝那的塞法迪犹太人依靠委托付费的代理人。到了 18 世纪，其贸易已经步入正轨，而康曼达的优势也不再重要。流动的商人被常驻的代理人取代，他们不必随身携带货物（货物可以使用商业公司和商业货运公司运送）。成熟的商人网络不再是一个必要制度，用来处理与远程贸易有关的高风险和信息闭塞。受到公司的影响，网络只能在边缘与其共生，或许在飞地里还能苟延一息。

第 8 章

统治者与国营的贸易

许多近代早期的统治者都试图建立一支强大的军队,能够抵抗其他统治者的侵袭、平息内部的动乱、征得充足的税收以保证军费的开支,从而变得战无不胜。大多数统治者本身并没有直接参与商业的野心。然而,我将考察两个值得关注的特例,即明初中国和 16 世纪葡萄牙的重商主义。两者在根本上截然不同。中国立足于儒家思想和缜密的官僚体系,拥有中心国家的世界观、辽阔的疆域和庞大的人口基数。在这些重要层面上,它是独一无二的。正如我们将在第一个微观研究中所见到的那样,中国在一些时期并不憧憬海外贸易;在另一些时候,它允许外国商人或本地商人贸易,但帝国本身并不直接参与贸易。此处的微观研究包含了一个特例,即由皇帝领导的商业尝试。至于葡萄牙,可谓是伊比利亚半岛边缘的一个年轻小国。该国的能力有限,但因其地处大西洋沿岸,常常对航海事业有所憧憬。正如我们将在第二个微观研究中所看到的那样,葡萄牙国王旨在组建商业公司。本章将探讨两家由统治者掌管的贸易公司,对其形成、软肋和衰败进行分析。

微观研究：郑和下西洋

1405 年至 1433 年期间，郑和七次下西洋，从中国航行至印度洋，每次均配备数十艘船舰和上千名随从。前六次航行均由永乐皇帝发起，而第七次，即最后一次航行则受命于宣德皇帝。[1]郑和，一名穆斯林宦官，曾在朝廷担任要职，他引领了这一切。被选择出海的船只俗称"宝船"，建于明代南京的皇家造船厂。官员、船员、士兵和随从均由皇帝钦点。[2]

在本书所涉及的时间范围内，他们是当时规模最大的船队，远远超过欧洲国家、商人和商业公司派往亚洲或美洲的船队。明朝初期，中国人前往印度洋的航行是由国家出资和经营类型的远程贸易公司的典范。

郑和下西洋的史料非常丰富，其中包括明朝皇帝的官方史记、旅行札记、随行官员的口述，以及中国和其他地方的碑刻铭文。但郑和本人的记录不复存在。现存的分歧主要体现在原始史料和一些历史细节方面（日期、目的地、路线、船只的数量和大小等），我们在此不予回应。[3]不幸的是，这些史料仅仅粗略地提到了组织问题，即我们关注的重点。有关航次、船数、船型和船员规模的细节应得到谨慎处理，因为有历史学家认为，从技术上来说这是不可能的，或者其中有文学夸大处理。但是，这项事业的总体规模和公开性几乎是无可非议的。

在本案例研究中，我们将聚焦首次航行。万事开头难，首航的组织难度最大，报告也最为详尽。皇帝要求沿海省份为船队提供便利，此次航行的大部分船只似乎都建于帝国首都南京的龙江宝船厂。为了达成目标，全国各地成千上万的工匠因朝廷号召而聚集在一起。[4]据称，首次航行的船只数量达到了317艘，其中62艘为大型宝船。这当中有4艘是巨型木质帆船，长约120米，宽约50米。船队中有一些长度约100米的船只，上面除了马匹外，不装载任何货物；另一些船只仅为船员提供淡水；还有运输士兵的船只、补给船及一些满足进攻和防御需要的战船。在航行过程中，大型宝船上载满了中国商品，一方面用于交易，另一方面作为礼物馈赠使用。[5]

据悉，船队随行共有27 870人，[6]由郑和统领。他的70名高级官员均为宫中宦官，其中7人为正使太监，担任使节和指挥官；他们手下职务最高的10名助理拥有少监头衔；而监丞则负责与不同国家来往的各项事务。宦官的手下是302名武官，他们分别承担着明朝军事机构的标准职务：都指挥2员，卫指挥93员，千户104员和百户103员。船员还包含了卫所、千户所以及190名文职官员，其中就有180名医官医士，他们与把总和普通士卒等同（所得报酬相同）。其他人员当中有户部郎中1员（大概担任船队的首席采购官），通事2名，在都城负责接待外国朝贡使臣的舍人2名，阴阳官1员，携助手4名，官（太监、武官、文官）562员，军26 803名，其中包括官校、勇士、力士（特别健壮的军士）、余丁、民艄、办事和书算手。[7]图8.1反映了船队的指挥结构。

郑和下西洋使用了当时最为先进的航海技术。船队使用指南针来导航，通过观察北半球的北极星（Polaris）和南半球的南十字星来确定纬度，燃烧百刻香以计算旅行时间，[8]通过使用旗帜、灯笼、铃铛、信鸽、锣和横幅，来维持宝船船队之间的交流。

整个航程经过南海、东南亚和印度尼西亚群岛，穿过孟加拉湾到达了印度南部马拉巴尔海岸的卡利卡特。自此，部分航船继续驶

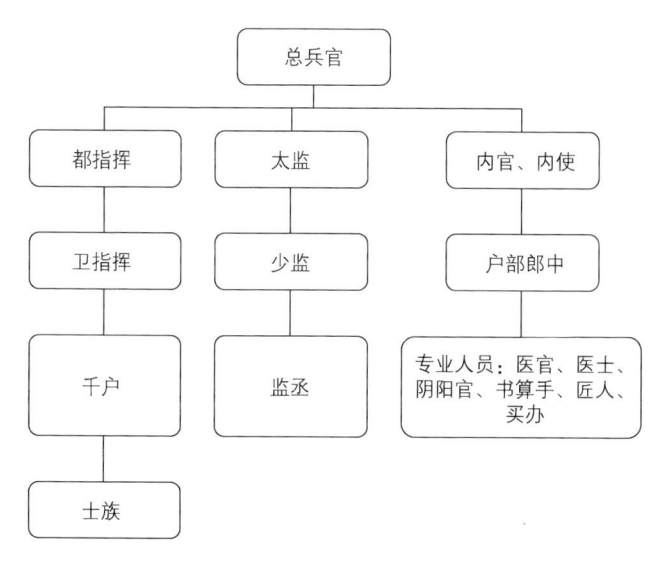

```
                    ┌─────────┐
                    │ 总兵官  │
                    └────┬────┘
         ┌───────────────┼───────────────┐
    ┌────┴────┐     ┌────┴────┐    ┌─────┴──────┐
    │ 都指挥  │     │  太监   │    │ 内官、内使 │
    └────┬────┘     └────┬────┘    └─────┬──────┘
    ┌────┴────┐     ┌────┴────┐    ┌─────┴──────┐
    │ 卫指挥  │     │  少监   │    │ 户部郎中   │
    └────┬────┘     └────┬────┘    └─────┬──────┘
    ┌────┴────┐     ┌────┴────┐    ┌─────┴────────────┐
    │  千户   │     │  监丞   │    │专业人员：医官、医士、│
    └────┬────┘     └─────────┘    │阴阳官、书算手、匠人、│
    ┌────┴────┐                    │买办               │
    │  士族   │                    └──────────────────┘
    └─────────┘
```

图 8.1　郑和船队的指挥结构和组织

向霍尔木兹和波斯湾，另一些前往亚丁和红海，还有一些则远赴东非海岸。在图 8.2 中，我们可以观察到下西洋的线路。从航行的规模、强度甚至是距离来看，首批到达大西洋和印度洋的欧洲船只无法与之相提并论。哥伦布、达·伽马和麦哲伦的伊比利亚探险船队只有三四艘船，其长度仅为 20 到 30 米，船员人数 100 至 250 人。此后，葡萄牙航行至印度的船队也只有 5 到 20 艘船。中国人下西洋的规模，即便报告中有夸大的嫌疑，也绝对是另一个级别。

为什么永乐皇帝要开展这项伟大的海上工程呢？学者们提供了几种解释。第一种解释是，他希望在掌权后重新建立区域朝贡制度，让自己以武力获得的统治合法化。[9]到目前为止，如果说这是唯一动机的话，那么尚不清楚这位皇帝为何以如此空前的规模进入海上事业。第二种解释称，这是他对帖木儿帝国在中亚扩张所作出的

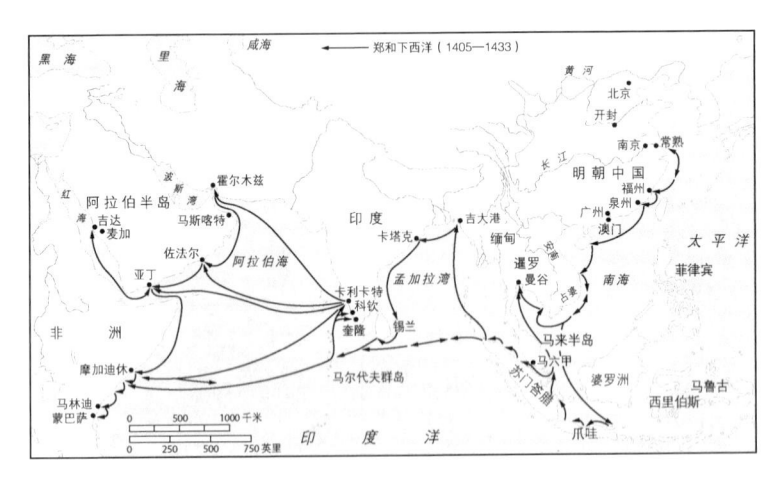

图 8.2 郑和下西洋（1405—1433）

来源：reprinted from J. Ding, C. J. Shi, and A. Weintrit, "An Important Point on the Way to Sailing History: Zheng Navigates to the Western Ocean," *TransNav: The International Journal of Shipping and Maritime Safety* 1, no. 3 (2007): 285–93。

反击。同样，就像重建朝贡制一样，军事问题和政治对抗夹杂着其他需求，即将远程贸易从陆路丝绸之路（由帖木儿控制）转移到海上绕行的路线。第三种解释可能是，他希望改变元朝的贸易政策。蒙古人歧视汉人，一方面设置层层门槛以阻碍汉人参与海上贸易；另一方面，邀请外国商人，尤其是阿拉伯人，来华定居并接管贸易。明朝旨在让汉人重新控制海外贸易。第四种可能的解释是，永乐皇帝想要扩大海外贸易，因为这或许是容易征收的税种，一顿不会被有产精英所排斥的免费午餐。那么，为什么皇帝不通过允许个体华商以更优惠的条件进行交易呢？不论如何，至少在恢复中华贸易的最初阶段，永乐皇帝或许更倾向于使用更大规模和更为集中的方式运作。

与我们在本书中探讨的其他航行相比，中国人下西洋能被视为远程贸易旅行吗？或者这些帝国项目是作为本国海军的远征执行的？换句话说，我们是不是可以不把中国的苹果用来与欧洲的橘子作比较呢？中国人下西洋确实涉及国际关系和中国主导政治地位的提高（体现在朝贡制度）。我们在此考察的组织是非营利实体，而葡萄牙在亚洲的事业也是如此，同样的还有荷兰在亚洲的东印度公司（至少部分如此）。它们都将政治与商业结合在一起考虑。没有人会按照韦伯的理论，完全理性地计算利益。在本案例研究中，我们考察的郑和船队这一组织是一种近代早期的再分配制度，它将护航和生意的开销与收益融为一体，而不像近代公司，仅在有利可图的情况下才会提供护航服务。更何况郑和下西洋确有从事买卖交易。贸易和贡品交织在一起，正如人们在过去常为中国做的那样。[10]

针对郑和船队经商一事，史料中有不少记载。他手下的人在爪哇用瓷器和丝绸换取香料和铜币，在卡利卡特与印度中间商进行易货交易，有时能持续三个月之久。借助头两次下西洋，中国已重新建立了在东南亚的贸易网络，并承诺会源源不断地进口外国商品。马六甲同样也是中国人的重要贸易地，第三次下西洋的目的之一就是要保持对它的控制。在此后前往马六甲的航行中，郑和甚至建立了一座有守卫把持的仓储设施，以便在返程前将物资存储其中。霍尔木兹商业中心以富饶著称，中国皇帝后来对与此地的贸易颇感兴趣，希望为自己崭新的宫殿带回奇珍异宝。为此，他资助船队的官员来此采购商品。中国人希望用瓷器和丝绸换取霍尔木兹宝石、羊毛和地毯。在那儿，如同在卡利卡特一样，郑和很有可能碰到了来自摩加迪沙、布拉瓦和马林迪等东非城邦的商人，他曾说服他们与自己一起返回中国并向皇帝进贡。在马尔代夫，郑和一行人购买了龙涎香和贝壳。他们受到亚丁苏丹的热烈欢迎，只有那些拥有"贵重物品"的人才被允许跟他们交易。中国人用自己的商品换来了具有异国风情的宝石和动物。在吉达和杜法尔（Dhufar），中国人用丝绸和瓷器换取当地的商品和药材。[11]郑和招募了180名医师和药剂师在船上专门照看病患，这些人员的数量足足有余，这从另一方面也反映了他对于寻找药材的浓厚兴趣。他的行为也说明了当时中国外来药材的短缺，这是由前任皇帝的限制性贸易政策所造成的。有一份报告显示，使节团在第三次航行中带回的银器曾被当着他们的面检测，然后在第二天转交给了户部。如果中国坚持自给自足的政策，它就不得不放弃进口具有异域风情的商品。但即便它打算真这样做，关闭进口药材和白银渠道的危害依然不容小视。

尽管宝船上的人员皆为帝国的公务人员，而不是私营商人，但有迹象表明，专门献给皇帝的贡品（如亚丁苏丹赠予的长颈鹿）和用于探索商业潜力、旨在销往中国的商品之间，还是存在明显的区别。[12]可以很公正地讲，郑和下西洋由多种因素促使，它集外交展示、军事演习和商业探险为一体，被视为中国皇帝恢复海上贸易需求的一种尝试，他希望海上贸易不再只有私人渠道。[13]

那么郑和下西洋该如何解决远程贸易中所特有的组织问题？资金可通过税收获得。造船厂和船队本身所需的人力，则通过调派和征募来实现。代理问题可利用行政和军事等级制度来解决。值得一提的是，宦官被视为皇帝的左膀右臂，领导船队并监督军事和民事机构。这样的理念源于宦官自小成长于深宫大院之中，无亲无故，不会像其他官员那样过于自私自利，且更加忠于皇帝。[14]此外，船上的指挥官有权惩罚，甚至是处决那些不服管教的船员。中国，因其规模、财富和完善的税收及行政管理体系，为一家资金充裕、训练有素、运营良好的企业提供了支持。从第一次航行到最后一次历时

28年，该企业总共进行了七次远洋，每次航行均有数十艘船只，数千名船员，他们单程可行驶一万千米，甚至前往更远的地方。国家为其提供了法律制度平台，确保了企业的经久不衰。

那么到了1433年以后，为什么中国放弃了运营这家商政兼营的国营企业呢？通常，人们会以"如果……会怎样"的方式提出此问题（也就是说，如果中国没有退出航海事业，那么中国的船只可能在欧洲人扩张之前，就已经到达欧洲或发现美洲）。对于明朝远洋航行的终止，有历史学家提出了一些见解。永乐皇帝之死可能是一个原因。在他1424年去世后，船队仅开展了最后一次航行。永乐的继承者可能没有经历过与明朝早期君主类似的合法性问题。因此，他们不必在航海中炫耀自己的实力。帖木儿于1405年去世，随着帖木儿帝国的衰落，中国的地缘政治立场发生了变化。[15]因此，从海上绕过中亚的需求变得越来越少。在社会经济层面，苛捐杂税造成了社会上的强烈抵制。那些支付费用的人，并没有从航海的政治或商业收益中获利，因此他们开始反对。（以宦官为核心）执行下西洋的行政机构，同样丧失了权力和凝聚力。面对竞争对手，即儒家学术和行政精英们日益增长的对抗和批评，皇帝对太监的信任度有所下降。[16]这项事业经历了国有企业的优点和缺点。对其不利的一面是统治者的改变、行政和税收问题以及地缘政治的波动，这些均与贸易项目的获利能力无关，却将资源和精力从项目上分离出来。

本案例研究并不能明确证明，国家拥有和运营的远程贸易企业是不可持续的。我们只能得出结论，国有企业存在其弊端。若有足够的政治愿景和支持、忠诚有效的国家机构、充足稳定的税收基础，以及切合实际的目标追求（船队规模方面），明代中国很有可能会把这项事业继续推进。不过，我们也因此意识到，为何像葡萄牙这种税收基础、行政管理和国家能力均有限的小国难以维持这样一家国有企业。有了这些知识背景，让我们将目光转向关于葡萄牙的微观研究。

微观研究：16 世纪葡萄牙公私合营的亚洲风险投资

葡萄牙人是首批直接接触到亚洲市场和商品的欧洲人，他们经由的是好望角航线，而不是通过黎凡特的中间商或陆上丝绸之路。1497—1498 年，瓦斯科·达·伽马不仅为欧洲人发现了绕过好望角的航线，而且还成了第一个抵达东非港口的欧洲人，更是首位以三艘船（圣加百利号、圣拉斐尔号和贝里奥号）横渡印度洋的欧洲人。他的船队在浩瀚的海洋上曾两次航行 90 天，但并没有发现任何海岸的痕迹。他的成功是葡萄牙悠久远洋航行传统的延续。达·伽马受国王曼努埃尔一世的派遣。他率领的是一支王家舰队，需要履行国王的指示和推进国家的政策。[17] 1500 年，曼努埃尔国王又派出了另外一支拥有至少 1 200 人的舰队，由 13 艘船组成。众所周知，在接下来的十年中，葡萄牙在亚洲形成了一个以国家为基础的帝国，并成为葡萄牙的欧亚贸易平台。1499 年，曼努埃尔自封为"埃塞俄比亚、阿拉伯、波斯和印度的征服、航海及商业之王"。1505 年，葡属印度（Estado da Índia）成立，弗朗西斯科·德·阿尔梅达（Francisco d'Almeida）被任命为第一任总督。继果阿之后，科钦成为该亚洲帝国的首府。葡国国王自此开启了每年一度的印度之旅（Carreira da Índia），整个航行由他的船长掌舵，而船只亦归他所有。到了 1510 年，已经有多达 151 艘船从里斯本出发驶向亚洲。印度之家（Casa da Índia）属于王室，其成立是为了储存从印度进口来的货物，并控制在葡萄牙和欧洲的分销。[18]在东非、阿拉伯海、印度西海岸、马六甲和摩鹿加群岛建立的商站网络，不久将摇身一变成为堡垒。官兵、商人和神职人员均参与其中，并通过亚洲间的王家航线（Carreiras）彼此联络。亚洲间贸易的基础是数量不断增多的葡萄牙王家船只，这些船停泊在印度洋。在某种程度上，人们可以将口号与真实的目的区分开来，建立这个庞大帝国的动机似乎来自政治、宗教、军事和贸易目标的结合。

葡萄牙人在亚洲的存在是作为一种帝国与企业并存的概念，既是国家拥有，又由国家经营。有历史学家从亚洲人的角度观察了葡萄牙人的存在，比如对于科罗曼德海岸的印度人来说，无论是国家官员还是私商，所有的欧洲基督徒都长得一模一样。[19]还有历史学家将 16 世纪亚洲的葡萄牙时代与 17 世纪的英荷时代对比，他们同样赞成这一点。在 17 世纪，公司是欧洲好望角航线贸易的主导性组织。[20]然而，另一些历史学家则聚焦 16 世纪葡萄牙内部的政治和社会矛盾，例如国王和他的宫廷以及地主缙绅之间的紧张关系，他们认为企业并没有那么同质。[21]从商人，尤其是来自德意志南部和意大利的外国商人的角度来看，企业似乎应该更加私人化，而不是像葡萄牙那样。[22]以国家为中心的形象更多是基于计划和声明需求，而不是既成事实。

葡萄牙政府希望直接控制从亚洲港口（主要是科钦，其次是果阿）到里斯本的年度航程。这段航程经由好望角航线、印度航线（Carreira da Índia）、末端港口以及位于亚洲的商站。其目的在于，一方面垄断葡属印度到里斯本之间的贸易，并在欧洲市场分销；另一方面，则通过对当地商人实施卡特兹许可证制度来垄断印度洋的贸易，该制度只允许那些获得了王室颁发的通行证（收费）的人进行贸易。但事实上，16世纪的葡萄牙贸易远未达到完全由国家来主导。曼努埃尔一世国王的亚洲野心基于葡萄牙税制，但他从一开始就无法提供充足的资金，这一点迫使他允许私商参与其中，有相当一部分私商来自德意志和意大利。此外，他还依赖德意志的红铜和白银的供应，因为这两种欧洲商品在印度最受欢迎。葡国政治的基本矛盾（让王室独霸亚洲受到挑战）体现在王室、贵族、缙绅（fidalgo）和商人（较小程度）之间，葡萄牙商人希望把亚洲事业作为一个分散的实体来管理，正如他们希望葡萄牙采取封建和分权制，而不是专制制度一样。印度洋上的首个欧洲时代，烙上了葡萄牙多次失败的印记。葡国未能将其事业建立在中央集权的国家机构和公共财政之上，整个过程经历了反复的试验，不同类型的公私合营制都得到了尝试。[23]

航行于1500—1510年间的私商

针对葡萄牙微观研究的第一部分聚焦葡萄牙亚洲事业的头十年。私人资金的必要性仅仅在贸易路线被发现的三年后便初显出来。曼努埃尔一世国王于1500年6月颁布诏令，允许葡萄牙人以及居住在葡萄牙的外国人参与马拉巴尔贸易，但他们需要提供并改装自己的船只。[24]在与印度的贸易中，尽管葡萄牙商人和贵族是潜在的投资者，但用于投资印度贸易的大部分私人资本却来自意大利商人，他们在黎凡特的贸易中发了大财，并打算再投入竞争激烈的好望角航线贸易，同样如此的还有德意志商人，他们在铜、银开采和银行业中获得了暴利。

这些商人与葡萄牙国家之间的合作并没有建立在明确的制度与法律框架基础上。他们既不是国王的臣民，也不是王国的居民。因此，他们最初可以自行决定是（冒着被国王没收的风险）将财富带到葡萄牙，还是将其投向（葡萄牙国王无法触及的）亚洲贸易，并承担被亚洲统治者没收的风险。这是一个典型的"可信承诺"问题。葡萄牙国王需要意大利和德意志商人的资本，反过来，他们也在追求利润丰厚的好望角航线商机。在 16 世纪初期，只有葡萄牙国王才能提供这样的机会。但是，商人们无法确定是否能够相信国王以后不对其财产进行征收。因此，在投资之前，德意志商人和意大利商人会通过信函和代理人与国王洽谈交易条款。

1500 年 3 月 9 日，佩德罗·阿尔瓦雷斯·卡布拉尔（Pedro Álvares Cabral）率领 13 艘船离开了里斯本，其中 10 艘由国王资助，其余 3 艘则属于不同的辛迪加，由葡萄牙贵族和意大利金融大亨组成。[25] 佛罗伦萨商人巴尔托洛梅奥·马尔基奥尼（Bartolomeo Marchioni）在 1500 年的船队中安插了一艘船，从马拉巴尔进口香料。马尔基奥尼本人还组建了一个商会，在 1501 年被派往印度的 4 艘船中，该商会拥有并经营着两艘。等到 1502 年的航行，他与国王共同派遣了另一艘船，并且平分了运回的香料。[26] 在随后的 20 年当中，大多数远洋都有私人船只参与，其数量仅次于王室船只。[27] 按照规定，那些将船只派往印度的人，在返程时必须将 1/4 的货物献给国王。[28]

德意志商人和葡国国王之间的洽谈与商定，不仅在葡语档案，而且在德语档案中也有着较好的记录和研究。因此，双方之间的合同可以作为我们研究的案例。葡萄牙国王和德意志商人之间最终商定的结果是设定特权，或者更确切地说是特许状，授予那些特定的外国国民、城市、家庭、特定个人或商人联盟。[29]

1502年12月，三名德意志人〔由西蒙·塞茨（Simon Seitz）率领，包括卢卡斯·雷姆（Lukas Rem）和西皮奥·洛温斯坦（Scipio Lowenstein）〕，作为安东·韦尔瑟（Anton Welser）、康拉德·弗林（Konrad Vöhlin）及其奥格斯堡的同仁和其他德意志商人的代理，从德意志经安特卫普前往里斯本，就德意志商业金融家参与下一次印度远洋的条款进行谈判。曼努埃尔一世国王表现出友好的态度，很可能是因为这些人得到了神圣罗马帝国皇帝马克西米利安一世的祝福，后者是国王的外甥，也有可能是因为国王急需德意志的钱财、红铜和白银。1503年2月13日，他们达成了一项保障特权的协议。据此，所有德意志商人都获准加入前往印度的贸易航行网络，在葡萄牙及其亚洲领地上出售和购买货物，在里斯本居住，并且在葡国以外出售亚洲进口货物。他们获得了免于搜查、任意征税和征收的豁免权。作为回报，他们不得不向王室支付海关费用。[30]此外，他们还需要在里斯本设立分支机构，任命一个他们的代理人来与国王交涉，并且每人至少投资1万杜卡到贸易当中。与此同时，他们还必须将自己的船只置于葡萄牙舰队司令的指挥之下。在亚洲，他们必须服从王家海军的指示。这些特权起初是由韦尔瑟家族提出申请并与国王谈判的。但富格尔家族很快便意识到这一条约的重要性，随之派遣马库斯·齐默尔曼作为他们在里斯本的代表。[31]正是由于他的谈判（1503年10月），二月条约中才又增添了新条款，主要涉及管辖权问题。[32]来自奥格斯堡的格罗森普罗特（Grossenprott）和霍克斯特特（Höchstetter）商业家族，以及纽伦堡的伊姆霍夫（Imhof）和赫施沃尔（Hirschvogel）家族，似乎很快也被授予了特权。[33]一旦被特许，其特权将适用于所有符合最低投资条件的德意志商人。这类特权在形式上是单方面的，不是一种合同或条约；它仅提供一个框架，而不涉及具体的项目。

1504 年 8 月，卢卡斯·雷姆代表德意志商人与曼努埃尔一世签署了一份特别的合同。双方同意，在下一次（隔年）驶向科钦的航程中，允许德意志商人和意大利商人一道派出 3 艘船，作为 15 艘王家航线船只的一部分。在王室代理商的监督下，他们可以派遣自己的代理人购买香料。这些香料须存放在位于里斯本的印度之家，只有当其中的 30% 被作为关税扣除后，剩余部分才可以出售。基于此合同，一些来自德意志南部和意大利的商业家族组成了一个联合会。以佛罗伦萨商人巴尔托洛梅奥·马尔基奥尼为首的意大利人，投资了 29 400 克鲁扎多（cruzado）。在德意志人当中，韦尔瑟家族投资了 20 000 克鲁扎多，富格尔家族 4 000 克鲁扎多，霍克斯特特家族 4 000 克鲁扎多，格罗森普罗特家族 3 000 克鲁扎多，伊姆霍夫家族 3 000 克鲁扎多，赫施沃格尔家族 2 000 克鲁扎多。[34] 三艘满载白银、红铜、金条和钱币的船只，由三个德意志代理人领导，加入了由新任命总督阿尔梅达率领的印度航线船队。这些船只于 1505 年 3 月驶向印度，停泊在科钦和印度西部沿海的其他港口，并于 1506 年 11 月安全返回葡萄牙，船上装载了 13 800 公担（13 80 吨）的香料。减去买入价、运输成本和 30% 的关税后，本次航行的利润估计在 150%—397.7% 之间。[35]

鉴于种种原因，德意辛迪加这次航行的成功，从长远角度来看不能作为一个典型案例。它仅仅代表了一次交易。每一次新征程，商人都必须与国王重新谈判，因而会出现一些分歧，并产生交易成本。此外，风险也没能在航行中得到有效的分摊。1506 年，国王禁止私商向印度派遣船只，但没过多久，这项禁令即被部分废除。[36] 在 1506 年，即下一趟航行中，三艘德意志远洋船中有两艘沉没，投资者蒙受了巨大的损失。随着时间的推移,该框架无法分摊风险的事实变得显而易见。[37]与国王的关系并不建立在承诺的基础上,因为这种承诺可以由第三方或内部机制强制执行。当曼努埃尔一世意识到企业联盟的进口会压低欧洲香料的价格而对他不利时,他首先采取了禁止的手段,未经他的许可,私商将无法从印度之家取走香料。随后,国王制定了一个最低价格,如低于这个价格,商人就不被允许销售他们的胡椒和香料。这一点是针对合同条款的单方修改,甚至可以看作是对私人财产的征用。

葡国国王的行为变化莫测,他给予外国商人的优惠条件取决于自己的心情和周边环境。例如,1504年初,在授予上述特权之前,他曾拒绝韦尔瑟家族加入当年船队的请求。[38]1504年,国王更新了这一敕令,他的基本条件是,私商在返回后应向国王缴纳1/4和5%的股份。[39]1506年,国王命令禁止私商装备和派遣船只前往印度,因为他想以国王的名义掌控整个贸易。然而,他的雄心壮志以失败告终。私商一如既往地参与贸易,而规定也被部分撤销。[40]1510年,国王在给予前往印度的私商某些特权时,明确告诫他们不应经营香料、药材、封蜡、靛蓝等染料或安息香,这些商品随后成为王室垄断商品的一部分。[41]对于私商或外国私商参与印度贸易,国王的态度阴晴不定,这使得这项事业和辛迪加的未来,以及长期投资的价值变得难以确定。1509年,弗朗西斯科·科维内利(Francisco Corvinelli)带领自己的葡萄牙舰队前往印度,他被任命为王家代理,替国王在印度采购香料。1510年,远洋船队受命于德·瓦斯康塞洛斯(de Vasconcelos),其人员和资金多半由塞尔尼吉宫(House of Sernigi)提供。[42]

16 世纪中叶不同形式的私人贸易

王室允许私商,无论是葡国人还是外国人,通过王家船只从亚洲向葡萄牙(经由好望角)运输货物。这种有偿服务使那些没有足够资金,或者不愿冒险运送满载货物的船只的私商,能够加入新启动的亚洲海洋贸易中来。1510 年,国王授予前往印度的官员一定的特权,却禁止他们买卖香料、药材、封蜡、靛蓝等染料或安息香。同样,红铜、白银和黄金也被列为王家垄断的商品。但国王允许他们交易其他所有的商品,如珍珠、宝石、各种布料、麝香、琥珀、瓷器等。国王也在 1518 年发布敕令,禁止所有的葡国基督徒在马拉巴尔海岸购买或出售胡椒。1520 年 9 月 8 日,发布于埃沃拉(Evora)的《印度法令》明确列出了为王室保留的商品,并对从事以下商品交易的人实行严厉的惩罚:胡椒、丁香、生姜、肉桂、肉豆蔻、封蜡、丝绸和锡卡(硼砂)。[43] 随着时间的推移,核心商品(胡椒粉和香料)逐渐与其他商品区分开来。对于核心商品,国王希望维持官方的垄断,而其他商品则可以由私人进行交易。

葡萄牙王室促进公私合营的另一种方式是通过向官员发放许可证,允许他们运输自己购买的特定数量的香料,且免收发往里斯本的运费。此类情况与之前案例最大的区别在于承运人的身份,即私商或国家官员。准许运往葡萄牙的香料数量按照官员的身份地位和他们从王室获得的特权而定。根据这些许可,官员所携带的商品一般被称为"印度自由品"(liberdades da Índia)。官员在抵达印度之家后,通常需要向国王支付货物数量的 1/20(vintena)和 1/4(quarto),加起来占总量的 28.75%。[44] 当货物到达里斯本时,印度之家的官员会根据不同官员的特权,按要求扣除国王应得的关税和其他份额。

官员的工资会因该许可而被扣除一部分，这也避免了国王向官员全额支付的麻烦。此外，允许私人贸易促使官员们将精力投入发展目的地贸易和开拓市场机会方面。因此，私人贸易成为王室额外收入的来源。最后，它降低了官员参与非法贸易和走私的动机。然而，它也存在弊端，即官员们更愿意从事私人贸易而不是王室贸易。[45]

早在阿方索·德·阿尔布克尔克时期（1509—1515），葡萄牙亚洲间贸易的价值和利润就远远高于科钦、果阿和里斯本之间的贸易。洲际贸易的大部分利润归葡萄牙王室所有，并且王室也控制着印度航线，而亚洲间贸易的利润，绝大多数会进入私人的腰包。[46]

亚洲贸易的一个重要分支是与摩鹿加群岛的香料贸易，这也是王室最初垄断的领域。然而，从最开始，这种垄断就相当松散，王家船队的船员被允许以私人名义参与其中。此外，还有一些国家官员被赋予权利，亦可以加入这些"违禁"物品的贸易中来，但次数有限。有时，资源的短缺会迫使王室默许私商和私人船只参与其中。为此，1523年，一批丁香在特尔纳特岛（Ternate）被装上了私人船只，仅仅是因为王室商站没有可供采购的资源。同样的事情在两年后再次发生，因为商站没有载重适宜的王家船只。还有一些情况，如1524年和1536年，葡萄牙私商就丁香交易，试图通过支付比王室代理更高的价格来搅乱其垄断。所有这一切都迫使王室在1539年正式宣布丁香和肉豆蔻的自由贸易，但前提是任何从事这些香料贸易的人都必须按成本价格向王室代理提供其采购量的1/3。[47]

王室同样参与了亚洲间贸易的其他几个分支，主要是在马六甲和孟加拉湾之间，但也有一部分位于西印度洋，他们扮演着"商人中的商人"角色，其他的还有葡萄牙商人、亚洲商人、葡萄牙反叛者及其混血后裔。王室甚至偶尔与这些群体合作。在16世纪30到40

年代，王室参与贸易的性质和规模都发生了明显的变化，王室航运逐渐让位给私人航运。大约到了 16 世纪中叶，每年从马六甲驶往科罗曼德的七八艘船只中，只有一艘属于王室。而且，即便是王室航运经营的行程，王室资本对于货物的投资也在下降，它们越来越多地向着某种货运服务转型。船长可以得到免费的舱位，他也通常会把这些空间出租出去。[48]

1575—1591 年间的亚洲合同和欧罗巴合同

1575 年，塞巴斯蒂安一世国王因国内财政的拮据和印度政局的复杂多变，决定将香料贸易外包给私营商人。[49]这是国王首次将亚洲胡椒的采购权全部委托给私人利益集团；早期的君主从未认真考虑过类似的合同。其目的是将商业事务的决策权交给专家，并对冲当中的风险。国王的参事们设计了两份不同的合同，分别是"亚洲合同"与"欧罗巴合同"，并将它们拍卖给德意志、意大利和葡萄牙的商人。[50]"亚洲合同"的内容是关于印度香料的购买，以及将其运至里斯本。根据相关条款，一定数量的胡椒粉必须在印度以特定的价格被购买，然后运到国王在里斯本的仓库。在那儿，国王以固定的价格把一半的胡椒卖给承包商，承包商随后便可自行出售胡椒。另一些名为"欧罗巴合同"的协议，则是关于在欧洲分销和出售香料的权利的。塞巴斯蒂安一世当时正计划着自己在北非毁灭性的战役，并忙于为此筹款。上述合同可以让他迅速获得利润，为自己的项目提供资金保障。

1575—1580 年间的合同

康拉德·罗特（Konrad Rott）来自奥格斯堡，是相对无名的商人，不属于任何一家知名商行，却成功地竞标了欧罗巴合同和亚洲合同。[51]他所签署的欧罗巴合同中规定，必须在第一年购买 1.2 万公担的胡椒，之后购买 2 万公担，每公担的价格为 34 杜卡。罗特计划把香料卖到欧洲各地，从买卖的差价中谋取利益。此外，他还计划以中等利率为葡国几十万克鲁扎多的贷款提供担保。这笔贷款将在合同截止前的最后几年，以胡椒作为替代品偿还。[52]欧罗巴合同为期五年。他试图成立一个辛迪加并将合同中的部分股份卖给德意志商人，但未能成功。1576 年 4 月，他最终将 3/8 的股份出售给了佛罗伦萨的巴尔迪公司。[53]

哈布斯堡家族拍下了另一份合同，即亚洲合同。自此，一个每年向印度派遣 5 艘船的联盟诞生。承包商可从每艘船获得 5 万克鲁扎多的固定资金。[54]签署于 1578 年的亚洲合同规定，罗特必须向葡萄牙进口 2 万公担的胡椒和少量其他香料。他将自费在印度以固定的价格购买香料，然后再自行承担费用和风险，运送至葡萄牙，最后以双方商定的价格把货物运到位于里斯本的印度之家仓库。

到了 1578 年，罗特已经能够熟练掌控这两份合同，进而控制了整个香料贸易。但是，这一方面需要极大的投资，另一方面又几乎承担了所有的风险，让他难以充分获益。于是，他将生意分成了 30 份，其中的 10 份卖给了葡萄牙商人，7.5 份卖给了意大利商人，以这种方式与其他商人共同承担了重负。然而，他在这些合同中所占的份额过于庞大，面临的风险也超出了他的财富。由于葡国政局不稳，在哈布斯堡王朝统治下的葡萄牙与西班牙合并，这导致了他的财务崩溃。罗特的事业在 1580 年遭遇了现金流危机，因此宣告破产。[55]

1580 年合同

1580 年，在罗特破产后，意大利米兰商人乔瓦尼·罗瓦莱斯卡（Giovanni Rovallesca）接管了罗特的亚洲合同。罗瓦莱斯卡任命了一些德意志代理人，并利用了罗特所创建的网络。[56]他必须在五年内从印度向里斯本运送 15 万公担的胡椒。这些代理人每年需在印度购买总数为 3 万公担的胡椒。从合同内容可知，这些胡椒当中有一半将留给自己（1.5 万公担），另一半则须献给国王（1.5 万公担）。为了完成五年的胡椒采购计划，财团总共需要向果阿汇款 120 万克鲁扎多。承包商可以在欧洲市场自由出售他们的那一半胡椒。国王则把他的那一半，即 1.5 万公担，以每公担 32 克鲁扎多的价格卖给罗特-罗瓦莱斯卡财团。通过允许同一财团购买和运输所有 3 万公担的胡椒到欧洲，国王实际上是授予了承包商在欧洲独家经销葡萄牙胡椒的权利。罗瓦莱斯卡的合同得到富格尔家族在意大利和西班牙分支的支持。[57]

1585/1586—1591 年间的合同

1585 年，当罗瓦莱斯卡的合同到期后，菲利普国王（自 1581 年起统治西班牙和葡萄牙）因急需现金，[58]再次打起了亚洲合同的主意。1585 年 12 月，亚琛的格哈德·帕里斯（Gerhard Paris）作为罗瓦莱斯卡的代表，与其签署了一份新的亚洲合同。根据该合同，承包商将每年准备 5 艘前往印度和马六甲的船只，期限从 1586 年至 1591 年，共六年（在部分年份，派遣 5 艘船到印度，1 艘船到马六甲）。亚洲合同的持有者每年必须花费 17 万克鲁扎多购买 3 万公担的胡椒，然后再运至印度之家。同样，他们每年必须向国王上缴 2.4 万克鲁扎多，以支付将用于贸易合同的海运船只的费用。[59]承包商被允许派遣自己的代理人前往印度进行贸易。[60]为了维持生计，合同持有人将免税获得 450 公担的香料（肉桂、丁香等），并在欧洲销售。从印度购买胡椒的价格固定为 5⅔克鲁扎多，而运至印度之家的胡椒价格为每公担 12 克鲁扎多。价格可能因运费和转船费，再增加 4 克鲁扎多。[61]印度之家每年会在里斯本将胡椒以商定好的价格出售给欧洲的承包商。除了富格尔和韦尔瑟两个家族外，欧洲的分销商还包括几名未参与亚洲合同的投资者。财团通过在汉堡、吕贝克、米德尔堡、阿姆斯特丹、莱霍恩（Leghorn）① 和威尼斯的关系网络推销胡椒。由于没有将欧洲分销权授予持有亚洲合同的团体，国王承担了欧洲胡椒价格波动的风险，并在里斯本为了卖出高价而争执不休。[62]

事实上，合同起到了保护承包商的作用，在以固定价格买卖胡椒时，可免受市场波动的影响。因此，他们其实是为王室提供了货运服务。作为竞标的一部分，他们有义务维持王室所期望的货运量。这体现在他们每年需要支付的远洋船只数量、必须带往亚洲的金条价值，以及运回葡萄牙的胡椒重量上。承包商盈利是通过获取胡椒价格套利的一部分，利用相同的船只向葡萄牙进口其他香料，从而获得这些香料的全部利润（或损失）。王室的利润来自差价，即印度买入价和里斯本卖出价（卖给欧罗巴合同的承包商或直接投放市场）之间的差价，再减去运费（6⅓克鲁扎多）。王室无须再作为一个公共机构来经营印度航线。葡萄牙好望角贸易和航运一直依赖于私人的参与和融资，但此前从未有私商承担过如此多的职能

---

① 里窝那的旧称。——译者注

(过去由王室官员履行），几乎包含了印度航线的全部财政负担。[63]

罗瓦莱斯卡要么因为资金有限，要么出于某种规避风险的心理，不愿承担全部的投资和风险。他宁愿组建财团，与其他投资者一起分享。马库斯和马蒂亚斯·韦尔瑟和公司（Markus and Mathäus Welser and Company）购买了亚洲合同中12份股权的5份（41⅔%）。屋大维和菲利普·爱德华·富格尔随后购买了韦尔瑟收购的5份股权中的3份，最终获得了合同股权的25%（12份股权中的3份），只给韦尔瑟家族留下了2份股权（16⅔%）。[64] 罗瓦莱斯卡将合同的58⅓%（12份股权中的7份）留给了自己。[65]

在欧洲方面，国王准备每年向威尼斯人出售3万公担的胡椒，价格为每公担30杜卡，远低于之前欧洲承包商的价格（36—38杜卡）。然而，无论是威尼斯商人还是其他意大利的城市商人都不同意购买这份欧罗巴合同，因为他们可以以较低的价格在黎凡特购得胡椒。[66]

德意财团无法在一年内向里斯本提供所承诺的3万公担胡椒。由于私商将胡椒从印度转移到亚洲的其他地区和东地中海航线，承包商的代理人很难在印度获取这一数量。国际形势也会对其产生影响。财团商人的船只越来越多地受到英国海盗和荷兰海盗的打劫。此外，1585年安特卫普被西班牙人攻占后，阿姆斯特丹成了欧洲香料贸易的中心。[67]

哈布斯堡国王，如今联合西班牙和葡萄牙，希望通过重组其行政机构和引入一个中央集权计划来实现对胡椒贸易的控制。香料贸易和印度之家由国王理事会打理。这些变化是为了在1591年与德意志人和意大利人签订的亚洲合同结束后，收回伊比利亚人的胡椒贸易。[68]

结　　论

纵观整个 16 世纪，葡萄牙王国一直在努力保持着对好望角—欧亚贸易的完全垄断，以及对冉冉升起的亚洲帝国的控制。由于王室在葡萄牙的课税基础以及征税机构无法提供充足的资金，国王不得不在民间寻求融资。当然，这往往发生在葡萄牙以外的地区。有一部分资金来自贷款，还有一部分则以实物的形式——船只。这相当于是将迄今为止由官方掌控的业务外包给了他国商人。在整个世纪中，不同类型的组织模式得到尝试。这些组织模式涉及国家与以家族为基础的商业公司或商人联盟之间的合同，而其中的股份也被分配给了公司。

对于私人贸易活动和公私合营来说，有几种不同的途径。第一种是允许私人船只加入印度航线，即从里斯本绕过好望角前往亚洲。第二种是允许私商利用王室船只将（除核心商品香料及胡椒外的）货物从亚洲运至葡萄牙。第三种是准许国家官员在履行公务的同时进行私人贸易，可以将他们采购的商品装在王家船只上运回，以此作为他们薪酬待遇的一部分。[69]第四种途径是在亚洲间贸易中，私商被允许从事某种商品的交易，或者在某些航线上进行贸易。第五种相关的途径是默许私商在印度洋从事私掠活动。

葡萄牙公司的组成要素较为传统，即家族和国家（或者更确切地说是王室）。两者都能确保一定程度的持久性。对于王室和家族企业之间的合同，其执行的基本问题未能以任何创新的方式解决。王室无法让人相信不去违反合同。信誉是非正式执行机制中的关键。相互作用也会不断发生，无论是在 16 世纪头十年的航海中，还是在 16 世纪 70 到 80 年代每五年一次的欧罗巴合同和亚洲合同中。在不付出巨大信誉的代价下，葡萄牙王室很难违反与富格尔或相关家族的协议。在某种程度上，王室与外商签订合同是另一种履行约定的手段。王室不能征收意大利商人或德意志商人在其家乡的财产，也不能在任何时候勒索他们在葡国以外拥有的资产。

　　葡萄牙的微观研究显示了葡萄牙贸易和中国贸易之间的差异。中国拥有庞大的税收基础和官僚体制，至少在几十年内可以支持如郑和下西洋一般规模的航海事业。而葡萄牙王室却发现在其亚洲航行中，即使每年仅支持几艘船只也很困难。这点反映了葡萄牙与英国及荷兰共和国之间的区别。葡萄牙缺少能够用于投资的私人财产。它还缺乏一种制度设计，让人相信政府不会违反合同，不去征用国人或外商的投资。英国商人和荷兰商人可能在观察了葡萄牙的组织性尝试后得出结论，葡萄牙无法建立一个稳定且成功的组织模式，因此，他们必须在组织新兴贸易方面有所突破。

　　那么，葡萄牙的案例是否能表明，一个国家可以在不经历组织革命的情况下主导远程海洋贸易？熟练的海上航行、船上高精准的火炮以及使用暴力的决心，能否捍卫长期统治的地位？葡萄牙好望角航线的巅峰十年发生在 16 世纪头十年，曾经最多有 151 艘船漂洋过海；最低迷的时期为 17 世纪 80 年代，当时只剩下 19 艘船。关于船舶数量的减少，部分原因在于商业公司的竞争。这个问题确实说明了 17 世纪的反常，因为此时还未出现英国东印度公司和荷兰东印度公司。我们很难猜测彼时的景象。我们既不知道葡萄牙（与伊比利亚哈布斯堡联盟）能否克服接二连三的组织危机，也不清楚另一个更强大的欧洲统治者是否会组织一个由统治者所有、更为有效的贸易企业，以取得欧亚贸易的主导地位。

第四部分

转型后的公司：非人格化合作时代

第 9 章

商业公司的起源

一种制度,即商业公司;两家公司,即荷兰东印度公司(VOC)和英国东印度公司(EIC),构成了本书的第四部分,也是最后一部分。在这一部分,我们将进一步了解公司为何以及如何转变成商业公司。

什么是公司?关于公司的现代法律定义如下:一个拟制的人或法人组织,由国家法律或在其授权下创建;一个由多名股东组成的社团,具有法律人格、合法存在且完全脱离个人色彩;在同一机构的授予下,能够持续存在,不论股东的生存安危,或(永久性的或在有限年数内的)资格变更,或是在涉及与社团共同目标有关的事务中作为一个整体,例如采购、出售和持有财产,与他人签订合同,起诉或被法院起诉。[1]我们可能会发现,这个定义对于英国的爱德华·柯克(Edward Coke,1552—1634)、荷兰共和国的雨果·格劳秀斯(Hugo Grotius,1583—1645)以及17世纪初期欧洲其他地区的法学家颇为熟悉。

什么是"商业公司"?我认为商业公司存在以下七个核心属性:① 具有独立的法人资格,长期存在且财产归公司所有;② 集体决策机制,包括委托集中管理;③ 股份制股权融资;④ 投资锁定;⑤ 公司权益(决策和利润)自由转让;⑥ 防止统治者/国家的征收;

⑦ 资产划分,其中包括两个要素,即保护股东的个人资产,避免其受到公司债务的影响,以及保护公司资产免受股东债务的影响。[2]也许有人会在该定义中加入利益最大化的目标,但我认为这并不是商业公司的特征,而是所有组织形式下企业的共性。对于 1600 年前后的法学家来说,较难理解这里所列出的商业公司的七大属性。

现在,我将追溯一些组织特征下的公司形式,包括其表现形式和附加信息(如表 9.1 所示)。上文中的前两种属性可以在 1600 年以前的宗教法人团体和市政法人团体中找到。第三到第六种属性有关公司形式,首次出现在 1600 年前后,是当时最早的两个股份制商业公司——荷兰东印度公司、英国东印度公司——的设计和初期发展的一部分。如今被视为商业公司基柱之一的第七条属性,发展于我们探讨的时代之后且与贸易背景无关。

表 9.1 商业公司的属性

属 性	细节描述	历史渊源
1. 独立法人;经久不衰	法人实体脱离法律人格及其股东的能力;可拥有财产,订立合同,在法庭起诉,获得特权	12—13 世纪:罗马天主教会
2. 管理;集体决策机制	集中管理。部分权力由成员委托给董事或经理人。成员通过大会投票来行使其他权利。董事会通过传达信息给成员,使决策更为有效	12—13 世纪:罗马天主教会。14—16 世纪:市政法人团体、行会、受规制公司
3. 股份制股权融资	汇集投资,回报基于利润或损失	在非公司商业环境中:一般合伙制、康曼达。在国家债务背景下:古罗马劳资合作关系和中世纪圣乔治银行。在公司背景下:约 1600 年

续　表

属　性	细节描述	历史渊源
4. 投资锁定	个人在年限内或解散前不得退出	约 1600 年
5. 权益的自由转让	股份的自由转让可以在实体不解散的情况下进行。在更强的形式下，股份可以在未经其他股东或董事同意的情况下转让；在最强形式下，股票可在股票市场转让	约 1600 年
6. 防止统治者征收	公司的创办人和统治者之间以特许状的形式达成协议；或者一般保护，以法治和宪法权利的形式免受征用	弱形式源自王家特许状开始后。强形式约为 1600 年
7. 资产划分	股东的债权人无法获得公司资产（实体保护）；公司债权人不能获取股东的资产（有限责任）。在较弱的形式下，债权人可以作为从属债权人或只有在解散时才能获得公司资产	弱形式：古罗马时期。最强形式：18—19 世纪

明确地说，我不认为第三至第六种属性会突然出现在 1600 年。我的观点是，如果不了解欧亚贸易组织的早期历史，就无法理解它在 1600 年的创新与腾飞。贸易组织较为早期的发展，其重要性体现在三个方面：第一，某些属性与 1600 年前后的公司实体有关，尤其是股份制融资和自由转让的股份，早在其他组织形式中就已存在。如此一来，西欧所有的商业惯例都源自意大利的说法也有效成立，但需要有条件。第二，统治者所拥有的企业、家族企业和商人网络在组织远程贸易方面的短板，促使英国人与荷兰人坚信要改革创新，以弥补自身来自欧亚偏远地区及作为后来者的不足。第三，从理论上来讲，早期的经验迫使他们重视一系列问题（如代理问题、降低风险和信息流），且必须以创新的组织形式来处理。

我的观点是，1600 年前后发生了一场组织革命。这场革命的兴起，一方面是由于发现了欧亚贸易在组织方面受到挑战，意识到了早期组织形式的弊端；另一方面是因为利用了独一无二的欧洲公法组织——具有法律人格和治理结构的公司。与此相关的是在贸易背景下发展起来的金融和商业属性，即股份制股权投资和自由转让股份；此外，公司的创建还融合了两种额外的属性，即资本锁定与足以防止被征收的保护水平。

因此，第三至第六种属性的创新在于首次涉及公司形式并与之相融合。各种属性之间难以完全脱离，它们相辅相成、齐头并进。例如，资本的锁定取决于法律人格和持久性。公司的委托治理结构在用于股权投资时，必须与时俱进。伟大的英国法学家爱德华·柯克及其同时代人一直不清楚，第三至第六种属性其实就是公司的属性。[3]

本章追寻公司的早期历史，探讨公司如何获得柯克及其同时代人所熟悉的第一和第二属性。第 10 章和第 11 章将会分析 17 世纪初在荷兰东印度公司和英国东印度公司创立和形成的过程中，从公司组织形式（the corporate form of organization）到所谓的"股份制商业公司"的转变，或者简称为"商业公司"。在此期间，第三至第六种属性首次出现。而第七种属性在那个时候尚不重要，它要等到之后的几个世纪才逐渐发展起来（商业公司通过长期债务融资而获得了越来越多的资金，并且由于破产而面临清算）。从法律角度来看，这些章节似乎在讨论商业公司四个崭新且重要的属性的出现；从经济学的角度来看，荷兰东印度公司和英国东印度公司的形成是一种从人格化组织形式到非人格化组织形式的转变，是一种更为彻底的转变。

第四部分从整体上解释了为何欧洲公司在 1600 年前后，会从公共实体转变为股份制、营利性的实体；为何这种情况发生在西北欧，而不是欧洲其他地区；为何公司会适合远程贸易，以至于迅速地控制了好望角航线，在整个欧亚贸易中占据主导地位，并且取代了家族企业、商人网络和统治者经营的企业。第 12 章的内容将着重探讨为何公司最终成为嵌入性制度，换句话说，中国、印度和奥斯曼帝国为什么没有发展出类似于公司的实体，这些国家为什么没有模仿 19 世纪末期以前欧洲的公司形式。

公司的起源

长期以来，关于公司的早期历史，学界一直存有争论。至于公司的发展历程，我认为有四条路径可循。第一条路径，将公司视为罗马法学家的发明，是由类似达夫（Duff）这样的法学家、罗马法史学家提出的。[4]对于他们而言，罗马法和《民法大全》中有证据表明，早在古典罗马法中就存在公司这个概念。马尔门迪尔（Malmendier）近期提出，公共社团（societas publicanorum），即由官方承租人所组成的社团，是现代公司最早的前身。然而，这个出现于公元前 5 世纪并在共和时代达到巅峰的制度，在后期的法学文献如《民法大全》中却从未出现。[5]最近，阿巴蒂诺（Abatino）、达里-马蒂亚奇（Dari-Mattiacci）和佩罗蒂（Perotti）发现了另一种可能是公司前身的罗马制度——特有产（peculium）。特有产实际上提出了去人格化，将一个法律之外的人物（奴隶）作为商业的焦点。这种形式体现了近代公司所有的特点，包括资产分割，与近代公司形式有着相同的作用。[6]虽然公共社团或特有产中的公司特征已经被学者们广泛接受，但这些制度并没有直接延续到中世纪晚期，尽管它们可能对理解古罗马的经济仍然十分重要，而且为公司提供了一种有趣的备选方案。

探索公司历史的第二条路径表明，它是 11 世纪至 13 世纪新成立的欧洲大学中罗马法复兴派学者的产物。根据这种观点，从一些罗马法学家零星的陈述中可以看出，《查士丁尼法典》的注释者、评论人和诠释者之间有着一脉相传的法律概念，这点被他们时代的人所忽视。他们这么做可能是为了学术研究，或是为了满足所处时代的新需求。[7]具体点说，他们可能已经对不断变化的环境作出了回应，一些社团正在变得越发重要，如独立的城市、大学、学院和行会。这些社团需要类似于公司所提供的制度平台，以此来拥有财产、建立自治结构、解决纠纷等。在中世纪意大利大学工作的罗马法学家，正是出于上述目的而推崇罗马法。

第三条路径视公司起源于中世纪日耳曼的部落传统。德意志部落的共同精神正代表了公司的意识形态。该观点由德意志民族主义者们，特别是冯·吉尔克（von Gierke）在 19 世纪末提出。[8]罗马法和南欧的拉丁文化提倡个人主义，与之不同的是日耳曼主义更倾向于集体、协会和团契（联谊会）。然而，这种观点因德意志民族主义和吉尔克的历史分析而失去了可信度。

第四条路径认为，公司乃教会和教会法的产物。[9]哈罗德·伯尔曼（Harold Berman）是这个理论最具影响力的支持者。[10]他以中世纪罗马天主教会历史学家，尤其是布莱恩·蒂尔尼（Brian Tierney）的著作为依据。[11]包括过度授职（皇帝与教皇之间的冲突）、至上主义（枢机主教团与教皇之间的冲突）和天主教会大分裂（阿维尼翁教皇和罗马教皇的拥护者之间，为教皇的正统性而引起的分裂）在内的多起争端，导致了 11 世纪至 15 世纪期间天主教会的局势动荡，人们常常以公司的术语对此展开讨论。以下是一些相关的问题：由谁来指定教皇？谁来任命主教？教皇是否必须与大公会议商榷或得到其支持？当教皇、主教或修道院院长的职位空缺时，其权力和财产的所有权该何去何从？教皇或大公会议是否拥有至高无上的权力？教会是一家公司吗？

我们不必在此对教会史或各种争论的确切立场予以详细的介绍。对于我们而言，重要的是公司特征在这些争议中得到了发展，而这一切皆是为了解决罗马天主教会内部的组织难题。以下几点均与内部管理有关：在符合法定人数要求、讨论和表决程序等既定规则的前提下，经多数人同意方可选举公职人员；公职人员通过合法授权后，可代表整个团体采取行动或实行约束；集合体有权颁布规章制度来管理内部事务和解决争端。根据这些管理规则，集合体有权拥有财产，将财产转移给第三方，并且对第三方提出诉讼。集合体的存在并不局限于一个人的一生。集合体的长期存在减轻了财产继承和代际转移问题。这在隐修士和神职人员都需要维持独身的教会中，是一个很大的优势，因为世袭的头衔和财产转移均不太合适。用于管理集合体的工具，在教会各部门和组织中得到了充分使用，从教皇和主教到修道院、兄弟会（fraternity）和修会团体。

一旦公司惯例，如财产的公司所有权、集体决策和团体诉讼，开始在教会内部占有一定的位置时，它们便会在教会法中逐步走向合法化和正式化。如何将教会法中持续演化的公司概念融入较为陈旧的罗马法文本中，其概念又是什么，这将是接下来需要探讨的问题。注释者和评论人根据近来的中世纪教会法理论，重新解读了罗马法的文本、教义和制度。教会法与罗马法中的公司概念及理论，恰恰可能是同步发展起来的。这里举两个例子，博洛尼亚大学注释法学派（Glossators School）的创办人伊尔内留斯（Irnerius, 1050—1125 或之后）卷入了主教叙任权之争，而教皇英诺森四世（Innocent IV, 1195—1254）在登上教皇宝座之前，曾在博洛尼亚大学教授教会法。此时，关于公司究竟源于罗马法还是教会法的论点已然变得界限模糊。就我们的最终目的而言，无须去确认公司这个理念是源自古罗马，还是由中世纪罗马法学家解读罗马文本而来，抑或是由教会法学家重新提出的。

新兴的公司法成为中世纪晚期罗马天主教会（不论是教会本身，还是它的下属机构）的根本法案。有历史学家认为，公司的社团性质至关重要，它将罗马天主教会转变成了欧洲中世纪晚期的大型企业。[12]还有一些史学家却不那么宏观，他们更乐意针对某个天主教修会团体展开细节研究，如耶稣会。耶稣会的总部位于罗马，其关系网遍布欧洲的大学，并在日本、中国、印度和美洲设有传教点和代理人。该修会的社团结构允许其在全球范围内进行信息交流，指导和监督代理人，拥有财产并为其活动提供资金。[13]该社团的目标是为教会提供自治权，将教会的组织结构和现世统治者区分开来。对于神学-法律-哲学的概念，教会和世俗统治者（及其领土国家）之间大不相同。[14]

这种分歧能否解释欧洲的独特性？即将公司的概念发展为独立的法人组织，并最终成为商业公司。在一切有组织的宗教中，为什么罗马天主教会需要这样一个法律-宪法（legal-constitutional）的概念框架？这里有两个因素起到了很大的作用。世界上的几大主流宗教是国家机器不可或缺的组成部分，儒家思想和早期东正教便是典型的例子，而天主教会希望将自身与皇帝及其他世俗统治者划清界限。[15]尽管一些主流宗教的组织较为松散，如印度教、佛教、犹太教，从许多方面来看伊斯兰教亦是如此，但是，罗马天主教会完全采用了中央集权制且等级森严。这两点因素加在一起，使其变得独一无二。另一种解释是，除了教会的特殊性之外，还由于罗马法。正如《查士丁尼法典》所体现的那样，教会有着厚重的罗马法传统，其内部拥有集合体的惯例，从意大利早期形成的大学对罗马法研究和诠释的复兴也可以看出。上述种种原因促使公司作为社团概念在中世纪的欧洲得到发展，尤其是变得合法和详尽。罗马法和罗马天主教会是公司的温床，为公司到商业公司的转变创造了绝佳的条件。

欧洲公司：从教会到市政再到贸易

到了15世纪和16世纪初，公司已远远超出了教会的范围，成为欧洲重要的组织平台和宪法平台。多个世纪以来，它一直为教会目的服务，这是欧洲的特色所在。然而，公司形式的使用早已从宗教层面扩大到了世俗层面，在市政环境下的运用不断增多。欧洲部分地区的城市在一定程度上具有独立性和自治权，不受教皇、皇帝和农村封建制度的影响。这些城市发现法人团体（corporation）能为组织市政管理、经济活动（以城市为基础，包括手工艺行会、商人行会、同业公会、受规制公司）和教育教学活动（如大学和学院）提供良好的平台。行会作为中世纪晚期从事经济活动最重要的社团，具有相当多的社会元素、兄弟情谊元素、礼仪元素，甚至是宗教元素。它以联谊会或兄弟会的角色来控制和规范会员生活的方方面面。[16]从社会学角度来看，它是负责管理会员生活诸多方面的全控机构，而不是被动的投资工具。它会根据社会规范、宗教规范与制裁来训练其成员，其会员资格也由地位而非合同来定。用现代术语来说，行会不旨在利益最大化，而是被视为一种监管令，行使公共或半公共的职能。由此可见，公司的职能对于教会的目的而言能起到积极的作用。如果教会没有发展法人形式，那么这些市政组织、城镇、学院和行会无疑会走上一条不同的组织道路，要么获得较少的自治权和独立性，要么将这种自治权建立在不同的组织平台和组织特征之上。

随着时间的流逝，以城市为基础的公司，其特性逐渐变得稳定。它有一个独立于股东的法人实体。它的法人人格可以确保它经久不衰，不会因任何一名股东的死亡而戛然而止。它可能永久存在，只能依靠一套缜密的方案将其解散。公司可以拥有并转让土地，尽管有时会受到限制。当出现纠纷时，它不必列出所有股东的姓名，而是利用独立的公司人格进行起诉或被起诉，无论结果如何。它可以制定规章制度来管理其内部的事务。作为法人组织，公司往往通过获得特许状或实际行动，从国家得到额外的特许经营权、自治权和豁免权。[17]

欧洲公司历史的头五个世纪可分为三个阶段。跟大多数情况一样，这不是一种整齐的划分。在大致划分的第一阶段，公司得到概念化，其作用一方面在于组织罗马天主教会内部的各种要素，使其合法化；另一方面在于服务教会的宪法目的和实践目的。在第二阶段，公司概念从宗教层面转移到了世俗层面，被市政法人团体和其他城市组织（如行会和大学）用于解决管理问题，巩固自治权，尤其是在面对教皇和皇帝的时候。王权更为集中的英国是第一个进入第三阶段的国家。此刻，王室垄断了创立公司的特权，将公司形式作为推进政策、创收和控制的工具之一。为了维持并证明王室对公司合并的垄断，那些自认为是在第二阶段成立的公司，会在第三阶段获得特许状。

表 9.2　通过英国王家特许状合并的公司（截至 1700 年）

领　　域	截至 1500	1501—1550	1551—1600	1601—1650	1651—1700	总计
大学和学院	12	5	7	6	0	30
运输公司和制造公司	18	5	7	28	14	72
市政	1	0	0	0	0	1
教会	1	2	1	1	0	5
专业与科学	0	2	2	0	3	7
学校	0	6	25	2	1	34
医院	0	2	4	1	0	7
慈善	0	1	1	2	2	6
海外贸易	0	0	5	1	3	9
殖民地	0	0	0	4	1	5
水供应	0	0	0	1	0	1
银行	0	0	0	0	1	1
总计	32	23	52	46	25	178

来源：https://privycouncil.independent.gov.uk/royal-charters/chartered-bodies/。

从表 9.2 中可以看出，在第三阶段，通过王家特许状在英国创办的法人团体，多半为大学、学院、学校、同业公会以及手工艺品公司（其中一些源自手工艺行会）。由于王室与此类实体间的紧张关系，对于先前存在的市政法人团体和教会法人团体重组，是一个在政治上极为敏感的行为，因此，只有其中的少数通过王家特许状进行了重组。特许贸易公司的业务相对于整个特许业务来说可谓微不足道。

在 16 世纪之前，英国的许多商人团体，如大宗商品商人协会（Merchants of the Staple）和早期的商业冒险者联谊会（Merchant Adventurers），都会与附近的大陆港口进行贸易，但它们均为个体商户的协会，通常没有正式的公司特许状。它们根据许可证或特许权在海外经营。[18] 到了 16 世纪，受监管的公司逐渐在英国与西欧港口的贸易中取代了商人行会。西班牙公司（Spanish Company），于 1577 年获得了特许经营权，其贸易范围包括葡萄牙；东陆公司（Eastland Company），于 1579 年特许成立，在波罗的海和斯堪的纳维亚半岛进行贸易；[19] 法国公司（French Company）于 1609 年获得了特许经营权。商业冒险者联谊会的领土垄断行为首先是在 1407 年获得过许可，后于 1505 年和 1546 年再次获批。1564 年，该联谊会进行了扩张，其范围囊括佛兰德斯、低地国家及德意志部分地区。[20]

这些公司被历史学家们称为受规制的，因为它们规制其股东的贸易。实际上，受规制公司（又称为"受规制企业"）是商人行会的衍生物。使用"公司"而不是"行会"一词是为了与 16 世纪的组织区分，以强调它们与早期行会的不同，它们是通过英国王室颁发的成立特许状而组建的。行会作为古老的协会，自古以来或从市政法人团体成立起，就从该自愿协会的股东那儿获得了合法性。从行会到公司的形成，对于王室合法宣称其垄断新公司的创建，以及规制新公司的活动尤为重要。

从图 9.3（参见第 288 页）可以看出，受规制企业的贸易在成员/商人层面进行，而不是在公司层面。这些成员投入了自己的资本、提供自己的劳动，并承担风险，不论获利与否。成员还必须遵守公司颁布的贸易法规。受规制企业收取会员费、年费，以及进出口商品的关税。由此筹集的资金旨在为每个成员提供便利与服务，如商站、大使馆和领事馆及随从。因此，虽然每个成员单独交易，各自投资并承担风险，但一些基础设施却是共享的。

受规制企业在英国与西欧的贸易中占据主导位置，这点从另一方面解释了"康曼达"在英国的边缘化。斯科特（Scott）撰写了一套关于合资公司早期历史的丛书（共三册），他解释说，想要在公司贸易垄断中成为与港口进行贸易的积极商人，就必须成为相关受规制公司的成员。年轻且有野心的流动代理人，由于不是相关受规制企业的成员或学徒，因而无法依照康曼达来提供服务。[21]法律史学家提供了另一种解释（第5章中对此有所讨论），即康曼达之所以在英国不被接受，是因为它不符合英国普通法的诉讼形式。无论如何，正如我们接下来将要见到的那样，英国与荷兰共和国之间存有差异。在英国，商业公司是受规制公司的转型，与股份制金融相结合；而在荷兰共和国，商业公司却演变成了一个由康曼达合伙人组成的辛迪加，并与公司实体密不可分。

股份制股权投资

上文中提到的属性一和二，即法律人格和集体决策，早在1600年之前就已成为公司的固有组成部分。商业公司的第三种属性，即股权投资，必定在1600年（或1553年）之前就已出现，但那时尚未与公司实体有任何联系。意大利在公共财政和殖民活动中使用了自由转让的股份。"康佩拉"（compera）是在热那亚发起的一项财政计划，后被意大利的其他城市效仿。根据该计划，富裕居民联合会把金钱借给城邦，并收取利息。还款和利息均有具体的税收来源进行担保。联合会的股份随着时间的流逝变成自由转让的股份。马奥那（maona）是为了占领希俄斯岛（Chios）而设立，而康佩拉则建立在圣乔治银行（Casa di San Giorgio）的基础上，但两者还涉及其他活动，即管理海外殖民地，"康佩拉-马奥那"（compera-maona）代表着城市重要的主权活动之一。[22]这些计划依靠税收，涉及相对常规的行政事务工作（而非贸易），实际上，其特征更像是自由转让的城市债券，而不是企业股权。

一般合伙关系、康曼达合同和船舶部分所有权都是股权融资组织形式。这些组织形式汇集了多方的股权投资。合伙人/部分所有人在商业活动中共同投资，以赚取利润或承担亏损。在第 6 章中，我们已经看到了一些家族企业，如美第奇和富格尔，对规模和复杂程度不断增加的企业进行股权投资，并从家族外部引进股权合伙人。它们的组织形式最初是基于长期合伙制，即"康柏尼亚"，一些商业史学家将这种复杂形式称为"准永久性多重合伙关系"（quasi-permanent multiple partnerships）。在第 7 章中，我们对商人网络进行了微观研究，并已知其中的股权投资是通过合伙制和康曼达进行。然而，这些组织形式均不以公司为平台。

将公司与康曼达和船舶部分所有权的股权投资联系在一起，这是由 16 世纪末的荷兰共和国迈出的重要一步。在荷兰东印度公司成立前的七年里（1595—1602），荷兰人对于亚洲的野心融入了新成立的商业实体中，这些实体后来被称为前期公司（voorcompagnieën 或 precompanies），意思为荷兰东印度公司的前身。对于这些组织的研究，有助于理解本书此前讨论的组织形式的连续性，以及荷兰东印度公司组织结构所发生的变化。在强调荷兰东印度公司和英国东印度公司之间的组织性差异时，它们同样意义重大。首家前期公司是由九名商人于 1594 年在阿姆斯特丹成立的，[23] 其名称为"远地公司"（Far Lands Company）。当时，每个企业家都投入了自己的资金。此外，他们还从其他地方筹集了 29 万荷兰盾。这些钱被用于购买和装备四艘船舶，只为漫长而又危险的亚洲之行服务。那些主动发起的企业家担任"执行董事"（bewindhebbers），他们制订商业计划并因此获得额外的佣金，而那些消极投资者，则作为"持股股东"（participanten），他们仅根据各自贡献的资金总额来分享利润。他们通过那些积极合伙人进行投资，而后者据说也会代表他们。第一次往返于荷兰和爪哇岛万丹的航行，花费了约两年的时间。此次航行并不太成功，有一艘船失踪，将近2/3的船员下落不明，但它却为更多在阿姆斯特丹和荷兰其他城市成立的公司树立了榜样。因为荷兰船只自此能够直接驶向东方，并在返程时运回香料，这激励着荷兰人的民族热情。在过去的七年中，荷兰从南到北各大城市的公司，利用前期公司模式先后完成了16趟航行，总共派出66艘船。[24]

前期公司是船舶股份合伙制与多边康曼达的结合。在欧洲不同的港口，船舶所有权股份通常被分为1/16、1/32或1/64。这种组织形式在英国被称为船舶的部分所有权。股份就是船舶本身，而不是货物或商业活动。股份的分割旨在分摊风险，并允许对船舶进行多元化投资。[25]投资者可以购买不同航程船只的少量股份，将自身风险压至最低。他们还可以在二级市场上出售船舶的股份，而无须解除合伙关系。在荷兰的主要港口，船舶股份二级市场相当活跃。[26]实际上，即便船舶的价值已经固定，它的股份仍然可用于交易。[27]由于股东不承担除所投资本以外的损失，他们可能相当被动。这种合伙关系得到了欧洲主要的海事法典和荷兰城市条例的认可和监管。

与船舶所有权不同，前期公司有些不太对称，意思是它拥有两类合伙人。在康曼达中，被动或固定投资者将资金委托给行商或其他积极的商人。从理论上讲（很有可能从历史的角度来看），前期公司是基于康曼达的。两者为商业贸易中的合作伙伴，而不是船舶合伙人。根据历史解释，它们构成了辛迪加或合资企业，由多个康曼达合同或有限责任合伙制组成，其中的每一个又都包含了一名积极商人和他的消极投资者。按照另一种说法，每家前期公司都是合

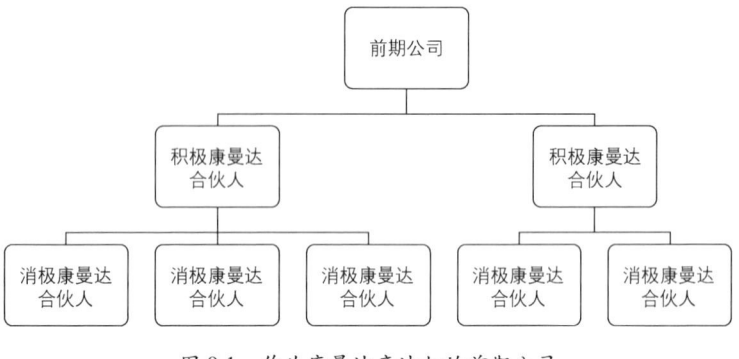

图 9.1 作为康曼达辛迪加的前期公司

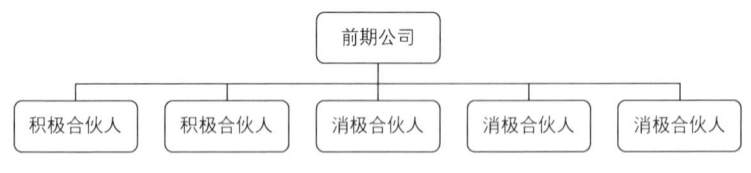

图 9.2 作为有限责任合伙关系的前期公司

伙关系（不是合伙关系下的辛迪加），包括多名积极合伙人和消极合伙人。图 9.1 和图 9.2 对此有所展示。图 9.1 显示了一家前期公司的结构是如何基于康曼达的，而图 9.2 则显示了以有限责任合伙制为基础的前期公司的结构。

前期公司看起来就像是欧洲中世纪康曼达发展道路上的高级阶段。康曼达始于双方代理协议，之后演变为多边康曼达，进而发展成一种沉默的、休眠的或有限责任的合伙关系（在德语中称之为 stille Gesellschaft），最后成为荷兰前期公司中拥有此类合伙关系的辛迪加。

16 世纪，英国在大西洋及其他地区的探险、掠夺和贸易航行，主要是依靠合资企业形式进行资助。类似的航行参与了加勒比海的私掠行为，加入了寻求通往亚洲的西北航道及东北航道的探索，并且为了截获物资与奴隶而在非洲沿岸漂流。早期规模较小的航行是由少数几个船主用他们自己的船组织起来的。随着投资者数量的增加，每笔投资的股份也不再相同。然而，相关的费用、收入和利润必须继续维持。到了 16 世纪下半叶，私营企业利润分成的一种典型方案是向指挥官和女王缴纳 15% 的许可费和税费，剩余部分的 1/3 归船舶部分所有者，1/3 归船员，最后的 1/3 归船上物资的投资人。[28]这些成本和利益均摊的投资者还组织了前往西非沿岸的航行。首次航程仅由 5 名资深合伙人组成。随着时间的推移，船只的数量、所需的资本和投资者数量均不断增长。1564 年，远赴几内亚的商业冒险者联谊会仅有 3 艘船和 5 名资深合伙人。然而，每名资深合伙人"后面"带着其他的投资者，他们共同承担投资，共享利润所得。[29]出于实际原因，资深合伙人只有 5 名，也就是说并非所有的合伙人都会与女王签署合同，并租用船舶。1576 年的首次弗洛比舍（Frobisher）远洋，也被称为"探索西北航道的冒险家们"，是一个由 18 名投资人组成的辛迪加。其中，4 名投资人分别投入资金 100 英镑，另 5 名各自投入 50 英镑，剩余的 9 名投资人各投了 25 英镑。这些投资仅用于此次航行。[30]至于合资企业，也会在每次航程结束时终止，待下一次航海开始时，再跟新的投资人成立一家新企业。这些风险项目并不基于公司形式，其时长也不会超过一次远洋，更不会在航程中交易各自的股份。它们是合资企业，而非商业公司。

磨坊、矿业和供水公司：首批商业公司？

杰曼·西卡德（Germain Sicard）在其 1953 年的经典著作中认为，商业公司源自中世纪图卢兹的水磨坊。由于图卢兹档案馆内保存了大量有关磨坊活动的记载，西卡德得以重建磨坊的组织及活动。他得出的结论是，随着位于图卢兹加洛讷河岸巴扎克勒（Bazacle）和纳合堡（Château Narbonnais）磨坊的逐渐发展，尤其是在 13 世纪至 15 世纪期间，它们获得了大部分与今天商业公司相似的组织特征。西卡德还认为，这些公司可用以下方式概括：将资本分为可供出售的股本；按照股东所占的份额来进行盈亏的分配；由代表选举产生的公司管理层，被赋予独立法人权利。[31]西卡德的著作让人眼前一亮且极具启发性，他所研究的制度令人着迷，但又相当复杂。我赞同他的说法，与意大利的马奥那、康佩拉和圣乔治银行相比，磨坊的性质更近似商业公司。圣乔治银行涉及诸如城市债务或城市殖民地管理等公共职能，其股东为债权人，而不是股权投资者。但我不敢苟同部分人的观点（我不确定西卡德是否会完全同意），即将磨坊视为近代的首批商业公司，或作为商业公司发展过程中的一个重要阶段。它在某些关键方面与我们将要回到的英国东印度公司和荷兰东印度公司大相径庭。磨坊推动的那种合作介于邻里之间，并不会涉及陌生人。[32]这里的股份不会出现在非人格化的证券交易所里。作为私人磨坊，其主要目的不是实现股东利益最大化，而是为社区提供服务，并在此过程中分配积攒的利润。磨坊不涉及代理问题、信息流或者分摊特定的高风险。它未曾被当时博学的法学家和规范的法律文本正式认定为公司实体。此外，也没有人试图将它纳入罗马法或教会法的类别、概念和解释之中。[33]由此可见，它有别于东印度公司。

磨坊公司，与其说是处在远程贸易公司之列，不如说是位于一般历史路径之上，紧随其后的是遍布欧洲各地（包括瑞典、德意志和英国）的矿业公司和供水公司，如伦敦新河公司（New River

Company）。至于商业活动，这条道路的共通点在于不动产实体占据核心地位：矿产、水渠和磨坊。这三种组织形式很有可能在财产法中找到其历史渊源。不得不提的还有一个财产共有权的要素。它们仍然保留了一些较为陈旧的封建结构和条款。这些股份通常会因为所有权的争端而明确（如1/64），而不是通过投资总额来决定。就较为简单的共有权而言，使这些形式变得复杂的原因主要有两点。首先，他们所拥有的股份可以通过除继承以外的方式进行出售和转让，无须解散实体（这点不同于合伙制，其股东的变更会导致解散和重组）。其次，相关股东旨在按需出资，一旦无须继续为设施的运营而保留利润时，就有权获得利润分成。英国矿业公司基于成本核算系统，在某种程度上，它类似于磨坊的账目。该系统依靠从股东处筹集更多资金的能力，尤其是每当额外的建造或维护有需要时。[34]

船舶部分所有权，与磨坊、矿业公司和供水公司颇为相似，是一种被欧洲诸多港口所采用的组织形式。它同样是围绕着某一实物资产形成的。然而，船舶所有权涉及的活动风险更高，几乎从不循规蹈矩，也较少参与本地活动。部分所有权的发展路径与其他以实物资产为基础的组织形式相似，而远程贸易股份公司则截然不同，其发展路径亦不尽相同。

首批股份制贸易公司

到了16世纪末，英国至欧洲、俄罗斯和黎凡特东部偏远地区的远程贸易得到重新规划，以一种全新的试验性组织形式出现，即股份公司。与受规制公司不同的是，股份公司会使用一个联名账户进行交易。这就意味着其成员不仅要分担公司的间接费用，而且还有公司的所有业务成果,即全部的盈亏。不同于合资企业,这些公司在单次航行后会继续存在,通常是因为需要在俄罗斯和黎凡特进行更多的永久性投资。这种现象普遍存在于公司之中。

图9.3将股份公司和受规制公司的结构与层级进行了比较。

首先是成立于1553年并于1555年获得特许的俄罗斯公司(也称为"莫斯科公司")。[35]该公司旨在发现从海上通往亚洲的东北航道,以及经俄罗斯抵达亚洲市场的陆路。但最终,它的主要业务集中在捕鲸和毛皮贸易上。1581年,黎凡特公司(土耳其公司)的

股份公司

```
        总督和董事会
             │
          联合股份
         ／    │    ＼
       股东   股东   股东
```

受规制公司

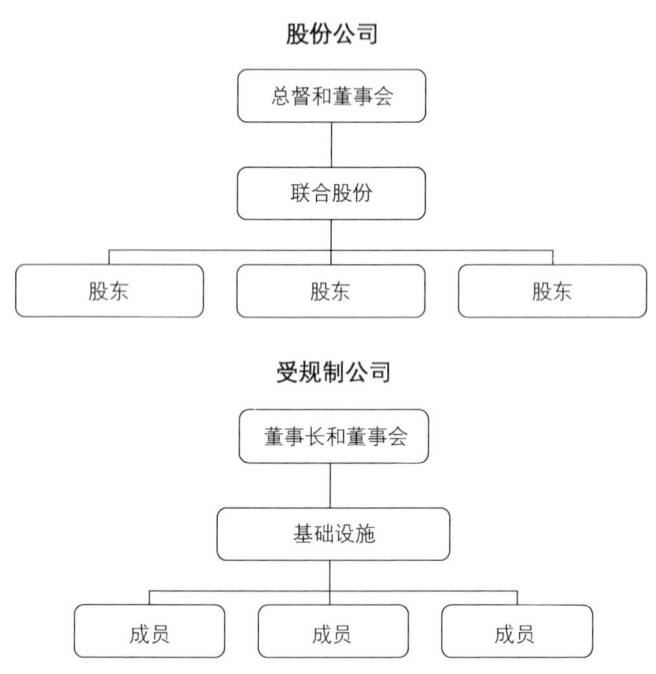

```
        董事长和董事会
             │
          基础设施
         ／    │    ＼
       成员   成员   成员
```

图9.3 股份公司与受规制公司的结构和层级比较图

在受规制公司中,与第三方的贸易交易发生在成员一级;而在股份公司中,发生在公司和联合股份层面。

成立，是为了与土耳其和地中海东部地区进行贸易，[36]从事亚洲商品的贸易。然而，它的商业模式已经过时。该公司的商人依靠威尼斯人和阿拉伯人将亚洲商品运送至东地中海，而不会专程前往印度或中国。1497年，好望角航线的发现开启了远程贸易路线，虽然两家公司并没有受到新制度的挑战，但它们却要应对商业挑战，因为葡萄牙大量进口印度香料和胡椒，并将其引入了欧洲市场。

两家公司采用股份资本融资的试验并不太成功。俄罗斯公司股份资本的原始投资既不能涵盖用以建设新贸易的高额费用，也无法支付船舶和货物的损失。在随后的几年中，人们对股票的呼声越来越高，但一直看不到股息。结果是1586年，该公司在相同的法律框架下进行了财务重组，自此使用短期资本，而不再是长期资本。公司通过多个独立账户进行统筹，每个账户的使用期限为一到三年。十五年之后，英国东印度公司采用了同样的策略。这种改变是因为从原始股东收取款项时困难重重。[37]到了1622年至1623年期间，此过程向前迈进了一步，独立账户被个人账户所取代。俄罗斯公司通过这一步其实已经改组为一家受规制公司。[38]随着1588年特许状的到期，黎凡特公司的财务结构饱受争议，反对股份制贸易的商人占据了上风。1592年，新的特许状使黎凡特公司变成了一家封闭式的受规制公司，加入其中需要支付高额的费用。[39]除此之外，还有少数其他企业尝试了股份融资，在部分情况下，它们与王家公司特许状相一致。但是，这些公司作为试验性质，规模相对较小，且持续时间通常较短，与其将它们明确地划分为股份公司，倒不如说是单纯的合资公司。重要的是，它们当中的绝大多数活跃于大西洋，未曾参与过通往亚洲的好望角航线开通之后出现的新贸易机会，或随之而来的组织挑战。[40]

正如图 9.4 所示，股份公司的模式直到 1599 年都未能证明自身是一种筹集资金、管理贸易和建立长久企业的好方法。到了 1600 年和 1602 年，英国东印度公司与荷兰东印度公司相继成立。值此之际，商业公司才得到腾飞，其手段是通过规模空前的股份资本募集和长期依赖更为复杂的财务设计。我们接下来要探讨的是不断改变的贸易环境、两家东印度公司和制度上的重大突破。

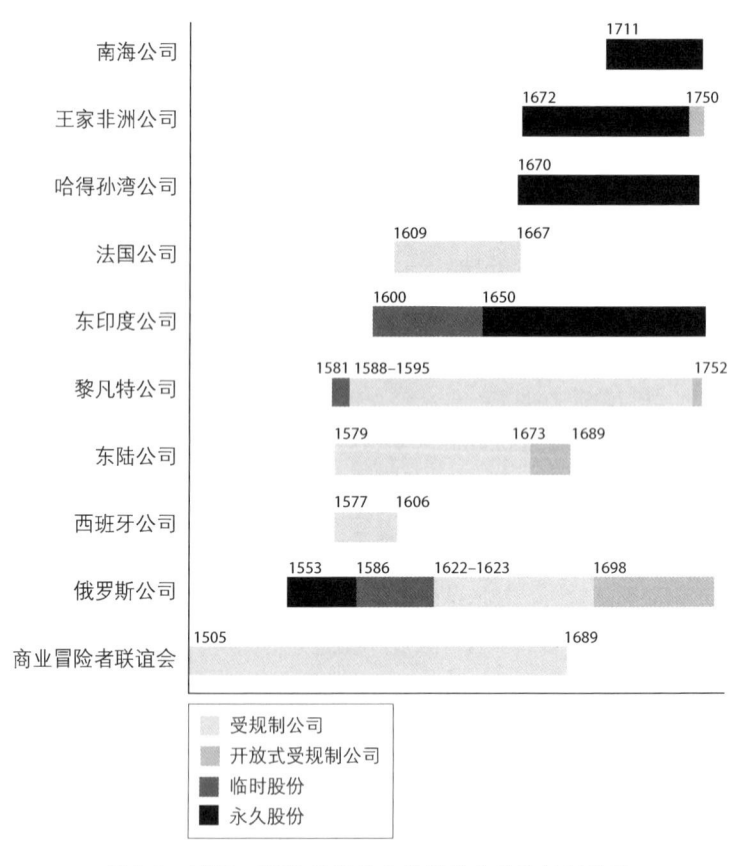

图 9.4　1505—1750 年期间主要贸易公司的组织转型

荷兰人和英国人：欧亚贸易的后来者

葡萄牙直接与亚洲进行贸易，希望从源头购买香料、热带商品和其他亚洲商品，这导致了英国商人和荷兰商人处于劣势。这些商人传统上从威尼斯人或地中海地区的贸易中心购买香料及其他亚洲商品，这些贸易中心可谓是陆路丝绸之路和经红海或波斯湾的海上路线的西部终点。如今，过去的路线已被葡萄牙绕开，他们不得不在欧洲以更高的价格从葡萄牙人那里购买商品。葡萄牙当局与意大利商人和德意志商人合作，将其势力范围扩展到整个欧洲，并以此分销亚洲商品，尤其是香料。英国黎凡特公司和俄罗斯公司发现，很难在奥斯曼帝国和伏尔加河路线的西端获得充足的亚洲商品供应。截至那个时候，荷兰人一直将他们的海上注意力集中在波罗的海和大西洋之上，但他们也希望能在欣欣向荣的欧亚贸易中分得一杯羹。在 16 世纪末的数十年中，有迹象表明伊比利亚人（如今以西葡哈布斯堡王朝的形式呈现）对通往亚洲的海上航线的控制有所减弱。这是因为西班牙的无敌舰队不敌英国、尼德兰起义的发展，以及葡萄牙统治者所拥有的亚洲贸易企业——葡属印度（Estado da Índia）不断出现的组织危机。[41]

英国东印度公司与荷兰东印度公司分别于 1600 年和 1602 年被赋予国家职能。它们参与了类似的商业活动，名义上经由好望角航线从事欧亚高价值商品的海洋贸易。[42]两家公司均为股份公司，拥有大量的资本和上百名股东，成立于历史上商业组织和股票市场发展的关键时刻。就资本和股东数量而言，两者的实体规模远大于英国或荷兰共和国此前的任何一家商业公司。除了葡萄牙国王的葡属印度与以郑和为首的中国皇家商业政治企业外,它们的规模要远远大于历史上其他任何一家欧亚贸易企业。在接下来的两个世纪里,它们一直都是欧洲最大的商业公司,且为建立大英帝国和荷兰帝国奠定了基础。[43]

在所有的欧洲国家中,如何解释英国与荷兰共和国公司的兴起?能够让人联想到的第一种解释便是基督新教。韦伯将资本主义的兴起归因于新教伦理。然而,正如我们接下来将要见到的那样,针对英国和荷兰共和国所采用的独特的组织模式,新教并没有起到任何作用。英国人和荷兰人地处欧亚大陆的尽头,其运输、贸易和信息获取的成本最高且周期最长。考虑到他们所处的纬度,英荷两国能够提供给亚洲的商品(如绵羊毛和大西洋鳕鱼),需求量最少。它们是最后涉足这一贸易的国家,因此必须以竞争者和知识的形式跨越门槛,而不能寄希望于统治者的投资,也无法效仿中国,通过征税来资助企业,又或者像葡萄牙人那样,以税收和主权借贷相结合的方式。

西北欧商人在投身欧亚贸易时所面临的挑战,我们很难用以下的方式解决,如:单一的、自筹资金的投资者,双方投资合同,家庭和近亲间小而封闭的合作团体,或者任何其他基于个人的协会。前往亚洲的远洋是非成即败的事业。保险业在伦敦仍处于起步阶段,这归因于尚未成熟的保险基础设施(有关法律框架、争端解决制度、承销商组织及信息流)。阿姆斯特丹的基础设施仅仅相对好一些,但也没有一家保险公司愿意给前往亚洲的航行开设保单,因为这些航行的不确定因素太大,而且很多时候甚至无法转换为可衡量的风险与可定价的保险费。同样,大规模的贷款也不存在,船舶或货物的安全性亦无从谈起,因为其利率要么无法衡量,要么太高。[44]英国和荷兰的冒险家们不得不突破完善的欧亚组织形式，通过设计一个多边制度来克服挑战，并且基于非人格化的公司，将更多股权投资者的资金汇聚在一起。由于投资主要用于运营资本、船舶、船员和偏远海域的货物，因此无法向债权人提供大量的抵押品。再加上极端的商业环境，使得协调企业股权持有者和无息债务投资人之间的利益更为困难。他们需要的是一个可以为股权投资、持久性和资本锁定提供良好平台的多边制度。商业公司的出现，就是为了满足这种需求。在公司平台的基础之上增添四个特性（股份制、锁定、股权自由转让和防止征收），即可转变为股份公司。

第 10 章

荷兰东印度公司

这一章和下一章主要围绕两家公司作微观研究。这不仅意味着一场决定性的组织革命,更是英国东印度公司与荷兰东印度公司历史上的转折点。尽管荷兰东印度公司比英国东印度公司的成立时间晚两年,但我还是打算从这家公司入手,因为它代表了一种从统治者拥有的企业到商业公司的不完全转变。荷兰东印度公司与国家目标和国家精英之间有着密切联系,这点使它在某种程度上处于从葡国统治者拥有的企业向英国东印度公司转型的某个中间点。

微观研究:荷兰东印度公司的组织

若要理解荷兰人在亚洲的野心,就必须从更广阔的历史背景出发:反对天主教西班牙的尼德兰起义;为争取尼德兰北部独立的斗争;与葡萄牙在大西洋和海上贸易路线的海洋主导权之争,自1580年起,葡萄牙一直处于西班牙哈布斯堡王朝的统治之下;拥有技能且生活富裕的新教徒的迁移(从尼德兰南部);新教城市中产阶级经济和政治权力的崛起(特别是荷兰省和泽兰省的承运商与商人,尤其是在阿姆斯特丹)。[1]

1595年至1602年，以城市为基础的前期公司之间竞争激烈，导致了亚洲市场的价格上涨，以及荷兰与其他欧洲市场上亚洲商品价格的下滑。激烈的竞争也浪费了许多前期公司在基础设施方面的投资。为了实现价格垄断（至少在荷兰）、节省基础设施成本，以及协调对英国和葡萄牙的斗争，有六家以城市为基础的前期公司（分别来自阿姆斯特丹、代尔夫特、鹿特丹、恩克赫伊曾、米德尔堡和霍恩）合并成为一家公司，即1602年成立的联合东印度公司（VOC）。[2]不得不提的是，这种联合可能掺有政治因素，由一些政治家推动，他们希望加强荷兰共和国对抗葡萄牙或者英国的实力，又或者以各省/市政府为代价，巩固荷兰联省政府。那么，究竟前期公司联合成立荷兰东印度公司，是由联省层面的政客推动，还是商人和投资者使然？这个问题有待今后更为全面的分析。

特　许　状

1602年3月20日，荷兰共和国联省议会特许成立荷兰东印度公司，它的形成建立在早期商业实体的基础上。特许状是当时前期公司的积极合伙人与联省、市镇及议会代表之间谈判的结果。特许状可被视为创建一种由前期公司组成的辛迪加，亦可被视为以城市为基础的六家公司正式横向合并，成为一家公司。特许状的序言强调了公司的私有性质（或者至少是半私有性质）、特征以及利润最大化的目标：

我们认为应该邀请上述公司的管理人员与我们会面，

因为这不仅对尼德兰联省来说是一件极度光荣、意义非凡、有利可图的事情,而且对那些已经从事这项令人称赞的贸易并兼任联合公司股东的人来说,亦是如此。通过创办一家特定的实体,遵循共同的秩序和政策,让上述贸易得以维持、推进和扩张,旨在造福所有渴望成为合伙人的尼德兰联省居民。[3]

该特许状确定了公司的存在及其财务结构:

联合公司应持续二十一年,每十年进行一次全面审核。十年过后,任何人都可以退出公司并取走他的本金。[4]

值得注意的是,特许状的这段文字涵盖了两层意思:企业的持久性和资本的锁定性。尽管该特许状有别于英国东印度公司,未用过多的言语去暗示要创办一家公司,但实际上却成立了一个脱离于国家和人(human beings)的实体,后者可以继续拥有财产、进行交易以及保持从国家获得的特权。[5]此外,这个特许状还包含了公开发行股票的许可,保障了荷兰全体居民认购股票的权利,并将资本锁定为十年期限(虽然期限很长,但也只有公司实体寿命的一半):

尼德兰联省的全体居民均可成为公司的股东,按照自己的能力或多或少地进行投资……在接下来的月份中,通过在公告栏张贴公告的方式,这片土地上的居民将被及时告知发展动向。自1602年4月1日起,他们被允许加入公司，而他们计划投资的本金可分三期支付［1603 年、1604 年和 1605 年］。[6]

联 合 股 份

在特许状颁布以后，荷兰东印度公司位于各个市镇的商会都开设了自己的股份认购柜台和股份登记处。荷兰东印度公司的积极股东，即前期公司中的积极合伙人，开始领导股票市场的营销，并开设了认购办事处。关于新的公司、利润丰厚的亚洲贸易以及政府大力支持的消息，传播至四面八方。1602 年 8 月的最后一个星期，人们的热情开始不断高涨。如表 10.1 所示，六个商会共筹集了 6 424 588 荷兰盾。这份表格还记录了阿姆斯特丹和米德尔堡商会的认购数量，计算了每股的平均值（以荷兰盾计算）。

表 10.1　1602 年荷兰东印度公司的股票发行：资本和认购人

商会	资本（荷兰盾）	认购人数	每股平均值（荷兰盾）
阿姆斯特丹	3 679 915	1 143	3 220
米德尔堡	1 300 405	264	4 926
恩克赫伊曾	540 000	n/a	n/a
代尔夫特	469 400	n/a	n/a
霍恩	266 868	n/a	n/a
鹿特丹	173 000	n/a	n/a
总计	6 424 588	1 815[1]	3 540[2]

[1] 预估值：根据认购的总资本除以阿姆斯特丹商会和米德尔堡商会每名股东的平均投资额。
[2] 计算值。

阿姆斯特丹的认购人数达到了1 143人，而泽兰（米德尔堡）为264人。[7]可以想象，假设其他商会的资金与股东比例相近，整个荷兰东印度公司的股东数量可达到约1 815人。该公司的资金和投资者的数量，远远超过了此前任何一家荷兰企业，哪怕是刚成立的英国东印度公司，又或者是任何其他已知的欧亚贸易企业。

很有可能，这当中的部分钱财来自社会网络。但投资者的数量、职业（事实是有许多投资者不从事贸易）以及不同的地理区域，都表明了他们之间几乎没有交集。[8]许多投资者貌似愿意将钱财存放在一家不知名的公司（基于商业计划），而不是熟悉的公司。这是从人格化合作到非人格化合作的重大转变：从一个地区的执行董事，在一家前期公司只能凭类似于康曼达的关系，吸收少数消极投资者，到拥有约70名执行董事、1 800名股东和来自6座城市（甚至更远地方）的近650万荷兰盾资本。

在首次公开发行股票时，并未出现额外增发的现象。让我们记住6 424 588荷兰盾的原始资本：90年之后，也就是1693年，仍为6 440 200荷兰盾，这里的略微增幅是因为技术调整，但原始资本仍然被锁定。一个世纪以来，公司的业务和投资是通过留存的利润和贷款，而不是通过筹集更多的股本。

首批盈利账户仅在十年后开放。投资者们只在那个时候才被允许从公司提取他们的股本、本金和利润。至于他们的完全退出，则取决于新投资者们在另一股份中所筹集的资本。在任何一次航行结束时，第一次合股的投资者们均不得脱离和分割荷兰东印度公司的资产，即使到了1612年也不可以。在每次航行结束时，股东们都无权获得账目，这意味着他们将无权获得资讯或股息，因为后者由积极股东决定。[9]事实上，股息仅在头十年（在1610年）分过，即便是那时候，也只是以实物形式（香料）分发，而不是现金。

治 理 结 构

荷兰东印度公司的治理结构反映了一个事实，即它诞生于此前已经存在的前期公司。它拥有以城市为基础的六个商会。每个商会都有两类荷兰东印度公司股东：执行董事和持股股东。与前期公司一样，荷兰东印度公司的执行董事为经理/管理者的职位，在商会管理中发挥着积极的作用；荷兰东印度公司的持股股东则不允许参与决策。[10]每个商会的执行董事都会定期聚在一起讨论管理问题，由于在商会或公司层面不召开全体股东大会，因此持股股东无法获知信息且无权表决。

每个商会都设有一个董事会（介于7至20名股东之间，其大小根据荷兰东印度公司的特许状而定）和各类科室及服务设施，例如审计室、财务室、仓库和船厂。荷兰东印度公司具有集中管理的职能部门，即被人所熟知的十七绅士（Heeren XVII）。该部门负责总方针，[11]董事们通过常董会和委员会操控一切，他们身边伴有数名律师协助。只有商会的管理者有资格担任荷兰东印度公司的董事。通过图10.1可以看出，荷兰东印度公司的治理结构既是前期公司的结合体，又是拥有两类股东的寡头政权。

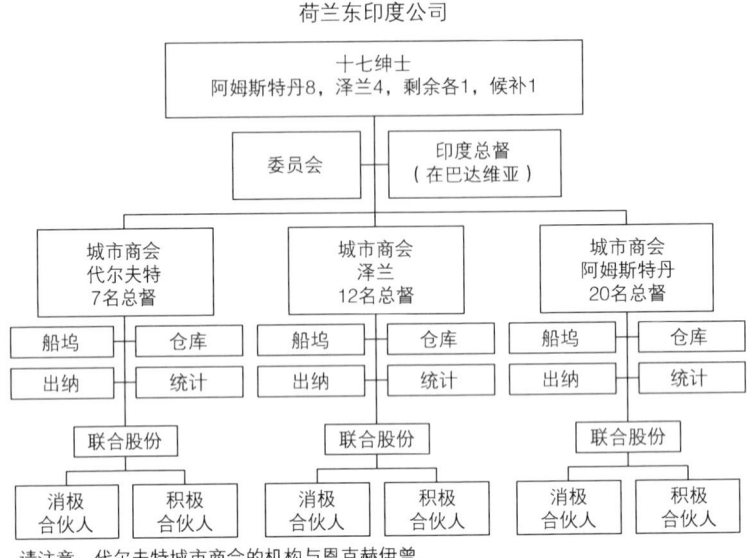

```
                            荷兰东印度公司
                    ┌─────────────────────────┐
                    │         十七绅士          │
                    │ 阿姆斯特丹8,泽兰4,剩余各1,候补1 │
                    └─────────────────────────┘
                      │                    │
                 ┌─────────┐        ┌──────────────┐
                 │  委员会  │        │    印度总督    │
                 │         │        │  (在巴达维亚)  │
                 └─────────┘        └──────────────┘
           ┌──────────┼────────────────────┐
    ┌──────────┐  ┌──────────┐       ┌──────────┐
    │ 城市商会  │  │ 城市商会  │       │ 城市商会  │
    │ 代尔夫特 │  │   泽兰    │       │ 阿姆斯特丹│
    │ 7名总督  │  │ 12名总督 │       │ 20名总督 │
    └──────────┘  └──────────┘       └──────────┘
     ┌────┬────┐   ┌────┬────┐         ┌────┬────┐
     │船坞│仓库│   │船坞│仓库│         │船坞│仓库│
     ├────┼────┤   ├────┼────┤         ├────┼────┤
     │出纳│统计│   │出纳│统计│         │出纳│统计│
     └────┴────┘   └────┴────┘         └────┴────┘
       联合股份      联合股份             联合股份
     ┌────┬────┐   ┌────┬────┐         ┌────┬────┐
     │消极│积极│   │消极│积极│         │消极│积极│
     │合伙│合伙│   │合伙│合伙│         │合伙│合伙│
     │ 人 │ 人 │   │ 人 │ 人 │         │ 人 │ 人 │
     └────┴────┘   └────┴────┘         └────┴────┘
```

请注意：代尔夫特城市商会的机构与恩克赫伊曾、霍恩、鹿特丹等其他商会的结构一致。

图 10.1 荷兰东印度公司的组织结构

来源：Gaastra（1991, pp. 150, 160）。

荷兰东印度公司与国家

国家赋予荷兰东印度公司多项特权。其中最重要的是地域贸易垄断：

> 除上述在联省范围内组建的公司人员之外，任何人，不论其体质或能力，在接下来的二十一年里，均不得航行至好望角以东或麦哲伦海峡以外……一切侵权行为应以没收船舶和货物为代价……上述公司的官员可以得到承诺，

并与统治者拟定合同……以尼德兰联省议会的名义。[12]

荷兰东印度公司在其垄断的区域内亦获得了最高权力：

> 他们同样可以建造堡垒，维护区域安全，任命总督、驻军和法官……为了掌控该地区，维持良好的秩序，共同维护治安和司法，以便促进贸易。[13]

此外，该公司得到（国家的）承诺，不论是税收还是征用，都不会占用其资产和船上货物。

> 公司从东印度运回来的香料、中国丝绸和棉布，无论是出境还是入境时，都不得对其征收高于正常的税款。除非公司批准，否则不得将属于该公司的船舶、武器或弹药用于服务国家。[14]

因此，特许状可被视为一份有关荷兰东印度公司特权、一般权利和义务的协议，这份协议介于荷兰共和国与新组建公司的董事和投资者之间。对于投资者而言，其担忧之处在于国家是否会霸占已筹集的资产，并对其进行部分征收。特许状真的能成为共和国不予征收的可信承诺吗？[15]

荷兰东印度公司的成功对于政府来说至关重要。荷兰东印度公司通过扩大荷兰在印度洋的影响力，削弱伊比利亚和英国竞争对手的政治和海上力量，来促进荷兰共和国的政治目标。[16]它的一切努力都是为了政府。荷兰共和国的亚洲政策无须通过税收来筹集资金。相反，如果有利可图，它甚至能为共和国带来额外的收益。

荷兰共和国不同于英国或葡萄牙，国家与商人之间没有明显不同的实体或利益集团，不存在彼此争论不休的情况。国家不受王室及其宫廷、贵族或者广义上的地主阶级的统治。[17]在颁布荷兰东印度公司特许状之前，荷兰共和国政治力量的平衡已经转向商业利益。这一情况是由以下几个原因产生的：城市化的程度、对地主阶级的不满（他们支持西班牙）、共和国的联省结构、阿姆斯特丹及其商人在荷兰省政治中占据主导地位。[18]

联省政府通过协调以城市为基础的商人团体和前期公司，支持其横向合并，赋予其垄断地位，以此促进荷兰东印度公司的形成。[19]这项举措代表了政府对于企业的承诺。此外，更表明了潜在的垄断租金，起到了吸引投资者的作用。联省政府与主动筹办人一同激发了人们对于荷兰东印度公司的兴趣，使众人纷纷看好它的前景。总而言之，荷兰共和国的联省结构、政治权力与经济权力，以及扩大贸易的政治意图，均有助于确保荷兰东印度公司的资产不被国家征收，特许状不被单方面废除。以上的种种因素（不像英国的法治），使荷兰东印度公司的特许状成为令人信赖的承诺工具。

资 本 锁 定

为何内部人员想要锁定荷兰东印度公司的外部投资者？过去的贸易投资者习惯于每次只投向单程的康曼达、合资企业和前期公司。从单程航行到长期事业的转变，是由于对更为长期有效的资本的需求，这些资本旨在用于支持多次航行。鉴于内部人员不确定外部人士是否会情愿将资金用作长期投资（考虑到各种不确定因素的影响），他们决定转为强制性锁定。不论这是事先计划好的行为，还是出现问题时才作出的决定，这都是一个值得深入研究的问题。早期表现良好的机制，即单次航行合伙制和前期公司，均建立在重复投资交易和管理者声誉的基础上。然而，这些机制在向长期事业过渡的过程中难以幸存下来。荷兰东印度公司不是为单程航行，而是为长久经营而设立的。其目的是每年进行一次亚洲航行，并在印度和印度尼西亚维持常设机构和仓库（若有需要，也会加筑防御工事）。因此，它的特许状包含了一个新的独立法人实体，并将持续至少21年。此外，该特许状还催生了股份制资本，即由多人共同出资设立资金池从而产生的资本，其存续期为十年，并且在此期间不易解散。荷兰东印度公司的成立是为了确保每次航行中亚欧间商品流的连续性，在竞争激烈的以荷兰城市为基础的公司之间进行协调，以及在与葡萄牙和英国的竞争中胜出。这当然是最终阶段。一旦资本被锁定，在一级市场上维持投资者的声誉便不再是必要之举。内部人员和外部投资者之间的博弈规则可在事后进行单方面的修改。

根据我的理解，政府在锁定中扮演了一个温和且不引人注目的角色。它在吸引投资者对公司进行投资之后，便将其牢牢套住。联省政府发布的荷兰东印度公司特许状，将股本锁定为十年。事实证明，在此期间，消极投资者从未收到过财务账目，即使在第一次合股结束时，他们收到的账目也不完整且未经审计。[20]他们不曾参与公司的管理。到了1610年，他们才首次获得股息，但仍然是以香料而不是以现金的形式。1612年，他们再次被迫锁定，直到耗尽特许状和公司所剩余的时间为止。

尽管股票市场早已存在,且市镇、联省以及荷兰共和国的债券都在其中交易,但是荷兰东印度公司并不会基于自愿的形式,单纯地筹集股本。起初,相关发起人会在国家的支持下,利用前期公司所拥有的关系网络和声誉。不仅如此,他们还渴望在不阻止外部投资者的情况下,筹集相对长期的资金。然而,荷兰东印度公司的发起人并未完全显露这一意图,而是在事后修改了相关规定。国家愿意发布一份特许状,但其中不会充分披露消极投资者的权力丧失情况;国家也会协助内部人员吸引消极投资者;在必要时,国家还愿意改变游戏规则,让消极投资者的锁定合法化。[21]

内部人员掩盖了从重复博弈转为终结博弈的意图。消极投资者需要在四年的时间内,每年分期注入资金。这些分期付款或许向消极投资者传达了这样一个信息:尽管荷兰东印度公司已经成立,但"一切照旧",他们仍然得按航次进行投资,正如前期公司一样。事实上,他们根本无法在每次航行结束时,或者甚至在每年年底的时候提款。此外,一旦认购成功,他们就要承担法律义务,全额支付这四期款项,不论荷兰东印度公司的业绩如何。

即便当荷兰东印度公司经营良好并且获利的时候,其股息政策也相当严格。积极股东通过城市商会和十七绅士董事会,保留了对荷兰东印度公司股份资本的控制权,其期限不少于十年。他们不给予消极投资者投票权、交易信息和利润账户,因此后者毫无控制权。积极股东利用其商人和地方行政法官的双重身份,对联省政府施加政治压力,并通过特许状单方面锁定外部投资者。积极股东可以(事实上也的确如此)在十年期限截止之后,利用其政治影响力修改原始特许状的条款，延长股份资本的共同持有期限，进而锁定消极投资者。

一旦锁定，消极投资者就会变得焦虑不安。除了对其法律地位表示不满外，他们中的多数人还会显得惊慌失措，因为他们意识到荷兰东印度公司绝不单纯寻求利润和回报最大化。荷兰东印度公司还被金融政治精英用来推动共和国及联省的军事、宗教和政治目标。[22]例如，它资助武装船只攻打印度洋上的西班牙-葡萄牙舰队，并攻占领土据点。消极投资者开始意识到，面对政治目标，需要对自身利益作出妥协。对于领土据点和战争的投资，可以被理解为旨在促进长期的利益，而不一定是非商业投资。但是，对于消极投资者来说，这就意味着他们在短期内看不到任何回报，此外，锁定也让他们无能为力。

消极投资者要想组织抗议并不那么容易。然而，随着时间的推移，他们意识到自己缺少发言权、信息和利益，进而开始团结一致并发起了挑战。在艾萨克·勒梅尔（Isaac Le Maire）抗议和卖空股票之后，股价开始下跌，荷兰东印度公司于1610年以香料的形式首次分发了实物股息。[23]1612年的股息以胡椒粉和肉豆蔻的形式发放，仅7.5%是现金。正如基德勃姆（Gelderblom）、容克（Jonker）等作者所阐述的那样，以香料形式发放股息可以使主动投资者受益，作为商人，他们可以积累股份，从而更好地进入市场。自从第一次合股成立起，消极投资者要求参与管理一事便遭到回绝，即使在1612年，国家仍协助积极股东拖延这项请求，并最终予以驳回。[24]从这两点可以看出，消极投资者未能收益很多。而当他们选择退出时，却显得更为明智。

荷兰东印度公司与股票市场

尼德兰起义针对的是哈布斯堡王朝，后者于 1568 年起对尼德兰公共财政提出了新的要求。[25]等到 1574 年，荷兰成了联省中拥有当时最大（记录最完善）公共债务的省，数值达到 140 万荷兰盾。到了 1600 年，其公共债务已达到近 500 万荷兰盾，[26]而这个数字在 17 世纪仍不断飙升。[27]这些借款中的大部分来自与国家关系密切的贷款人，其中有一些则是强迫非自愿贷款人得来的。联省曾经推动过一个债券二级市场的建立，意图在于为那些被强迫的债权人提供流动资金。与之相应，债券二级市场利用阿姆斯特丹发达的大宗商品市场及其（自 1583 年起）定期发布的价格表与制度，以促进信息流、降低交易成本。到了 16 世纪末，阿姆斯特丹作为荷兰乃至整个联省最为重要的城市，成为大宗商品、货运、保险、外汇以及政府债券活跃的市场。[28]

然而，这里没有任何重要的前期公司股票交易出现，其原因似乎出于以下三个主要方面：前期公司在时间上局限于一个经营项目；股东数量较少；他们之间有着私人联系，且不愿增加外部人士。荷兰东印度公司是一家规模更大、更加非人格化的企业。该公司的股票既不是无记名股票，也不会向持有人提供股权证书。[29]因此，通过私人合同，无法将实物资产转让给股票购买者。不过，特许状中有一项条款允许转让，前提是支付少量的费用，并且有两名董事到场，通过荷兰东印度公司账簿来登记转让。在荷兰东印度公司成立不久后，它的股票也出现在各个城市商会的交易当中。阿姆斯特丹证券交易所大楼（Beurs）始建于 1611 年，即 1609 年阿姆斯特丹银行（Wisselbank）成立后不久。1636 年至 1637 年间的"郁金香狂热"体现了阿姆斯特丹市场的成熟度和集中性。[30]因此，不同于英国东印度公司的股东，荷兰东印度公司的被动股东没有表决权，其初始投资被锁定十年，但他们却能通过出售股票迅速退出公司。

基德勃姆和容克的一项重要研究颇有说服力，他们展现了1603年至1612年间，荷兰东印度公司阿姆斯特丹商会的股票交易量。[31]每月交易的股票大约在0.5%至1.5%之间。在最初的十年当中，有近33%的股票换过主人（见图10.2）。阿姆斯特丹的股票市场日趋成熟，拥有全职经纪人、会议场所和若干个非现货交易设计。[32]图10.2展示了1603年至1612年间，荷兰东印度公司阿姆斯特丹商会的年度股票转让情况。竖轴上的数字代表转让的股份在资本总额中所占的百分比。

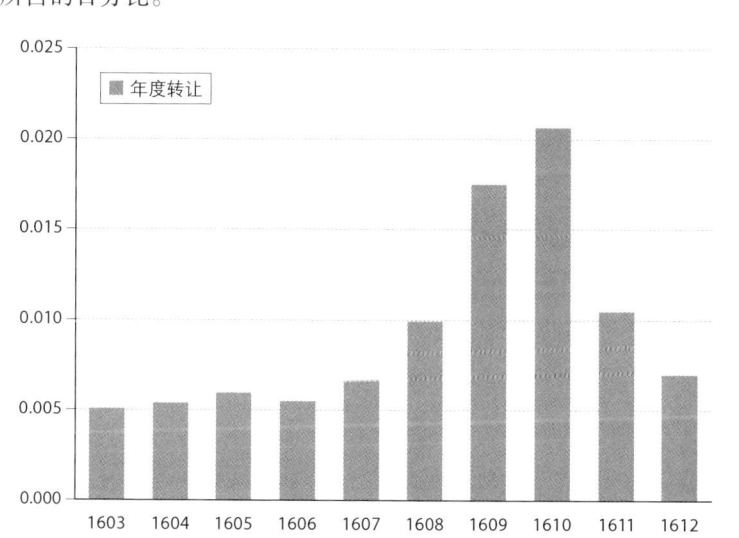

图10.2 1603—1612年荷兰东印度公司阿姆斯特丹商会股份的年度转让（按总股本的百分比计算）

来源：Gelderblom and Jonker（2004, p. 656）。

在二级市场引入有关出售股份的退出条款,是因为抵消长达数十年资本锁定的需要,考虑到好望角航线欧亚远程贸易的生意性质。消极投资者使用退出条款的频率日渐增长,这在一定程度上平衡了荷兰东印度公司的寡头垄断与合作破坏效应等制度特征。

荷兰东印度公司在亚洲

荷兰东印度公司的特许状曾在 1622 年得到更新,17 世纪以后又有过几次更新。垄断随着特许状的延长而得以延续。[33] 到了 1610 年,荷兰东印度公司派出过大约 76 艘船,这些船舶均绕过好望角来到亚洲。在随后的十年中,又有 117 艘船扬帆起航。在整个 17 世纪,荷兰东印度公司向东方总共派出了 1 770 艘船,可谓是数量惊人。[34] 荷兰东印度公司,无论是在海上还是在岸上,都可以与葡萄牙人相抗衡。他们征服其众多的商站和堡垒,这当中就包括马六甲、霍尔木兹(位于波斯湾入口处)、斯里兰卡的加勒、印度南部马拉巴尔海岸的奎隆和科钦,以及部分香料群岛(摩鹿加群岛)。荷兰的据点从好望角和波斯湾一直延伸到中国台湾和日本。爪哇的巴达维亚成为荷兰东印度公司在亚洲的总部。这是荷兰的亚洲间贸易的枢纽,也是整个印度洋及好望角航线业务的信息中心。[35] 此处的亚洲事务由总督和印度委员会(Raad van Indië)管理,他们受命于在阿姆斯特丹的十七绅士董事会,并向其汇报信息。图 10.3 显示了荷兰在亚洲殖民统治的等级制度。

荷兰东印度公司通过一个中央枢纽来管理其亚洲事务,而英国东印度公司,正如我们将要看到的那样,每个商站都各自收集相关地区的事务信息,并直接向伦敦总部汇报。让信息从亚洲各地流向

第 10 章　荷兰东印度公司

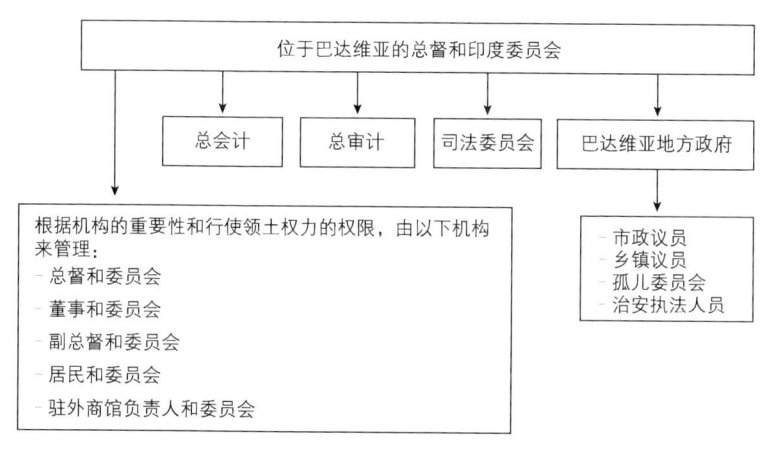

```
                ┌─────────────────────────────┐
                │  位于巴达维亚的总督和印度委员会  │
                └─────────────────────────────┘
                    │      │      │      │
          ┌─────────┘      │      │      └─────────┐
     ┌─────────┐    ┌─────────┐ ┌─────────┐  ┌──────────────┐
     │  总会计  │    │  总审计  │ │司法委员会│  │巴达维亚地方政府│
     └─────────┘    └─────────┘ └─────────┘  └──────────────┘
                                                    │
┌──────────────────────────────────────────┐  ┌────────────┐
│根据机构的重要性和行使领土权力的权限，由以下机构│  │-市政议员    │
│来管理：                                    │  │-乡镇议员    │
│ - 总督和委员会                              │  │-孤儿委员会  │
│ - 董事和委员会                              │  │-治安执法人员│
│ - 副总督和委员会                            │  └────────────┘
│ - 居民和委员会                              │
│ - 驻外商馆负责人和委员会                     │
└──────────────────────────────────────────┘
```

图 10.3　荷兰殖民统治在亚洲的等级制度
来源：http://www.tanap.net/content/voc/appendices/voc_asia.htm。

巴达维亚，可使总督及工作人员交叉核对来自不同代理的资讯，从而更好地把控全局。巴达维亚的建立者——简·皮特斯佐恩·科恩（Jan Pieterszoon Coen）是最为典型的中央集权总督（1618—1623，1627—1629）。但是，巴达维亚垄断并控制着流向阿姆斯特丹的信息流，这导致总部和十七绅士董事会很难有效地监管巴达维亚的高级代理。英国东印度公司的模式，在快速的信息流与欧洲总部监管亚洲代理之间，创造了一种别样的折中方式，该公司未在亚洲设立中央枢纽（用于收集、核对和处理所有关于亚洲事态的信息）。一切通信都要汇总到伦敦的枢纽，即使这当中有为期数月的行程。物理上的距离会影响信息流、监管代理和业务成果。图 10.4 显示了 17 世纪荷兰东印度公司的贸易路线和交易过的大宗商品。它展现了以荷兰东印度公司为基础的荷兰商业帝国，其鼎盛时期（即第二次和第三次英荷战争胜利之后）在亚洲的庞大规模。

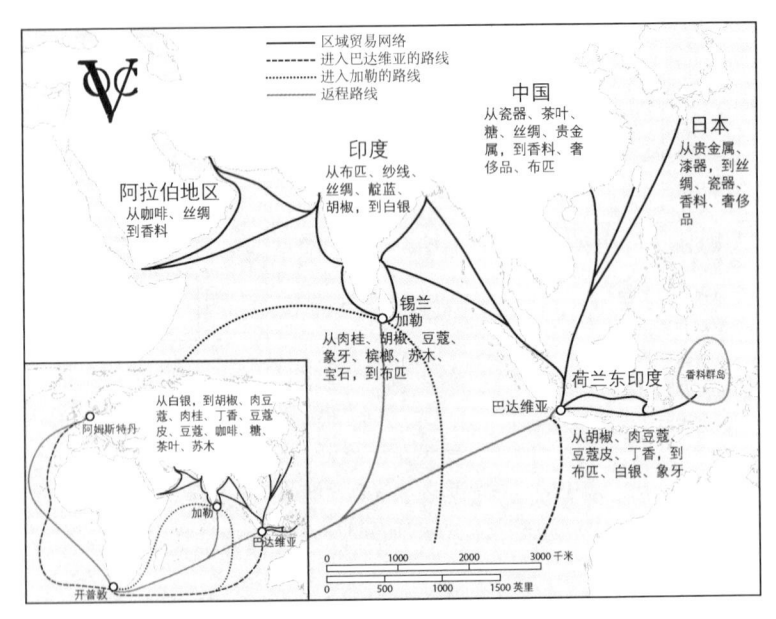

图 10.4　17 世纪荷兰东印度公司贸易商品和路线

来源：reprinted from Jean-Paul Rodrigue, *The Geography of Transport Systems*, 4th ed. (London: Routledge, 2017)。

在好望角航线的香料和白银贸易中，荷兰东印度公司逐渐崛起并占据了主导地位。在 17 世纪末的 40 年中，该公司每十年会向东方派遣 230 多艘船只。荷兰东印度公司成为印度洋上丝绸、瓷器、布料和贵金属贸易的主角，其足迹遍布日本、中国（包括大陆和台湾），以及香料群岛、爪哇、斯里兰卡和印度等地。[36]

结　　论

我们该如何解释这种非凡的商业成就？乍一看，人们至今无法理解外部投资者为何愿意购买荷兰东印度公司的劣等股票。在没有表决权、信息或者更完善的股息权的情况下，他们为何要进行投资？荷兰东印度公司有可能依靠以下三种方法筹集初始资本：社会网络、此前积累的商业信誉，以及政府的鼓励和支持。

因此，荷兰东印度公司是一种过渡型组织形式，介于自愿和非自愿、人格化和非人格化之间。的确，它是一家商业公司，不是国有企业，它在公开市场而不是通过征税的方式来筹集资金。但是，投资者并不完全知情，其游戏规则在事后又会通过政治手段进行篡改。在另一方面，荷兰东印度公司的消极投资者获得退出公司的许可，这一切需要通过在运作良好的股票市场上出售其股票。荷兰东印度公司不像葡属印度那样是一个再分配组织，也不像英国东印度公司那样是一家利润最大化的商业公司。荷兰东印度公司的目标兼具商业性和政治性。它的管理人员与董事，它的主动投资者与荷兰共和国的政治精英，甚至与部分国家机器之间都有交集。

荷兰东印度公司是荷兰商业公司的一种特有模式，是借助欧洲其他国家已有的构成要素而创造的，其中就包括英国的"公司"。但是，它还包含了一个英国公司所没有的元素：以荷兰前期公司（基于康曼达和船舶部分所有权）的形式进行共同股权投资。尽管荷兰东印度公司比英国东印度公司的成立时间迟两年，却从未模仿它。荷兰模式源自荷兰共和国的联省政治结构、荷兰海洋贸易史，以及商人在荷兰政治中的角色。因此，根据我们的研究，荷兰东印度公司是一种嵌入性组织形式。

在成立之初，荷兰东印度公司并不代表从人格化合作到非人格化合作的全面转变。但是，由于荷兰东印度公司的不断发展，通过二级股票市场进行投资已成为常态，该公司慢慢转向非人格化。它不代表国家与公司之间的彻底分离。在荷兰东印度公司成立的头十年里，为了吸引并获取外部投资者，荷兰共和国与公司内部人员携手合作。但是，随着时间的推移，锁定的情况得到缓解，信息和股息开始分发，消极投资者的话语也变得更具影响力。过渡性组织形式将我们带上了组织革命道路的半途，在对此进行了分析之后，现在我们来看看已经完成了组织革命的英国东印度公司。

第 11 章

英国东印度公司

对于发展好望角航线和印度洋贸易,英国人的兴趣姗姗来迟。16世纪下半叶,英国商人决定从俄罗斯公司(经俄罗斯)或黎凡特公司(经东地中海)进口亚洲商品。英国的探险家,如马丁·福比舍(Martin Forbisher)和约翰·戴维斯(John Davis),将大部分精力投入探索他们从未发现的、通往印度的西北航道和东北航道。在16世纪末以前,只有弗朗西斯·德雷克(Francis Drake)于1577年至1580年和托马斯·卡文迪西(Thomas Cavendish)于1586年至1588年尝试过几次从太平洋抵达亚洲;然而绕过好望角,派遣商船前往亚洲市场,仅有詹姆斯·兰开斯特(James Lancaster)领导过一次(1591年)。16世纪末,英国直接与东印度进行贸易的条件才显现出来。首先,英国于1588年击败西班牙舰队,此次胜利使英国船只更容易在大西洋南部和途经好望角的航线航行。其次,英国人开始注意到,该国商人(有别于意大利或德意志商人)在葡萄牙东印度贸易中极易受到排挤。最后,在16世纪末的十年中,前期公司的形成以及荷兰在亚洲活动的增加,无不给那些对亚洲感兴趣的英国商人敲响了警钟。英国人从中总结到了两点:伊比利亚人并非战无不胜,而荷兰人很快也将如此。

微观研究：筹备英国东印度公司

1599年9月，一群伦敦商人多次召开会议。我们现在知道，这些会议便是英国东印度公司的筹建会议。这群人中的大部分为黎凡特公司的成员，他们认为有必要立马进军亚洲海上贸易，因为荷兰前期公司已经联合了葡萄牙人，利用好望角航线进入印度洋市场。关于英国东印度公司财务组织形式设计的书面文献，未能留存至今。目前，我们尚不清楚当时是否产生过任何书面形式的文件。在第一次正式会议和纪要书写之前，相关事宜有可能是通过口头和非正式的方式进行的。[1]发起人（预期的内圈成员）决定在两条平行轨道上工作：一条是获得王家特许状，将他们整合为一个公司实体，并允许与新地区进行贸易；另一条是从大量的消极投资者那儿筹集股本，资助那些前往东印度的航行。通过双轨模式，英国东印度公司的发起人将公司现有的法律结构与较为陌生的股份制相结合。现在就让我们来分别讨论这两条路径。[2]

特许状之路

发起人成立了一个委员会，负责与枢密院就制定公司合并的特许状、海关特权、香料出口许可证、垄断，以及有可能的政治和军事支持进行谈判。1599年10月，谈判以失败告终，因为女王伊丽莎白一世当时正在与西班牙新任国王菲利普三世进行和平条约的磋商，其议题为持续不断的英西战争。她认为，授予特许状也许会阻碍她跟新的潜在盟友间的关系。然而，英西关系的恶化及荷兰进一步的成功，最终促使伊丽莎白于次年（1600年12月31日）授予英国东印度公司王家特许状。[3]但她有约在先，不会提供任何资金投入或军事支持。不同于葡属印度和荷兰东印度公司，英国东印度公司在很大程度上自给自足。特许状的开头部分如下，其中有部分省略，这里仅仅为了展现其风格（黑体字部分是我想要强调的重点）：

伊丽莎白女王授予英国东印度公司的特许状。

12月31日，女王登基第43年。公元1600年。

伊丽莎白，承蒙主恩，英格兰、法国及爱尔兰女王、基督信仰的捍卫者，向我们所有的官员、政要、臣民及全体其他民众，不论身处英格兰王国境内还是他乡，无论服从我们的管理与否，只要我们的特许状被他们目睹、出示或者阅读过，均致以问候。

鉴于〔有218位实名〕请愿者请求我们授予他们王家许可证，他们自己承担风险、成本和开销，以及为了我们英格兰王国的荣誉、我们航行的增加和货物贸易的发展，在我们提到的王国及其自治范围内，可以冒险进行一次或多次航行，使用适当数量的船舶和轻快帆船（Pinnaces），通过运输和贸易的方式前往东印度，来到亚洲、非洲诸国家和部分地区，抵达众多的岛屿、港口、城市、乡镇及周边地区，这些地方的贸易和运输很可能有待探索、建立或拥有……极大地促进了我们国家的荣誉、人民的财富，鼓励他们和我们热爱的其他民众投身于他们擅长的事业当中，以增加我们的航行，**促进合法贸易，造福于我们共同的财**

富……

在本文件明确指定之前，请给予并准许我们上述亲爱的臣民，从现在起，他们以及他们中的每一个人，成为**同一法人和政治团体**，在行为和名义上，**以伦敦总督和商业公司之名，在东印度进行贸易**……我们命令、制定、任命、设立、创建并宣布，通过本文件，以伦敦总督和商业公司之名，在东印度进行贸易，他们将拥有**继承权**，并且他们和他们的继承人……**购买、接收、拥有、享用和保留土地**。**租金、特权、自由、管辖权、特许权**等任何种类、性质和品质的继承权都将归他们和他们的继承人……如此，他们……**在任何法庭**和地方，都可以申辩和起诉，回答和被答复，辩护和被辩护……和我们英格兰王国的其他臣民一样……并且……可以拥有公章，为他们及其继承人的一切事业和生意服务。[4]

从同时代宪法的角度来看，公司合并被视为君主专属和自愿特权的重要组成部分，其意图在于创建和准予尊严、司法权、自由、豁免以及在这种情况下的特许经营权（垄断和公司）。[5]类似的授权通常以特许状或任命状的形式颁发。公司法被同时代学者归类为国王法的一部分，是英国宪法的核心所在。从法律形式主义的角度来看，新的英国东印度公司拥有的特许状和法律地位，与受规制公司、市政法人团体、牛津和剑桥大学法人团体、皇家学会、古董研究所及伦敦手工艺公司颇为相似。英国东印度公司的特许状和公司合并的轨迹是传统的延续，这比荷兰公司的传统更为悠久和完善。

公司制度是英国东印度公司的核心所在，不同于荷兰东印度公司，后者围绕着联合股份而组建。

从特许状的内容可以清楚看出，其最明显的特征是英国东印度公司被合并为"同一法人和政治团体"，即一个独立的法人实体。它具有完整的法律行为能力和特权：拥有土地、在法院起诉并持有特许经营权，例如垄断。该特许状并未提及公司股东的责任限制。有限责任的现代学说尚未出现；公司不依靠债务融资，且股权持有人和债权人之间也不存在利益冲突。从公司是独立法人实体这一点，能清楚地看出存在不同程度的资产划分，没有任何迹象表明其股东的债权人有权解散或撤回任何资产。

英国东印度公司的第一份特许状有效期为15年，于1614年12月31日到期。英国东印度公司后被授予"亚洲、非洲和美洲或位于博纳·埃斯佩兰萨角（好望角）到麦哲伦海峡以外，所有的岛屿、港口、避风港、城市、溪流、城镇及地区"的独家贸易垄断权，有效期与此前相同。这种垄断意味着伊丽莎白的其他臣民，在未经英国东印度公司批准的情况下，不能与这些地区开展贸易。在1609年授予的第二份特许状中，詹姆斯一世宣布英国东印度公司将"永远作为同一法人和政治团体"，[6]并无限期地享有上述所有特权，这使得法人团体和垄断长期存在，若要召回，则需提前三年通知。此举并未能使股份制度经久不衰。

股 份 制 之 路

进入亚洲海洋贸易的运营资本门槛之高，超出了任何个人或小规模团体的承受范围。即便是那些富甲一方的权贵，如地主贵族成员，也无法储备充足的流动资金。此类项目的高风险或许同样让那些规避风险的投资者们望而却步，从而不会投入大量的流动资金。海上贸易需要大量的资金，再加上其风险程度，就必须从众多的投资者（包括外部资源）那里积少成多。因此，个人投资者、家族企业、合伙企业，甚至是受规制企业都无法胜任这项艰巨的新任务。这里需要股权投资而不是资本借贷。

第二条路径，即募集股本，可以说是带来了新型组织行动的诞生。英国东印度公司的发起人于1599年9月22日举行了第一次史上有记录的会议。此次会议旨在推进该方案，并邀请潜在投资者作出承诺。他们还准备了一份订户清单，标注了132人的姓名，这些人认购的资金总额超过3万英镑，每人的金额介于100到3 000英镑之间，其中200英镑是最常见的金额。1600年12月31日，当特许状被授予时，共有218名特许会员，他们很有可能全为订户。[7]这是我们所提到的两种路径第一次也是最后一次正式相遇。到那一刻为止，所有的投资者都被列入了特许状。在第一次远洋航行启程之前（1601年2月13日），[8]人们仍然可以继续认购，此时的订户总数已达到232人，总资本增至68 937英镑。[9]

值得注意的是，尽管英国东印度公司的基本财务结构早在公司特许状被授予前就已制定，但特许状并未反映出这种结构。事实上，其内容与同时期受规制公司的特许状相同。它的218名成员也未被称为股东。这便为后来出现的双重用语埋下了伏笔，将公司成员称为自由的或者获许可的兄弟（brethren, at freedom or at liberty），而把任何一次航行的股东称为冒险者（adventurers）。特许状并不会授予不同认购金额的订户不一样的特权，也不会在发行新股、增发新股、支付股息等方面进行差别对待。成员们都认为初始投资的利润将根据股份公司中每个冒险者的份额进行分配,正如合资企业和合伙关系的做法一样。不过,人们也理所当然地认为,无论认购金额多少,每个冒险者都在股东大会上拥有一票表决权。这是从公司模式中提取的一个概念,因为公司中的每个成员都会有一票表决权。

由于每次航行结束时都可以选择退出,对于英国东印度公司的发起人而言,真正的挑战不在于说服投资者认购 68 373 英镑的首次远洋航行费用(以同时代的标准来看,这个数目不小),而在于如何为之后的每次远洋航行吸引更多的资金投入股份中来。从最初几年的股东会议纪要可以看出,英国东印度公司在吸引外部投资者上花费的时间要远远多于特许状或任何其他商业事项。会议纪要中充满了有关增资、发送更多船只、货物和白银的请求,这些请求既来自亚洲代理商,也是为了应对其主要竞争对手——荷兰东印度公司,后者每年派遣大量的船只。

首次远洋航行后的增资是通过单独的账户来完成的,但特许状中并未提及这一点。每次前往亚洲都会创建一个新的账户,成员们可以自行决定是否投资以及投资多少。具体行程所产生的国内外费用均在相关账户中有所记载。等到远洋航行结束后,会从进口商品销售的收入中减去出口白银等货物的成本、运费、人员工资和奖金,按比例发放给参与了本次航行的投资者。由于投资主要用作运营资本,因此从理论上讲,账户的清算不会有太大的问题。不论剩下多少固定资本(大部分以幸存船只的形式),都会被出售给下一次航行,并转至另一个账户。不过,由于一系列因素(在亚洲使用公司船只来多次运输货物,在商站或仓库中对不同航次的货物进行装箱,以及账目的复杂性),两次航行的股份(第一次和第二次;第三次和第五次)有时会合并在一起。

表 11.1 英国东印度公司每次航程所投资本

年份	航程	资本（英镑）	利润百分比
1601	第一次	68 373	与第二次航程合并
1603	第二次	60 450	95%
1606	第三次	53 500	与第五次航程合并
1607	第四次	33 000	全亏
1608	第五次	13 700	234%
1609	第六次	80 163	122%
1610	第七次	15 634	218%
1611	第八次	55 947	211%
1611	第九次	19 614	160%
1611	第十次	46 092	148%
1611	第十一次	10 669	230%
1612	第十二次	7 142	134%
总计		464 284	

来源：Chaudhuri（1965，p. 209）。

从 1603 年到 1612 年期间，即第二次到第十二次航行，筹集的资金总额将近 40 万英镑，约为原始投资的 6 倍。英国东印度公司的发起人及后来的董事，均优先考虑从一大批被动股权投资者那里筹集股本。在短短的 13 年中，他们共筹得 464 284 英镑，这笔资金曾用于投资 12 个股份，分别用在 12 次航行中。这是英国历史上一笔空前的巨额资金。[10]表 11.1 罗列了英国东印度公司每次远洋航行的投资资金（以英镑为单位）及其盈亏。

要获得如此高额的投资，就必须扩大外部投资人的圈子。然而，这种扩大并未在特许状中体现出来，其中仅罗列出了 218 个创

表 11.2　每份英国东印度公司清单中成员/投资者的数量

清　　单	年　份	成员/冒险家数量
首次大会	1599	132
首份特许状	1600	218
首次航程	1601	232
第三次航程	1607	208
第四次航程	1608	56
第二份特许状	1609	275

来源：Shaw（1887 [1774]）；Harris（2005），database of EIC Charters；Calendar of State Papers, Colonial, East Indies 1515－1634, 5 vols., London, 1892（Court minutes, correspondence）；The Register of Letters of the Governour and Company of Merchants of London Trading into the East Indies, 1600－1619, London, 1843。

始成员。表 11.2 详细列举了英国东印度公司特许状和远洋航行成员或投资者的数量。这里的数据涵盖了第一次会议（1599 年）至第二份特许状（1609 年）中所有会员及股东的名单，共计 410 个人名。[11]拉布（Rabb）的名单时间截至 1630 年，其中包含了 1 318 个英国东印度公司前任股东的姓名。[12]英国东印度公司的投资者数量要少于荷兰东印度公司的 1 800 名或 1 602 名原始投资者，但这个数字仍然远远大于本书调查过的任何其他欧亚贸易企业。

内部人员在管理英国东印度公司、相关航程、业务及利润分配时，必须维护其声誉，培养与外部投资者的关系，如此一来，他们才会不断投向正在进行中的航程。我已将每股认购名单中的投资者姓名录入了数据库，这有助于确定那些重复的投资。表 11.3 详细列出了有多少人不断重复地投资英国东印度公司的远洋航行，将资金投入到后期航程或第二份特许状。

表 11.3 英国东印度公司的重复投资者

首次出现	航程 1	航程 3	航程 4	特许状 2
总航程/特许状	232	208	56	275
重复出现在后期的航程/特许状				
航程 3	156	—	—	—
航程 4	40	49	—	—
特许状 2	172	181	53	—

来源：笔者的数据库。

从表 11.3 中，我们可以看出，参与第一次合股的 232 名投资者中，有 156 人参与了第三次合股；而这里的 208 名投资者中，又有 181 人出现在第二份特许状的名单上。但是，在第一次合股的 232 名投资者中，只有 40 人继续参与了第四次合股。将理论与经验观察相结合可以表明，外部投资者（基于风险倾向、财富限制、其他投资选择，以及不完善的可用信息）会对是否再投资作出谨慎的决定。当然，这个假设需要进一步研究才能成立。

不仅投资集团的规模和扩张，而且其多元性也可以支撑我的观念，即英国东印度公司代表了非人格化公司的突破。17 世纪英国东印度公司研究方面的权威历史学家——乔杜里（K. N. Chaudhuri）给予了第一个提示，他曾写道："东印度公司在其贸易的最初阶段，是作为一个投资渠道运作的。因此，它从各式各样的投资群体中获取资金，这些群体大致可分为两类。"[13] 乔杜里指出，第一类是那些投资大量资金、积极参加公司管理的城市商人，他们往往直接通过从公司购买商品，并在国内出售或者将商品再出口到欧洲大陆来参与贸易。第二类群体则是消极投资者，他们来自一些其他社会群体。乔杜里正确地指出了英国东印度公司既有内部人员，又有外部人士。[14]但是，他没有把这两大群体间的合作问题当成制度设计的主要因素，也没有分析英国东印度公司的制度设计如何加强了合作。

通过历史文献，我们很难确定英国东印度公司股东的社会经济背景，但其他公司的成员信息却得到了完好地保存。让我们首先来分析英国东印度公司的成员还加入了哪些公司（表11.4）。黎凡特商人是英国东印度公司的核心所在，即内部人员。在1599年9月举行的第一届英国东印度公司发起人会议上，132名成员中至少有23人是黎凡特商人，而那次会议任命的15名董事中，也有7人为黎凡特商人。首任总督和24名原始特许委员会成员中的7人，均是黎凡特商人。黎凡特公司成员为第一次、第三次和第四次航海提供了25%—33%的资本。[15]成立于1583年的威尼斯公司，是黎凡特公司的前身，其成员亦参与了前往印度洋的开拓性航行，成为黎凡特公司的核心。在加入英国东印度公司的5名前威尼斯公司成员中，有4人于1600年成为英国东印度公司董事。内部人员还包括俄罗斯公司的成员。24名原董事中有5人是俄罗斯公司成员。此外，一些曾参与寻找通往亚洲航线的船长、航海家和探险家（参与过早年的环球航行，掠夺过葡萄牙的亚洲贸易）也可以被视为内部人员。在这个发起人的活跃团体中，有一些关键人物：托马斯·斯迈思（Thomas Smythe）、保罗·邦尼因（Paul Bannyng）、托马斯·科德尔（Thomas Cordell）、托马斯和罗伯特·米德尔顿（Thomas and Robert Middleton）、以及詹姆斯·兰开斯特。[16]这些内部人员评估了英国东印度公司的财务需求，选择了能将大量消极投资者吸引到这项全新且不断发展的事业中的制度设计。

表11.4　同时担任其他公司成员的英国东印度公司成员数

英国东印度公司成员参与的公司		英国东印度公司成员数量						
公司目标	公司名称	首次大会 1599	首份特许状 1600	首次航行 1601	第三次航行 1607	第二次航行 1608	第二份特许状 1609	总计
亚洲贸易	黎凡特	46	75	73	68	23	80	107
	莫斯科	19	20	19	18	6	20	31
	威尼斯	4	5	2	1	0	3	5
欧洲贸易=受规制	东陆	10	11	14	16	4	14	20
	法国	32	43	47	46	13	61	73
	史泰博（英国）	1	1	1	1	0	1	2
	新商人	6	13	17	20	10	24	26
	商人	25	34	38	32	7	35	46
	西班牙	58	75	73	70	18	88	117
探索与私掠	西北	28	68	71	74	28	94	100
	巴芬	1	4	4	3	1	4	4
	弗罗比舍和芬顿	2	4	3	1	0	5	5
	哈得孙	3	7	6	6	4	9	9

来源：笔者的数据库。

英国东印度公司的潜在消极投资者，即外部人士，可以来自更广泛的圈子及不同的社会群体、职业群体。其成员包括士绅和贵族，他们有意在亚洲贸易中进行适当的投机性投资，就像他们在未来的几年内会投资北美和爱尔兰的定居点和种植园一样。这些人中还包括英国商人，他们以羊毛和布匹为基础，与欧洲的受规制公司开展大规模传统贸易，这些公司的积极成员来自东陆（Eastland）、西班牙和商业冒险者联谊会，尤其是以商业冒险者联谊会为主。另外一些潜在的外部投资者来自伦敦老牌制造商、零售商和工匠：裁缝和绸缎商、皮革商和布料商、金器商和铁器商。[17]虽然这三大群体的成员均无法投入太多的个人精力到亚洲贸易中来，但他们会考虑在一个适当的体制框架内，将有限的财产进行多元化投资。

表11.5显示了商人股东和非商人股东在各家公司中所占的百分比。请注意，该表仅仅展示了长期存在的海外贸易公司的成员身份。从中可以看出，在不同的受规制公司的成员中，只有0.4%（商业冒险者联谊会）到2.9%（法国公司）为非商人，后者占英国东印度公司成员总数的14.4%。这也就意味着至少此类差异可以归因于外部消极投资者。部分商人实际上也是外部人士，例如那些积极与欧洲相邻目的地交易，并且被动投资于印度贸易的商人。

表11.5　各家公司中商人和非商人的百分比

公司	类型	成员数量/人	公司中商人的比例	公司中商人骑士的比例	公司中非商人的比例
商业冒险者联谊会	受规制	269	91%	8.6%	0.4%
东陆	受规制	197	93.4%	6.1%	0.5%
黎凡特	受规制	572	92.1%	6.2%	1.7%
西班牙	受规制	1 096	94.2%	4.2%	2.6%
法国	受规制	548	93.8%	3.3%	2.9%
莫斯科（俄罗斯）	合资	211	78.7%	14.2%	7.1%
东印度	合资	1 318	80.6%	5.0%	14.4%

来源：Rabb（1967, p. 104）。

1613年，首家更为长期有效的股份公司成立，为期八年。尽管它在四年后便匆匆解散，但第二家股份公司仍然于1617年成立，为期十五年。第三家股份公司诞生于1632年，为期十年。当第二家股份公司仍在运营时，第三家公司已经分别于1628年、1629年和1630年为三次波斯之行筹集了资金。1641年，普通股曾被尝试创建。1651年，公司不同的待定股份被合并成一只永久股份。[18]在对使用临时资本和为期数年的资本进行实验后可发现，有时前者较后者的盈利更多；有时通过向新成员发售新股，可筹集更多的资金；又有时通过发行现有股票，在某些情况下，还要进行短期贷款而不是筹集更多的资本。在一些情况下，如果整个资本没有损失，那么在远洋航行结束时会对其进行分配；而另一些情况，则会按初始投资额分摊资本，并对利润进行再投资，以备未来之需；还有一些情况是只分配利润，保留公司的初始投资，直至股份公司期限结束。人们甚至可以找到同时存在多种模式的情况。然而，到了17世纪中叶，英国东印度公司确定了一种普遍的发展模式：从单次航海的临时资本（一到三年，投资于特定的船只）到有限期资本（八到十五年），最后再到永久性和连续性的资本。

随着时间的推移，英国东印度公司的总资本稳定增长，波动较小。如此前所述，1601年，首次远洋航行的资本为6.8万英镑；1613年，第一家股份公司的资本为41.8万英镑；该公司1657年的永久性普通股本为37万英镑，1682年为74万英镑，等到1693年，则达到了148.8万英镑。1709年，在"旧"英国东印度公司和"新"东印度公司竞争多年之后，双方合并成一家公司，即"英国商人在东印度贸易的公司"（United Company of Merchants of England Trading to the East Indies），其股本高达316.3万英镑。英国东印度公司的资本于 1794 年便创下了历史新高，达到 600 万英镑。在 17 世纪的大部分时间里，英国东印度公司一直是英国最大的股份公司（从资本角度而言），在欧洲仅次于荷兰东印度公司。到了 18 世纪，英国东印度公司的资本仅次于英格兰银行，超过了荷兰东印度公司，成为全球最大的贸易公司。[19]

总体而言，王家特许状既没有预见股份融资，也未曾预料到每次航行都要设立一个独立账户。有趣的是，英国东印度公司的发起人并未将特许状视为公司向着股份公司发展的阻碍或限制。将合资公司的金融工具（如股份公司中的股权投资）与公司的法律概念相结合是一项重大创新。然而，这种创新产生了一系列必须解决的新问题和新分歧。从一开始，公司的发起人就决定用联合股份来融资，但他们似乎并没有向国家提交申请。尽管特许状为股份公司创建了组织平台，但在组织结构和财务架构之间，却未带来任何交集。其结果是导致初始成员与未来成员之间，财务权和管理权之间，产生了分歧。人们花费了 17 世纪大半的时间来补救这些问题，其过程经过缓慢的实践，对股份公司及其特许状进行修改。

治理结构与发言权

英国东印度公司的一般治理结构与许多早期公司的治理结构并没有区别。公司特许状明确了英国东印度公司的基本治理结构，其中包括一名总督、一名副总督、二十四名董事，又称董事会（Court of Committees，1709 年后改名为 Court of Directors），以及股东大会（General Court）。直到 1709 年，英国东印度公司的官方名称一直是"伦敦商人在东印度贸易的公司"（The Governor and

Company of Merchants of London Trading into the East-Indies)。股东大会由公司的全体成员组成。

最初,股份公司的成员无论其地位高低或投资多少,都在股东大会上享有一票表决权。大会每年至少召开一次,通常在7月的第一周,大会选举出总督、副总督和董事。特许状赋予股东大会以"不认真履行岗位职责"为由,免去总督或董事会任何一名成员职务的权力。[20]英国东印度公司的董事不同于荷兰东印度公司,可以是任何一名成员,其任期仅为一年,亦可被罢免。

有关英国东印度公司的治理结构,请参见图11.1。英国东印度公司的治理结构较荷兰东印度公司更为集中,因为它在城市层面没有类似于荷兰"六个商会"的分支机构。英国不是联省国家,伦敦就是其政治和经济中心。英国东印度公司只有总部设在伦敦的中央机构。

与荷兰东印度公司不同的是,英国东印度公司只有一类成员。无论是董事会还是成员之间的任何其他决定,股东大会的投票均按照1600年特许状制定的每个成员一票原则。作为一种全新的组织形式,年轻的英国东印度公司可谓史无前例。不同于寡头制的荷兰东印度公司,这是一家人人平等、具有代表制且民主的公司。[21]一些公司、受规制企业、学院、城市和行会中的传统投票制也遵循了该原则。英国东印度公司并不考虑第二条路径上同时发生的事情,即筹集资金和成立股份公司。换句话说,股份公司中所投资的股额不会影响投票权。

然而,英国东印度公司成员之间严格平等的投票模式渐渐地转向以投资份额为基础,正如我们今天所知道的那样。1609年的特许状准许每五百股为一票,[22]使之成为最低的持股量。实际上,很多超过此数值的人也仅拥有一票或最多两票。[23]1609年的改变也许是为

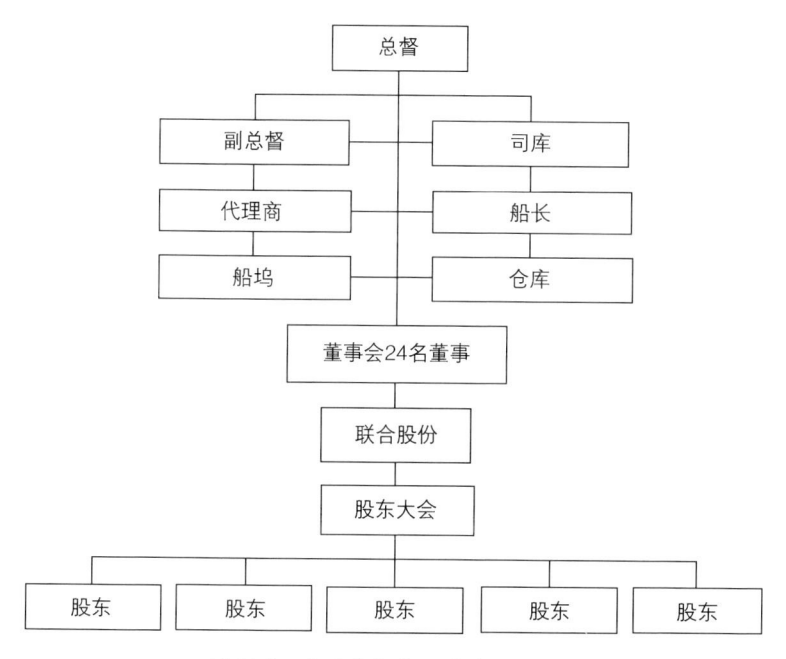

图 11.1 英国东印度公司的治理结构

来源：Shaw（1887 [1774]，pp. 1-15）（discussing the EIC 1600 charter）。

了说服那些第一次航海（认购标准为 240 英镑）之后，就再未投资的股东继续认购，以确保其投票权。1661 年的特许状保留了这项协议。[24] 1693 年的特许状建立了一项封顶制度，即一票等于一千股，万股及以上股东每个人最多可拥有十票。1698 年的特许状制定了一种比例法：500 英镑及以上的股票持有人拥有一票；1 000 英镑及以上的持有者可得两票；2 000 英镑及以上的持有者拥有三票；3 000 英镑及以上持有者拥有四票；超过 4 000 英镑的持有人最多可获得五票。此外，特许状设定了持有最少 2 000 英镑的股份才有担任董事的资格。[25] 这一进程无疑巩固了大股东在董事任命和事务管理方面的影响力。[26]

特许状授权英国东印度公司可以制定相关的规章制度，而这些规章制度能进一步表明三个基本职能部门的结构和功能。例如，组织章程规定一旦船只从印度抵达时，便应召集股东并在收到来自印度的信息后召开董事会会议。[27]此外，非成员不得参加股东大会（发言者应摘除冠帽，只向总督汇报情况，并且规定所有人不可以打断他人的讲话）。[28]董事会负责执行股东大会有关销售进口商品、购买粮食和商品的命令。董事会职权范围内的每项任务均需要由至少两名成员完成，而不是单独一人进行。类似的工作任务无法分配给其他人，只能由董事会成员亲自完成。总督有权召集董事会会议并执行相关命令。股东大会需承担的职责并不是抽象的，而是通过详细的流程来制定的。

特许状与规章制度一起，为管理英国东印度公司创建了一个参与性的框架。参与不仅体现在英国东印度公司职能部门的结构中，更体现在决定其功能的流程中。会议和选举的日期与情况会提前写入章程性文件。制度设计推动集体决策：若没有众多外部人士的支持，内部人员的提议将无法获得多数选票，因为外部人士也享有平等的投票权。这种参与式的治理结构保证了所有股东的发言权（而不仅仅是在特许状和组织章程中有规定），它在公司成立之初大获成功，当时的成员均积极踊跃，定期参加股东大会，提出问题并参与投票。

信 息 流

从信息水平和质量而言，英国东印度公司成员和潜在投资者所掌握的亚洲贸易信息不尽相同。黎凡特公司和俄罗斯公司的成员早就利用海上路线（从波斯湾和红海的贸易中心）和陆上丝绸之路（从俄罗斯和地中海东部）将亚洲商品进口到了英国。他们可以获取商品、市场和风险的信息。相比之下，作为西班牙公司或东陆公司成员的商人总是离信息有一步之遥。商业冒险者联谊会和法国公司成员所掌握的信息甚至更少。这两个群体都具有海外贸易的经验，但他们从不与亚洲商品或亚洲市场打交道。在所有群体中，贵族、地主士绅、伦敦制造商们和手工艺人获得信息的机会最少。

内部人员掌握着有关亚洲商品供求的信息。[29] 他们能够更好地识别风险，并且愿意积极地参与新企业的运营和管理。外部人士较内部人员自然拥有更少的信息。他们没有将英国东印度公司视为工作场所，而是视之为一个相对被动的投资，因此他们无法投入大量的时间或资源来监督内部人员。

事实证明，这种信息的不对称是建立双方合作的主要挑战。为了吸引外部人士，内部人员不能仅仅介绍与亚洲进行海洋贸易的大概前景或承诺合理的利润份额。他们还必须信守承诺，提供用于减少不对称性的信息，以及使用相关信息的工具。要想实现这一目标并成功地从外部人士那里筹得大量资金，就需要制度创新，而英国东印度公司恰恰做到了这一点。尽管外部人士愿意探索新的投资机会，尤其是那些高预期收益率的投资机会，但如果英国东印度公司的设计不能使他们保护自身的利益，他们就不可能投资。外部人士的投资表明了一个组织促进有效的非人格化合作的能力，而英国东印度公司能不断吸引此类合作的属性，本身也足以证明人际合作的不足。尽管这看似老生常谈，但事实并非如此，因为就这些属性而言，到目前为止没有更多的解释。

英国东印度公司的治理和财务结构引来了信息流。除了首次远洋航行和股份公司外，吸引成员接着投资后续的航行大有必要，这一点迫使内部人员向他们提供信息。公司主要的商业决策需要获得大多数人的同意，因此提供信息成为投票的先决条件。英国东印度公司的规章制度非常重视账目的准备、审计和提交给股东大会等工作。[30]此外，治理结构为信息的非正式流通创造了各种机会。这两家公司的股东大会起到了枢纽作用，因为来自亚洲代理商、往返于亚洲的人员以及伦敦内部人员的信息在这里与外部人士互通互享。所有成员和股东会定期在一个地点会晤，如此一来有助于减少信息的不对称。强制性地公开信息、提供信息（作为动态决策的一部分），以及会议上非正式地收集信息，这一切都确保了信息从内部人员到外部人士的持续流动。很显然，并非每条信息都可得到验证，也不是所有的参与者都能立即获取信息，信息的不对称性更不会完全消失。相对而言，人们应该关注信息流的质量。流向英国东印度公司外部人士的信息流，不论从数量和可信度来看，都要高于那些流向葡属印度的意大利和德意志贷款人，或者荷兰东印度公司被动股东的信息流。[31]一个机构中的合作越是趋于非人格化和自愿形式，就越需要向外部人士提供更多的信息，从而保护他们的投资，允许他们有效地行使自己的发言权，并且监控风险水平、账目和股息。

资金流和退出选项

英国东印度公司成员的退出选项并未在公司特许状中提及。特许状只设想了父传子的成员世袭制，正如行会和受规制公司那般。在任何一家公司中，包括英国东印度公司，都不会将成员的利益商品化，或让其自由转让。然而，股份制财务结构联合了公司结构之后，实际上是允许退出的。其中一种退出的方法是在航行结束时收取支付的本金和股息并避免对下一趟行程再投资。第二种方法是在股票仍然活跃时，向任何一家股份公司出售股票。第一种退出方法仅在既定航程结束时才可使用，而第二种仅需找到买家便可随时操作。

因此，英国东印度公司成员获得了一种特殊的退出选项，这在荷兰东印度公司或者后来的英国公司中均不存在。实际上，英国东印度公司的成员有机会投资未来任何一次航行。有些人这样做了，而另一些人却没有。从这个意义上来讲，公司涵盖了潜在的（尽管不一定是实际的）投资者。开启新航程和筹集更多的资金需要少数人服从多数人，尽管潜在投资者有发言权，但那些选择不参加某一次具体航行的人却无法分享利润。在最初的12次航行中，每一次都有不同的人员投资。据估计，他们均为公司成员。成员身份让潜在的投资者可以获得一手信息：过去的航行结果、进行中的航行情况，以及未来航行的前景和商业计划。他们有机会退出，再决定是否要参与新兴商机。因此，在英国东印度公司的这个历史阶段，更明智的退出选项应该是放弃收益不大的航行，而不是彻底退出该公司。

（每次航程结束时的）航次股份和退出选项所带来的一个有趣结果是创建重复交易的框架。外部人士不会被长期锁定，但每次远洋航行都必须重建独立的合作关系。频繁的互动能使外部人士有效地反复评估内部人员的表现和可靠性。通常，无论是在重复交易的背景下（以失去未来交易机会作为制裁违规行为的手段），还是在个人交易的情况下（以网络内的社会制裁作为惩罚违规行为的手段），信誉机制都是有效的。英国东印度公司的特殊结构是以重复交易的形式组织外部人士的投资，从而弥补了从以网络为基础的合作到非个人关系合作的转变。这种组织模式为内部人员提供了一个积累声誉、确保长期的非人格化被动投资的机会。从这个意义上来讲，英国东印度公司有点接近荷兰的前期公司，而不是荷兰东印度公司。

至于第二种退出方法，并非一桩小事，其原因有二。首先，英国东印度公司的特许状不承认其成员资格的无限转让。实际上，这也就意味着，尽管成员可以与新人交易并答应将其获得股息、本金和利润的全部权利转让给他，但除非获得英国东印度公司股东大会的批准，否则不能转让其成员特权，或者投票和获取信息的权利。在最初的几年中，股东大会一般不会立即予以批准。

其次，对于正在进行中的航行，若想撤回初始投资，成员就必须找到合适的买家，并向其出售自己的股份，当然这些股份处于某特定的待决股份中，他无法在运作良好的市场或预先制定、低成本交易的帮助下进行上述操作。以家庭为基础的网络有助于匹配英国东印度公司股票的卖方与买方。不过，对于英国东印度公司这样一家规模庞大且非人格化的公司来说，这并不是一个合理的解决方案。

英国东印度公司的制度结构在一定程度上促进了股票的出售，公司凭借这种制度结构成为买卖双方的联络点。在股东大会上，潜在的买方可以找到卖方，通过了解亚洲的事务状况来获取有关股票合理价格的信息，从而对相关商品的市场价格有所掌握。这些会议更像是年度博览会，而不是现代资本市场，各家公司的股票都在其中交易。

为了解交易的频率和新兴股票市场的流动性，我建立了一个数据库,这是首个关于英国东印度公司股票交易的数据库。它以英国东印度公司会议纪要中的交易报告为基础,这些报告曾被提交给英国东印度公司的股东大会等待批准。从 1601 年到 1609 年的英国东印度公司新特许状出台,我总共确认了 100 笔交易。图 11.2 提供了直观的数据。左侧的竖轴和灰色的柱子代表以英镑为单位的总交易金额。右侧的竖轴和黑点则代表了交易数量。例如,1607 年的交易量为 47 笔。

鉴于 1604 年至 1606 年间英国东印度公司会议纪要丢失,且 1600 年和 1609 年不是完整的年份,由此推断出的年平均值约为 40 笔交易。对于缺乏正常运作的股票市场环境来说,这是一个很高的

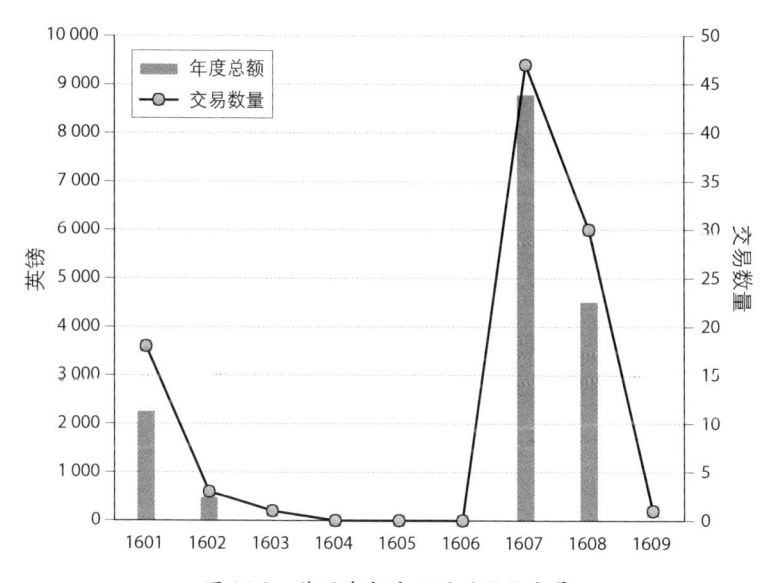

图 11.2 英国东印度公司的股份交易

来源:Harris(2005)database, based on *Calendar of State Papers*, *Colonial*, *East Indies 1515 – 1634*, 5 vols., London, 1892。

数字。尽管如此,其流动性仍然有限。

如果交易无法成行,无论是因为得不到批准,还是没能与买方达成一致,投资者都必须继续持有股份直至航程结束(指望远洋航行能圆满结束并且款项得以最终结算)。因此,在英国东印度公司的这个历史阶段,更加可行的退出选项仍然是放弃特定的航程,而不是彻底退出公司。

在能够自由进入有效股票市场的情况下,荷兰东印度公司股票的流动性要远高于英国东印度公司。然而,我能断言英国东印度公司股票的流动性要高于历史学家、经济学家或法学家迄今所提出的(或者更准确地说是,针对1688年前所有英国商业公司所提出的流动性)。直到17世纪后期,伦敦的股票市场才逐渐发展起来。在17世纪的大部分时间里,英国东印度公司的股票都是在公司会议上以个人或临时匹配的形式交易。王政复辟后,英国东印度公司股票的交易数量不断增加,从1661年至1663年的年均44次涨到1688年的年均655次。[32]光荣革命发生后,事情更是发生了翻天覆地的变化。政府债务市场自此出现。17世纪90年代,有少数公司的股票(如英国东印度公司、英格兰银行、王家非洲公司和哈得孙湾公司)"搭上了"政府债券热的顺风车,并与大宗商品、保单、外币以及王家交易所的政府股票(现代意义上的债券)进行交易。[33]英格兰银行的成立为债券和股票交易作出了贡献。1700年前后,由于王家交易所大厅人满为患,一些经纪人搬到了马路对面商贸小巷(Exchange Alley)的咖啡馆办理业务。[34]随着1720年的南海繁荣,大量公司(多为昙花一现)利用了英国的股票市场。[35]到了1773年,股票经纪人在王家交易所后面的斯威廷小巷(Sweeting's Alley)建造了新的场所,并将其命名为证券交易所(Stock Exchange)。在英国，活跃的政府债券市场、公司股票的市场流动性以及股票市场基础设施的发展要比荷兰缓慢得多，其差距有一个世纪左右。如我们所见，在阿姆斯特丹的旧证券交易所（Beurs），公债的交易历史最早可追溯到16世纪后期，荷兰东印度公司的股票则从1602年开始买卖。到了1700年，伦敦和阿姆斯特丹有着欧亚大陆其他地区（可能巴黎除外）所无法比拟的证券交易。

英国东印度公司对于资本的需求与那些在欧洲进行贸易的英国商人有着根本性区别。英国东印度公司面临的问题不是如某些学者错误地假设的那样，以堡垒、港口、仓库等形式投资基础设施。[36]这家新公司所需要的主要是运营资金，而不是固定资本，这一事实影响了其组织性设计。

英国东印度公司组织上将公司与航次股本金融投资相结合的设计，旨在促进内部人员和外部人士之间的合作。社会网络以人际关系为基础，为了超越它并不断扩张，一个基于重复交易的声誉机制（以航次联合股份的形式）被创造出来。英国东印度公司向外部投资者提供的发言权和信息水平远高于荷兰东印度公司，这是为了吸引他们加入，从而弥补流动资金的不足，因为1600年的英国缺乏有效的股票市场。英国东印度公司打算以某种方式允许其成员选择退出，尽管之前不存在股票市场。退出选项必须以一种不寻常的方式来制定，这对于现代学者来说较为陌生，他们往往将通过市场退出作为标准途径。[37]英国东印度公司大量的实际投资人及其不同的社会背景能够很好地说明非个人关系合作的实现，以及英国东印度公司有能力突破传统的基于人际关系和网络的合作壁垒。

可信承诺

特许状详细说明了伊丽莎白一世与投资者之间的交易。英国王室准许垄断与合并,针对那些侵入者,他们将采取垄断的措施以及可能的海军支援与政治支持。从另一方面,商人以不同的方式提供资源,包括预付现金和未来的关税及各项税收,推动英国王室的外交政策,并在战时向海军支援船只。[38]特许状也明确规定了内部人员与外部投资者之间的交易,其中前者提供发言权、信息和退出选项,以换取投入英国东印度公司的资金。但是,特许状仅仅是一张王室可以随意撕毁的纸吗?或者它是介于王室和商人之间,一份具有约束力且可以实施的协议,一份英国东印度公司内部人员与外部人士之间的协议?投资者能否相信王室,一旦合并后不去征收他们的投资?

在王室偿还债务的承诺方面,诺斯(North)和温格斯特(Weingast)指出了相关的问题,这同样适用于王室对于特许状的承诺。[39]只要英国王室仍是绝对君主,就可以为所欲为。当时的王室不具备任何宪法层面或制度方面的手段,使其能够可信地约束自己不在将来采取特定的行动。王室不仅可以随意撤销特许状,发布更具竞争力的新特许状,还能够拒绝执行特许状所赋予的特权。同样,内部人员可以向王室提出更改游戏的规章制度,并效仿荷兰东印度公司的董事,制定有利于自己但不利于外部人士的规则。该协议不受第三方管控,[40]这是一个典型的"可信承诺"问题。王室作为行使特权的君主,可以撤回并撤销其承诺。因此,无法让人相信他们不会去这么做。一旦如此,王室特许状将失去价值,而特许状市场也会注定走向彻底的崩溃。

1558年至1640年间，英国"可信承诺"手段的发展令人印象深刻。尽管在宪法的理论层面，授予特许状仍属于王室的特权，但实际上，议会和司法机构在授予特许状方面具有很大的影响力。议会抗议政府单方面决定授予或撤销特许状（尤其是垄断性的特许状）。渐渐地，普通法法院开始逐个审查王室颁布的特许状的有效性及适用范围。有关王室与议会、司法机构之间冲突的公开讨论，激发了一些新的宪法理念，从而对王室的特权产生限制。精明的法学家们将这些新理念与过去的叙述和记忆相融合，使其看起来拥有古老的渊源，仿佛根深蒂固且不可动摇。王室必须考虑特许状的受让人及其竞争者的既得利益，因为这些利益集团均能接触到议会和法院，并选择是一起做生意还是在海外寻找新项目。简单地说，王室受到名誉机制、体制机制、稳固的独立司法机构和新宪法理念的制约。这些限制带来了一场从绝对君主制到新生法治君主制的缓慢转变。[41]

确实，在某些情况下，王室授予特许状的综合能力实际上已被削弱。关于王室希望授予特许状和垄断权的一些业务，到头来无法兑现或予以承诺，因为议会或司法机构有权推翻其决定。至于其他的批准事项，特许状的有效性变得越来越不确定。等到这个时期结束，英国陷入了全面的内战，查理一世显然已无法履行其承诺，而英联邦也必须在两者之间抉择。然而，承诺机制所面临的考验不在于是否能经受住一场革命，而在于能否在政权常态下保留下来。毕竟，即使是现代的自由民主国家也无法完全信守承诺。为此，它们必须常常付出声誉和政治代价，在撤销特许状时，伊丽莎白一世、詹姆斯一世和查理一世亦是如此。

这里提出的论点在某些层面上是相对的，而不是绝对的。之所以说它不是绝对的，是因为我无法提供一个反面事实，或指出英国历史上的某个王朝提出了完全可信的承诺，又或者是完全具有掠夺性（与之形成对比的是都铎王朝晚期和斯图亚特王朝早期）。1558年至1640年间的特许状活动没有可参照的标准，因此也无法推断出英国的可信度。在此期间，相比贷款而言，王室能够针对特许状更好地传达可信承诺。这是因为特许状的使用历史悠久，经过了几代人，它促进了法律和制度约束的发展。由于该时期宪政综合发展，加强了议会和普通法的地位，王室较以往能作出更多的可信承诺。英国王室也可以传达比其他欧洲国家更为可信的承诺，因为它在司法层面发展了宪法理论，以及商人和国家之间的权力平衡。只有在一种政治制度下，才能建立起一家拥有英国东印度公司这般规模和持久性的商业公司，该政治制度所创造出的空间远远超出了君主违背其过去承诺、废除特许状和没收特许公司资产池的能力。对于这样的空间，必须用可靠的手段加以保护，以免君主随意破坏。正如我们刚才所看到的，英国是这样一个国家。又如我们在第10章中所知悉的那样，荷兰共和国也是这样一个国家，但基于不同的结构，它是因为其联省结构和商人在其政治中占据主导地位。其他欧亚国家的结构均与此不同。

英国东印度公司在亚洲

英国东印度公司如何利用其组织创新以及成功筹集的资金呢？首先，英国东印度公司派船只绕过好望角前往亚洲，头十年共17艘，第二个十年（1611—1620）达到77艘。在接下来的几十年里，每十年的船只数量均介于 58 到 134 艘之间。在 17 世纪中，共有 807 艘船绕过好望角驶向了东方。

1602 年，早在英国东印度公司第一次航行时，便在万丹留下了几名代理人，英国东印度公司在亚洲的首个商站也就此诞生。第二次的航程被要求路过那儿，将上次航海代理人购买并储存于当地的物资运回。1607 年的第三次航行是先前往摩卡和亚丁，再来到印度的苏拉特，最后驶向万丹和印尼的其他地区。此后的航行还经常路过波斯湾、印度东部、东南亚和印尼群岛的其他港口。到了 1613 年，苏拉特已成为英国东印度公司在印度西部的主要商站。英国东印度公司驻印度洋港口的外派员工在私下不断推动私营贸易。私营贸易为这些雇员提供了额外收入，甚至使其变得更富有企业家精神。况且，这对公司也毫无害处。正如埃里克森（Erikson）近期指出的那样，私营贸易增加了对于公司有用的信息流，扩大了贸易网络，并鼓励了公司代理人的企业家行为。[42]

亚洲代理人的自主权日益增长以及权力下放的进一步扩大，其过程并非一帆风顺。1614 年，英国东印度公司董事会试图任命一名负责整个亚洲贸易的总代理人（factor-general），并授权此人组织和监督四个地区的商站。这种尝试类似于荷兰东印度公司在巴达维亚附近的活动，旨在合理化和集中化，但效果并不理想。万丹和苏拉特成为英国东印度公司在亚洲的两个主要贸易中心。此外，在其他港口和市镇也建立了商站，从也门和波斯湾到印度次大陆的各个地方，再到印度尼西亚。直到某个时候，万丹和苏拉特两地也成立了理事会，当地的主要代理人成了主席。鉴于荷兰不断的施压，英国人被迫于 1682 年撤出万丹，这也导致了印度次大陆成为英国的活动中心。1661 年从葡萄牙人手中收购的孟买，逐渐成为英国东印度公司在印度西部的行政中心。到了 17 世纪末，1639 年收购的马德拉斯成为该公司在科罗曼德海岸和整个印度南部的重要贸易中心。等到 17 世纪 80 年代，加尔各答已经成为该公司在孟加拉和印度中部贸易的中心，这里的业务不断增长。孟买、马德拉斯和加尔各答这三个要塞城市在 18 世纪都升格为"主席"所在地。[43] 1772 年，威廉堡-加尔各答（Fort William-Calcutta）的主席被任命为总督，与其他主席相比，他的资历更老。

本章和本书并不打算解释英国在印度的帝国主义，荷兰在印度尼西亚的帝国主义，或者欧洲帝国主义的扩张。本书选择 1700 年，即帝国主义真正扎根之前截止，乃有意而为。本章和前面几章重点介绍了英、荷两家东印度公司尚以贸易为主的时代。它们在亚洲拥有的领土附属于贸易目标。在 17 世纪，英国东印度公司征服并购买了一些战略要地，这些地区在贸易中扮演着商站和港口的角色。该公司在印度的领土与殖民野心实际上产生于第一、第二次卡纳蒂克战争（1746—1748，1749—1754）和七年战争（1754—1763）。在这些战争中，它与法国人在印度进行争夺，并且干预了海德拉巴邦尼萨姆（Nizam of Hyderabad）的王位继承。在美国独立战争（1775—1783）中失去了北美殖民地之后，第二大英帝国（Second British Empire）围绕印度而建立。部分学者，尤其是斯特恩（Stern），认为英国东印度公司拥有领土殖民权的特征，对当地人行使管辖权，并在早期历史中就表现出了其最高权威和统治方式。然而，即使是这些学者，也没有在克伦威尔（Cromwell）于 1657 年授予英国东印度公司特许状之前，认为该公司拥有这些权力。特许状允许英国东印度公司治理大西洋上的圣赫勒拿岛（前往好望角途中的重要停留地），并将公司的商站从莫卧儿帝国的苏拉特迁至孟买（这点在查理二世1668年颁布的特许状中有所体现)。[44]我对斯特恩的观点抱有好感，他认为领土问题早在1668年的《孟买宪章》(Charter of Bombay) 中就已经凸显，而不是如大众所理解的那样，在1757年的普拉斯战役（Battle of Plassey）中才显现出来。但是，即使是更早的日期，也足以证明对英国东印度公司头70年在贸易和金融方面的分析是合理的。在最初的几十年中，英国东印度公司专注于筹集资金和开展贸易，其制度设计首先需要解决这些问题。此外，殖民主义和帝国主义等重要历史现象并不在本书研究的范围之内。

荷兰东印度公司与英国东印度公司比较

虽然在人类的历史上，荷兰东印度公司和英国东印度公司完全不同于任何一家先于它们的实体，但它们之间却存在着许多共同点。在我看来，至少有三个非常重要的基本特征。其一，两者都致力于同时代人所能想象到的最具挑战性、风险最大并且最复杂的商业活动：在全球范围内进行尽可能远的贸易，将美洲的白银通过欧洲、绕过非洲运往南亚和东亚，再将亚洲货物带回来。在这方面，英国人和荷兰人受到的挑战比葡萄牙人还要多一些，远远超过了任何其他企业或统治者。其二，他们汇集了超出任何个人或家庭手段以及社交网络范围的资源。荷兰东印度公司和英国东印度公司均以外部投资为基础，实现了从人格化合作到非人格化合作的转变。其三，它们脱离了统治者和国家机器。两者形成于国家和家庭之间的一个中间地带，在这个空间里，由个人和家庭组成的团体可以自由地存在。为创造这样一个受保护的空间，英国和荷兰共和国在提供先决条件方面可谓是独一无二，该空间在某种程度上能够抵御国家对团体所积累的财产和资本的征用。简而言之，如表11.6所示，两家公司有几个惊人的相似之处。但这两个机构在组织细节上又有所差异，尤其是在股份的属性上（见表11.7）。

表 11.6 英国东印度公司与荷兰东印度公司基本特征的相似点

	英国东印度公司	荷兰东印度公司
形成模式	国家特许状	国家特许状
形成年份	1600	1602
业　务	欧亚贸易：白银换取香料和丝绸	欧亚贸易：白银换取香料和丝绸
垄　断	好望角到麦哲伦海峡	好望角到麦哲伦海峡
持续时间	15年	21年
特　征	股份资本，股份，集中管理	股份资本，股份，集中管理

表 11.7 英国东印度公司与荷兰东印度公司的股份属性

	英国东印度公司	荷兰东印度公司
等　级	1	2（积极=bewindhebbers，消极=participanten）
发言权	每名股东一票	每名积极股东一票，持消极股份的股东无投票权
股　息	每次航行结束时获本金和利润	自由决定（实际上很少）
信　息	账户和贸易新闻	不给消极股东提供信息
退　出	须经认可	须在荷兰东印度公司登记簿登记
责　任	未定义	未定义

第 11 章 英国东印度公司

据我分析,这些差异由几个因素造成。首先,最重要的是商人在社会和政治中的地位;其次是司法机构的联邦结构和股票市场的存在。荷兰共和国由商人统治,他们在亚洲贸易开始之前就积攒了大量的财富,在前期公司存在期间积累的额外的财富,增加了他们的政治影响力。荷兰共和国的商人们享有政治影响力,不仅是因为他们的绝对财富与地主阶级相比更为有利,而且共和国的政治结构和宪法结构(联省)亦对他们有好处。贵族阶层在联省各地分化严重,而商人则集中在几个具有战略地位的城市,尤其是阿姆斯特丹。而在英国一元化的政治体制下,尽管王室和议会地处伦敦,但它们仍受到全国各地地主阶级的左右。商人阶级至少又等待了一个世纪才获得实质性的政治权力。

在荷兰共和国,积极股东在阿姆斯特丹等城市既担任商人又出任城市法官,他们利用职位便利对各省和联省政府施加政治影响,并通过特许状单方面锁定外部投资者。荷兰东印度公司与国家的关系密切,这点要强于英国东印度公司和葡属印度。由于商业精英和政治精英的结合,荷兰东印度公司得到了国家层面更多的支持。但与此同时,它也必须牺牲纯粹的商业目的,更多地推进荷兰共和国的政治目标。当然,这两者之间也很难区分开来。它可以被看作一家私人-公共的双重企业,比葡属印度更为私人化,比英国东印度公司更加公共化。在组织层面,它与后者的共同点要多于前者。从这个意义上来说,我接受斯特恩斯加德的观点。如果必须给出一个明确的区分,更为准确的看法是葡属印度作为一个分销企业,而荷兰东印度公司和英国东印度公司为革命性、利润最大化的企业。外部消极投资者的股份和股权投资的存在,以及投资者期望从中分得一杯羹的想法,进一步证实了这种区别。

荷兰东印度公司可以继续锁定被动股东的资本,因为一个通过二级市场的退出选项使之变得可能。到了16世纪末,荷兰共和国建立了债券市场,荷兰东印度公司股票的交易可以利用其基础设施。在英国,债券市场则在光荣革命结束约一个世纪后才发展起来。17世纪早期的英国东印度公司不能通过二级股票市场退出。它未曾构想外部股权融资的长期锁定,因此只能在每次航行结束时退出。此外,为了换取有限的退出选项,英国东印度公司需要通过更大的决策权来提供多一些的发言权。因此,相对于荷兰东印度公司而言,该公司的治理结构不太像是那种等级森严的寡头垄断,更多是具有一种自愿的、民主的和参与的性质。

这两家公司为投资者提供了多元化的投资机会。这种机会之所以能形成是由于两家公司不同于受规制公司,后者要求其成员几乎花费所有的时间参与贸易,而这两家公司则允许被动加入。与康曼达投资或者甚至是船舶部分所有权的不同之处在于,这两者对进入投资的门槛要求很高,而就两家公司而言,即便是很少的钱,也可以用来投资。投资者可以持有投资组合,其中荷兰东印度公司或英国东印度公司的风险投资仅仅为投资组合的一部分。在荷兰共和国,这种投资可以与其他投资同时进行,如政府投资和城市债券投资、涉及欧洲贸易与渔业的船舶股份投资,以及房地产投资。对于公司股份来说,此外唯一的重大投资是西印度公司。在英国,进入17世纪后的几十年中,投资包括国内、殖民地和贸易公司在内的其他公司的股份,也可以实现多样化。[45]

在这两家先锋公司中,荷兰东印度公司在短期内似乎表现得更出色。它筹集了更多的资金、拥有更多的成员,并且派出了更多的船只。从图11.3可以看出,沿好望角航线向东航行的英国和荷兰的

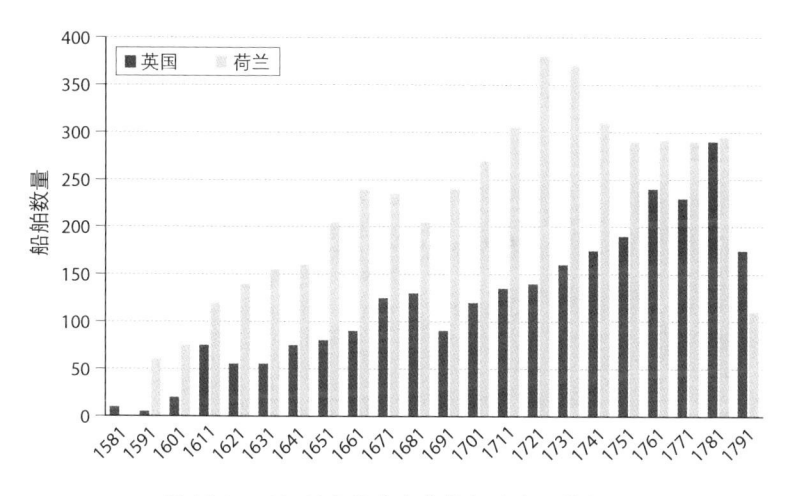

图 11.3 沿好望角航线向东航行的英、荷船只

来源：de Vries (2003)。

船只数量。就向东航行的船只数量而言，英国人仅仅在 18 世纪的最后 20 年中才与荷兰人旗鼓相当。

这两家公司是当时欧洲最大的商业公司。它们能够大规模地筹集股份资本，除了 16 世纪欧洲最富有的富格尔家族企业和欧洲统治者所青睐的银行家之外，这是早期企业所无法企及的。

表 11.8 比较了 1601 年至 1612 年英国东印度公司在第一次航行中所筹集的资本（取自表 11.1），荷兰东印度公司在首个特许状（1602 年）中认购的资本（分期付款，取自表 10.1），以及 16 世纪最大的家族企业——雅各布·富格尔家族的财富（根据 1525 年他去世后的遗产清单和第 6 章微观研究中的文本）。此处的资产规模比较，依据的是货币与银重或相关货币等量白银之间的汇率。荷兰东印度公司的资本以荷兰盾为单位、英国东印度公司资本的单位为

表 11.8　比较富格尔家族企业、英国东印度公司、荷兰东印度公司的股本

	富格尔家族企业	英国东印度公司	荷兰东印度公司
资本（当地货币）	2 130 000 弗罗林	464 284 英镑	6 424 588 荷兰盾
资本（荷兰盾，基于汇率）	2 130 000 荷兰盾	4 899 589 荷兰盾	6 424 588 荷兰盾
资本（等值白银千克数，基于当时白银价格）	40 044	51 703	71 763

来源：Allen (n. d.)；van Zanden (n. d.)；Ehrenberg (1928, pp. 17, 87–89, 94)；Harris (forthcoming, p. 25)；Denzel (2010, p. 64)；McCusker (1978, pp. 42–45, 52, 55)；Häberlein (2012)；de Vries and van der Woude (1997, p. 85)；Posthumus (1964, vol. 1, p. 107; vol. 2, pp. 46–48)。

英镑，而富格尔的遗产则为弗罗林。[46]1603 年至 1610 年期间，英镑与荷兰盾的平均汇率为每英镑 10.553 荷兰盾。弗罗林大概在哈布斯堡王朝使用，每弗罗林相当于 1 荷兰盾。[47]1602 年荷兰的白银价格/等值（对于荷兰东印度公司）为每荷兰盾 11.17 克白银；在 1601 年至 1612 年的英国，英国东印度公司 0.464 克的银币等同于 1 便士；而对于富格尔家族企业而言，1527 年荷兰（在奥格斯堡没有价格的情况下）的白银价格为每荷兰盾等同于 18.8 克白银。[48]

从名义上的交换价值来看，荷兰东印度公司是三家公司中最大的，英国东印度公司次之，富格尔家族远远落后，位于第三名，其比率大约为 64∶49∶21；至于名义上的银价比率为 72∶52∶40。然而，需要记住的重要一点是，在观察富格尔和观察荷兰东印度公司与英国东印度公司之间，相隔了 3/4 个世纪的时间，恰逢欧洲价格革命的高潮。虽然富格尔家族企业在 1525 年的资本相当于 40 044 千

克白银的购买力,但到了 1610 年,由于欧洲白银的购买力下降,该资本仅相当于 22 812 千克白银的购买力。[49]与荷兰东印度公司和英国东印度公司相比,这种观点会使其能力范围缩小。但是,假设富格尔的财富在接下来的 75 年里不是以白银持有,而是以商品持有,那么它在 1525 年价值将不得不膨胀,如此才能计算它在 1610 年前后的真实价值。普菲斯特(Pfister)计算了奥格斯堡(富格尔家族企业的总部所在地)消费篮子的年成本。1525 年,消费篮子的成本约为 150 克白银,而到了 1610 年,其成本已上升到约 450 克白银,增幅为 300%左右。[50]还有其他人使用不同的消费篮子和方法,报告了英国和西欧其他地区的价格涨幅程度。[51]因此,如果调整富格尔家族企业 1525 年的价值,使其与 1610 年前的消费品通胀率一致,其财富将上升至 850 万荷兰盾左右,远远高于荷兰东印度公司和英国东印度公司。

欧洲其他地区的东印度公司

公司的组织形式是否比其他形式更为有效,如统治者拥有的企业或家族企业?人们在处理该问题时的标准是什么?在比较 17 世纪的中国、印度和欧洲等不同地区时,比较盈利能力或运输成本是不可行的。我们可查询的最好的数据形式是船舶计数。这是一种最为全面的方式,即便只有好望角航线这一条路线,也足以说明问题。在短短的几年时间里,不同公司运营的船只主宰了好望角航线。在 17 世纪的第二个十年中,荷兰东印度公司和英国东印度公司总共派出了 194 艘船途经好望角前往亚洲,而葡萄牙只派出了 66 艘船。在 17 世纪的第三个十年中,数字分别是 199 艘和 60 艘。从这里可以看出,在整个 17 世纪,荷兰东印度公司和英国东印度公司好望角航线的船只数量与规模呈上升趋势，而葡萄牙船只的数量不断下滑。据我所知，17世纪没有任何记录显示有亚洲船只利用好望角航线行驶到欧洲。因此，在那个时代，欧洲公司主导了欧亚海洋贸易。关于这方面的证据是确凿的。在同一个世纪，欧洲公司是否主导了亚洲内部的远程贸易，这个问题还有待商榷。欧洲公司不太可能主导南海或孟加拉湾的短途海上贸易。图11.4显示了途经好望角前往远东的船只数量。根据这些数据，葡萄牙船只在1581年之前一直占据着该航线的主导地位，而荷兰东印度公司和英国东印度公司则从1610年逐步取代了葡萄牙的主导地位。该表格还说明了葡萄牙船只数量的高峰期是16世纪头十年（150艘），而荷兰东印度公司和英国东印度公司则是17世纪70年代（近400艘）。[52]

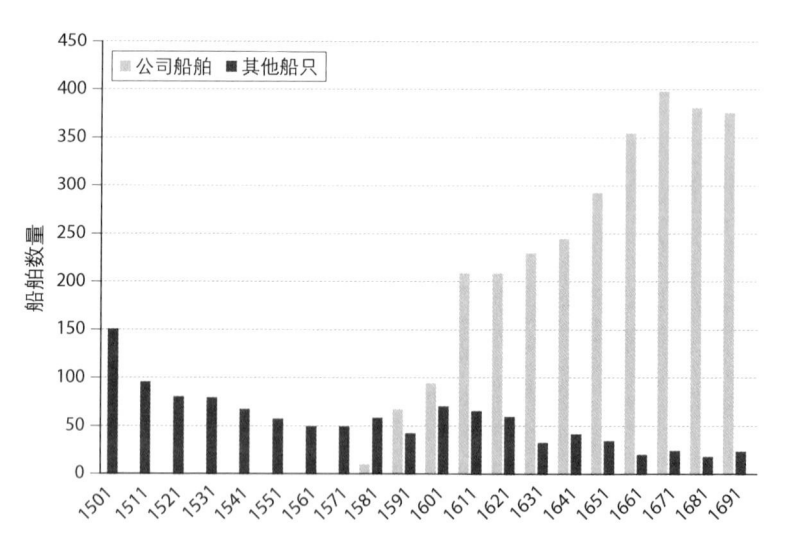

图11.4 17世纪好望角航线上统治者经营的
船只向公司运营的船舶的转变

来源：de Vries（2003）。

商业公司是欧洲范围内的一种迁移性制度吗？17世纪，公司形式在西欧范围内迁移。[53]在17世纪和18世纪，公司形式同样被其他欧洲国家用来组织欧亚贸易。然而，除了英国东印度公司和荷兰东印度公司之外，其他大多数公司要么规模很小，要么周期较短，或者两者兼而有之。接下来，让我们看看17世纪和18世纪初在欧洲成立的其他东印度公司。

在16世纪和17世纪初，葡萄牙人将他们的贸易组织成了国有的、公私合营的企业。1628年，葡萄牙东印度公司（Companhia do commércio da Índia）的成立是继1587年和1619年失败之后的第三次尝试。这只是葡萄牙人为重组贸易而进行的又一次尝试，是自16世纪以来的众多试验之一。他们向公司形式的转变是对组织危机以及贸易、航运衰败的一种反应，因为在17世纪初，荷兰东印度公司和英国东印度公司不断扩张，使得两者能够成功与葡国竞争。1628年，葡萄牙王室发布了两份基本文件——《祭坛》和《兵团》（the altar and the regiment，两者合起来，大致相当于一份特许状）。葡萄牙的公司以12年为期成立。王室决定向这家合资企业注入150万克鲁扎多。其投资部分是以实物，部分是以船舶的形式。菲利普三世国王授予公司对亚洲主要商品的垄断权，包括胡椒粉、肉桂、珊瑚和乌木。他还承诺在12年期限结束前不提取他应得的利润，也不会干预公司的管理。这里的特权和承诺是为了让葡国公司对私人投资者更具吸引力，但它并未能从外部筹集到足够的资金。大部分资本（约80%）最终由王室注入，其余部分则来自市镇等其他公共团体的投资。该公司从未完全脱离过国家，包括其资本、目标或人员。最终，12年期限未满，它就因无法吸引足够多的私人投资者，于1633年宣告解散。

我们应怎样理解葡萄牙人的失败？他们使用了与荷兰人和英国人相同的要素。因此，最终失败的因素当与组织问题无关。英国和荷兰可能拥有更好的技术、更成功的经济和更强大的海军，但我们不能将组织方面的问题与这些因素完全脱离。我想通过提供一个制度性的解释来对此进行讨论。我的假设是，葡萄牙政府可能无法让外部投资者相信它将不会对投资进行征收。这里的征收不一定是指完全的征用，它可以采取政治优先于商业的形式，或者是评估王室的实物投资高于其市场价值，又或者在股息分配方面王室优先；它还可以采取王室竞争、（对公司的某些活动）施加限制或新增税收的形式。葡萄牙王室的运作没有任何制度性的限制，用来防止其征用。在与16世纪的意大利、德意志的主要商人和银行公司，以及韦尔瑟、富格尔等家族财团打交道时，王室因违反亚洲或欧罗巴合同而受到严厉制裁的威胁。然而，与外国富商和银行家组成辛迪加（组织严谨）进行投资相比，大多数伊比利亚人个人在公开市场上的投资是截然不同的。如果没有可靠的承诺，这些人是不会进行投资的。缺少让人信服的承诺会导致投资率低下，而私人的低投资率最终产生了一家只向亚洲派出过13艘船只并在五年内就匆匆解散的公司。

至于其他地区，法国自1604年起就拥有了这种公司形式。1604年、1615年和1626年，法国有三家与亚洲贸易的公司诞生，但为期都很短暂，未能成功。1642年，有一家较为成功的公司成立，后于1652年得到更新，但其活动范围似乎没有超出过马达加斯加岛以外的地区。法国最为重要的公司是东印度公司（Compagnie des Indus Orientals），由科尔贝（Jean-Baptiste Colbert）于1664年策划，国王路易十四特许经营，为期50年，旨在垄断好望角和麦哲伦海峡之间的贸易。它是由中国公司（Compagnie de Chine）、东方公司（Compagnie d'Orient）和马达加斯加公司（Compagnie de Madagascar）这三家早期公司合并而成，并受到荷兰东印度公司和英国东印度公司模式的影响。但不久之后，国家以股东的利益为代价，对公司事务施加影响。[54] 政府筹建了公司，而国王注入了资本，亲自出资1/5，他还决定了股息的分配，迫使股东就股利支付额外的资金。法国东印度公司在今天东印度洋的留尼汪岛、毛里求斯以及印度南部的本地治里建立了商站。在 1600 年至 1660 年期间，法国人只派出过 60 艘船绕过好望角航行，而在 17 世纪剩余的时间里，该法国公司每十年派出了 30 至 40 艘船只。这比早期要多得多，但也只相当于英国东印度公司派出船只的 1/4，荷兰东印度公司向东航行船数的 1/8。法国东印度公司最终于 1723 年宣布解散。

与葡萄牙公司相似的是，该公司充其量只是一家公私合营企业。同样，在法国案例中，王室过于绝对，为所欲为，无法向私人股本投资者作出可信的承诺。王室和国家之间没有空间可以让私营商业公司得到发展。

丹麦东印度公司（Dansk Østindisk Kompagni，或 OK）于 1616 年成立，并持续至 1650 年。[55] 该公司由来自鹿特丹的两名荷兰移民创办，其设计受到荷兰东印度公司的模式及其寡头治理结构的影响。1625 年，位于维也纳哈布斯堡宫廷的神圣罗马帝国枢密院（Aulic Council）开始着手组建东印度公司。枢密院与汉萨同盟城市和西班牙国王进行了谈判。筹备中的公司受到了英国东印度公司和荷兰东印度公司模式的影响。但这一努力在 1629 年随着汉萨同盟定期集会（Hanseatic Diet）的结束而终止。[56] 与此同时，成立于 1682 年的勃兰登堡公司（Brandenburg Company）由荷兰人控制，尽管有普鲁士的基础，但最终更多地涉足了非洲而不是亚洲。[57] 1752 年，埃姆登公司（Emden Company）接管了该公司，埃姆登主要在中国广州进行贸易。奥斯坦德公司（Ostend Company）于 1722 年由哈布斯堡国王查理六世特许成立。这是一家奥地利-佛兰芒贸易公司，经营着东西印度的贸易，其资本多半来自安特卫普和根特的商人。由于英国的政治压力，该公司仅派出过 21 艘船只，就于 1731 年暂停了一切活动。瑞典东印度公司（SEIC）由一名苏格兰商人于 1731 年创办，此人曾是奥斯坦德公司的押运人，希望利用公司清算所造成的真空。瑞典东印度公司的总部位于哥德堡，所有过往船只都必须经过那个港口。该公司主要与中国进行商品贸易，其业务大多为茶叶。

这些公司要么追随了英国东印度公司的模式，要么追随了荷兰东印度公司模式。其中部分国营公司，如葡萄牙和法国，是建立在专制主义之下。在这些国家中，国王高度参与，征收随时有可能发生，公司其实并没有在真正意义上与统治者分离（也没有蓬勃发展）。丹麦、勃兰登堡、奥斯坦德和瑞典的公司主要为来自英国、荷兰共和国和丹麦的外来群体提供平台。在 18 世纪的大环境中，它们的业务遍及那些知名的航线、市场和常见的贸易。在这种情况下，公司更多是一个寻求租赁和垄断的企业，而不会去高效运转，利用股份公司的形式来跨越障碍门槛，从事个人无法进入的贸易。

西欧不同地区的东印度公司，似乎并不是基于类似的模板（公司）和业务需求，每次都从头开始独立创办。荷兰东印度公司和英国东印度公司的成功和形成经验，广为流传。正如移民会随身携带技术一样，在我们的背景中，这些人同样传播了专业知识。[58] 特别是四处奔波的荷兰人，他们还参与过欧洲其他公司的业务。一些公司的特许状（如丹麦和葡萄牙的组织）中所包含的语句表明，起草人拥有荷兰东印度公司的特许状，也很可能持有英国东印度公司的特许状。政治实体的多元性和类似性以及它们之间的竞争，为欧洲复制制度创新提供了沃土。但是，知识乃至意愿的传播，并不能保证移植的成功。

结　　论

公司形式可谓是天主教会的基本构造，无论它是否占据主导地位。盛行于东欧的东正教对此难以接受，而西欧和中欧改革后诞生的基督新教却持不同观点。东印度公司遍布整个西欧，然而在一些国家，股份制商业公司是成功的案例，而在另一些国家，它却遭到拒绝或难以运转。在某种程度上，我们只关注运作良好的商业公司，但即使是在欧洲，商业公司在很长一段时间内也仅活跃于英国和荷兰共和国的内部。当时，这两个国家都属于新教国家。尽管韦伯提出的新教伦理理论试图对这一点进行阐释，但他的观点难以立足。[59]

我的理解是，不论是英国和荷兰共和国之间的差距，还是葡萄牙和法国之间的差距，其缘由并不在于新出现的基督新教和工作伦理、奉献精神以及神学上所称的天职观。毋宁说，这里的差异在于政治结构，在英国和荷兰共和国，统治者（或国家）受到约束，无法随心所欲。新教改革与差异（国家约束力和公信力方面）之间可能存在间接的因果关系，但这并不会从神学层面转向商业道德和动机，而是通过政治、可信的承诺机制，再迈向商业公司资产池的创建。在葡萄牙和法国，统治者可以征收股份公司中由私人投资者所组建的资产池。在英国，新生的法律机制可以有效防止王室的征收。在荷兰共和国，联省的政治结构加上商人在政治精英中的核心作用，使得征收不可能成为现实。

本书的这一章围绕着三个问题展开：为什么公司只在欧洲发展，在欧洲范围内又仅在西北部发展？为什么欧洲的公司在1600年前后，从公共实体转变成了股份制、营利性的实体？为什么公司适合远程贸易，以至于迅速控制了好望角航线，在整个欧亚贸易中占据了主导地位，并且取代了家族企业和商人网络等组织形式？

我们现在有了这块拼图的大部分内容。公司之所以会在欧洲发展是因为罗马天主教会的独特需求，后者寻求从世俗统治者中分离出来，并保持其等级制度。当西欧人盼望与亚洲进行远程贸易，尤其是当欧洲商人沿着好望角航线开始与亚洲人交易时（未依赖统治者和国家提供的平台），公司被用于组织股份制及营利性的事业。在英国与荷兰共和国，公司得以兴盛，是因为在这两个国家，国家和个人之间存有空间，公司实体能够充分地发展壮大。在上述两个国家，当局可以令人信服地承诺不去单方面撤销公司的特许状，更不会对商人和投资者进行征收。

公司，尤其是英国东印度公司和荷兰东印度公司，在好望角航线贸易中占据了主导地位，这是因为它们可以从更多人那里筹集到大量的资金，而不是单单依靠统治者本身。股份公司不同于统治者，它在从事商业活动时是理性的，能够将自身与其他活动区分开来，如发动欧洲战争。公司更专注于为股权投资者（或者至少是其中一些）创造尽可能多的利益。它不像葡萄牙或中国那样，通过税收筹得所需资本。较家族企业和合伙关系而言，公司的规模和广度使其在信息方面拥有巨大的优势。由于这些大公司雇用了众多的代理人，它们也不得不处理更烦琐的代理问题。但是，这些公司内部的信息流及其交叉传播可能会改善其总部（位于伦敦或阿姆斯特丹以及巴达维亚的荷兰东印度公司亚洲总部）对代理人的管控。总体来看，从人格化企业向非人格化企业过渡的过程中，会产生新的代理问题。但是，这些公司的成功和扩张表明，在业务本身和对代理人的监管方面，信息优势确实抵消了上述问题。

第 12 章

公司为何只出现在欧洲

本章旨在解决另一个重大历史难题：自 1600 年前后商业公司首次出现在欧洲起，一直到 19 世纪末期以殖民的形式最终侵入亚洲，为什么商业公司没能在三个世纪的时间内从欧洲迁移至中东、印度和中国？商业公司为何没在欧亚大陆的其他地区实现本土发展？为了回答以上问题，我们不妨先来考虑另外三个小问题：亚洲是否需要大规模的远程贸易制度，例如商业公司？这种需求能否由公司以外的组织形式提供，哪些是它的功能替代品？公司在中东、印度和中国的发展或迁移面临哪些阻力和障碍？让我们先来分析一下可以用于解决这些问题的理论和方法。

耐迁移理论：互连性和嵌入性

关于制度变迁的文献要么完全忽略了迁移，要么认为联系和互动是制度迁移必要且充分的前提条件。第 2 章调查了用于分析制度内生演化的理论框架。第 4 章提出了用于分析制度迁移的框架。本章和全书的主要结论是为了弄清迁移所面临的障碍和阻力，这对于剖析不同贸易组织的多元化传播至关重要。

首先，让我们对条件进行定义，在这些条件下，我们应该视非迁移（nonmigration）为耐迁移的结果。在观察经济体和地区之间的制度差异时，我们应该区分四种基本情况。在第一种情况下，两个被分析的区域对制度的需求不同，例如：城市社会和农村社会，或自给自足的经济体和参与海外贸易的经济体，又或者那些仅参与陆上贸易的经济体和仅参与海上贸易的经济体。鉴于我们选择将重心放在参与欧亚海上和陆上远程贸易的地区，以上情况与我们关系不大。

在第二种情况中，对于组织解决方案有着类似的需求；使用的组织形式不尽相同，并且其中一个地区对另一个地区所使用的组织形式亦不太了解或知情。尽管中美洲的玛雅人从书写系统中获益，但他们没有，也不可能（出于地理和技术等综合因素）了解美索不达米亚的书写系统。第二种情况只能在欧亚大陆持续一小段时间。关于本书讨论的时期（1400—1700）和远程贸易，组织方面的知识最终通过商人和枢纽间的互动传遍整个欧亚大陆。

在第三种情况下，对于制度的需求也颇为相似。同样的需求由不同但作用相似的同等制度来满足。各个地区的组织形式在实现需求方面，或许有着相同的效果。在我们的贸易背景中，如果在其他地区具有与公司的功能完全等同之物，有可能是以伊斯兰宗教组织瓦克夫（waqf）或中国家族的形式存在，那么对于贸易组织的需求便能通过提供不同的组织来满足。我确定了商业公司中与贸易有关的功能，并考察了它们在其他地区制度中的表现。如果需求能够得到功能类似的组织来满足，那么问题就不在于耐迁移。因为经济效益并不会受到影响。同样水平的经济活动可以通过替代性组织来达成。在本章中，我们必须排除这种可能性。在将商业公司归类为嵌入性制度，即遵循第四种情况（意味着尽管存在需求，但一种制度仅在一个地区发展而不会向其他地区迁移）之前，我们应该考虑在中国、印度或中东是否可以找到功能相同的其他组织形式。

在第四种情况中，同样存在类似的制度需求，但功能相同的制度不会互相替代，因此一个地区的本土制度，其效率要低于另一地区的制度。人们知晓其他地区存在更为高效的制度，但仍有阻力抵制将它简单地复制过来。第四种情况是唯一一个体现了真正的嵌入性制度的情况。最终的嵌入性贸易组织形式为公司。本章的其余部分不仅讨论迁移性制度，而且试图找出和分析使用嵌入性制度的原因。我将利用技术与数学等学科背景来找出耐迁移的原因。

即便需求相似，环境差异也可以阻止迁移的发生。为了解释这个概念，我们将以营养和植物驯化作为简单示例。在每个地理区域内，植物都有可能迁移，而跨区域迁移则不太可能。同样的功能需求，比如说基本营养，可以由功能相同的植物或动物提供，而无须实际发生迁移。每个地区都必须找到解决人类自然饮食需求的方法。每种需求都有对应的解决方案。贾里德·戴蒙德（Jared Diamond），一名卓越的跨学科研究者，他关注本土发展与迁移，对全球主要农作物的驯化进行了调查，并发现不同的植物在不同的地区得到驯化。由于大陆之间的分离，在新月沃土驯化的植物无法被移植到美洲。另外，尽管有人类接触，但由于环境、气候和土壤的差异，这些植物也无法被移植到中国、印度或埃塞俄比亚。为了满足同样的碳水化合物和卡路里等功能性需求，不同地区的人可以驯化不同的植物，如西亚的小麦、中国的水稻、埃塞俄比亚的苔麸（Eragrostis tef）和穆子（finger millet）、安第斯山脉的藜麦和中美洲的玉米。[1]若要达成这一目标，就要学习驯化的概念或独立发展出相同的理念。由此可见，有些时候与其从不同的环境或地区引入植物、技术或组织形式，倒不如发展与之功能相近的替代品。

越是复杂的制度，大规模迁移的可能性就越小。书写系统便证明了这一点。这当中包含了许多符号，通常具有精妙的细节。埃及象形文字书写系统与苏美尔楔形文字书写系统有着很大的不同。苏美尔系统中包含了上百个记号，难以作为一个整体迁移到埃及。那些更为简单的书写系统，如腓尼基人的文字，只有22个字母，可以更加容易地传播。希伯来语、希腊语、拉丁语和阿拉伯语都是从它稍许变化而来，这些文字的字母数大致相同。[2]十位数的印度-阿拉伯数字比罗马数字或中国数字在欧亚大陆传播的范围更广。食谱也是同样的道理。简单的菜肴，如扁豆焖饭（dal bhat）比更复杂的菜肴，如门萨夫（mansaf）更容易传播，门萨夫的制作除了米饭外，还需要羊肉、酸奶、蔬菜、香草料、锅、大盘和制作技艺。[3]另一个例子是，虽然在整个印度洋上，人们普遍使用木材和帆制造船舶，但在不同的地区，船舶的具体设计是不同的。这是由于原料供应和海洋状况的差异，但也有可能是因为想要完全复制各类细节会更加复杂。这点同样适用于各类制度。较为简单的制度，如航海借贷和康曼达，比组织更为复杂的公司传播得更广。

要引进的新技术或新制度对现有政治秩序产生的威胁越大，它们的传播就越有可能遭到既得利益集团或统治者的反对和阻挠。活版印刷就是一个例子，该发明可能威胁到政治统治者和宗教的正统性，因为它加强了思想的流通。纸币的使用也可能挑战政治统治者对货币的控制。就连公司也可能对统治者构成威胁，因为它提供了组织宗教或商业实体的可能性，而这些实体又都独立于国家。

一个制度或一种组织形式越是得到该文明中其他制度的补充或

相互依存，它迁移的可能性就越小。知悉不同发明之间的互补性对于理解技术和制度的迁移至关重要。植物的驯化是更为广义的新石器革命的一部分，这场革命将游牧社会转变为定居社会。数字"零"和印度数字相互依赖，大炮和火药同样如此，商业公司与证券交易所亦是彼此关联。

让我们通过研究印刷术的发展、印刷术与纸质货币的相互作用以及相关的政治抵制（对引进其中的一个或两者），来分析和强化对制度的认识。印刷术于公元2世纪前后在中国被人们所熟知。当时，中国人已经具备了印刷的三个必要因素：纸张、墨水和刻有文字的模板。版印书籍最早在公元800年以前的中国产生，大规模的雕版印刷始于10世纪。毫无疑问，早在纸币抵达欧洲之前，它就已经在中国广为流通了。历史上首个有据可查的纸币来自唐宪宗统治时期（公元805—820）。似乎是因为铜的严重短缺，这一情况促使皇帝发明了这种新型货币作为替代品。到了蒙古人统治的元朝，执政者继续采用汉人的纸质货币，并将它作为一种规范亚洲各地货币使用的工具。纸币一直向西传播到了以波斯为中心的伊尔汗国，该国在1295年短暂采用了纸币。[4]中国广泛发行的纸币最终导致了恶性通货膨胀，1455年之后，就再也没有人提到过纸币流通的存在了。[5]

马可·波罗把使用纸币的知识带回了欧洲。13世纪末，他回到热那亚后，描述了元朝对于纸币的使用情况。[6]欧洲人首次对印刷术的确切描述出现在拉希德丁·哈马达尼的《史集》（也称为《编年史纲要》或《世界历史》）中，这本书于14世纪早期在波斯出版，之后不久在欧洲被翻译并广为流传。[7]

尽管通过文化媒介在14世纪首次接触到了印刷术和纸币，但西欧并没有采用它们。直到 15 世纪，欧洲才准备好要开始印刷，不同于汉字（有成千上万个），欧洲人利用了他们字母表中字母数量较少的优势。近代印刷机由约翰·古腾堡于 1440 年前后在德国美因茨发明。1456 年，古腾堡出版了西方世界的第一本活字印刷图书。虽然欧洲已经知道中国使用纸币，但从欧洲产生印刷术到生产出第一批纸币又经历了两个世纪。[8]

1661 年，瑞典的一家银行在欧洲发行了第一批纸质货币，这个时间距离纸币首次在中国使用已有 800 年之久，在中国停止使用纸币大约 200 年之后，是欧洲首次报道中国使用纸币的 350 多年以后。[9]由于北美英国殖民地的货币短缺，17 世纪末，它们以极大的热情投向纸币。[10]然而，直到 19 世纪，金属钱币仍然是欧洲和北美的主要货币。

让我们回到印刷机上来。尽管中国是最早发明这项技术的国家，至少比古腾堡早了四个世纪，但中国在实际印刷书籍方面的进展却较为缓慢。在欧洲，印刷机在 30 年内就在 110 个城镇投入使用，而在 50 年内就已经遍布至 236 个城镇。18 世纪欧洲印刷的书籍数量估计能达到 10 亿本。大多数的印刷是由私营公司完成的。[11]欧洲政体的多样性让反对活字印刷的统治者无法有效地阻止其扩张。而活字印刷术较晚出现，也确保了其技术更为先进。在中国，尽管图书产量有所增长，但增速较慢。据估计，明朝末年中国每年印刷的新书品类近 50 种，仅为同期西欧的 1/40。在中国，印刷技术主要仍是雕版印刷，而活字印刷处于边缘地位。这在一定程度上是由于该国的书写系统造成的，因为中文中有成千上万个汉字，较欧洲文字的 26 个字母而言，不太适合采用活字印刷技术。[12]与欧洲的活字印刷术不同，考虑到中国雕版技术的经济性，它更适合于少量品种的大量发行,通常是受到中国统治者青睐的儒家经典和国家资助的书籍。[13]

有些学者认为,雕版印刷也曾在9世纪或10世纪的阿拉伯世界独立出现过。还有人推测,它来自中国。不管怎样,它都未能持续至14世纪,一旦消失便再无影踪。[14]当印刷术在15世纪的欧洲不断传播时,奥斯曼苏丹却反对将其引入奥斯曼帝国。其反对的动机与神学和政治密切相关,另外还有手稿抄写者利益集团的抵制。书籍最初是由塞法迪犹太人、加尔默罗会和亚美尼亚人介绍而来的。[15]阿拉伯活字印刷术的发展,实际上要等到19世纪;只有在那时,奥斯曼帝国的阿拉伯臣民和奥斯曼臣民才被允许查阅印刷书籍。[16]

这个案例表明,在某些情况下,制度创新(如纸币)是以技术创新(如印刷机)的引进和应用为先决条件的,而印刷机最初与纸币只有很少的联系。在不同的技术之间以及技术与制度之间存在互补性,这一点会影响到迁移的模式。但是,尽管纸币的生产依赖印刷技术,但纸币的需求与印刷品的需求并不步调一致。对于前者的需求而言,只有在其他支付手段(货币和实物)无效时才会产生。印刷技术,就像我们终极的嵌入性制度——公司一样,触动了宗教和政治权威的敏感神经,他们担心异端思想的传播,因此部分文明予以拒绝。而且,纸币与主权息息相关,对于纸币的引入,统治者可能会大力支持或反对。但是,在整个欧亚大陆,反对活字印刷机和纸币的呼声不太一致。就这两项发明而言,不同时间和程度的反对深深地影响了其传播模式。这个例子清楚地表明,由于印刷书籍和纸质货币可以带来效益,对技术或制度的了解以及对两者的潜在需求,即便存在政治或宗教的反对声音,也并不会影响对其接受和采纳(无论是两者中的一个或两者兼有)。请注意,由于印刷机与纸币之间的互补性，反对印刷机可能阻碍了向不抗拒纸质货币的文明输入纸币。因此，活字印刷机和纸币在经历了好几个世纪后，仍然是技术型的嵌入性制度，因为两者在社会层面是相辅相成的，共同面临着反对它们的既得利益集团。本书研究表明，在西欧商业公司形成的过程中，公司形式、证券交易所以及可信的政治承诺间的互连性体现在相互依存的关系上，这一点是欧亚大陆其他地区从未出现过的。

公司为何不在伊斯兰中东出现？

需求

在旅行距离以及海上和陆上交通便利性方面，远程贸易组织所面临的地理挑战在中东远不如在欧洲或中国那么明显。中东的地理位置较为便利，可以通往地中海、印度洋和丝绸之路。然而，它仍不如印度沿海地区方便，因为印度可以直通海洋，且地理位置更为中心。中东的商人们不得不从陆路行走至红海或波斯湾，然后坐船到曼德海峡或霍尔木兹海峡，这些海峡有时会被封锁。但由于其地理位置，中东人不需要像欧洲人那样绕过好望角，加上靠近亚洲市场，适合中东（和印度）的贸易企业规模要小于欧洲贸易公司。

在倭马亚哈里发国（Umayyad Caliphate，公元661—750）统治时期，伊斯兰商人的贸易从也门与东地中海之间小型区域的熏香贸易扩大到整个中东及周边地区的大规模贸易。阿巴斯哈里发国（Abbasid Caliphate，750—1258）将首都迁往巴格达，改变了商人们前往波斯湾和中亚的主要路线。根据大多数历史学家的观点，1258

年蒙古征服巴格达,导致阿拉伯人使用从地中海到巴格达、巴士拉、霍尔木兹和印度洋贸易路线的比率下降。[17]而红海航线的费用有所攀升。法蒂玛王朝(Fatimid dynasty,909—1171)、阿尤布王朝(Ayyubid dynasty,1171—1250 在埃及)和马穆鲁克苏丹国(Mamluk Sultanate,1250—1517)的重心均在埃及,它们成为活跃在红海和印度洋以及连接地中海的商人(如犹太经家商人)的基础。塞尔柱帝国(Seljuk Empire,1037—1194)及后来的罗姆苏丹国(Sultanate of Rum,1077—1307)为其商人提供了陆路连接,便于前往中亚和印度。[18]

一般来说,中东统治者不会直接参与欧亚贸易。他们未曾建造或改装船只,也没有派遣陆军或海军,更没有雇用代理人或商人为自己服务。这些统治者对私商的支持大多是间接的,即允许他们从海上和陆地进入欧亚贸易路线的最西端。中东政治统治者的另一个重要作用是阻止欧洲商人进入欧亚贸易路线。意大利商人在东地中海占主导地位,但由于政治和军事动荡,贸易额也曾出现过波动,比如十字军东征时期(包括之前和之后)。在鼎盛时期,他们可以在安提阿、阿勒颇、阿克或亚历山大购买亚洲商品,但想要在丝绸之路和印度洋以东更远的地方购买亚洲商品,却没有那么简单。在葡萄牙人到达之前,中东的政治统治者实际上通过政治手段,为阿拉伯和波斯的私商保障了从西方通过陆路和海上路线进入欧亚大陆的唯一性。关于统治者起着直接且重要的作用,这里存在一个例外,即 16 世纪的奥斯曼帝国,我们很快将对此进行讨论。

在整个伊斯兰历史上,阿拉伯和波斯的私商一直向东旅行。事实上,在印度、印尼和中国唐宋时期,人们可以发现大量阿拉伯和波斯的私商存在。[19]有零星的报道显示,曾有一批犹太商人,即拉丹人（Radhanites），在西欧通往中国的漫长路线上进行贸易。这些人可能来自阿巴斯哈里发国，其鼎盛时期处于9世纪至10世纪。[20]到了中世纪晚期，卡里米（Karimi）商人似乎是中东主要的远程商人。[21]他们携带着货物从开罗（也可能是中东的其他城市）前往亚丁、印度的马拉巴尔海岸，甚至中国。他们专门从事香料生意，但也可能经营其他商品。他们的经营时期处于12世纪到15世纪之间。在历史学界，关于卡里米人的统一特征，仍然存有争论。有人说他们是一个族群或氏族的成员；其他人认为，一切伟大的、富有的或者从事亚洲商品交易的商人都被称为卡里米。关于他们的组织形式也众说纷纭。一些人认为，他们会联合起来组成商队前往印度；一些人觉得他们是一个行会或公司（虽然没有公司特征的分析和支持性的证据）；另一些人认为他们分享同一个凡杜克（例如，在亚历山大、福斯塔特和亚丁）；还有一些人则认为他们是富有的个体商人，没有共同的组织基础设施，彼此之间竞争激烈。但研究过他们的少数历史学家达成了共识，认为他们是私商，是自负盈亏的企业家，他们不代表埃及的阿尤布王朝或马穆鲁克王朝的统治者行事，甚至不作为大地主或包税人与国家保持联系。[22]

奥斯曼苏丹国始于1299年，它曾是安纳托利亚西部的一个小公国，在塞利姆一世（1512—1520年在位）和苏莱曼一世（1520—1566年在位）统治时期成为中东的统治者，并成为一个从维也纳延伸到阿尔及尔、巴士拉、麦加和亚丁的帝国。16世纪奥斯曼海军远征印度洋，实为中东与亚洲贸易史上的例外，在其他大多数时期，这些贸易均由私商发起。本案例中的贸易并不追随宗教、移民或自由发展，而是树有鲜明的政治标杆和确定的事件走向。奥斯曼在印度洋上国营参与的全景面貌，最近才由吉安卡洛·

卡萨莱（Giancarlo Casale）重构，他汇集了奥斯曼档案馆和葡萄牙档案馆里发现的一手史料。[23]在1517年吞并埃及后，奥斯曼人进一步向南扩张到了麦加、麦地那、亚丁和也门的摩卡以及东非海岸。他们还来到了巴格达、巴士拉和波斯湾海岸。苏莱曼一世在地中海指挥着一支庞大的舰队，并开始在苏伊士建造船舰，为他的红海和印度洋野心服务。在接下来的几十年里，苏伊士成为最初被称为红海舰队，后被称为印度洋舰队的基地。1538年，一支大约由90艘帆船组成的舰队驶向印度。其他海军远征队在1546年和1548年离开苏伊士，其目标是从葡萄牙人手中夺回红海的控制权。1548年的舰队夺回了亚丁，占领了马斯喀特，控制了阿曼。它与葡萄牙海军和霍尔木兹驻军作战，但未能完全夺下这座城市。它占领了巴林，最后到达了奥斯曼港口巴士拉。在返回红海的途中，它与葡萄牙海军发生了小规模冲突，失去了一些船舰，最后逃至印度。还有一支规模较小的舰队在摩卡岛外部活动，它曾在印度古吉拉特邦的第乌（Diu）和东非海岸之间的不同地区捕获了几艘葡萄牙商船。在海军活动的同时，奥斯曼人还利用外交手段，试图与沿线（一直到印度尼西亚的亚齐）的穆斯林统治者结盟，鼓励奥斯曼商船在小型突发事件中发挥作用，并派出规模不大的探险队和制图队。

到了16世纪末，奥斯曼帝国在印度洋上的国营船队逐渐消失。其中的一个原因是葡萄牙海军在舰艇、火炮、航海和战术方面占据了优势。当然，这不是一个完全令人信服的理由。奥斯曼人也曾做得很好，他们在阿拉伯海自由航行，在一些小型冲突中击沉并捕获了葡萄牙船只。其他时候，他们只会因运气不佳而失败。[24]另一种解释是，苏丹宫廷中的欧洲派系战胜了亚洲派系，奥斯曼决定将其国家军事和财政力量投资于巴尔干和中欧，而不是印度洋。换言之，第二种解释是，奥斯曼人不想再去参与欧亚海上贸易。而第一种解释是他们愿意参与其中，但在军事上未能支持自身贸易。不管怎样，就像中国的统治者在葡萄牙人到来之前就从印度洋退出一样，奥斯曼人在英国公司和荷兰公司抵达前不久也从印度洋撤退。人们很难作出评价，公司在组织远洋贸易方面必定会胜过帝国的统治者。

城市、行会、大学：公司的构成要素

要想回答关于 16 世纪、17 世纪的问题，我们必须穿越时空、回到过去，寻找中东早期组织历史上公司的构成要素。中东人没有像中世纪晚期的欧洲人那样，寻求新的宪法框架来组织他们的宗教、城市、行会和大学。宗教与国家并未分离，城市不是国家内部的自治飞地，高等教育也绝非在独立于国家和宗教组织的框架下进行的，所有这一切导致了对新组织形式需求的减少。

在伊斯兰世界，城市和学校都未曾寻求创新的组织形式。城市既不是独立的政治单位，也不是独立的治理亚单位。在伊斯兰教兴起之前，古希腊城邦传统在中东早已消失。属地省份（包括城市和农村地区）成为行政单位。尽管城市中存在某种程度的内部组织，但它是自上而下的，其目的是更有效地向城市居民征税。城市管理由哈里发和苏丹组织，旨在实现城市元老对纳税的集体责任，而不是作为自治的司法或政治机构。[25]在这里，我们目标当中最为重要的一点是，伊斯兰城市从未发展过公司制度，它们也不需要。

类似的分析还适用于行会。与中世纪晚期欧洲的同行相比较，伊斯兰商人和工匠在组织方面要薄弱很多。随着时间的推移，伊斯兰商人和工匠的组织逐步完善。但是在我们所关心的时期内，在首批西欧商业公司发展前的几个世纪里，伊斯兰商人和工匠协会并无显著的公司特征。[26]宗教学校亦是如此，如马德拉沙（madrasas）。在伊斯兰统治的早期，上述机构通常为国有的。但当它们独立发展时，则会依赖瓦克夫（我们很快会提到），并将其视为自身的平台。[27]

总体来说，伊斯兰中东地区的城市、宗教学校和行会缺乏对自主且复杂的组织形式的需求，因此对于体制创新的要求也不高。这并不代表伊斯兰城市、行会或宗教学校就没有活力。在伊斯兰教全盛时期，它们可谓是活力十足。那么，它们是像欧洲城市一样会成为创新的焦点呢？还是对经济发展毫无帮助？当然，这场辩论无法由我个人来完成。以我的论点来说，重要的是由于它们的组织结构在中世纪晚期的伊斯兰教中，没有形成发展初期公司或公司制度的需求。公司人格的概念并未在伊斯兰教中发展起来。[28]城市、大学和行会同天主教会一道，是南欧和西欧公司形成的根本。作为一个独立于个人的法人组织，公司在伊斯兰教法文本中没有得到承认；在阿拉伯文明中也未被用于半公共目的。公司不曾在伊斯兰的半公共背景下发展的事实，限制了它在近代早期商业环境中的成长。

瓦克夫

正如铁木尔·库兰（Timur Kuran）所强调的那样，我们的讨论在几个方面都离不开伊斯兰瓦克夫。一些人认为瓦克夫实则为准公司；另一些人认为，尽管在特征和结构上不同于公司，但至少在公司的半公共活动领域，它可谓公司功能的替代品。瓦克夫在远程贸易中是否也起到了与公司功能类似的作用？它是否以不同于公司的方式促进了远程贸易？它是否因为阻碍了公司在伊斯兰世界的发展而与我们相关？

特征

依据伊斯兰教法，瓦克夫由一名捐赠了土地或其他不动产的穆斯林所创立。这一捐赠行为将瓦克夫财产与创始人的私人财产区分开来，保障了瓦克夫财产的所有权归于真主，并可以永久使用。[29] 创立瓦克夫的目的是用于慈善事业，而不是谋取利益，其财产原则上是不可以被剥夺的。瓦克夫旨在通过利用财产本身（尽管是以一种不消耗的方式）或由此产生的收益来实现其目标。一个代管人（mutawalli）或受托人（如果我们使用信托类比的话），最初是由创始人任命，其后继者亦是按照创始人的指示来任命。代管人的职责是监管瓦克夫财产、落实瓦克夫的目标，并确保瓦克夫的受益人获得他们应得的收益份额。[30]

瓦克夫财产的法律地位是什么？受益人不是财产的所有者；同样，代管人只负责托管，并不拥有它。哈乃斐伊斯兰教法学派的解释一般是，财产不归任何人所有；只要它仍然是瓦克夫财产，它便属于真主。尽管一些现代学者认为瓦克夫是一个独立拥有财产的法人组织，但这种观点毫无历史依据，大多数学者均持反对意见。[31]

瓦克夫根据其收入的用途可分为两类：家庭瓦克夫（waqf ahli）和慈善瓦克夫（waqf khayri）。在家庭瓦克夫中，其收入会用于创始人的后代。[32] 在慈善瓦克夫中，收入则用于公共制度的扩张和维护。该制度还有另一个分类，是介于土地瓦克夫和现金瓦克夫之间的区别。土地瓦克夫较为被动，现金瓦克夫则可以用来资助被认为对社会有益的项目。捐赠的资金可用来投资或借贷以赚取收益，而目标项目恰恰有赖于这些赚来的资金。[33]

历史

慈善捐赠很有可能是瓦克夫的前身,其历史要早于伊斯兰教,后者或许是受到早期文明,如古美索不达米亚、希腊、罗马、拜占庭帝国,或萨珊波斯的类似制度的影响。[34]人们普遍认为,在伊斯兰教出现之前的阿拉伯法律中不存在瓦克夫。《古兰经》中也没有明确提到瓦克夫的概念。[35]伊斯兰形式的瓦克夫出现在伊斯兰教诞生后的一个世纪左右,即 8 世纪中叶,并在 9 世纪到 12 世纪得到广泛运用。

功能

瓦克夫有两个基本类型:私人瓦克夫和慈善瓦克夫。瓦克夫的创始人可以将其管理权委托给他选定的任何人,包括其后代。家庭瓦克夫的创始人可以规定其代管人获得丰厚的薪水,他可以任命自己为第一代管人,如此一来便可雇用其亲属作为瓦克夫的领薪职员。他还可以将家族的大部分财富转至瓦克夫,并利用其资源提高他和他家族的金融福祉与安全。私人瓦克夫的首要用途是绕过苛刻的伊斯兰继承法规,该法规大大限制了那些想要拟定遗嘱的人的自由裁量权,限制其遗产只能占总资产的 1/3 以内,并要求法定继承人平等分配剩余遗产。瓦克夫在资产的代际转移方面提供了灵活性,允许将财产存放在一个资产池中(而不是随着时间的流逝在不断减少的资产池中消散),实现了与长子继承制等同的功能。[36]这种私人方式的使用,也让创始人能够利用瓦克夫来保护其财产免受征收和赋税。

随着时间的推移,瓦克夫越来越多地被用于慈善方面(半公共目的)以及提供公共产品,例如建造和经营清真寺、医院、澡堂、宗教学校(马德拉沙和扎维耶)和其他社会慈善服务。[37]瓦克夫被用来建造和维护那些为丝绸之路和其他贸易路线服务的可汗和商队旅馆。[38]瓦克夫是支持这些重要基础设施的合法组织形式,从另一方面,它又促进了欧亚的陆路贸易。

尽管瓦克夫不包含公司的所有特征,但两者确实存在一些共同之处。瓦克夫允许设有一个单独的资产池,这就既意味着可以永久持有财产,又代表着实体资产在一定程度上得到保护,使受益人免受其债权人的影响。它实现了所有权与控制权的分离以及代理人的雇用。它的成立,正如特许一家公司经营,是统治者作出可信承诺、不征收财产的一种手段。然而,从更全面的意义上来讲,它并不构成一个财产拥有制度,该财产也不可完全转让。瓦克夫不提供管理或决策制定的机构,其活动比公司活动更为严重地受到创始人的制约。有一些具体的方法可以避开创始人,但这些做法的合法性令人质疑。瓦克夫不能明确地用于营利性的商业目的,其权益不能在股票市场或其他市场上交易。最终,瓦克夫并不能完全成为公司的替代品。

迁移

瓦克夫从发源地中东开始向外传播。它不仅被阿拉伯人使用,也得到伊朗人、土耳其人、斯拉夫人,甚至是上述地区的非穆斯林少数群体使用。[39]到了12世纪,它已传至印度。就连印度教信徒也学会了该术语,并用它来描述自己的捐赠。[40]

英国信托的起源一直是法律史学家争论的话题。那些早期零碎的证据表明,信托的前身为"尤斯"(use),作为逃避税收的手段出现在13世纪。到了14世纪,相关文献的数量逐渐增加。大多数学者争论信托是起源于罗马法、日耳曼法、两种法律的结合,还是来自封建制诺曼英国的独特环境。[41]最近,有几名学者指出,瓦克夫与信托在功能和形式上存在相似之处，他们推测英国信托的源头可以从瓦克夫的概念中找到。[42]信托首次在英国出现的时间，正好对应了中东地区家庭瓦克夫最为流行且使用频率最高的时候。英国的信托更像家庭瓦克夫，而不是提供半公共服务的慈善捐赠。这种相似之处可以通过瓦克夫与信托之间相关联的时间来解释，该联系早在慈善瓦克夫被广泛运用之前就已存在。

关于瓦克夫传播到欧洲并最终来到英国的地理途径，存在三种可能性：西班牙、西西里和圣地。在西班牙，基督教文明和穆斯林文明互相为邻，而在漫长的收复失地运动期间，两种文明在部分地区甚至和合共生。这是一个学习伊斯兰习俗（包括瓦克夫）的宝贵机会。西西里可以被视为一座桥梁，因为它曾被诺曼人入侵，就像历史上的英国一样。西西里的诺曼人完全可以从法蒂玛王朝那儿了解到瓦克夫，因为这座岛屿在诺曼人征服之前，就曾被穆斯林统治过两个多世纪，有可能是诺曼人将信托制度传入了英国。第三种可能性源自十字军。13世纪，十字军东征归来的方济各会士们正在寻找一种无产的生活方式。与此同时，他们希望维持由修会支配的共有财产。第三种途径的另一个版本与圣殿骑士团有关。[43]无论是哪种途径，都必须考虑到这样一个事实，即瓦克夫的概念完全略过了欧洲大陆，扎根于英国。

本书不打算解决有关信托起源的争议。对于我们来说，有意思的是该争议颇为类似意大利的康曼达起源之争。[44]尽管两者完全是分开进行的，但它们迁移的时间和地理以及试图确定起源和联系的方法（形态相似性、时间、代理商）几乎一致。不同的是，康曼达被引进了欧洲大陆（大陆法），而瓦克夫则来到了英国（普通法）。若两者之间能展开对话，那么必然有助于揭开这场争论的谜团。

总而言之，瓦克夫是一种迁移性制度，其模式很显然经过伊斯兰文明的打磨，并且在一定程度上（存有争议）也超越了它。瓦克夫的迁移模式与凡杜克类似，与康曼达（传遍了整个欧洲、波罗的海和中国）相比更为有限，在某种程度上，又与航海借贷截然相反。

制度动力

伊斯兰中东的基本商业组织单位是家庭。这种形式可以在埃及红海港口库塞尔·卡迪姆的文献中发现。它还可以在开罗犹太经家中找到，其内容反映了犹太人的风俗习惯，但大多数学者认为这些内容同样反映了周边穆斯林的习俗。[45]作为案例研究的一部分，我们在前几个章节中已经对这些文献有所探讨。库兰认为，早期的伊斯兰教以社群和家庭为导向，这类观点不赞成采用规模更大且更为正式的社会形式和组织形式。那些更加庞大的非人格化实体可能最终引发派系斗争，而以家庭和部落为基础的实体却不太可能出现类似情况。此外，谈到服务于大型商业的制度，之所以此类需求没有得到发展，是因为伊斯兰中东的继承法和合伙法将商业实体分割成了小规模经济及社会碎块。微型企业根本无法采取集体行动，游说政治和法律精英引入公司形式的组织。[46]

当有需要超越家庭范围时，例如为了能够进行长途旅行、避免身体上的风险或跨越文化与语言障碍，家庭就会雇用委托代理人（通常在目的港）和康曼达代理人（通常作为流动代理人）。穆斯林商人往往只在自己的资金实力范围内交易；由于伊斯兰教严禁高利贷，他们没有以航海借贷的形式借款。在印度洋贸易中，中东商人还可以利用纳胡达的服务，此类人不同于船长，专门负责船上的货物以及商业和金融活动。这一制度是印度洋所特有的，它允许商人运送无人陪伴的货物。在陆路贸易中,中东贸易商里有不少是行商,他们受益于一连串的凡杜克、可汗和商队旅馆,从西班牙和北非一直延伸到中亚及更远的地区。这些功能性建筑在许多地方由瓦克夫拥有和经营。

除了16世纪的奥斯曼帝国,统治者直接加入中东人进行的欧亚贸易实属罕见。这大概可以用该地区的政治摩擦来解释,也可以用地理上的可及性与较低的金融准入门槛来说明。个人和家庭可以在不需要国家支持的情况下贸易。

那么,我们该如何去解释公司没有在中东发展这一事实呢?第一种解释是,公司形式在这里没有需求。以家庭为基础的组织,通过代理人、康曼达等,足以让贸易繁荣多个世纪。[47]第二种可能的解释是,有需求,但没有供给。伊斯兰教作为一种宗教,没有与统治者和国家分离开来,也没有为宗教机构单独发展宪法。伊斯兰教法不承认公司实体。由于城市、学术机构和行会不独立于统治者及其领土,因此伊斯兰教法中没有形成任何公司元素。伊斯兰统治者也不愿在他们的主权和社会之间开辟一个空间,允许一个独立于国家和家庭的制度可以长期存在,且不受国家征收的威胁。[48]

第三种可能性与第二种息息相关,尽管存在需求,且该需求由制度供给满足,但这种供给使伊斯兰走上了一条没有产生公司形式的道路。当伊斯兰文明中首次出现组织半公共目的活动的需求时,它是由瓦克夫来解决的,因为瓦克夫在伊斯兰文明早期阶段便已存在。为此,没有必要再发明一种新的公司形式。瓦克夫的用途也逐渐从私人、家庭方面转为慈善和半公共目的。正因如此,伊斯兰中东地区才没有出现独立开发或引进公司来组织那些能够促进商业目的的活动的需求。通过将瓦克夫用于半公共目的,中东穆斯林直到近代早期都不用担心公司的缺席。然而，瓦克夫的结构僵化，使其无法完全适应半公共制度。[49]

不同地区对于需求的变化，在制度方面的反应有所不同。当需求增加时，瓦克夫显得不再适合营利性业务用途。中国的宗族体系比瓦克夫更容易适应商业目的。到了明朝，前者越来越多地被用于商业目的，包括海上贸易。瓦克夫与信托之间有着惊人的相似之处。虽然存在争议，但还是有人相信信托实则源自瓦克夫，它最初的用途是在家族背景下处理土地持有及其代际转让问题。当需要将信托用于无形财产的持有和组织营利性业务时，其适应过程既缓慢又坎坷。到了19世纪中叶，信托开始处于变革之中，但那时的公司早已超越了它。因此，瓦克夫和信托之间类似的途径表明，两者均没有公司和宗族的途径灵活。在不同的制度中，灵活程度不同的原因，一方面在于制度配置的特征，另一方面是外部变革压力和变革阻力相互作用的结果。本书中的讨论提供了初步的解释。但如果这个问题研究被提上议程，想必我们可以获得更多的成果。

到了17、18世纪，尽管出现过为商业和贸易目的设立新制度的需求，但此时的中东人已经深陷于瓦克夫的道路之上。与公司相比，瓦克夫起步较早。因此，当公司出现在欧洲并可以引入阿拉伯伊斯兰文明时，大部分针对半公共组织的制度需求已经由瓦克夫提供。这是一种路径依赖关系的解释。[50]

直到16世纪，中东人在组织选项上表现得十分出色。在16世纪，奥斯曼帝国在西印度洋上仍与葡萄牙人并驾齐驱。直到17世纪，荷兰东印度公司和英国东印度公司才证明了公司在欧亚远程贸易中的作用。即便是在那个时候，人们对于制度因素影响西北欧的成功，也仅停留在缓慢的认知阶段。尽管阿拉伯半岛和中东其他地区的商人认识到了公司的优势性，但如果没有政治和法律精英的支持，他们依旧无法引入公司。当公司的优势被越来越多的商人和统治者充分认识到的时候，欧洲公司已经主导了欧亚贸易。奥斯曼人又花了两个多世纪的时间才彻底认识到公司形式的必要性，并克服了政治和法律上的抵制。奥斯曼帝国第一家以穆斯林为主体的股份公司，由苏丹阿卜杜勒·迈吉德（Abdülmecid）于1851年在伊斯坦布尔创建。[51]该公司以欧洲模式为基础，而不是改良自伊斯兰制度。直到那时，公司才能算是传入了中东地区。

公司为何不在印度出现

公司被引入印度的时间很晚，这一切要等到1866年才发生，当时是作为英国殖民统治的产物。[52]那么为何在欧洲人来临之前，公司没有在印度本土得到发展？为什么印度人自1600年起，在目睹了英国东印度公司和荷兰东印度公司的成功之后，没有把欧洲公司的模式照搬过来？

在本书讨论的四个主要地区中，印度的地理位置最为优越。用阿布-卢古德（Abu-Lughod）的话来说，它"处在通往世界各地的道路上"。[53]印度的港口位于阿拉伯海和孟加拉湾，这里的商人航行不超过一季就可以到达波斯、阿拉伯半岛、东非，或者从另一个方向抵达印度尼西亚群岛或东南亚。他们进入印度洋时，并不需要在意印度以外的政治环境。他们不会像欧洲人一样在中东被封锁，也不会像阿拉伯人那样受限于红海和波斯湾的海峡。然而，印度的中心位置和便捷的交通也会产生反向效果，即外国商人可以轻而易举地进入其港口。

此外，由于地处热带，印度南部可以向欧亚大陆出口其他三个主要地区无法生产的货物。香料，尤其是胡椒，吸引了来自中东和中国等北部地区的海上商人。中东商人除了在本土市场上销售香料，还充当了中间人，向欧洲供应胡椒和香料。[54]印度对进口的需求量较小，因为该国绝大部分的消费品可以在印度次大陆的某个地区种植和生产。印度商人很少出现在中国，而阿拉伯人和中国人却经常光顾印度。在宋朝灭亡、元朝接管了中国南方后，中国商人被限制前往印度，阿拉伯人自此在印度海上贸易中占据了主导地位。阿布-卢古德表示，印度自身的富饶（而非贫穷），使其无法在世界贸易体系中发挥更加积极的作用。[55]上述两个原因使印度人在某些时期发展远程海上贸易是多余的，当然，与此相关的组织能力也就变得有些多余。

在我们探讨的时期内，最为强大的印度政治实体当属德里苏丹国（Delhi Sultanate）和莫卧儿帝国（Mughal Empire），两者均集中在印度北部的平原上。在家庭、文化和宗教方面，它们与中亚的突厥、波斯、蒙古和帖木儿王朝有着密切联系。它们不朝着印度洋发展，只微微对海上贸易感兴趣。就它们的兴趣而言，也仅限于古吉拉特邦的港口活动，特别是1573年被吞并后的苏拉特，以及1576年被兼并的孟加拉港口（在较低程度上）。[56]德里、旁遮普和信德经由陆路与阿富汗、中亚和波斯相连，其中一些地方还连接了东西向的丝绸之路。陆路贸易是由私商进行的，有些是兜售，有些是雇用代理人和康曼达合伙人，并依赖于散居各地的社群及社会网络。[57]

印度南方的印度教统治者更倾向于海上贸易。但是，在我们研究的这个时期，他们还缺乏政治力量、经济资源以及大规模参与远距离海外贸易的动力。一个早期较为著名的特例是泰米尔的乔拉王朝（Chola dynasty）。在 11 世纪，该王朝的国王发起了从科罗曼德海岸港口到斯里兰卡、马尔代夫、缅甸、马来半岛和苏门答腊的海上探险。但由于碑文中关于这些探险的记载较为零星且不直接，以至于一些史学家怀疑这些探险是否真实发生过。最近，人们在东南亚地区的考古和中国的一些史料中发现了印度人存在的证据。在那些认同海上探险真实发生过的学者中，有些人认为这些远洋航行仅仅带有政治和军事目的，但大多数人还是觉得其中含有商业动机。[58] 这是乔拉人对印度洋贸易的尝试，是对中国宋朝和埃及法蒂玛王朝的商人抵达印度南部的回应。[59]

缺乏当地统治者的控制或直接参与以及较低的门槛，都使得个体商贩和家族企业能够进入海上贸易。我们已经在家族企业那一章中讨论过维尔吉·沃拉和阿卜杜勒·加富尔的家族企业，它们是上层组织形式中绝佳的案例。[60]

印度文明是否在本土出现过更为复杂的组织形式，例如行会和公司？此类讨论需追溯到韦伯，他认为种姓是印度（以印度教为基础）的基本社会组织结构，决定了社会地位和职业，没有给自发性的组织留下任何空间。此后，社会学家驳斥了韦伯的观点，如今他们认为种姓在时间和空间上存在很大的差异，适用于非印度教徒，创造了主要的内婚群体和一种不预先决定职业的共识。[61]

近期，有越来越多的文献表明，中世纪的印度存在内生的行会。这些文献中比较常见的有：纳纳德西行会（Nanadesi）、马尼格拉曼行会（Manigramam）和阿亚沃鲁五百领主行会（Five Hundred Lords of Ayyavolu）。[62]但人们对于印度商人行会的组织结构，还未达成共识。有些人认为这是统治者向商人征税的一种手段，另一些人则将其视为基本的非正式社群单位，不论是否与家族或种姓有关。[63]

部分学者根据古代印度教的文本和铭文片段推断，印度商人行会表现出与欧洲行会相似的特征，其形成基于统治者的特许状、自我管理和公司实体。

戴维斯（Davis）在古代法论（Dharmaśāstra）中发现了公司团体的证据。[64] 罕娜（Khanna）认为什列尼（sreni）是一种印度的公司形式，从古代就已存在，一直持续到伊斯兰入侵。[65] 什列尼组织了印度次大陆上的工匠和商人，它是一种人与人之间的协会，而不是资本或财产的聚集。每个什列尼都会在一个确切的地方组织一个特定的分支，它在某些方面颇似欧洲的行会。罕娜称，什列尼实际上是商业公司的前身，[66] 但没有证据表明它的实际使用范围与公司相同。其他的一些学者并没有将这些特征归因于什列尼，甚至都没有予以重视。经文和碑文中经常提到对寺庙的捐赠和奉献，有人认为，关于捐赠团体或协会，不能过于从行会或类似公司的组织特征来解读它们。根据阿拉萨拉特纳姆（Arasaratnam）的观点，股份制的概念在14世纪到16世纪的商人行会中已经以某种形式存在。而毗奢耶那伽罗帝国（Vijayanagara empire）的衰落带来了行会的兴盛，导致了这种制度走向灭亡，使得个体商贩只能独立经营。[67]

到了17世纪，随着欧洲对印度贸易投资量的增加，印欧间的贸易规模不断扩大，不仅双边贸易变得更加频繁，而且与欧洲市场需求的联系也更加紧密。印度商人也逐步抱团组建股份公司，他们受到管理着向欧洲人供应纺织品的旧组织形式的启发。[68] 布伦尼格（Brennig）指出，这些合伙关系不是土生土长的，而是欧洲人为改善贸易而创建的。这是一次对欧洲商业制度的尝试性移植。[69]

我们可以从卢卡森（Lucassen）、德穆尔（De Moor）和范赞登（van Zanden）那里学习欧洲行会和印度行会之间的重要差异，这也许可以解释为什么后者没有发展出公司。欧洲的行会是永久性的，迟早会转变成公司实体，它们是以城市为基础的组织，由从事类似职业的个人组成，这些职业得到政治统治者的承认（最终通过特许状）。它们的主要目的之一是维护并维持交易垄断权。它们在影响欧洲城市政治、文化、社会和经济方面发挥了核心作用。[70]而印度的行会可以说未能表现出这样的特点；它们既没有基于公司的治理结构，也没有基于由统治者颁发的特许状形式的承诺。

当前的研究程度并不能支持这样一个结论，即印度发展了一种功能等同于商业公司的组织形式，或者一种在特征上能够发展成与欧洲公司类似的组织形式。在印度很难找到中国宗族体系或伊斯兰瓦克夫的等同之物。这是因为没有任何压力需要促使一种新制度的产生。由于印度的地理位置和对进口商品的需求有限，家族企业可以很好地经营贸易。在第二个千年的头几个世纪里，世界上的出口业务由阿拉伯人和中国人主导，到了1500年之后，葡萄牙人则占据了上风，他们均可以出入印度的港口。当中国人和西欧人从大西洋西部和中国出发寻找热带商品时，他们不得不提高自身的制度壁垒。总而言之，印度人没有发展公司的动力，因为即便没有公司，他们也可以完全依赖于优良的位置和良好的资源。

公司为何不在中国出现？

需求方

中国是一个庞大而繁荣的经济体，在大多数方面都可以做到自给自足，不依赖货物的进口。中国从印尼群岛及东南亚地区进口香料、胡椒和其他一些热带产品，从世界各地进口白银，但主要来自日本和美洲（经由欧洲或马尼拉）。[71] 中国可以出口一系列商品，从丝绸到瓷器。但在大多数时期，中国的中央政权都能够根据本国货品的供应情况将其提供给臣民。

中国皇帝在与外国接触时，无论是为了提供政治庇护还是为了他们的货物，通常选择将国际货物交易采用朝贡形式（基于仪式和政治形式），而不是以市场为主导的盈利模式。[72] 他们可以决定如何分享朝贡体系，允许奢侈品进入中国，并为那些希望从中国出口的人提供增加利润的机会。

为此，宋朝统治者进一步发展了源于唐代的制度，即由高官领导的市舶司。市舶司负责管理中国的对外联络工作，包括接待外国朝贡使团、检查入境蓄货、评估价值以及征收关税。朝廷对商品拥有优先采购权，而私商只能购买政府批准的物品。只有那些通过官方审查的外国商人才被允许在中国的沿海地区自由地贸易，但他们也只能在为数不多的几个设立了市舶司的港口出入。市舶司的另一个职责是负责采购中国商品，并将它们出售给外国商人。福建的泉州、长三角的杭州、珠江南面的广州是最早设立市舶司的港口城市，旨在服务远距离贸易。自宋代起，外国朝贡使团便频繁出入上述港口。

除了官方目的外，中国统治者还鼓励发展海上国际贸易。越来越多的外国船只开始频繁地出入这些港口。前往泉州和广州的外商大多来自爪哇王国和越南占巴。当然，也会有来自更远地区的船只，如印度、波斯和阿拉伯世界。随着时间的推移，大量散居的阿拉伯人和波斯人开始定居在这些港口，充当外国海上商人的代理人和经纪人。在中国东南部港口城市的外国人，大多居住在被称为蕃坊的指定社区。[73]

在非汉人统治的朝代，尤其是元朝，当局一方面鼓励外国人来华，另一方面却禁止中国人出国。他们选择与外国人结盟，这样做是为了削弱汉族商人的经济和政治实力。在元代，大量的阿拉伯人和波斯人从蒙古人征服的西部地区沿着陆路来华，或者作为特权商人乘船抵达中国。在元代，阿拉伯人和波斯人主导了陆路贸易和海上贸易，限制了中国本土远程贸易制度的发展。

到了明朝初期（15世纪初），当中国在郑和的领导下前往孟加拉湾和阿拉伯海一带进行贸易时，是国家（而不是个体商贩或商人组织）充当了这些大规模、远距离航行的组织者。[74]然而，明朝统治者自那以后改变了他们的外交和商业政策，逐渐走向封闭和孤立，拒绝中国商人自由地进入海外市场。无论对于洋货的需求如何，也无论它的对外贸易政策如何，中国地处欧亚大陆的最东边，这就决定了那些从事出口贸易的华商必须面对长途跋涉。

供给方

中国国家

中国的全部人口比欧洲所有国家的人口总和还要多。在我们探讨的时段初期，葡萄牙大约有100万人口，[75]荷兰只有200多万，英国大约有300万，[76]而中国的人口总数接近9 000万。[77]中国的计税基数不太一样，正如公务员制度和科举制度也不尽相同。这两个特征加在一起，创造了一种重要的国家能力，并由此来推动征税、资源汇集和税收利用。[78]

因此，中国有一个可行的选择，即根据统治者提供的资金、人员和组织结构进行远程贸易。事实上，中国利用这一能力资助、组织了郑和下西洋，航行直至西印度洋。[79]但是，依赖于一个有能力的国家平台，并没能解决中国企业的所有问题。它那伟大的雄心壮志，甚至对以税收为基础的财政也产生了冲击。皇帝和他身边的宦官一同参与，导致了商业动机与政治动机、目标与账目混淆不清。中国皇帝经营的朝贡贸易航行（在郑和的率领下），类似于葡萄牙统治者的印度航线（Carreira da Índia）。用斯特恩斯加德（包括韦伯和波兰尼）的话来说，这是一种再分配且非理性的航行。他们从事贸易，但既不追求利润最大化，也不属于股东所有制。

官僚国家的存在使私营业黯然失色。小型合伙制、大型家族企业，甚至宗族公司都可以依赖于国家提供的基础设施。正如蒲氏宗族的例子所表明的那样，有时国家和家族框架（family framework）之间存在强烈的共生关系。一个人可以在担任市舶提举的同时，打理家族企业，并且这两个角色之间密不可分。[80]

中国的宗族组织

一些历史学家、人类学家，甚至法学家认为，中国的亲属关系组织，有时称为宗族公司，是一种公司的中国化变体。[81]还有一种说法是，它源自中国，在功能上等同于欧洲的商业公司，但仅在功能上相同，形式上却有所不同。那么，宗族公司到底是一种内生性制度，建立在遍布五湖四海的扩展家庭基础上，还是植根于中华文明的特有制度呢？

宗族是中国社会中的一个基本要素。扩展家庭（extended families）——包括一代以上的成年人——遍布众多文明。与其他社会的扩展家庭相比，宗族是一种更为复杂的社会形态。自 1958 年弗里德曼（Freedman）开始关注宗族以来，人类学家、社会学家和历史学家一直将它视为中国社会的基石。[82]若要理解它,就必须对宗族的历史和属性进行大致的考察。

关于宗族的发展,在史学界长期存在争论,有人认为宗族是自下而上,逐渐从家庭结构中有机地发展起来的;另一些人认为,它作为新儒家复兴的一部分,是自上而下产生的,实则为朝廷及公务人员监控各省农村社会,并将佛教边缘化的一种手段。从理论上讲,在同一父系宗谱中,那些维持重要社会关系的个人被认为是同一宗族的成员。同一宗族的成员通常住在相同的社区、村庄或村庄中的某一处,彼此相邻。但是,有些社会史学家和人类学家认为,在过去,宗族的构成包括亲属和非亲属。这就表明,家谱的发明一方面是为了让那些拥有相同姓氏的家庭建立共同的祖先起源;另一方面则是为了凝聚人心、维护稳定。[83]

无论宗族以何种方式形成,其核心纽带仍为祖先祭祀,它深植于佛教、道教和早期的原始宗教。随之而来的便是一个典型的、以组织和财务形式呈现出来的宗族。[84]宗族的所有成员(只限族人),都会祭祀共同的祖先。祖先祭拜同样会发生在较低层次的家族、分支和子系中。但是,宗族层面的祭祀最为重要,因为这在相同祖先的基础上,牵涉最为广泛的人群。祭祖仪式包括在祠堂中的团拜祭祖、祭献牲畜等。祠堂的修建和维护费用由团体支付,以募捐或收取服务费的形式筹集资金。

每个家庭都会出钱,之后再把这笔资金汇集在一起。但是,如果用于投资房地产,谁又会来把持新创建的资产池呢?宗族的资产(祠堂、庙宇、族谱和其他祭祀所需的物资)由宗族创建并持有。一些人类学家(如科恩)将这类财产称为公司财产,将宗族称为公司实体。[85]历史学家在欧洲以外的地区使用西方法律术语时较为谨慎；而法学家则更加了解公司的法律特征，将其称为宗族财产或宗族信托（lineage trusts）。在任何情况下，宗族组织持有的财产均与个人和家庭有所区分。

起初，宗族拥有的唯一共同财产仅涉及祠堂。随着时间的推移，他们还拿下了能够创收的土地，紧接着是更多的动产、流动资金和无形资产，不断在宗族的公共资产池中积累。逐渐地，宗族组织除了拥有传统的宗教和社会功能外，还承担了政治、军事、慈善和教育等功能。在经济方面，宗族最初用于支持农业，作为一种彼此间的保险。更为富有的宗族共同拥有着更多的流动财产，也逐渐在制造业和贸易领域活跃起来。[86]

近几十年以来，有历史学家对宗族进行了研究，并将其视为组织业务的框架。首先，我将展示它是如何组织生产的，然后再转移到贸易领域。曾小萍（Zelin）是该领域的开拓者之一，她研究了18世纪末至20世纪初长期存在的制盐企业，如四川自贡的富荣盐场。[87]她表示，宗族信托明确地作为一种汇集与合并商业财产的方式形成，将其与家庭财产和日常消费分开，尽管它的形成还是离不开礼仪和祭祀祖先。在这里，所有投资盐井（盐场开发项目核心）的宗族成员，其后代都成了信托公司的股东。至于利润，在扣除业务开销和大致可以算出的折旧费用后，每年都有股东分红。虽然宗族信托以族人的身份为基础（由出生或婚姻决定且与外界隔绝），但他们还是会买卖盐场股份以及由此开发出有价证券组合，其中就包括全资宗族公司和一系列非亲属投资的股份。

彭慕兰研究了位于山东省西南部的大运河港口济宁的一家生产酱油、腌菜和各种特色食品的公司——玉堂公司（1779年至1956年存在）。[88]他展示了一个宗族企业，如何能在几代人的时间里经久不衰，在保持宗族地位的同时，发展出规模化生产经营，使宗族在官场和地主精英中都能站稳脚跟。

苏基朗（Billy So）在研究福建南部两个地位不同的宗族案例时，将我们带到了海上贸易。他得出结论，依赖一个团结且富有的宗族，可以获得巨大的优势。来自这些宗族的商人可以为宗族内的海上风投筹集资金。外部股权投资者、合资伙伴和债权人也认为他们更为可靠。这些外部投资者可以在失败或存在争议的情况下，向宗族寻求调解和赔偿。出身名门的商人更愿意保护自己的声誉；出身显赫的商人也不太可能逃离祖国，留下未偿债务去别处定居。[89]宗族体系一方面降低了外人在海上风投中所要承担的风险，另一方面也减少了财务成本；它逐渐转变成一个为个体商贩提供基础设施的制度。

科大卫（David Faure）研究了珠江三角洲，特别是广州地区的宗族与商业关系。他查阅了18世纪有关契约文书、宗族信托和股权的使用情况，这三者被当作宗族框架的工具，用于商业目的。[90]周绍明（Joseph P. McDermott）研究了同样位于珠江三角洲且地处广东省的惠州。他展示了一些制度如何从古老的宗族中脱颖而出，比如宗祠以及带有商业合伙性质的信用共同体（credit associations），他认为这些形式类似于康曼达合同、代理合伙制和股份合作制。周绍明所研究的商人具有两种更为古老的形式：一种是宗族形式，另一种是合伙形式，两者自晚明开始便融合在一起。根据周绍明的分析，宗族为企业组织问题提供了解决方案，如资产组合的期限和管理。但他既没有阐明合伙人的责任限制，也没有找到一家在股票市场正式上市的公司。[91]

在所有这些研究中，宗族与经济活动之间的联系表现为不同的方式。随着时间的推移，它会因着地区和行业的变化而变化。针对这些，我想试着从三个层面提出一些见解。首先是宗族成员之间的联系，基于他们是亲属的事实，他们之间的关系并不依靠宗族演变的制度性结构。在这个层面上，我们观察到一种非正式的联系，类似于所有传统的扩展家庭。其次是对信用共同体的依赖，即对宗族成员共同拥有的资产池（预先存在）的依赖。从这个层面，我们看到了慈善与商业边界的互动。最后是依赖于一个共同的资产池，该资产池由宗族本身作为准公司财产拥有。与商业相关的财产亦归宗族所有。有人认为，宗族不仅允许拥有共同财产，而且允许：① 形成一个集中的管理中心；② 任命代理人；③ 分配利润。对于我们而言，第三种联系，即宗族和经济活动之间的联系最为重要。现有的文献并不总是能将第二和第三个层次明确地区分开来。我们需要更多地了解这层关系，将来的研究也许能对此有所帮助。

宗族制度在经济背景下被用于促进合作、汇集资产、分散风险、集中管理职能（到少数人手中）、分配利润以及边缘化非生产性的族人。[92]郑振满指出，这些目的是通过结合一系列宗族塑造战略来实现的，包括联姻、收养、改姓、编造共同的祖先、脱离某一宗族的分支以及增入祭产。[93]他认为到了明代，一些更加富有、更为活跃的宗族摇身一变成了他笔下的"合同式宗族"。这种宗族基于互利关系，而不是族人间的联系。他们积极使用所有这些策略，允许在偏离传统宗族方面有更大的弹性。他们还以提供投资为基础，回报以利润和控制权的份额。这些份额经历了商品化，最终可以拿来买卖。到了清代，股份制宗族组织及其祠产已经足够复杂，可以用于大型的商业公司。

总而言之，基于宗族的商业公司是具有中国特色的制度。它发展自中国特定的祖先崇拜和儒家社会秩序的背景之下。它植根于中华文化、社会和国家之中，是其他文明所无法引进的。它可以被看作一种嵌入中华文明的组织形式，与根植于欧洲文明的公司并行不悖。宗族与公司有部分功能重叠，其功能涉及家庭、宗教以及商业。而公司的职能范围横跨宗教、政治组织和商业。

在某些功能上，宗族类似于欧洲的行会和受规制公司，但与 1600 年前后开始在欧亚贸易中发挥作用的欧洲股份制商业公司，仍有很大的不同。它没有在非人格化的股票市场，也无法从外部人士那里筹集股权投资。它不可能一蹴而就，而是逐渐发展形成。在债务方面，按照宗族来组织的企业，并没有像欧洲商业公司那样完全脱离其成员，它无法利用互补性的股票市场。在功能方面，与英国东印度公司和荷兰东印度公司相比，它未参与过长时期的海上远程贸易。至于组织近代早期的远程贸易，公司在时间和动能上都具有优势。它出现得最早，发展得更快，并在 1600 年后不久便接管了远程贸易，甚至在宗族完全兴起之前。

结　　论

为什么在中国本土没有发展出公司？到了 17 世纪，当英、荷两家东印度公司在大规模远程贸易中凸显出优势时，为什么中国没有将它引入进来？值得注意的是，作为晚清改革的一部分，中国于 1904 年通过《公司律》，这才首次引入了公司形式。[94]因此，更准确地说，第二个问题应该是：为什么中国 300 年来迟迟没有引进欧洲的公司形式？在现有的文献中，尚不存在该问题的答案，我也只能提供初步的、尝试性的假设。在宋朝（960—1279），当中国海上贸易扩张时，宗族制度难以适应商业用途。宋代的海上投资更依赖于基本的合作形式，如借贷、船舶或货物的共有制、合伙制和康曼达。在元朝统治期间，中国没有对以宗族为基础的海运企业的需求，因为蒙古人建立的元朝更倾向于依托外国商人。到了明朝初期（1368—1433），这里依旧没有对以宗族为基础的海运企业的需求，因为国家主导了郑和下西洋，并资助和控制了这些远洋活动。在接下来的几十年里，中国皇帝反对进一步参与海上冒险。因此，在欧洲商业公司发展前的几个世纪里，没有一种强大或持久的压力能够促使宗族组织转变为海上贸易制度。后来，宗族演变出一种足够灵活的契约形式，支持在其组织框架内开展业务，并有可能取代欧洲的商业公司。到了这个时候，欧洲在印度洋和南海的商业公司已成为中国海上贸易的主要障碍。

在中国，宗族组织逐渐演变成一种能为新商业目标运作的制度。中国没有陷入发展的死胡同。它沿着自身的道路不断前进，不同于欧洲、伊斯兰世界和印度的发展轨迹。中国的宗族从本质上具有灵活性和适应性。我无法判断的是，到了后期，这条道路能否带来介于内部投资者和外部投资者之间的非人格化合作。这一点由欧洲公司实现了。外来的冲击和欧洲人对欧亚大陆绝大部分远程贸易的接管，阻止了宗族向非人格化合作制度的转变。因此，我们无法判断它是否具有这种腾飞的潜力。[95]

中国有可能发展出公司式的组织形式吗？换言之，中国能否沿着公司的道路而不是宗族的道路发展贸易组织？中国的环境难以支持公司的组织模式。公司在宗教领域需要有先决条件，即宗教与国家（所有国家）的分离，其机构必须是中央集权制且等级分明的。

这种宗教需要有自身的宪法结构，而这点恰恰可以由公司来提供，因为后者是一种独立且等级分明的组织形式。但是，就中国而言，儒家思想与国家及其行政和公共秩序交织在一起。即使公司以某种方式形成了，统治者也无法作出承诺，让人相信政府不会进行征收。与英国不一样，中国没有形成类似普通法的法治观和古代的宪法概念。这里也没有出现一群像荷兰共和国那样组织良好的商业精英，依靠以城市和联省为基础的政治实体来制衡统治者。中国同样没有任何新生的股票市场，因为统治者不会在公众自愿的基础上，依赖债券形式进行借贷，并将此作为税收的部分替代品。更重要的是，皇帝不能依靠债券融资，因为他无法可信地承诺不去征收债券。国家和家庭之间没有空间。尽管一开始曾出现过，但公司被宗族体系所填埋，没有给它留下任何机会。

结　语

制度迁移与公司

在欧亚大陆上，不仅是习俗、工艺、技术、科学知识和宗教信仰（曾受到历史文献的关注）有所迁移，而且组织模式的迁移也普遍存在，这一点值得学界的关注。远距离贸易带来了欧亚大陆所有地区需要共同面临的问题。当解决组织问题的办法较为简单时，它们应该是在本土实现的，具有地方性。这样的例子包含雇用基本的代理人、贸易借贷以及整合运营船只的资源。在本书提供的分析框架内，所有这些形式都是内生性组织形式。

当人们遇到的问题或解决方案更为复杂时，组织性方法会由此介入，如果可用的话。关于组织形式迁移的动因可谓多种多样：人口迁移、宗教传播、帝国征服，最突出的还是商人本身。商人们相遇在船上、集市，尤其是多文化的枢纽，如业」、霍尔木兹、马六甲和泉州等港口城市。事实上，组织形式发生了迁移。康曼达、航海借贷、商队旅馆和可汗均有所迁移。在本书的框架内，它们皆为迁移性组织形式。但迁移并不是通过模仿发生的。更替和修改的出现要么是因为对制度性解决办法的需求不同，要么是因为供给方的限制和抵抗。陆路康曼达与海上康曼达存有区别。像大马士革这样大城市里的凡杜克，亦不同于从撒马尔罕到喀什途中沙漠绿洲里的商队旅馆。供给方的限制导致了更多的差异。在伊斯兰教和基督教当中，以神学为基础的高利贷法的引入时间不尽相同，这也带来了航海借贷接受模式的区别。康曼达首先是一种商业惯例，需要与更大的法律框架相适应，这在细节和理论上造成了中东与意大利之间的不同，前者需要遵守伊斯兰教法，而后者必须符合罗马法。

组织形式迁移的主要障碍不是缺乏联系、知识或机会，而是敌对情绪和抵抗行为。公司是一种嵌入性组织形式，这不仅仅是因为它在中国、印度或奥斯曼帝国不为人所知或不受重视，而是因为它无法适应这些地区的宗教和政治。此外，如果没有辅助性制度，公司就难以卓有成效。它能兴盛的条件是，存在一个不征收其资产池和收益的国家（可以作出令人信服的承诺），这一点在英国和荷兰共和国得到了充分的体现。公司之所以能吸引外部投资者，就是因为这些投资者通过股票市场可以获得一条出路，一项选择退出的权利。商业公司，如果没有先前存在的债券市场（如荷兰共和国）或新兴的股票市场（如英国），将是一个与众不同但缺乏吸引力的组织形式。

我在这里不仅要对贸易组织的迁移进行描述，而且希望（顺带）为制度迁移研究的理论和方法添砖加瓦。本书得出的理论见解与传统观念有着根本上的不同，后者是从研究罗马法和普通法移植的法律史文献中获得的。而在这里，我们较少见到政治、殖民强制性干预。我们看到的是个别制度的迁移，而不是法律体系的大规模迁移。此处的"引进"往往始于商人，自下而上地发展；而不是由统治者或法学家自上而下进行的。在这里，我们讨论的是合法与非法迁移之间的相互作用。因此，我们得出的观点是对法律移植和经济制度迁移理论的重要补充。它突出强调了以下几种因素在法律迁移和制度迁移以及移植理论中的作用：① 引进可能发生在抽象概念层面，而不是全套规则和组织细节层面；② 对于引进的抵制无处不在，以及将引进的制度纳入更为广泛的法律与制度框架的必要性；③ 必须注意各种制度间的互补性，知晓迁移可使某些互补性分离，产生新的互补性。

在近代早期的任何一个社会中，家庭、宗教和统治者均为三个重要组成部分，它们之间的相互作用是形成本书所分析不同组织形式的迁移模式的主要因素。这种相互作用导致了欧洲以外的地区和文明对商业公司引进和移植的抵制。

公司与非人格化合作

在1600年以前，商业组织依靠的是成员间的人际关系，不论基于家族的和睦、地域的相同，还是族群的一致。家族企业参与了大量复杂的远程贸易。这些公司以宗族或合伙关系为组织核心，从佛罗伦萨、奥格斯堡、开罗、苏拉特和泉州等城市的基地出发，展开了大规模的远距离贸易。它们依靠家族成员，将婚姻作为对外扩张和结成战略伙伴关系的途径。它们雇用代理人（有时作为合伙人）进一步扩大自身的业务范围。但以家族为基础的企业也有其局限性，它们几乎不能跨越家族的范畴。

商人网络是另一种重要的前期公司的组织形式，通常由一个枢纽和若干辐条构成。一般来说，年迈富有的个体商人以及年轻行商的妻儿居住在枢纽。核心家族中较为年轻的成员和来自同一族群或宗教团体的远亲往返于枢纽和辐条之间，他们充当流动代理人或受聘为辐条中的固定代理人。枢纽是贸易资金的来源地，是信息交流、雇用代理人和解决争端的场所。这些关系网络并不会像家族企业那般紧密，它们受到商业规则和执行法庭的管理与约束。网络的范围取决于族群的大小和分散性，其本身无法参与跨文化贸易。

相比之下，统治者拥有的企业可以超越家族和族群的限制，实现横跨欧亚大陆。统治者可以使用君主征税权，为自己的贸易提供资金，并利用国家机构的公务人员，如海军将领、总督、大使、行政官员和宦官来管控这些企业。他们可以安排应征入伍的人员作为雇员和士兵。他们没有将商业花销和利润与军事、政治开支区分核算。国有企业往往把商业目标和政治目标混为一谈，不一定以货币利润最大化为目标。国企在某种意义上是非人格化的，它与商业公司不同的是，前者不是自愿、理性且利润最大化的实体，而是具有强制性、非理性以及再分配性的非人格化实体。这是国有企业的缺点。以国家为基础的贸易企业出现在15世纪的明代中国和16世纪的葡萄牙。然而，两者均未能持续太久，到了17世纪，它们在欧亚远程贸易中不再发挥重要作用。

将公司作为促进商业目的平台，以此可实现向非人格化、自愿化合作的转变。欧洲的公司既不是在家族也不是在国家和统治者的背景下发展起来的。它受到宗教环境的熏陶，从而发展壮大。罗马天主教会的特殊性造就了公司。作为一种宗教，罗马天主教一方面等级森严，另一方面则脱离了一切世俗政治统治者或国家机器。教会发展了公司，使之成为自身构造的核心，以此来组织决策制定及教会内部的财产所有，从修道院、院长到教皇和大公会议。那些非等级化的宗教不需要一种正式的、章程式的组织形式。一种宗教，无论在神学还是在组织上，如果没有与国家分离，就不需要一个有别于国家的章程结构，它也绝不可能成为孕育公司的良好孵化器。

在 11 世纪至 13 世纪天主教会内部产生公司之后，它也被用于其他目的，包括组织学院和大学、学校和医院、行会和城市等。到了 1600 年前后，当英国人和荷兰人正在寻找可用于组织好望角航线贸易的平台时，公司已是"现成之物"。公司的特许状使其经久不衰，成为一个拥有财产的实体，并具有一套治理结构。一旦企业家意识到家族或统治者不能提供完整的解决方案，且在两者之间存有空间，公司可以在其中运作，而不必担心将发生征收或废除时，公司形式就大有用处。这里提到的空间变得可用，也只有当统治者能够令人信服地作出不去征收和废除的承诺时才会发生。到了 17 世纪，在所有的欧洲统治者中，只有英国和荷兰共和国的统治者可以做到这一点。

英国和荷兰的企业家将公司实体与股份制股权投资方案相结合。荷兰人靠的是康曼达和船舶股份方面的经验，而英国人则依靠在合资企业方面的经验。两者结合在一起，若设计得当且在有利可图的环境中使用，就可以使外部消极投资者与内部人员、商人和管理人员相匹配，并将巨额的运营资本汇集在一起。外部人士可以得到发言权、选择退出权和充分的信息，如此一来，也可确保他们获得合理的保护和公平的利润分成。

股份制金融、投资锁定、利益自由转计、不被统治者征收等特征与独立法人、长期有效、集中管理等早期公司特征的首次结合，促成了一场组织革命。第一批商业公司，即英国东印度公司和荷兰东印度公司，实现了（时间上的）经久不衰和管理权力的集中，聘用大量的代理和雇员，在交易和法庭诉讼中有法律支撑，以及来自数以千计的消极投资者的可交易股权投资（虽然不是现代意义上股东责任的限制）。这些公司能够利用自身的长期有效性，加上股权资产池和资本锁定（荷兰东印度公司达到这一目标是在 1602 年；英国东印度公司则在 1612 年实现），来维持自身在亚洲的长期存在，并频繁地绕过好望角航行至亚洲。

公司既构成了纵向整合，将所有贸易部门都集中在一家公司内，也形成了横向的合并，将同一国家的所有商人汇聚在该公司经营。许多历史学家认为，拥有如此庞大规模的公司，而不是组织类似康曼达、合伙关系或家族企业那样的小型公司，其好处不仅仅是，或者说主要是在于获得垄断租金。在欧亚大陆拥有一家单一商业公司的优势主要体现在信息方面，这家公司旗下拥有自己的船舶、商站和代理人。较先前的任何一家远程贸易公司而言，英国东印度公司和荷兰东印度公司的总部能更好地获取信息，这些信息涉及亚欧市场、价格、货物、路线（及其风险）、代理人（及其忠诚度和业绩）和竞争对手（从日本、中国到欧洲的任何地方）。利用这些信息，他们可以作出更为明智的商业决策，更好地监管欧亚大陆各地的代理人。最后，他们与本国的外部投资者分享信息，以确保后者的投资意向并锁定其投资。

我们应该记住，从以人格化关系为基础来组织业务转向基于公司形式的非人格化关系，这当中不仅仅是有好处那么简单。罗森塔尔和王国斌在讨论正式履行合同和非正式履行合同间的平行差异时表示，两者都不具备天生的优越性。[1] 在某些环境中，基于人格化、非正式的贸易组织比非人格化且正式的组织效果要更好。罗森塔尔和王国斌预测，当交易足够频繁时，信誉机制将发挥作用。当各方之间的距离远到超出各自法庭管辖的范围时，法庭的约束倒不如社会约束来得有效。因此，当法庭不起作用时，信誉便会发挥作用，基于人际关系的合作将会表现得更好。中国与东南亚的贸易正是在此背景下进行的,这也就是为什么以人际关系为基础的组织在那里运作得如此之好。

但是,当距离过于遥远、交易不太频繁时,就像欧洲人来亚洲进行贸易那样(或许中国人也是如此,如果他们先发现了好望角航线),据罗森塔尔和王国斌估计,无论是正式组织还是非正式组织都不会起作用,交易将只会以现金形式出现。然而,这些交易会由行商来进行吗?投入这一行,需要克服重重阻碍,行商恐怕永远无法获得充足的资金和信息。公司却通过促进母国市场的非人格化合作解决了这一问题,使得母国市场与偏远市场之间的代理难题迎刃而解。一旦英国东印度公司和荷兰东印度公司的代理商在亚洲港口长期停留,他们就可以经常与本土商人在当地市场进行短途交易。

格雷夫(Greif)和塔贝里尼(Tabellini)认为,基于亲属关系的宗族和以自愿达成协议为基础的公司分别成为中国和欧洲的主导形式。宗族得以聚在一起,是通过道德承诺和人际间的交往,而公司靠的则是共同利益、普遍道德和法律约束。两者相比,各有各的优缺点。宗族团体内的执行成本较低,而公司则提供了可扩展性和规模性经济。至于它们中的哪一个会带来较少的腐败和不公,这仍是一个值得商榷的话题。[2]

梅斯顿(Masten)和普吕弗(Prüfer)表示,鉴于交易人和交易的多样性,社群和法庭支持不同类型交易的合作,两者具有互补性。但是,尽管社群对法庭起到了补充作用,法庭却对社群有所排挤。两位作者展示了他们的模型如何解释欧洲商法的兴衰,以及中国和印度公共执法的延续性。[3]

关于人格化合作和非人格化合作之间权衡的研究,学界仍处于初期探索阶段。如果断定非人格化组织比以人际关系为基础的组织效率更高，而且是进步的表现，想必这样的说法过于粗浅。对于每种情况相对优势的分析，可以从以下几个层面进行：① 制裁类型（法律、信誉或社会制裁）；② 适用规则类型（法律规则或公共规范）；③ 裁决者的身份（专业法官或社群领袖，如：族群领袖、集市中的长者或宗教权威）；④ 承担权利和责任的基本单位（个人、家庭、氏族、部落或地方社群）。我发现，不同于人格化和非人格化的区别，非正式和正式的区别有些模棱两可，不仅无助于分析，甚至让人迷糊不清。显而易见的是，第一种基于非人格化的组织形式的设计，即商业公司，代表了西欧参与欧亚远程贸易的转折点。

在欧洲，远程贸易是首个，但绝非最后一个，迈向非人格化合作的领域。紧接着的是17世纪后期的供水、银行和保险公司，18世纪的河流航运、道路及运河建设，19世纪的铁路、煤气照明和工业公司。到了1740年，英国至少有24家股份公司，其中只有7家是海外贸易公司。等到1760年，有28%的商业资本投向了股份公司。1810年，用于股份公司的投资额度达到了9 000万英镑（按2019年的物价折算，其数值为70亿英镑）。[4]

但是，我们不该就此得出结论，认为从人格化合作到非人格化合作的每一次转变都必然是循序渐进的，代表着从效率较低的组织解决方案向效率更高的组织解决方案转变。非人格化的合作有其自身的成本和其他不利因素。不同社会在不同时期的不同商业活动中，可能会有不同的最优组织设计。因此，更多的理论提炼和历史研究是必要的。组织革命促成了向非人格化合作的过渡，反过来又对17、18世纪英、荷两国在欧亚贸易中占据主导地位起到了关键的作用。

公司与欧亚贸易

公司形式是组织远程贸易的唯一制度解决方案吗？简单点来说：不是。家族和统治者可以走的路很漫长。郑和在明朝皇帝的支持下，能够率领带有政治、商业目的的船队远航至东非。葡萄牙国王，曾在富格尔及其他意大利和德意志家族企业的资助下，可以航行绕过好望角，并在印度洋驻扎下来。在18世纪，当商业公司的发展卷入领土统治和殖民主义时，它逐渐融入国家内部，而贸易也慢慢成为其副业。到了18世纪末和19世纪，远程贸易变得更为常见，风险也随之降低，信息流得到提高；正如亚当·斯密所言，规模较小的商行、家族企业和合伙关系不断克服进入壁垒，努力参与欧亚远程贸易，它们以较低的代理成本和更强的适应性开展业务。

在17世纪前后，家族和国家在组织和促进欧亚远程贸易方面确实下了很大的功夫。但在关键的17世纪，公司是应对这类贸易挑战的最后一种组织性解决方案。即使在17世纪，大西洋贸易也不依靠公司形式。自哥伦布时代起，西班牙人在组织大西洋贸易时，就基于统治者的大量参与、许可证和私营商户，而不是以股份公司的形式进行广泛的非人格化合作。[5]这可以解释为大西洋贸易与亚洲贸易相比，距离较短，风险较低；再者，由于国王统治时期的政治与法律结构，西班牙王室无法令人信服地承诺不去征用公司。这一点同样适用于航行在大西洋的英国人。他们为数不多的大西洋沿岸公司持续时间均不长，其目的主要还是定居，而并非贸易。[6]"马尼拉帆船"（Manila Galleons）为商船，航行于当时距离最长且不中断的商业线路上（长于好望角贸易航线），从1565年到1815

年,每年都会有一艘往返于菲律宾马尼拉和墨西哥阿卡普尔科之间。[7] 从马尼拉出发的船只携带着远东的奇珍异宝,如丝绸、瓷器和珠宝。向西驶往马尼拉的帆船则主要运载白银,用于支付亚洲货物,并作为菲律宾殖民地的年度官方补贴。这些船只还会载有马尼拉的驻军士兵、传教士、平民和行政人员。我们必须进一步研究帆船的组织,以便了解它们是如何能在不采用公司形式的情况下长期运作的。因此,本书的论点并不完全具有全球性,最多是具有欧亚性,它聚焦于好望角航线和印度洋(以及丝绸之路)。但在 1400 年至 1700 年期间,这里正是最具挑战性的地方,也是远程贸易最为重要的地区。事实上,随着时间的推移,以种植园和奴隶为基础的大西洋贸易变得愈发重要。然而,对大西洋贸易组织的分析超出了本书的范围。如果英国和荷兰共和国的组织革命未能产生出股份制商业公司,那么它们在欧亚贸易中的作用就不可能再相提并论。

从罗马天主教会到股份公司,这是建立基于非人格化远程贸易组织的唯一途径吗?其他任何一条路径是否会在后期带来以非人格化为基础的贸易组织?换言之,有无其他路径能够突破基于人格化合作的瓶颈?

最有希望实现此目标的是中国的宗族,它逐渐摒弃以有机的家庭关系为中心,更多地聚焦于契约安排。宗族的规模越来越大,开始涉足营利性业务,包括海外贸易。但它并没有越界,进入非人格化的关系,也没有通过私募或新兴的股票市场,将目光转向大量的外部投资者。因此,人们只能根据 16 世纪以前宗族沿袭的道路进行推测,并判断其在反事实的后期世界中可能发生的转变,在这个世界中,欧洲公司没有在欧亚远程贸易中占据主导地位。到了 18 世纪,中国商人要想在欧洲公司面前主导贸易,已经为时晚矣;而中国想要以宗族形式，发展出在功能上等同于欧洲股份制商业公司的替代品，同样时机已过。

贯穿本书的核心论点有二，一个更为宏大，另一个则较为微观。前者（第二层次）的论点是，公司形式解释了英国和荷兰占据贸易主导地位的原因。后者（第一层次）的论点是，尽管存在其他因素（如技术或使用暴力）可以解释贸易的主导地位，但在贸易背景下创造出股份制商业公司，这点仍然说明了向非人格化制度的转变。

本书认为16世纪的欧洲人，尤其是葡萄牙人，依赖于国家，针对与亚洲的好望角航线贸易，未能设计出一个良好的制度框架。17世纪的欧洲人，以荷兰人和英国人为首，开发出了一个可以很好适应环境挑战的制度框架，促进了欧亚之间的远程贸易。到了18世纪，情况又发生了一些变化，欧洲人过度使用国家权力和暴力；这些公司依靠国家给予的贸易垄断，逐渐转变为领土殖民实体。

公司成功地使英国人和荷兰人渡过了17世纪。根据本书核心论点中更为宏大的那一个，这使得他们在欧亚远程贸易中所占的份额发生了巨大的变化，一方面是面对葡萄牙人、西班牙人和法国人，另一方面是面对奥斯曼人、印度人和中国人。荷兰人和英国人完胜所有竞争对手并不是靠着航海、战争技术或者使用暴力的意愿。他们靠的是组织，以股份制商业公司的形式出现，这是他们与众不同且获得成功的秘诀。

我不想仅仅通过1600年至1602年公司的出现，来解释18、19世纪欧洲在亚洲的贸易和殖民统治。到了18世纪，欧洲统治者在以下几个方面较其他统治者具有优势：资助和部署大型军队和海军；使用暴力而不是外交手段；系统地赢得对亚洲统治者的战争；

建立殖民帝国。等到 19 世纪，他们在工业品制造业、航运技术、武器和通信手段方面都具有优势，贸易的天平从此转向对他们有利的一边。后来，法国、德国及其他欧洲国家也从贸易中分得了一杯羹。第二层论点旨在解释 17 世纪好望角航线上，英国东印度公司和荷兰东印度公司在远程贸易中崛起和占据主导地位。这里并不试图解释 18 世纪的贸易垄断和殖民主义。

不过，人们可以把 17 世纪早期的组织革命（表现在英国东印度公司和荷兰东印度公司的设计上）比作 17 世纪末、18 世纪初的金融革命。如同金融革命中制度和宪法的创新推动了 18 世纪英国财政军事国家的发展，并最终造就了大英帝国的迅速扩张，组织创新同样促成了基于非人格化的股份制商业公司的形成。组织革命推动了英国和荷兰共和国的崛起，使其在 17 世纪的好望角航线船运、欧亚贸易和全球贸易体系中占据主导地位。那么，组织革命是金融革命、财政军事国家和大英帝国的先决条件吗？也许吧。

本书核心论点中不那么宏大的那一点，即第一层论点，并不打算去解释人均国内生产总值和增长率之间的巨大差异，正如 1700 年后出现的显著差异那样。本书关注的是组织变革，而不是它对经济的影响。针对不同的论点，我只想展示 1600 年前后在英国和荷兰形成的组织性解决方案，即基于非人格化合作的股份公司，该方案旨在解决有关好望角航线远程贸易的具体问题，并且在 17 世纪末到 19 世纪中叶（完全不同的背景下）显得十分有用。它被用来组织银行和保险公司，运河和铁路，最后甚至是工业公司。它与股票市场同步发展，股票市场也是在远程贸易公司的背景下迈出了第一步。在金融革命、交通革命和工业革命时期，商业公司仍然是一种地地道道的欧洲组织形式。

当然，有些人可能不相信更为宏大的（第二层）论点，即组织因素决定了 17 世纪英国和荷兰欧亚贸易主导地位的提升，相反，他们声称技术和暴力占有更大的比重。无论如何，正确理解 17 世纪早期的组织革命，还涉及有关"大分流"的辩论。毕竟，该事件标志着组织形式的形成期，而组织形式后来在 18、19 世纪西欧的金融、殖民、交通和工业转型中起到了关键的作用。

注 释

导 论

1. de Vries, Jan. 2003. "Connecting Europe and Asia."
2. Greif, Avner. 2000. "The Fundamental Problem of Exchange." Greif, Avner. 2008. "Commitment, Coercion and Markets."
3. 请注意，最基本的制度并不是真正的多方商业组织。它们是个人或双方之间的协议，但为了保持一致，我也将其称为"组织形式"。

第 1 章 环境与贸易

1. 关于欧亚贸易的文献，就像任何其他文献一样，无法一概而论。再优秀的历史学家通常也会受到各种学派的影响，其创作更不会仅局限于一个领域的研究。因此，将文献划分为四个传统是一种不可避免的简化。
2. Findlay, Ronald and Kevin O'Rourke. 2007. *Power and Plenty*.
3. Wallerstein, Immanuel. 2011 [1974, 1980, 1989, 2011]. *The Modern World-System*.
4. Abu-Lughod, Janet. 1991. *Before European Hegemony*.
5. Braudel, Fernand. 1981. *The Structures of Everyday Life*. Braudel, Fernand. 1982. *The Wheels of Commerce*. Braudel, Fernand. 1985. *The Perspective of the World*.
6. Chaudhuri, Kirti. 1985. *Trade and Civilisation in the Indian Ocean*.
7. Steensgaard, Niels. 1974. *The Asian Trade Revolution of the Seventeenth Century*. 尼尔斯·斯特恩斯加德还受到卡尔·波兰尼（Karl Polanyi）及其著作《大转型》（*The Great Transformation*）的影响。他将葡属东印度公司视为一种前市场制度（premarket institution）。这是一种再分配的贸易制度，也就是说它的贸易由统治者掌控，然后再分配给葡萄牙社会中的成员。社会与市场是分离的。从另一方面来说，东印度公司与社会和市场是相辅相成的。
8. Abu-Lughod, Janet. 1991. *Before European Hegemony*.
9. McEvedy, Colin and Richard Jones. 1978. *Atlas of World Population History*.
10. Chandler, Tertius. 1987. *Four Thousand Years of Urban Growth*.
11. McEvedy, Colin and Richard Jones. 1978. *Atlas of World Population History*. Chandler, Tertius. 1987. *Four Thousand Years of Urban Growth*.
12. 在这里以及整本书中，对于地名，我使用了当下通用的名称。更多信息，可参见有关城市名称的注释：本书，第 ix－x 页。
13. "Distance Between Ports." 2001. http://msi.nga.mil/NGAPortal/MSI.portal?_nfpb=true&_st=&_pageLabel=msi_portal_page_62&pubCode=0005. pp. 2, 35. "Sea-Distances." www.sea-distances.org.
14. "Sea-Distances." www.sea-distances.org.
15. "Distance Between Ports." 2001. http://msi.nga.mil/NGAPortal/MSI.portal?_nfpb=true&_st=&_pageLabel=msi_portal_page_62&pubCode=0005. pp. 3, 10.
16. 关于阿姆斯特丹和圣彼得堡之间的距离，其数据来自：www.searoutefinder.com。
17. "Sea-Distances." www.sea-distances.org. Columbus, Christopher. 1906 [1492－93]. "Journal of the First Voyage of Columbus." pp. 90－91, 109－110.
18. 从霍尔木兹/班达尔·阿巴斯到马拉巴尔海岸的跨洋航行需要三周半到四周的时间，而沿岸航线需要四到六周。从马拉巴尔海岸向西的跨洋航行需要五周的时间，而沿岸航线则需要四到六周。Mathew, Kuzhippalli. 1983. *Portuguese Trade with India*. p. 146. 伊本·白图泰（Ibn Battuta）在一个农历月（28 到 30 天）的时间内，顺风从卡利卡特到达了位于阿拉伯半岛南部海岸的一个驿站。Agius, Dionisius. 2002. "Classifying Vessel Types." p. 146.
19. Mathew, Kuzhippalli. 1983. *Portuguese Trade with India*. p. 147. Willetts, William. 1964. "The Maritime Adventures of Grand Eunuch Ho." p. 30.
20. Willetts, William. 1964. "The Maritime Adventures of Grand Eunuch Ho." pp. 28, 30. Shankar, D., et al. 2002. "The Monsoon Currents in the North Indian Ocean."
21. Shankar, D. et al. 2002. "The Monsoon Currents in the North Indian Ocean." p. 64. Amrith, Sunil. 2013. *Crossing the Bay of Bengal*. p. 10. Agius, Dionisius. 2005. *Seafaring in the Arabian Gulf*. p. 193.
22. Agius, Dionisius. 2005. *Seafaring in the Arabian Gulf*. p. 193.
23. 同上。
24. 同上。
25. 伊本·马吉德（生于 1430 年前后，卒于 1500 年以后）是一位阿拉伯航海家和制图家。他对航海家们最大的贡献是一本可追溯到 1490 年的航海手册，名为《航海原则和规则适用信息手册》（*Kitab al-Fawa'id fī uṣūl 'ilm al-bahr wa 'l-qawā'id*）。这本书的英文译本可以参见 Tibbetts, G. R. 1971. *Arab Navigation in the Indian Ocean*。关于该书和伊本·马吉德，参见 Maqbul Sayyid, Ahmad. 2008. "Ibn Mājid"; Glick, Thomas. 2014. "Ibn Majid, Ahmad." p. 252。

26. Chaudhuri, Kirti. 1985. *Trade and Civilisation in the Indian Ocean*. pp. 121 – 137. Abu-Lughod, Janet. 1991. *Before European Hegemony*. pp. 251 – 260.
27. Simkin, Colin. 1968. *The Traditional Trade of Asia*.
28. 郑和第七次下西洋的路线可参见表1.1。Hui, Deng and Li Xin. 2011. "The Asian Monsoons and Zheng He's Voyages." p. 207. Dreyer, Edward. 2007. *Zheng He: China and the Oceans*. p. 150.
29. 根据瓦斯科·达·伽马的第一次航海日记，他于1497年7月8日离开葡萄牙罗斯特罗，于1498年5月20日抵达卡利卡特，行程历时十个月。da Gama, Vasco. 1989 [1497 – 1499]. *First Voyage of Vasco da Gama*. pp. 1, 48.
30. 达·伽马于1498年8月23日离开卡利卡特，并于1499年8月29日（或9月8日，视来源而定）抵达里斯本，行程耗时十二个半月。同上，第73、94 – 95页。
31. "Sailing Directions." 2011. https://msi.nga.mil/MSISiteContent/StaticFiles/NAV_PUBS/SD/Pub161/Pub161bk.pdf. pp. 20 – 22, 44, 57, 103.
32. de la Vaissière, Étienne. 2005. *Sogdian traders*. p. 1.
33. Wild, Oliver. 1992. "The Silk Road." http://www.ess.uci.edu/~oliver/silk.html.
34. 萨莱是金帐汗国的首都。萨莱位于今天的俄罗斯。塔奈斯是亚速海上的一座中世纪贸易城市，靠近当今俄罗斯的亚速市。卡法是当今费奥多西亚的旧称。Arnold, Guy. 2000. *World Strategic Highways*. p. 261. Cohen, Sarai. 2008. "Sarai." p. 3452. "Feodosiya." 2014. http://www.britannica.com/place/Feodosiya.
35. Kaw, Mushtaq. 2011. "Restoring India's Links with Central Asia across Kashmir." pp. 179 – 181.
36. Beckwith, Christopher. 2009. *Empires of the Silk Road*. p. 183.
37. Rossabi, Morris. 1993. "The Decline of the Central Asian Caravan Trade." p. 356.
38. Beckwith, Christopher. 2009. *Empires of the Silk Road*. Starr, Frederick. 2013. *Lost Enlightenment: Central Asia's Golden Age*. Liu, Xinru. 2010. *The Silk Road in World History*. Rossabi, Morris. 1993. "The Decline of the Central Asian Caravan Trade."
39. Ibn Batuta, Muhammad. 1829 [ca. 1355]. *The Travels of Ibn Batuta*. Chapters

12 – 15. Polo, Marco. 1903 [circa 1300]. *The Venetian*. Vols. 1 and 2.
40. 弗朗切斯科·巴尔杜奇·佩戈洛蒂是一名为巴尔迪公司服务的佛罗伦萨商人。1340 年前后，他撰写了《商业实践》(*La pratica della mercatura*)，这是一本商人手册，也是当时最为完整的路线图册之一。佩戈洛蒂指出了丝绸之路沿线城市之间的距离，使得计算总路程成为可能。Pegolotti, Francesco. 1936 [ca. 1340]. "La pratica della mercature." pp. xiii, xiv, xv, xvii, xxv, 21. Pegolotti, Francesco. 2010 [ca. 1340]. "Notices of the Land Route to Cathay."
41. Rossabi, Morris. 1993. "The Decline of the Central Asian Caravan Trade." p. 356.
42. 同上，第 352 – 360 页。Findlay, Ronald and Kevin O'Rourke. 2007. *Power and Plenty*. pp. 101 – 108.
43. Rossabi, Morris. 1993. "The Decline of the Central Asian Caravan Trade." p. 356.
44. 同上，第 356 – 357 页。
45. Einaudi, Luca. 2013. "Florins and Ducats." http://www.histecon.magd.cam.ac.uk/coins_april2013.html.
46. Rossabi, Morris. 1993. "The Decline of the Central Asian Caravan Trade." pp. 356 – 357.
47. Freedman, Paul. 2008. *Out of the East*.
48. McLaughlin, Raoul. 2010. *Rome and the Distant East*. pp. 44, 142, 143, 153. Scammell, Geoffrey. 1981. *The World Encompassed*. pp. 10 – 102. 肉豆蔻、肉豆蔻花和丁香是从香料群岛进口而来的，参见 Vaucher, Jean. 2014. "History of European – Asian trade." http://www.iro.umontreal.ca/·vaucher/Genealogy/Documents/Asia/European Exploration.html。
49. 一份来自 851 年的名为 "Akhbar al-Sin wa-al-Hind"（关于中国和印度的注释）的阿拉伯文献，描述了从波斯湾到马拉巴尔海岸的路线，参见 Hourani, George. 1995. *Arab Seafaring in the Indian Ocean*。关于印度尼西亚，参见 Flecker, Michael. 2011. "A Ninth-Century Arab or Indian Shipwreck in Indonesia"。
50. Sen, Tansen. 2003. *Buddhism, Diplomacy, and Trade*. p. 209.
51. Millward, James. 2013. *The Silk Road*. p. 38.
52. Findlay, Ronald and Kevin O'Rourke. 2007. *Power and Plenty*. pp. 156, 208.
53. 同上，第 179 页。
54. Lopez, Robert Sabatino. 1952. "China Silk in Europe in the Yuan Period."
55. Findlay, Ronald and Kevin O'Rourke. 2007. *Power and Plenty*. p. 225.
56. Jensen, Michael and William Meckling. 1976. "Theory of the Firm."

57. 比如可以参见 Landes, David. 1998. *The Wealth and Poverty of Nations*; McNeill, William. 1991. *The Rise of the West*; Jones, Eric. 2003. *The European Miracle*; North, Douglass C. and Robert Paul Thomas. 1973. *The Rise of the Western World*; Mokyr, Joel. 2005. *Gifts of Athena*; Pomeranz, Kenneth. 2000. *The Great Divergence*; Abu-Lughod, Janet. 1991. *Before European Hegemony*。
58. Mokyr, Joel. 2009. *The Enlightened Economy*. pp. 124 – 144.
59. Headrick, Daniel. 2010. *Power over Peoples*.
60. Mokyr, Joel. 2005. *Gifts of Athena*.
61. Devendra, Somasiri. 2002. "Pre-Modern Sri Lankan Ships." p. 132.
62. 比如可以参见 Hourani, George. 1995. *Arab Seafaring in the Indian Ocean*. pp. 89, 150; Casson, Lionel. 1980. "Rome's Trade with the East." pp. 23 – 24; Alpers, Edward. 2014. *The Indian Ocean in World History*. p. 38; Bulliet, Richard, et al. 2015. *The Earth and Its Peoples*; Cunliffe, Barry. 2015. *The Birth of Eurasia*. p. 387; Risso, Patricia. 1995. *Merchants and Faith*. p. 27。这是一项简化了的调查。需要考虑其他类型的船舶和地区差异，以及它们之间的共通之处。
63. Shiba, Yoshinobu. 1970. *Commerce and Society in Sung China*. Chaudhuri, Kirti. 1985. *Trade and Civilisation in the Indian Ocean*. p. 156.
64. Ellacott, Samuel. 1954. *The Story of Ships*. pp. 16 – 17.
65. Arasaratnam, Sinnappah. 1994. *Maritime India in the Seventeenth Century*. p. 250.
66. Chaudhuri, Kirti. 1985. *Trade and Civilisation in the Indian Ocean*. p. 140. Risso, Patricia. 1995. *Merchants and Faith*. pp. 77 – 83.
67. Manguin, Pierre-Yves. 1993. "Trading ships of the South China Sea."; Chang, Kuei-Sheng. 1974. "Maritime Scene in China at the Dawn of Great European Discoveries." 更多信息，请参见下文针对不同公司的微观研究。
68. Arasaratnam, Sinnappah. 1994. *Maritime India in the Seventeenth Century*. p. 248.
69. 同上，第 250 – 258 页。
70. Chaudhuri, Kirti. 1985. *Trade and Civilisation in the Indian Ocean*. p. 125.
71. Menzies, Gavin. 2002. *The Year China Discovered the World*. 这是一本伪历史书，书中声称中国人确确实实到达过大西洋和美洲。然而，许多历史学家认为这种说法毫无依据，比如 Finlay, Robert. 2004. "How Not to (Re) Write World History"。
72. Elliott, John. 2006. *Empires of the Atlantic World*. Part 1 ("Occupation"). pp. 3 – 144.
73. Israel, Jonathan. 1998. *The Dutch Republic*. pp. 318 – 327. Andrews, Kenneth.

1985. *Trade, Plunder, and Settlement.* pp. 256 – 279. Steensgaard, Niels. 1974. *The Asian Trade Revolution of the Seventeenth Century.*
74. Anand, R. P. 1983. *Origin and Development of the Law of the Sea.* pp. 20, 34.
75. Borschberg, Peter. 2011. *Grotius, Portuguese, and Free Trade.* pp. 40 – 77. Benton, Lauren. 2010. *A Search for Sovereignty.* pp. 120 – 148.
76. Dickson, Peter. 1967. *The Financial Revolution in England.* O'Brien, Patrick. 1988. "The Political Economy of British Taxation." Brewer, John. 1989. *The Sinews of Power.*
77. Kennedy, Paul. 1987. *The Rise and Fall of the Great Powers.* Ferguson, Niall. 2001. *The Cash Nexus.*
78. Hoffman, Philip. 2012. "Why Was It Europeans Who Conquered the World?" Hoffman, Philip. 2015. *Why Did Europe Conquer the World?*
79. Cipolla, Carlo. 1965. *Guns, Sails, and Empires.* p. 107.
80. Gat, Azar. 2006. *War in Human Civilization.* pp. 482 – 484. Kennedy, Paul. 1987. *The Rise and Fall of the Great Powers.* pp. 24 – 25. Rodger, Nicholas. 2001. "Guns and Sails in the First Phase of English Colonization."
81. Chaudhuri, Kirti. 1985. *Trade and Civilisation in the Indian Ocean.* p. 151.
82. Casale, Giancarlo. 2010. *The Ottoman Age of Exploration.* 更多的讨论，可参见本书第12章，第368页。
83. Arasaratnam, Sinnappah. 1994. *Maritime India in the Seventeenth Century.* p. 249.
84. 同上，第248页。
85. Andrade, Tonio. 2011. *Lost Colony.*
86. Hang, Xing. 2016. *Conflict and Commerce in Maritime East Asia.*
87. 具有讽刺意味的是，这种批评与对该书以欧洲为中心的批评并不一致。当一个人关注欧洲殖民时，他至少在某种程度上是以欧洲为中心的。
88. 最新的研究强调了英国与荷兰的东印度公司的殖民特征。虽然我支持这些研究，但我认为关键问题是时间。斯特恩表示，英国东印度公司占据的首批领土是圣赫勒拿（1657年）和孟买（1668年），也就是在这家贸易公司成立半个多世纪之后。Stern, Philip. 2011. *The Company-State.* pp. 19 – 40. 德兹瓦特承认，摩鹿加群岛的班达小岛是荷兰东印度公司成立后50年里拥有的唯一一种植园殖民地，这是因为荷兰东印度公司在1621年未能通过合同市场交易，以确保肉豆蔻的充足供应。到了17世纪50年代，荷兰东印度公司使用了武力，并建立种植园以保障丁香的供应。爪哇、锡兰和好望角的殖民是一个缓慢的过程，从17世纪开始一直持续到18世纪。参见 De Zwart, Pim. 2016. *Globalization and the Colonial Origins of the Great Divergence.* pp. 62 – 70, 202 – 206。

第 2 章　理论框架：制度发展与环境互动

1. Hodgson, Geoffrey. 2006. "What Are Institutions?" Ostrom, Elinor. 2005. *Understanding Institutional Diversity*. Granovetter, Mark. 1985. "The Problem of Embeddedness." Williamson, Oliver. 1985. *The Economic Intstitutions of Capitalism*.
2. North, Douglass C. 1990. *Institutions, Institutional Change and Economic Performance*. p. 3.
3. Greif, Avner. 2006. *Lessons from Medieval Trade*. p. 30.
4. Hart, Herbert. 1961. *The Concept of Law*. Dworkin, Ronald. 1977. *Taking Rights Seriously*. Shapiro, Scott. 2007. "The 'Hart-Dworkin' Debate."
5. 国际新制度经济学学会（International Society for New Institutional Economics）最近更名为制度与组织经济学学会（Society for Institutional and Organizational Economics）。这表明两个术语在使用方面越来越趋于雷同和共通。
6. Coase, Ronald. 1937. "The Nature of the Firm." Coase, Ronald. 1960. "The Problem of Social Cost." Jensen, Michael and William Meckling. 1976. "Theory of the Firm." Hart, Oliver. 1989. "An Economist's Perspective on the Theory of the Firm."
7. Alchian, Armen and Harold Demsetz. 1973. "The Property Right Paradigm."
8. Williamson, Oliver. 1979. "Transaction-Cost Economics." Macneil, Ian. 1978. "Contracts: Adjustment of Long-Term Economic Relations." Macaulay, Stewart. 1963. "Non-Contractual Relations in Business." Fama, Eugene and Michael Jensen. 1983. "Agency Problems and Residual Claims." Ayres, Ian and Robert Gertner. 1989. "Filling Gaps in Incomplete Contracts."
9. Akerlof, George. 1970. "The Market for Lemons." Stiglitz, Joseph and Bruce Greenwald. 1986. "Externalities in Economies with Imperfect Information and Incomplete Markets." Spence, Michael. 1973. "Job Market Signaling."
10. Easterbrook, Frank H. and Daniel R. Fischel. 1996. *The Economic Structure of Corporate Law*.
11. Hansmann, Henry, et al. 2006. "Law and the Rise of the Firm."
12. Bebchuk, Arye Lucian and Mark J. Roe. 1999. "Path Dependence in Corporate Ownership." Gilson, Ronald J. and Bernard S. Black. 1995. *The Law and Finance of Corporate Acquisitions*. Gilson, Ronald J. and Bernard S. Black. 2003. *2003 - 2004 Supplement*. Kahan, Marcel and Edward B. Rock. 2007. "Hedge Funds in Corporate Governance and Corporate Control."
13. North, Douglass C. 1990. *Institutions, Institutional Change and Economic*

Performance.
14. Harris, Ron. 2003. "The Encounters of Economic History and Legal History."
15. Alchian, Armen A. and Harold Demsetz. 1973. "The Property Right Paradigm." 这是基于 1972 年 EHA 年会上的讲话，以及对于经验历史研究的呼吁，这些研究将丰富"投机理论"（包括他们自己的工作），参见 North, Douglass C. and Robert Paul Thomas. 1973. *The Rise of the Western World*; Libecap, Gary. 1978. "Economic Variables and the Development of the Law"; Eggertsson, Thráinn. 1990. *Economic Behavior and Institutions*. pp. 247–262。关于代表法律经济史研究（the study of economic history of law）不同阶段作品的全面调查，参见 Klerman, Daniel M. 2018. "Quantitative Legal History"。
16. North, Douglass C. 1990. *Institutions, Institutional Change and Economic Performance*. Barzel, Yoram. 1997. *Economic Analysis of Property Rights*. Libecap, Gary. 1989. *Contracting for Property Rights*. Alston, Lee J., et al. 1996. "The Determinants and Impact of Property Rights."
17. Fogel, Robert W. 1994. "Economic Growth, Population Theory, and Physiology." North, Douglass C. 1994. "Economic Performance Through Time."
18. David, Paul A. 1985. "Clio and the Economics of QWERTY." Arthur, Brian W. 1994. *Increasing Returns and Path Dependence*. Liebowitz, Stan and Stephen Margolis. 1995. "Path Dependence, Lock-In, and History." Roe, Mark J. 1996. "Chaos and Evolution in Law and Economics." Bebchuk, Arye and Mark Roe. 1999. "Path Dependence in Corporate Ownership."
19. Bebchuk, Arye and Mark Roe. 1999. "Path Dependence in Corporate Ownership."
20. North, Douglass C. 1997. "Institutions, Transaction Costs, and the Rise of Merchant Empires."
21. Carlos, Ann and Stephen Nicholas. 1988. "Giants of an Earlier Capitalism." Carlos, Ann and Stephen Nicholas. 1996. "Theory and History." Jones, S. R. H. and Simon Ville. 1996. "Efficient Transactors or Rent-Seeking Monopolists?"
22. Carlos, Ann M. and Stephen Nicholas. 1988. "Giants of an Earlier Capitalism." Carlos, Ann M. and Stephen Nicholas. 1996. "Theory and History." Jones, S. R. H. and Simon Ville P. 1996. "Efficient Transactors or Rent-Seeking Monopolists?"
23. Greif, Avner. 2006. *Lessons from Medieval Trade*. Greif, Avner, et al. 1994. "The Case of the Merchant Guild." Milgrom, Paul R., et al. 1990. "The Role of Institutions in the Revival of Trade." Cizakca, Murat. 2010. "Was Shari'ah Indeed the Culprit?" Ekelund, Robert B. and Robert D. Tollison. 1980. "Mercantilist Origins of the Corporation." Ekelund, Robert B. and Robert D.

Tollison. 1997. *Politicized Economies*. Gelderblom, Oscar and Joost Jonker. 2004. "Completing a Financial Revolution." North, Douglass C., et al. 2009. *Violence and Social Order*.

24. Greif, Avner. 1998. "Historical and Comparative Institutional Analysis."
25. Kuran, Timur. 2005. "The Absence of the Corporation in Islamic Law."
26. Greif, Avner. 2006. *Lessons from Medieval Trade*. Greif, Avner. 2006. "Family Structure, Institutions, and Growth."
27. Rubin, Jared. 2017. *Rulers, Religion, and Riches*.
28. Pomeranz, Kenneth. 2000. *The Great Divergence*.
29. Rosenthal, Jean-Laurent and R. Bin Wong. 2011. *Before and Beyond Divergence*.
30. Zhang, Taisu. 2017. *The Laws and Economics of Confucianism*.
31. 不同学科的文献使用了不一样的术语：移植、转移、复制、模仿、流通、输入、迁移、传播等。每种术语都有不同的含义。比如说，一些术语表示这个过程是自愿的，而另一些术语则带有强制性。一些术语暗示发送方拥有代理，而另一些术语则表示接收方拥有代理。这些术语均不完全符合我的意图。在大多数情况下，为了保持术语的一致性，本书使用迁移（migration）一词来表示制度从一处到另一处的空间移动，但在一些特殊的情况下，其意也会有所偏差。
32. La Porta, Rafael, et al. 1998. "Law and Finance." pp. 1115 – 1516.
33. Glaeser, Edward L. and Andrei Shleifer. 2002. "Legal Origins." La Porta, Rafael, et al. 2008. "The Economic Consequences of Legal Origins." 对于那些基于殖民政策而非法律渊源的解释，参见 Klerman, Daniel M., et al. 2011. "Legal Origin or Colonial History?" pp. 379 – 409。
34. Acemoglu, Daron, et al. 2001. "The Colonial Origins of Comparative Development." Acemoglu, Daron, et al. 2002. "Reversal of Fortune." Acemoglu, Daron and James A. Robinson. 2012. *Why Nations Fail*.
35. Watson, Alan. 1974. *Legal Transplants*.
36. Berkowitz, Daniel, et al. 2003. "Economic Development, Legality, and the Transplant Effect." Graziadei, Michele. 2006. "The Study of Transplants and Receptions." Whitman, James Q. 2009. "Western Legal Imperialism."
37. Kahn-Freund, Otto. 1974. "On Uses and Misuses of Comparative Law." Teubner, Gunther. 1998. "Legal Irritants." Harris, Ron and Assaf Likhovski. 2009. "Histories of Legal Transplantations."
38. Lieber, Alfred E. 1968. "Eastern Business Practices." Udovitch, Abraham. 1970. *Partnership and Profit in Medieval Islam*.

第3章 一般性构成要素

1. Hansen, Valerie. 2012. *The Silk Road: A New History*. p. 139.

2. 例如，马可·波罗称，至少有 200 名水手（有时多达 300 人）登上了一艘大型中国船舶（帆船）。据他认为，中国商人使用帆船前往印度。Polo, Marco. 1903 [ca. 1300]. *The Venetian*. Vol. 2. pp. 249 – 251.
3. van Leur, Jacob. 1967. *Indonesian Trade and Society*. p. 98（"行商中的大多数人属于底层社会群体"）。
4. Meilink-Roelofsz, Marie. 1962. *Asian Trade and European Influence*. pp. 14 – 15, 21 – 22.
5. Fontaine, Laurence. 1996. *History of Pedlars in Europe*. 也可以参见 van Leur, J. 1967. *Indonesian Trade and Society*. p. 197。
6. Hajnal, J. 1965. "European Marriage Patterns in Perspective." Wall, Richard, et al. 1983. *Family Forms*.
7. Laslett, Peter. 1988. "Family, Kinship and Collectivity." De Moor, Tine and Jan Luiten van Zanden. 2009. "Girl Power."
8. 比如可以参见 Bullard, Melissa Meriam. 1979. "Marriage Politics and the Family"。
9. 也可以参见 Greif, Avner and Guido Tabellini. 2017. "The Clan and the Corporation"。
10. Harris, Ron. Forthcoming. "The Organization of Rome to India Trade."
11. Young, Gary Y. 2001. *Rome's Eastern Trade*. pp. 19 – 20, 28.
12. 同上，第 28 – 29 页。
13. 同上，第 14 – 15 页。
14. Casson, Lionel. 1980. "Rome's Trade with the East." Casson, Lionel. 1989. *The Periplus Maris Erythraei*.
15. Rathbone, Dominic. 2000. "The 'Muziris' Papyrus (SB XVIII)." pp. 39 – 41.
16. 分析这份莎草纸的反面，试图重构赫尔马波龙号船，参见 De Romanis, Frederico. 2012. "Playing Sudoku on the Verso of the 'Muziris Papyrus'"。
17. Casson, Lionel. 1990. "New Light on Maritime Loans." p. 200.
18. Harrauer, Hermann and Pieter Sijpesteijn. 1986. *Ein neues Dokument zu Roms Indienhandel P. Vindob. G 40822*. Thür, Gerhard. 1987. "Hypotheken-Urkunde eines Seedarlehens für eine Reise nach Muziris." Casson, Lionel. 1986. "P. Vindob G 40822 and the Shipping of Goods from India." Casson, Lionel. 1990. "New Light on Maritime Loans." Rathbone, Dominic. 2000. "The 'Muziris' Papyrus (SB XVIII)." pp. 39 – 41. Morelli, Federico. 2011. "Dal Mar Rosso ad Alessandria." De Romanis, Frederico. 2012. "Playing Sudoku on the Verso of the 'Muziris Papyrus.'" Evers, Kasper Grønlund. 2016. *Worlds Apart Trading Together*.
19. 一些学者已经确定了具有股权投资特征的其他组织形式，如马尔门迪尔

(Malmendier)近期提出的古罗马公共社团(societas publicanorum),即由官方承租人所组成的社团。阿巴蒂诺(Abatino)、达里-马蒂亚奇(Dari-Mattiacci)和佩罗蒂(Perotti)认为,特有产是由奴隶经营的公司。它与近代公司形式有着相同的作用,而其他基于股权的投资,如康曼达和股份公司尚未出现。Malmendier, Ulrike. 2009. "Law and Finance 'at the Origin.'" Abatino, Barbara, et al. 2011. "Depersonalization of Business."

20. Watson, Alan. 1961. *Contract of Mandate in Roman Law.*
21. Knopf, Ellen. 2005. "Contracts in Athenian Law." p. 3.
22. 同上,第138页。Riggsby, Andrew M. 2010. *Roman Law and the Legal World of the Romans.* pp. 121 – 134. Schulz, Fritz. 1951. *Classical Roman Law.* pp. 400 – 401. Zimmermann, Reinhard. 1996 [1990]. *The Law of Obligations.* pp. 47 – 58.
23. Cohen, Edward E. 1992. *Athenian Economy and Society.* pp. 160 – 171. Millett, Paul. 2002. *Lending and Borrowing in Ancient Athens.* pp. 188 – 196. Andreau, Jean. "Maritime Loans."
24. Poitras, Geoffrey. 2016. *Equity Capital.* p. 48. Rawson, Stuart. 2012. "How Far Were the Commercial Arrangements for Maritime Loans in Fourth Century BC Athens Dictated by the Legal Framework Available?" pp. 34, 39.
25. Cohen, Edward E. 1992. *Athenian Economy and Society.*
26. Muziris Papyrus. Casson, Lionel. 1990. "New Light on Maritime Loans." p. 200.
27. Randazzo, Salvo. 2005. "The Nature of Partnership in Roman Law."
28. Young, Gary Y. 2001. *Rome's Eastern Trade.* p. 55. McLaughlin, Raoul. 2010. *Rome and the Distant East.* p. 157.
29. Rathbone, Dominic. 2000. "The 'Muziris' Papyrus (SB XVIII)."
30. Casson, Lionel. 1989. *The Periplus Maris Erythraei.* pp. 7 – 10. Young, Gary Y. 2001. *Rome's Eastern Trade.* p. 54.
31. Young, Gary Y. 2001. *Rome's Eastern Trade.* pp. 54 – 60.
32. Fitzpatrick, Matthew. 2011. "Provincializing Rome." p. 40.
33. Rathbone, Dominic. 2007. "Merchant Networks in the Greek World."
34. Ruffing, Kai. 2013. "The Trade with India and the Problem of Agency in the Economy of the Roman Empire."
35. Jongman, Willem M. 2014. "Re-Constructing the Roman Economy." pp. 75 – 100.
36. Meyer, Carol. 1992. *Glass from Quseir al-Qadim.* pp. 105 – 110.
37. 一些学者已经确定了具有股权投资特征的其他组织形式,如马尔门迪尔近期提出的古罗马公共社团,即由官方承租人所组成的社团。Malmendier, Ulrike. 2009. "Law and Finance 'at the Origin'." 阿巴蒂诺及其同事发现,特有产（peculium）的资金来自由奴隶经营的公司。Abatino, Barbara, et al. 2011. "Depersonalization of Business."
38. Yamamoto, Tatsuro and On Ikeda. 1986. *Contracts*.
39. 吐鲁番是丝绸之路北支上的一座城市，位于塔克拉玛干沙漠以北。它地处中国西北新疆维吾尔自治区的东部，撒马尔罕（当时粟特的中心地带，位于当今的乌兹别克斯坦）以东约2 000千米。Rossabi, Morris. 1972. "Ming China and Turfan." p. 206.
40. Hansen, Valerie. 2005. "The Turfan Oasis, 500–800." pp. 283, 289.
41. 敦煌（又名沙州）是中国甘肃省西北部的一座城市。
42. Yamamoto, Tatsuro and On Ikeda. 1986. *Contracts*. pp. 18–30.
43. 例如，来自故土的粟特人与流散各地的粟特人之间的交易可能会在任何地方发生（如果有记录的话）。
44. Yamamoto, Tatsuro and On Ikeda. 1986. *Contracts*. pp. 18–30.
45. Skaff, Jonathan Karam. 2003. "The Sogdian Trade Diaspora."
46. de la Vaissière, Étienne. 2005. *Sogdian Taders*.
47. 撒马尔罕是粟特中心地带的一座城市，位于今天的乌兹别克斯坦。撒马尔罕和当今西安（长安）之间的距离约为3 750千米。
48. Skaff, Jonathan Karam. 2003. "The Sogdian Trade Diaspora." pp. 505–510.
49. de la Vaissière, Étienne. 2005. *Sogdian Traders*. p. 194.
50. Hansen, Valerie. 2005. "How Business Was Conducted on the Chinese Silk Road during the Tang Dynasty."
51. 范勒尔曾提出，亚洲贸易是以小商贩为基础的。该观点随后遭到梅林-罗洛夫斯的批评，参见 p. 66. van Leur, J. C. 1967. *Indonesian Trade and Society*; Meilink Roelofsz, Marie. 1962. *Asian Trade and European Influence*。
52. 可以将最新发现的所谓的阿富汗犹太经桒视为起点。这批文献的历史可追溯到11世纪至13世纪，在当今阿富汗的一个洞穴中发现，该洞穴位于丝绸之路沿线的一个小型古代犹太社区遗址附近。除了祈祷书和宗教书籍之外，这批文献还包括一本商人笔记和一些合同，参见 http://web.nli.org.il/sites/nli/english/library/news/pages/afghan-geniza.aspx；Flecker, Michael. 2011. "A Ninth-Century Arab or Indian Shipwreck in Indonesia"。
53. Flecker, Michael. 2011. "A Ninth-Century Arab or Indian Shipwreck in Indonesia."
54. Friedman, Mordechai. 2006. "Quṣayr and Geniza Documents."
55. Guo, Li. 2004. *The Arabic Documents from Quseir*.
56. Das Gupta, Ashin. 2001. *The World of the Indian Ocean Merchant*. 关于荷兰东印度公司的组织和历史，参见本书第10章。
57. Flecker, Michael. 2011. "A Ninth-Century Arab or Indian Shipwreck in Indonesia." p. 101.

58. Burger, Pauline, et al. 2010. "The 9th-Century-AD Belitung Wreck." p. 383.
59. Flecker, Michael. 2011. "A Ninth-Century Arab or Indian Shipwreck in Indonesia." pp. 102, 119.
60. 同上，第101、118页。
61. Burger, Pauline, et al. 2010. "The 9th-Century-AD Belitung Wreck." p. 384.
62. Flecker, Michael. 2011. "A Ninth-Century Arab or Indian Shipwreck in Indonesia." p. 106.
63. 同上，第107页。
64. 同上。
65. 同上，第118–119页。
66. 同上，第111页。Guy, John. 2010. "Rare and Strange Goods."
67. Flecker, Michael. 2011. "A Ninth-Century Arab or Indian Shipwreck in Indonesia." p. 118.
68. Goitein, S. D. and Mordechai A. Friedman. 2007. *India Traders of the Middle Ages*. p. 371. Letter from Madmun b. Hasan to Abu Zikri Kohen.
69. 关于部分所有权在欧洲的使用及其在荷兰贸易组织中的作用，参见本书第10章。
70. Goitein, S. D. and Mordechai A. Friedman. 2007. *India Traders of the Middle Ages*. pp. 121, 125.
71. 同上，第125页。也可以参见 Chakravarti, Ranabir. 2000. "Nakhudas and Nauvittakas"; Margariti, Roxani Eleni. 2007. *Aden and the Indian Ocean Trade*。更多关于印度洋的海上商人，参见 Das Gupta, Ashin. 2001. *The World of the Indian Ocean Merchant*。
72. Gotein, S. D. and Mordechai A. Friedman. 2007. *India Traders of the Middle Ages*.
73. 同上，第594–599页。
74. 同上，第131页。
75. 根据考古发现，占领和使用该港口的两个主要时期是古罗马（公元前1世纪至公元3世纪）和阿尤布王朝晚期至马穆鲁克时期（公元13世纪至15世纪）。库塞尔通过一条繁忙的沙漠道路与尼罗河流域相连。参见 Burke, Katherine Strange. 2004. "Quseir Al-Qadim"; Burke, Katherine Strange. 2007. "The Sheikh's House"。
76. Guo, Li. 2004. *The Arabic Documents from Quseir*. p. 4.
77. 同上。
78. 这份冗长的账户（RN 1023*）翻译件堪称相关交易性质的一个绝佳案例。同上。
79. 同上。也可以参见 Guo, Li. 1999. "Business Letters"。

80. Friedman, Mordechai A. 2006. "Quṣayr and Geniza Documents."
81. Guo, Li. 2004. *The Arabic Documents from Quseir*. pp. 156, 157. (Document RN 1063b). 行号被省略。正反面按顺序出现。
82. 同上。
83. Das Gupta, Ashin. 1987. "Ship owning Merchants of Surat." pp. 113. Reprinted in Das Gupta, Ashin. 1994. *Merchants of Maritime India*. chap. 12.
84. Das Gupta, Ashin. 1987. "Ship owning Merchants of Surat." p. 113.

第4章 不同组织的构成要素

1. Harvey, Peter. 2012. *An Introduction to Buddhism*. pp. 194 – 235.
2. Lapidus, Ira M. 2014. *A History of Islamic Societies*. pp. 46 – 50. Morgan, David and A. Reid. 2010. "Islam in a Plural Asia." p. 9.
3. Toma, Marina. 2008. "A History of Zero." Al-Hassani, Salim T. S., et al. 2006. *1001 Inventions*. pp. 84 – 87.
4. Glassner, Jean-Jacques. 2003. *The Invention of Cuneiform*. p. 2. Fischer, Steven Roger. 2001. *A History of Writing*. pp. 37, 166 – 168. Diamond, Jared. 1999. *Guns, Germs, and Steel*. pp. 218 – 220, 231 – 232.
5. Boruchoff, David A. 2012. "The Three Greatest Inventions." p. 138.
6. 关于发展文化迁移理论的一些尝试，参见 DiMaggio, Paul J. and Walter W. Powell. 1983. "The Iron Cage Revisited"; Strang, David and John W. Meyer. 1993. "Institutional Conditions for Diffusion"; Kapchan, Deborah A. and Pauline Strong. 1999. "Theorizing the Hybrid"; Even-Zohar, Itamar. 1981. "Translation Theory Today"; Girard, René. 1996. *The Girard Reader*。
7. Crosby, Alfred W. 1972. *The Columbian Exchange*.
8. Nunn, Nathan and Nancy Qian. 2010. "History of Disease, Food, and Ideas."
9. Fischer, Steven Roger. 2001. *A History of Writing*. pp. 166 – 211. Diamond, Jared. 1999. *Guns, Germs, and Steel*. pp. 228 – 231.
10. Diamond, Jared. 1999. *Guns, Germs, and Steel*. pp. 231 – 232.
11. MacHugh, David E., et al. 1997. "Microsatellite DNA Variation and the Evolution." Beja-Pereira, Albano, et al. 2006. "Origin of European Cattle." Rowley-Conwy, Peter, et al. 2012. "Distinguishing Wild Boar from Domestic Pigs in Prehistory." Larson, Greger. 2011. "Genetics and Domestication."
12. Wenke, Robert J. 1990. *Patterns in Prehistory*. p. 277. Cohen, Mark Nathan. 1977. *The Food Crisis in Prehistory*. p. 18. Diamond, Jared. 1999. *Guns, Germs, and Steel*. pp. 93 – 104.
13. Fischer, Steven Roger. 2001. *A History of Writing*. p. 37.
14. Needham, Joseph. 1971. *Science and Civilisation in China*. Smith, Julian A.

1992. "Precursors to Peregrinus." White, Lynn. 1964 [1962]. *Medieval Technology and Social Change*. pp. 132 – 133.
15. Atwood, Christopher P. 2004. "Mongol Empire." p. 365. Atwood, Christopher P. 2004. "Chronology." pp. 630 – 631.
16. Allsen, Thomas T. 2004. *Culture and Conquest*. Amitai, Reuven and Michal Biran. 2014. *Nomads as Agents of Cultural Change*. Biran, Michal. 2015. "The Mongols and the Inter-Civilizational Exchange." pp. 534 – 558. Biran, Michal. 2008. "Culture and Cross-Cultural Contacts." pp. 26 – 43.
17. 关于人类迁移的线粒体 DNA 图谱，参见 "Human mtDNA Migrations." 2013. http://www.mitomap.org/pub/MITOMAP/MitomapFigures/World Migrations2013.pdf。
18. Parker, Charles H. 2010. *Global Interactions in the Early Modern Age*. Brook, Timothy. 2010. *Vermeer's Hat*. Arasaratnam, Sinnappah. 1999. "India and the Indian Ocean." pp. 110 – 130. Das Gupta, Ashin. 1999. "India and the Indian Ocean in the Eighteenth Century." pp. 131 – 145.
19. Polo, Marco. 1903 [ca. 1300]. *The Venetian*. Vols. 1 and 2.
20. 比如第一部介绍西方机械知识的图书为西洋耶稣会传教士邓玉函（Johann Schreck，1576—1630）所著，由中国学者王徵（1571—1644）汉译，书名为《奇器图说》。Amelung, Iwo. 2001. "Weights and Forces." p. 198. 旅居日本的耶稣会士教授欧洲的航海技术和外科医学。17 世纪初，天主教传教士在日本遭到驱逐，耶稣会的汉译作品也被禁止。因此，当时日本对于新科学思想的开放程度很低。Burns, William E. 2001. "East Asian Science."
21. Liu, Xinru and Lynda Shaffer. 2007. *Connections across Eurasia*. pp. 107 – 129.
22. Bentley, Jerry H. 1993. *Old World Encounters*. p. 105.
23. Sen, Tansen. 2003. *Buddhism, Diplomacy, and Trade*.
24. Lapidus, Ira M. 2014. *A History of Islamic Societies*. p. 46. Cobb, Paul M. 2010. "The Empire in Syria." Wink, André. 2010. "The Early Expansion of Islam in India." pp. 99, 266.
25. Lockard, Craig A. 2010. "The Sea Common to All." p. 228.
26. 同上，第 230 页。
27. 1296 年，霍尔木兹的首领巴哈丁·阿亚兹（Baha al-Din Ayaz）将所有居民及财产转移到附近一个名为雅伦（Jarun）的小岛。新的城镇及港口被命名为"新霍尔木兹"。随着时间的推移，"新"这个称号被取消，城镇和岛屿直接被称为霍尔木兹。Floor, Willem. 2012. "Hormuz." http://www.iranicaonline.org/articles/hormuz-ii. Vosoughi, Mohammad. 2009. "The Kings of Hormuz." pp. 89, 92 – 93.
28. Ibn Batuta, Muhammad. 1829 [ca. 1355]. *The Travels of Ibn Batuta*. p. 63.

Polo, Marco. 1903 [ca. 1300]. *The Venetian*. Vol. 1. pp. 107 – 122.
29. Dreyer, Edward L. 2007. *Zheng He: China and the Oceans.* Levathes, Louise. 1997. *When China Ruled the Seas.*
30. Floor, Willem. 2012. "Hormuz." http://www.iranicaonline.org/articles/hormuz-ii. Samarqandī, Abd-al-Razzāq. 1857 [ca. 1445]. "India in the Fifteenth Century." pp. 5 – 7.
31. Floor, Willem. 2006. *The Persian Gulf.* pp. 17 – 19, 64. 也可以参见 Vosoughi, Mohammad. 2009. "The Kings of Hormuz." pp. 93 – 99。
32. 1515年，葡萄牙将军阿方索·德·阿尔布克尔克（Afonso de Albuquerque, 约1453–1515年）征服了霍尔木兹并将其置于葡萄牙的统治之下。霍尔木兹在经济、军事和宗教方面拥有重要的地位，并成为葡萄牙在波斯和中东传教活动的跳板。Floor, Willem. 2012. "Hormuz." http://www.iranicaonline.org/articles/hormuz-ii.
33. Floor, Willem. 2006. *The Persian Gulf.* p. 88.
34. Steensgaard, Niels. 1974. *The Asian Trade Revolution of the Seventeenth Century.* pp. 194 – 200.
35. 英国东印度公司曾向波斯将军埃马库利·汗（Emāmqoli Khan）提供过海上军事支持。Floor, Willem. 2012. "Hormuz." http://www.iranicaonline.org/articles/hormuz-ii.
36. Margariti, Roxani. 2007. *Aden and the Indian Ocean Trade.* Gotein, S. D. and Mordechai Akiva Friedman. 2010. "India Book" Part Two.
37. Shihab, Saleh Hassan. 1997. "Aden in Pre-Turkish Times." pp. 17 – 22.
38. 更多有关郑和下西洋的信息，见本书第1章，第21—23页。Hui, Deng and Li Xin. 2011. "The Asian Monsoons and Zheng He's Voyages." pp. 210 – 211, 216.
39. Bouchon, Genevieve and Denys Lombard. 1999. "The Indian Ocean in the Fifteenth Century." pp. 55 – 56.
40. 11世纪，阿曼西拉夫（Siraf）海港的商业衰落。自此，西拉夫的商人和居民迁移到霍尔木兹，霍尔木兹也随之成了国际化大都会。Vosoughi, Mohammad. 2009. "The Kings of Hormuz." p. 90.
41. Clark, Hugh R. 1995. "Muslims and Hindus."
42. Guy, John. 2001. "Tamil Merchants Guild." pp. 282 – 302.
43. Chaffee, John. 2006. "Diasporic Identities." p. 3.
44. Nabhan, Gary. 2014. *Cumin, Camels, and Caravans.* So, Billy K. L. 2000. *Prosperity, Region, and Institutions in Maritime China.* pp. 122 – 125. 更多相关讨论，参见本书第6章，第189页。
45. 迁移性贸易制度不止这三个。

46. Cordes, Albrecht. 1997. "Gewinnteilungprinzipien im Hansischen." Aslanian, Sebouh David. 2011. *From the Indian Ocean to the Mediterranean*. Çizakça, Murat. 1996. *A Comparative Evolution of Business Partnerships*. Udovitch, Abraham. 1962. "At the Origins of the Western Commenda."
47. 雅典的形式可能是基于先前腓尼基商人的习俗。Ziskind, Jonathan. 1974. "Sea Loans at Ugarit." Cohen, Edward E. 1992. *Athenian Economy and Society*. Millett, Paul. 2002. *Lending and Borrowing in Ancient Athens*.
48. Ashburner, Walter. 1909. *The Rhodian Sea-Law*. Hoover, Calvin B. 1926. "The Sea Loan in Genoa."
49. Ziskind, Jonathan. 1974. "Sea Loans at Ugarit."
50. Cohen, Edward E. 1992. *Athenian Economy and Society*.
51. Young, Gary Y. 2001. *Rome's Eastern Trade*. p. 55, n. 165. McLaughlin, Raoul. 2010. *Rome and the Distant East*.
52. Harris, Ron. Forthcoming. "The Organization of Rome to India Trade."
53. Ashburner, Walter. 1909. *The Rhodian Sea-Law*. Hoover, Calvin B. 1926. "The Sea Loan in Genoa." Laiou, Angeliki E. 2002. *The Economic History of Byzantium*. Green, Tom. 2010. *From Rome to Byzantium*.
54. González de Lara, Yadira. 2000. "Enforceability and Risk-Sharing in Financial Contracts."
55. Byrne, Eugene Hugh. 1916. "Commercial Contracts of the Genoese." Kittell, Ellen E. and Thomas F. Madden, eds. 1999. *Medieval and Renaissance Venice*. pp. 49–68.
56. Hoover, Calvin B. 1926. "The Sea Loan in Genoa." Lopez, Robert S. 1959. "The Role of Trade in the Economic Readjustment of Byzantium."
57. de Roover, Raymond. 1963. "The Organization of Trade." pp. 54–55.
58. Udovitch, Abraham. 1993. *An Eleventh Century Islamic Treatise*.
59. Khalilieh, Hassan S. 1998. *Islamic Maritime Law*.
60. Subrahmanyam, Sanjay. 2012. *The Portuguese Empire in Asia*.
61. Oka, Mihoko and François Gipouloux. 2013. "Pooling Capital and Spreading Risk." Oka, Mihoko. 2013. "A Comparative Analysis on the Capital Investment into Portuguese Traders in the XVII Century Asian Port Cities: Case of Japan, Manila and Siam."
62. Al Zuhayli, Wahba. 2006. "The Juridical Meaning of Riba." p. 25. Khalil, Emad N. 2006. "The Sharia'a Prohibition of Riba." p. 53. Khadduri, Majid. 1987. *Al-Shafi'i's Risala*. pp. 211–212.
63. 古兰经的经文被解释为禁止任何贷款合同，因为这些合同中规定了贷款人的固定回报、本金或债务的增加，以此来补偿延迟付款。Esposito, John. 2014.

"Riba". http://www.oxfordreference.com/view/10.1093/acref/9780195125580. 001.0001/acref-9780195125580-e-2013?rskey = YRBdc0&result = 2013.Al-Zuhayli, Wahbah. 2001. *Financial Transactions in Islamic Jurisprudence.* pp. 312, 329. Khadduri, Majid. 1987. *Al-Shafi'i's Risala.* p. 191.

64. Rubin, Jared. 2017. *Rulers, Religion, and Riches.* pp. 75–98.
65. 例如, 埃尔维拉大公会议（约公元306年）、第一次尼西亚大公会议（325年）以及埃尔维拉（306年）、阿尔勒（314年）、迦太基（345—348年）、老底嘉（372年）、希波城（393年）、阿尔勒（443年）和塔拉戈纳（516年）的地方性主教会议, 参见 Gofas, Demetrios. 2007."The Byzantine Law of Interest." p. 1096; Khalilieh, Hassan S. 2006. *Admiralty and Maritime Laws in the Mediterranean Sea.* p. 229; Geisst, Charles R. 2013. *Beggar Thy Neighbor.* p. 20。
66. Blume, Fred H. and Timothy Kearley. 2014 [540]. "Novel 106." http://www.uwyo.edu/lawlib/blume-justinian/ajc-edition-2/novels/101-120/novel%20106_replacement.pdf.
67. Laiou, Angeliki E. 1991. "God and Mammon." Green, Tom. 2010. *From Rome to Byzantium.* pp. 25, 46, 51–52.
68. Friedberg, Aemilius. 1879. "Decretum magistri Gratiani." http://geschichte. digitale-sammlungen.de/decretum-gratiani/online/angebot. Distinctio 47. Moser, Thomas. 2000."The Idea of Usury in Patristic Literature." pp. 40–41.
69. McLaughlin, Terence Patrick. 1939. "The Teaching of the Canonists on Usury." p. 104.
70. Noonan, John T. 1957. *The Scholastic Analysis of Usury.* pp. 16–44.
71. Munro, John H. 2003. "The Medieval Origins of the Financial Revolution." p. 510.
72. 关于伊斯兰教法与中东其他法律制度之间的联系, 参见 Salaymeh, Lena. 2013. "Between Scholarship and Polemic"; Simonsohn, Uriel. 2008. "Overlapping Jurisdictions: Confessional Boundaries and Judicial Choice Among Christians and Jews Under Early Muslim Rule"; Libson, Gideon. 2003. *Jewish and Islamic Law*; Cohen, Mark R. 2014. *Jewish Self-Government in Medieval Egypt*。
73. Khalilieh, Hassan S. 2006. *Admiralty and Maritime Laws in the Mediterranean Sea.* p. 230. Lopez, Robert S. and Irving W. Raymond. 2001 [1955]. *Medieval Trade in the Mediterranean World.* pp. 170–171.
74. Tan, Elaine. 2002. "An Empty Shell?"
75. Hunt, Edwin S. and James M. Murray. 1999. *Business in Medieval Europe.* 也可以参见 www.helsinki.fi/iehc2006/papers3/BriysJoos.pdf。
76. Hunt, Edwin and James Murray. 1999. *Business in Medieval Europe.* 也可以参

见 www.helsinki.fi/iehc2006/papers3/BriysJoos.pdf。
77. Passameneck, Stephen M. 1974. *Insurance in Rabbinic Law*. pp. 13, 25.
78. 同上，第 21 页。
79. Slae, Menachem. 1980. *Insurance in Halachah*. pp. 25 – 26, 83 – 84.
80. 同上，第 26 页。
81. Passameneck, Stephen M. 1974. *Insurance in Rabbinic Law*. pp. 33 – 35.
82. 同上，第 184 页。
83. Constable, Olivia Remie. 2003. *Housing the Stranger*.
84. 同上。
85. Koehler, Benedikt. 2014. *Early Islam and the Birth of Capitalism*.
86. Constable, Olivia Remie. 2003. *Housing the Stranger*.
87. 更多信息，请参考有关城市名称的注释：本书，第 ix - x 页。
88. Constable, Olivia Remie. 2003. *Housing the Stranger*.
89. Cytryn-Silverman, Katia. 2010. *Road Inns*.
90. Ibn Ḥawqal, Muhammad Abu al-Kasim. 2014 [originally translated 1938 – 1939, written 977]. *Kitāb Ṣūrat al-arḍ*. Constable, Olivia Remie. 2003. *Housing the Stranger*.
91. Ibn Ḥawqal, Muhammad Abu al-Kasim. 2014 [originally translated in 1938 – 1939, written in 977]. *Kitāb Ṣūrat al-arḍ*. Constable, Olivia Remie. 2003. *Housing the Stranger*. p. 73.
92. Hillenbrand, Robert. 1994. *Islamic Architecture*.
93. 同上。
94. Önge, Mustafa. 2007. "Caravanserais as Symbols of Power."
95. Quintern, Detlev. 2011. "The Role of Samarkand and Bukhara." Gurani, Yesim F. and Tulay Ozdemir Canbolat. 2012. "Aksaray Sultanhan Caravanserai: A Study of Cultural Interactions and Sustainability Along the Silk Road." pp. 277 – 279 in *Archi-Cultural Translations through the Silk Road*. Mukogawa Women's Univ., Nishinomiya, Japan.
96. Khyade, Vitthalrao B. 2012. "The UNESCO World Heritage." p. 24
97. Gurani, Yesim F. and Tulay Ozdemir Canbolat. 2012. "Aksaray Sultanhan Caravanserai."
98. Önge, Mustafa. 2007. "Caravanserais as Symbols of Power."
99. Thareani-Sussely, Yifat. 2007. "Ancient Caravanserais." pp. 123 – 128.
100. Hillenbrand, Robert. 1994. *Islamic Architecture*. p. 355.
101. Constable, Olivia Remie. 2003. *Housing the Stranger*.
102. Bryce, Derek, et al. 2013. "The Caravanserai of Isfahan." pp. 205 – 209. Hillenbrand, Robert. 1994. *Islamic Architecture*. pp. 331, 374 – 375.

Constable, Olivia Remie. 2003. *Housing the Stranger*. pp. 7, 42, 48.
103. Perdue, Peter C. 2005. *China Marches West*. Dale, Stephen Frederic. 2002. *Indian Merchants and Eurasian Trade*. 一个进行中的项目正在调查各地的卡拉凡瑟拉伊,参见 UNESCO. "The UNESCO Website on Caravanserais." http://www.unesco.org/culture/dialogue/eastwest/caravan/page1.htm。最近,一项基于卫星数据的分析,确定了建造于16世纪末和17世纪初的119个卡拉凡瑟拉伊,它们遍布阿富汗南部的沙漠,约每20千米一个,20千米是大型商队一天左右的行程,参见 Lawler, Andrew. 2017. "Afghanistan's Lost Empires"。
104. Constable, Olivia Remie. 2003. *Housing the Stranger*.
105. 同上。
106. Koehler, Benedikt. 2014. *Early Islam and the Birth of Capitalism*.
107. Constable, Olivia Remie. 2003. *Housing the Stranger*. pp. 202-207.
108. 同上,第306-311页。
109. 同上,第349-353页。
110. 同上,第306-310页。
111. 同上,第315-326页。

第5章 康曼达

1. Weber, Max. 2003 [1889]. *The history of commercial partnerships*. North, Douglass C. and Robert Paul Thomas. 1973. *The Rise of the Western World*. de Roover, Raymond. 1963. "The Organization of Trade." Lopez, Robert S. and Irving W. Raymond. 2001 [1955]. *Medieval Trade in the Mediterranean World*. Braudel, Fernand. 1982. *The Wheels of Commerce*.
2. 在本书中,我将使用更为人所知的术语"康曼达"来指代所有文明、地区和时期的这一制度,包括阿拉伯穆斯林世界。
3. Udovitch, Abraham. 1970. *Partnership and Profit in Medieval Islam*. pp. 10-16.
4. Goitein, S. D. 1967. *Economic Foundations*.
5. van Doosselaere, Quentin. 2009. *Commercial Agreements and Social Dynamics*. González de Lara, Yadira. 2000. "Enforceability and Risk-Sharing in Financial Contracts." González de Lara, Yadira. 2008. "The Secret of Venetian Success." Williamson, Dean. 2003. "Transparency and Contract Selection."
6. Lopez, Robert S. and Irving W. Raymond. 2001 [1955]. *Medieval Trade in the Mediterranean World*.
7. Weber, Max. 2003 [1889]. *The History of Commercial Partnerships*.
8. Udovitch, Abraham. 1970. *Partnership and Profit in Medieval Islam*.
9. 此分析基于 Hansmann, Henry, et al. 2006. "Law and the Rise of the Firm"。

10. Udovitch, Abraham. 1970. *Partnership and Profit in Medieval Islam*.
11. Lopez, Robert S. and Irving W. Raymond. 2001 [1955]. *Medieval Trade in the Mediterranean World*.
12. Udovitch, Abraham. 1970. *Partnership and Profit in Medieval Islam*.
13. Lopez, Robert S. and Irving W. Raymond. 2001 [1955]. *Medieval Trade in the Mediterranean World*.
14. 例如，威尼斯人多杰·雷尼尔·泽诺（Doge Renieri Zeno）在1268年去世时的遗产包括对132个colleganze（威尼斯人对康曼达的称呼）的投资，总金额达到22 935意大利里拉，而他的房产价值仅为10 000意大利里拉，参见 Lane, Frederic C. 1973. *Venice, a Maritime Republic*。
15. 关于康曼达的多边使用，现存的最佳文件是一批1248年圣埃斯普丽特号从马赛行至阿克的合同。在与那次航行有关的150份合同中，有132份是康曼达合同。这是史上使用康曼达合同最多的单程航行。例如，船上的一个商人与11个不同的投资方签署了13份康曼达合同。关于这些合同有趣的研究，请参见 Berlow, Rosalind Kent. 1979. "Saint Esprit"。
16. 在本书所涉及的时间段之后，欧洲又出现了有限合伙公司，它不同于康曼达。两合公司（Commandite）是法国的有限合伙公司，它得到了科尔贝1673年法令的承认。如何从康曼达转为有限合伙，这一历史进程有待研究。
17. Udovitch, Abraham. 1970. *Partnership and Profit in Medieval Islam*.
18. 最初，前两个术语在阿拉伯半岛使用，第三个术语在伊拉克使用，但最终这三个术语均可互换使用。
19. Çizakça, Murat. 1996. *A Comparative Evolution of Business Partnerships*.
20. Udovitch, Abraham. 1970. *Partnership and Profit in Medieval Islam*. Nyazee, Imran Ashan Khan. 1999. *Islamic Law of Business Organization*.
21. Nyazee, Imran Ashan Khan. 1999. *Islamic Law of Business Organization*.
22. 也可以参见 Udovitch, Abraham. 1970. *Partnership and Profit in Medieval Islam*. Pryor, John H. 1977. "The Origins of the Commenda Contract"。普赖尔（Pryor）推测，意大利康曼达可能源于古罗马和拜占庭制度，但他并不否认乌多维奇（Udovitch）的结论，请参见同上。
23. Udovitch, Abraham. 1970. *Partnership and Profit in Medieval Islam*. Bin Haji Hasan, Abdullah Alwi. 1989. "Al-Mudarabah."
24. Udovitch, Abraham. 1962. "At the Origins of the Western Commenda."
25. Hitti, Philip K. 1970. *History of the Arabs*. Hennigan, Peter C. 2004. *The Birth of a Legal Institution*.
26. Crone, Patricia. 1987. *Meccan Trade and the Rise of Islam*.
27. Bulliet, Richard W. 1975. *The Camel and the Wheel*.
28. Crone, Patricia. 1987. *Meccan Trade and the Rise of Islam*.

29. Donner, Fred M. 1981. *The Early Islamic Conquests*. Donner, Fred M. 2010. *Muhammad and the Believers*. 也可以参见 Serjeant, Robert. 1990. "Meccan Trade and the Rise of Islam"。
30. Kister, M. J. 1965. "Mecca and Tamim." Peters, Francis. 1988. "The Commerce of Mecca Before Islam."
31. Erickson-Gini, Tali. 2010. *Nabataean Settlement and Self-Organized Economy*. Johnson, David. 1987. "Nabataean Trade." 也可以参见 Negev, Avraham. 1977. "The Nabateans and the Provincia Arabia"。
32. Gibb, Hamilton and J. H. Kramers. 1961. *Shorter Encyclopaedia of Islam*. 340 – 341. Erickson-Gini, Tali. 2010. *Nabataean Settlement and Self-Organized Economy*.
33. Crone, Patricia. 1987. *Roman, Provincial, and Islamic Law*. Secunda, Shai. 2014. *The Iranian Talmud*. Monnickendam, Yifat. 2012. "The Kiss and the Earnest."
34. Udovitch, Abraham. 1962. "At the Origins of the Western Commenda."
35. Weber, Max. 2003 [1889]. *The history of commercial partnerships*.
36. Pryor, John H. 1977. "The Origins of the Commenda Contract."
37. Lopez, Robert S. and Irving W. Raymond. 2001 [1955]. *Medieval Trade in the Mediterranean World*.
38. Weber, Max. 2003 [1889]. *The history of Commercial Partnerships*. Pryor, John H. 1983. "Mediterranean Commerce in the Middle Ages."
39. González de Lara, Yadira. 2008. "The Secret of Venetian Success."
40. Williamson, Dean. 2010. "The Financial Structure of Commercial Revolution: Financing Long-distance Trade in Venice 1190 – 1220 and Venetian Crete 1278 – 1400."
41. van Doosselaere, Quentin. 2009. *Commercial Agreements and Social Dynamics*.
42. Çizakça, Murat. 2007. "Cross-cultural Borrowing." 有相当多的证据表明，阿拉伯的商业制度被引入欧洲，很有可能是通过西班牙或西西里发生的。当然，就本章而言，我们没有必要纠结于此。
43. 更多有关凡杜克的讨论，请参见本书第 4 章，第 124 页。
44. Lieber, Alfred. 1968. "Eastern Business Practices." Panzac, Daniel. 2002. "Le Contrat d'affrètement maritime en Méditerranée."
45. Hobson, John M. 2004. *The Eastern Origins of Western Civilization*. pp. 119 – 121. 请参见本书第 4 章，第 97 页。
46. 这里指的是阿布·法德尔·贾法尔·伊本·阿里（Abu al-Fadl Jafar ibn Ali）笔下的《商业之美》(*The Beauties of Commerce*)。然而，关于这本书的出版日期还存有争议。乌多维奇追随里特（Ritter），认为它可以追溯到

11 世纪，参见 Lopez, Robert S. and Irving W. Raymond. 2001 [1955]. *Medieval Trade in the Mediterranean World*。也可以参见 Udovitch, Abraham. 1970. *Partnership and Profit in Medieval Islam*。

47. Pryor, John. 1977. "The Origins of the Commenda Contract."
48. 同上。
49. Favali, Lyda. 2004. *Qirad Islamico*. pp. 110 - 116.
50. Mignone, Gianni. 2005. *Un contratto per i mercanti del Mediterraneo*. pp. 83 - 89. 法瓦利也同意这个解释，参见 Favali, Lyda. 2004. *Qirad islamico*. pp. 139 - 141, 233 - 237, 246 - 249。
51. Pryor, John H. 1974. "The Commenda in Mediterranean Maritime Commerce."
52. Cordes, Albrecht. 1997. "Gewinnteilungprinzipien im Hansischen."
53. 同上。
54. 同上。
55. Cordes, Albrecht. 1998. *Spätmittelalterlicher Gesellschaftshandel im Hanseraum*. 科德斯还评论了戈德施密特得出这一结论的方法的有效性。
56. Cordes, Albrecht. 1997. "Gewinnteilungprinzipien im Hansischen." 戈德施密特称之为"类似"的合同类型，而西尔伯施密特认为森迪夫（sendeve）和康曼达、航海劳资合作关系（societas maris）和韦德勒京（wedderlegginge）之间分别同等。
57. Cordes, Albrecht. 1998. *Spätmittelalterlicher Gesellschaftshandel im Hanseraum*. p. 137.
58. Cordes, Albrecht. 1997. "Gewinnteilungprinzipien im Hansischen." p. 136. 科德斯在其书中引用的第一份文献来自 12 世纪中叶热那亚公证人乔瓦尼·斯克里巴（Giovanni Scriba）司法谈判登记册（Imbreviaturbuch）中的一个条目。吕贝克债务登记册中保存的最为古老的一卷，即著名的尼德斯塔德布赫（Niederstadtbuch），包含了一份独立的贸易业务登记册，时间为 1311 年至 1361 年之间；第二份文献便来自该登记册中的早期部分。
59. 同上，第 142 页。科德斯在他的书中给出了一份康曼达式样合同的例子，并引用了斯克里巴的司法谈判登记册："我［资本持有人］从你［投资者］那里收到了 50 块（Pfund）的资金。你想让我带着它去墨西拿出差，从那儿再前往我想去的任何地方。我将保留利润的四分之一，费用会按比例计入本金。"
60. Gonzalez De Lara, Yadira. 2003. "Commercial Partnerships."
61. Cordes, Albrecht. 1997. "Gewinnteilungprinzipien im Hansischen."
62. 同上，第 143 页。
63. 同上。
64. 同上，第 140 - 144 页。科德斯引用了吕贝克尼德斯塔德布赫的一个例子：

"［资本持有人］有27个芬尼（Pfennig Marks），投资者从她的资金中给了他72个银币。资本持有人用钱投资赚得的部分被一分为二。每个人都用自己的资金承担一半的风险。"当时银币和芬尼的汇率是3∶1。投资者是一名寡妇，因此投资的额度是资本持有人的八倍左右，但她只能获得一半的利润！这是吕贝克习俗中一个颇为极端的例子。

65. 同上，第145–147页。科德斯还提到了北欧商人和海盗——同样按照人头划分利益——对于汉萨商人的影响。

66. Cordes, Albrecht. 1998. *Spätmittelalterlicher Gesellschaftshandel im Hanseraum.* p. 321.

67. Cordes, Albrecht. 1997. "Gewinnteilungprinzipien im Hansischen." pp. 46–145.

68. Cordes, Albrecht. 1998. *Spätmittelalterlicher Gesellschaftshandel im Hanseraum.* p. 322. 在这方面，科德斯还评论说，在1586年修订的吕贝克法律中，增加了最后一句简短但极为重要的话："另一方［即资本持有人］免费完成这项工作。" 1586年，这一点不再是不言自明的，而是需要特别澄清。Cordes, Albrecht. 1997. "Gewinnteilungprinzipien im Hansischen." p. 145.

69. Cordes, Albrecht. 1997. "Gewinnteilungprinzipien im Hansischen." pp. 46–145.

70. 在其他地方，当谈及"事情的本质"时，科德斯举例说明了商人的共同利益，例如商人对统治者的要求以及商人中普遍存在的合同类型。Cordes, Albrecht. 2003. "The Search for a Medieval Lex Mercatoria." in *5th Oxford University Comparative Law Forum.*

71. Cordes, Albrecht. 1997. "Gewinnteilungprinzipien im Hansischen." pp. 147–148.

72. Cordes, Albrecht. 1998. *Spätmittelalterlicher Gesellschaftshandel im Hanseraum.* p. 32. 科德斯解释说："15世纪初期的特点是，汉萨的公司贸易——如今确切受到外国的影响，即荷兰人和意大利人——变得现代化。在拥有了150年的商人草拟（Schriftlichkeit）合同的经验后，1420年的公司贸易开始变得自由。"

73. Cordes, Albrecht. 1997. "Gewinnteilungprinzipien im Hansischen." p. 147 目前，关于中世纪商业法（lex mercatoria）的著作质疑其作为一个完全自治的法律体系存在："商业法不是非国家法律——它是国家和非国家的规则与程序的综合体，由其主体——商人——维系在一起。" Michaels, Ralf. 2007. "The True Lex Mercatoria."

74. Postan, Michael. 1973. "Partnership in English Medieval Commerce."

75. 同上。Holdsworth, William. 1931. *A History of English Law.* Plucknett, Theodore F. T. 1956. *A Concise History of the Common Law.* Rogers, James Steven. 1995. *The Early History of the Law of Bills and Notes.*

76. 普通法是承认投资合伙人的有限责任，还是使其对债权人承担完全连带责任（类似于一般合伙关系中的合伙人），就这一点我们尚且无法得出最终的结论。*Odi v. Aringi*（1321）. *Coleman v. Marham*（1321）. *Septvaux v. Marchaunt*（1377）. *Selby v. Palfrayman*（1389）.
77. Goitein, S. D. 1967. *Economic Foundations*. Goldberg, Jessica L. 2012. *Trade and Institutions in the Medieval Mediterranean*. Ackerman-Lieberman, Phillip I. 2014. *The Business of Identity*.
78. Libson, Gideon. 2003. *Jewish and Islamic Law*. p. 101.
79. 同上。
80. Cohen, Mark R. 2013. "A Partnership Gone Bad."
81. 参见 Goitein, S. D. and Mordechai A. Friedman. 2007. *India Traders of the Middle Ages*。
82. Aslanian, Sebouh David. 2011. *From the Indian Ocean to the Mediterranean*. pp. 124-125.
83. 同上，第128页。Baghdiantz McCabe, Ina. 1999. *The Shah's Silk for Europe's Silver*. pp. 84-89.
84. Aslanian, Sebouh David. 2011. *From the Indian Ocean to the Mediterranean*. Baghdiantz McCabe, Ina. 1999. *The Shah's Silk for Europe's Silver*. p. 90.
85. Khachikian, Shushanik. 1998. "Typology of the Trading Companies."
86. Herzig, Edmund M. 1991. "The Armenian merchants of New Julfa, Isfahan." pp. 122-123.
87. Aslanian, Sebouh David. 2007. "Circulation and the Global Trade Networks of Armenian Merchants." Aslanian, Sebouh David. 2011. *From the Indian Ocean to the Mediterranean*. pp. 124-127.
88. Atwood, Christopher P. 2004. "Ortoq." pp. 429-430.
89. Allsen, Thomas. 1989. "Mongolian Princes and Their Merchant Partners." pp. 117-119. 奥尔森（Allsen）更为详细地讨论了斡脱是否可以等同于康曼达这一问题。
90. de la Vaissière, Étienne. 2005. *Sogdian Traders*. pp. 107-109.
91. 同上，第107页。
92. Petrushevsky, Il'ia. 1968. "The Socio-economic Condition of Iran Under the Īl-Khāns."
93. Atwood, Christopher P. 2004. "Ortoq." pp. 429-430.
94. Allsen, Thomas. 1989. "Mongolian Princes and Their Merchant Partners."
95. de la Vaissière, Étienne. 2014. "Silk Road Deconstructed."
96. Poppe, Nicholas. 1955. "The Turkic Loan Words in Middle Mongolian." Özyetgin, Ayşe. 2007. "On the Term Ortuq."
97. Gibb, Hamilton and Charles Beckingham. 2010 [1994]. "The Travels of Ibn Battuta."

98. Das Gupta, Ashin. 1982. "Indian Merchants and the Trade in the Indian Ocean." pp. 418 – 419. Das Gupta, Ashin. 1994. *Merchants of Maritime India*. Jan Qaisar, Ahsan. 1999. "From Port to Port." pp. 332, 345 – 347. Das Gupta, Ashin. 1991. "The Changing Face of the Indian Maritime Merchant." pp. 354 – 355.
99. Chaudhuri, K. N. 1985. *Trade and Civilisation in the Indian Ocean*. p. 210.
100. Aslanian, Sebouh David. 2011. *From the Indian Ocean to the Mediterranean*. p. 138.
101. Dale, Stephen Frederic. 2002. *Indian Merchants and Eurasian Trade*. pp. 64 – 65, 119 – 120, 126 – 127. Markovits, Claude. 2000. *The Global World of Indian Merchants*. pp. 157 – 163.
102. Prakash, Om. 2006. "International Consortiums, Merchant Networks and Portuguese Trade with Asia in the Early Modern Period."
103. Pires, Tomé. 1944 [1512 – 1515]. *The Suma Oriental of Tomé Pires*.
104. van Leur, J. C. 1967. *Indonesian Trade and Society*. Meilink-Roelofsz, Marie. 1962. *Asian Trade and European Influence*.
105. Shiba, Yoshinobu. 1970. *Commerce and Society in Sung China*. pp. 31 – 33. So, Billy K. L. 2000. *Prosperity, Region, and Institutions in Maritime China*. pp. 211 – 217, 267 – 268.
106. Park, Hyunhee. 2012. *Mapping the Chinese and Islamic Worlds*. Hourani, George F. 1995. *Arab Seafaring in the Indian Ocean*. Risso, Patricia. 1995. *Merchants and Faith*.
107. Mukai, Masaki. 2011. "Contacts between Empires and Entrepots and the Role of Supra-regional Network: Song-Yuan-Ming Transition of the Maritime Asia, 960 – 1405/Empires, Systems, and Maritime Networks."
108. Endicott-West, Elizabeth. 1989. "The 'Ortoy'."
109. Allsen, Thomas. 1989. "Mongolian Princes and Their Merchant Partners." p. 118.Atwood, Christopher P. 2004. "Ortoq." pp. 429 – 430.
110. 这个词代表蒙古语的发音 orto[y]。它源于突厥语单词 ortaq，意思是合伙人。(第129页) 因此，恩迪科特-韦斯特（Endicott-West）和奥尔森使用蒙古语中的"斡脱"一词，而魏天义等人则使用突厥语发音（ortaq）。Endicott-West, Elizabeth. 1989. "The 'Ortoy'." Allsen, Thomas. 1989. "Mongolian Princes and Their Merchant Partners." de la Vaissière, Étienne. 2014. "Silk Road Deconstructed."
111. 一份1301年的元代史料将斡脱定义为"用于贸易的政府资金［实际如此］，这些资金作为资本来分配以赚取利息"。Endicott-West, Elizabeth. 1989. "The 'Ortoy'." p. 130.
112. de la Vaissière, Étienne. 2014. "Silk Road Deconstructed." p. 107.

113. Endicott-West, Elizabeth. 1989. "The 'Ortoy'." p. 128.
114. 同上，第 130 页。关于斡脱的史料数量有限且较为分散。官方史料记载称，元代很少关注那些监管斡脱活动的政府机构。
115. 同上，第 127 – 154 页。Yasuhiro, Yokkaichi. 2008. "Chinese and Muslim Diasporas." pp. 89 – 90. Chaffee, John. 2008. "Muslim Merchants and Quanzhou in the Late Yuan." p. 118. Rossabi, Morris. 1981. "The Muslims in the Early Yuan Dynasty." pp. 274 – 275.
116. Schurmann, Herbert Franz. 1956. *Economic Structure of the Yüan Dynasty*. p. 224.
117. Endicott-West, Elizabeth. 1989. "The 'Ortoy'." pp. 138 – 139.
118. Mukai, Masaki. 2010. "The Interests of the Rulers, Agents and Merchants."
119. Endicott-West, Elizabeth. 1989. "The 'Ortoy'." pp. 140, 152.
120. González de Lara, Yadira. 2008. "The Secret of Venetian Success." Williamson, Dean. 2003. "Transparency and Contract Selection."
121. van Doosselaere, Quentin. 2009. *Commercial Agreements and Social Dynamics*.
122. Hock, Hans Henrich and Joseph D. Brian. 2009. *Language History, Language change, and Language Relationship*. pp. 241 – 263.
123. 同上，第 262 页。
124. Thomas, George. 1991. *Linguistic Purism*. p. 11.
125. Hall, Robert A. 1974. *External History of the Romance Languages*. pp. 94 – 96.
126. Gialdroni, Stefania. 2016. "'Propter Conversationem Diversarum Gentium': Migrating Words and Merchants in Medieval Pisa." p. 5.

第 6 章　三个地区的家族企业

1. van Leur, J. C. 1967. *Indonesian Trade and Society*.
2. 由于史料的性质，我们无法重构欧洲人到来之前的印度商人，只可以了解他们在 17、18 世纪的活动。
3. Varadarajan, Lotika. 1976. "The Brothers Boras and Virji Vora."
4. Mehta, Makrand. 1991. *Indian Merchants and Entrepreneurs in Historical Perspective*. pp. 53 – 54.
5. Kamdar, Keshavlal H. 1968. "Virji Vorah."
6. Mehta, Makrand. 1991. *Indian Merchants and Entrepreneurs in Historical Perspective*. pp. 53 – 60.
7. 同上，第 33 – 52 页。
8. 同上，第 53 – 60 页。
9. Das Gupta, Ashin. 1967. "Malabar in 1740." Reprinted in Das Gupta, Ashin. 1994. *Merchants of Maritime India*.

10. Sarkar, Jagadish Narayan. 1991. *Private Traders in Medieval India*. p. 203. 关于科罗曼德，参见 Subrahmanyam, Sanjay. 1986. *The Coromandel-Malacca Trade in the 16th Century*. pp. 195 – 196。关于古吉拉特，参见 Mehta, Makrand. 1991. *Indian Merchants and Entrepreneurs in Historical Perspective*. p. 203ff。
11. Varadarajan, Lotika. 1976. "The Brothers Boras and Virji Vora." p. 224 – 227.
12. Nadri, Ghulam. 2007. "The Maritime Merchants of Surat."
13. Das Gupta, Ashin. 2001. *The World of the Indian Ocean Merchant*. pp. 344 – 348. Nadri, Ghulam. 2007. "The Maritime Merchants of Surat."
14. Das Gupta, Ashin. 2001. *The World of the Indian Ocean Merchant*. pp. 370 – 376.
15. 同上，第 346 – 348 页。
16. 同上，第 98 页。
17. 同上，第 320 – 322 页。
18. 本案例完全依赖于奥德·阿布特（Oded Abt）的研究。阿布特作为本课题的研究助理，也被允许在自己署名的文章中发表研究成果。他在这里的工作部分基于早期的研究成果：Abt, Oded. 2012. "Muslim Ancestry and Chinese Identity"; Abt, Oded. 2014. "Locking and Unlocking the City Gates: Muslim Memories of Song-Yuan-Ming Transition in Southeast China"; Abt, Oded. 2014. "Muslim Memories of Yuan-Ming"。由于最终的选择、起草和编辑工作是我负责，因此若有任何错误均由我个人承担。
19. 然而，最新的研究对这一假设提出了质疑。有关蒲氏宗族及其起源的争论，参见 Abt, Oded. 2014. "Locking and Unlocking the City Gates: Muslim Memories of Song-Yuan-Ming Transition in Southeast China"; Abt, Oded. 2014. "Muslim Memories of Yuan-Ming"。从此处讨论我们可以充分注意到，蒲氏深深地融入了泉州的蕃人。无论真实与否，他们的穆斯林身份和他们与泉州商人社群的密切关系，至今仍在该地区穆斯林后裔的众多传统和家庭记录中有所体现。
20. Huang, Zhongzhao. 2006 [1490]. *Bamin Tongzhi*. Vol. 73. Kuwabara, Jitsuzo. 1935. *On P'u Shou-keng*. Vol. 2. pp. 37 – 38, 52 – 55.
21. Mukai, Masaki. 2014. "Transforming Dashi Shippers: The Tributary System and the Trans-national Network during the Song Period." pp. 12 – 13.
22. Abt, Oded. 2012. "Muslim Ancestry and Chinese Identity." pp. 37 – 39.
23. Toqto'a. 1977 [1343]. *Song History*. Kuwabara, Jitsuzo. 1935. *On P'u Shou-keng*. Vol. 2. pp. 39, 57 – 59.
24. Abt, Oded. 2014. "Locking and Unlocking the City Gates: Muslim Memories of Song-Yuan-Ming Transition in Southeast China." 以下文献有关蒲寿庚及其亲

属的生平事迹：Kuwabara, Jitsuzo. 1928. *On P'u Shou-keng*; Kuwabara, Jitsuzo. 1935. *On P'u Shou-keng*. Vol. 2; Xianglin, Luo. 1959. *A New Study of Pu Shougeng*; So, Billy Kee-Long. 2000. *Prosperity, Region, and Institutions in Maritime China*. pp. 303 – 305; Pu, Faren. 1988. *Pu Shougeng Family Line and Ancestors Birthplace*; Li, Yukun. 2001. "20 shiji Pu Shougeng yanjiu shuping"。

25. Song, Lian. 1976 [circa 1370]. *Yuan History*. Vol. 10. translated in Kuwabara, Jitsuzo. 1935. *On P'u Shou-keng*. Vol. 2. p. 80.

26. 斡脱是一种贸易合伙关系，通常由来自蒙古精英阶层的投资者和在旅途中的外国商人组成。具体细节可参见本书第5章，第164页。Mukai, Masaki. 2011. "Contacts between Empires and Entrepots and the Role of Supra-regional Network: Song-Yuan-Ming Transition of the Maritime Asia, 960 – 1405/ Empires, Systems, and Maritime Networks."

27. Kuwabara, Jitsuzo. 1935. *On P'u Shou-keng*. Vol. 2. pp. 66, 80 – 87.

28. 其中只有50艘最终建成。Song, Lian. 1976 [circa 1370]. *Yuan History*. Vol. 11. translated in Kuwabara, Jitsuzo. 1935. *On P'u Shou-keng*. Vol. 2. p. 87.

29. So, Billy K. L. 2000. *Prosperity, Region, and Institutions in Maritime China*. pp. 303 – 305.

30. Xianglin, Luo. 1959. *A New Study of Pu Shougeng*. pp. 71 – 72, 89. 据苏基朗称，蒲寿庚曾官至福建安抚使。

31. Yuguang, Zhang and Jin Debao. 1983. "An Account of Discovering Pu Shougeng's Genealogy." pp. 224 – 225.

32. Abt, Oded. 2014. "Muslim Memories of Yuan-Ming." p. 153. Xianglin, Luo. 1959. *A New Study of Pu Shougeng*. pp. 73 – 74, 90.

33. Kuwabara, Jitsuzo. 1935. *On P'u Shou-keng*. Vol. 2. pp. 67 – 68, 92 – 96, nn. 14 – 17. So, Billy Kee-Long. 2000. *Prosperity, Region, and Institutions in Maritime China*. pp. 107 – 114.

34. Abt, Oded. 2012. "Muslim Ancestry and Chinese Identity." pp. 41 – 42, 333.

35. So, Billy K. L. 2000. *Prosperity, Region, and Institutions in Maritime China*. pp. 114 – 117. Su, Yanming. 2002. "Marking the 500th Anniversary of Initiating the Compilation of the 'Yanzhi Su Family Genealogy'." 未发表的文章由泉州苏氏宗主撰写，其依据为苏氏宗谱。

36. Abt, Oded. 2014. "Locking and Unlocking the City Gates: Muslim Memories of Song-Yuan-Ming Transition in Southeast China." Abt, Oded. 2012. "Muslim Ancestry and Chinese Identity." pp. 255 – 309. Abt, Oded. 2014. "Muslim Memories of Yuan-Ming."

37. So, Billy K. L. 2000. *Prosperity, Region, and Institutions in Maritime China*. pp. 122, 348, n. 77. Maejima, Shinji. 1974. "The Muslims in Ch'uan-chou."

p. 50.
38. So, Billy K. L. 2000. *Prosperity, Region, and Institutions in Maritime China*. pp. 122–125.
39. Zhixing, Jin. 1555. "Li Shi." p. 52b. Chaffee, John. 2008. "At the Intersection of Empire and World Trade." p. 22. Abt, Oded. 2014. "Locking and Unlocking the City Gates: Muslim Memories of Song-Yuan-Ming Transition in Southeast China." pp. 23–24.
40. 参见本书第12章，第385页。
41. 参见四日市康博（Yasuhiro Yokkaichi）对于江南类似案例的讨论: Yasuhiro, Yokkaichi. 2006. "The Structure of Political Power and the Nanhai Trade from the Perspective of Local Elites in Zhejiang in the Yuan Period"。
42. So, Billy K. L. 2000. *Prosperity, Region, and Institutions in Maritime China*. pp. 206–208. 贾志扬（John Chaffee）不完全接受苏基朗的理论。他更倾向于将穆斯林商人精英描述为中国穆斯林精英，由南宋时期长期居住在泉州的富有穆斯林家庭组成，与此同时，他们与更广泛的穆斯林贸易侨民保持联系。Chaffee, John. 2006. "Diasporic Identities." p. 417. Abt, Oded. 2012. "Muslim Ancestry and Chinese Identity." pp. 40–44.
43. Häberlein, Mark. 2012. *The Fuggers of Augsburg*.
44. Mathew, K. S. 1997. *Indo-Portuguese trade and the Fuggers*. pp. 103–114.
45. 同上，第157–161页。Malekandathil, Pius. 1999. *The Germans, the Portuguese and India*. pp. 47–54. 更多有关德意志商人与印度贸易的讨论，参见本书第8章，第252页。
46. Malekandathil, Pius. 1999. *The Germans, the Portuguese and India*. pp. 54–60.
47. Schick, Léon. 1957. *Jacob Fugger*.
48. Enigk, Karl. 1989. "History of Veterinary Parasitology." Blendinger, Friedrich. "Fugger Family." https://www.britannica.com/topic/Fugger-family.
49. Mathew, Kuzhippalli. 1997. *Indo-Portuguese trade and the Fuggers*. pp. 117–119, 169–188. Malekandathil, Pius. 1999. *The Germans, the Portuguese and India*. pp. 83–95. Hildebrandt, Reinhard. 1966. *Die "George Fuggerischen Erben."* pp. 146–148. 更多讨论，参见本书第8章，第252页。
50. Hunt, Edwin. 1994. *The Medieval Super-Companies*. p. 94.
51. Sapori, Armando. 1926. *La crisi delle compagnie mercantili*.
52. Spufford, Peter. 2002. *Power and Profit*. pp. 22–25.
53. de Roover, Raymond. 1948. *The Medici Bank*. pp. 1–30.
54. Padgett, John F. 2012. "The Emergence of Corporate Merchant-Banks." Padgett, John F. 2012. "Transposition and Refunctionality."
55. Hunt, Edwin S. 1994. *The Medieval Super-Companies*. p. 76.

56. 这一事件的组织细节可参见 Schick, Léon. 1957. *Jacob Fugger*。
57. Hildebrandt, Reinhard. 1966. *Die "George Fuggerischen Erben."*
58. 由于在第二个案例的时期中，合同和遗嘱基本不可用，所以账簿是主要的史料来源。然而，就管理方面，我们无法从此处获得太多信息。可以从中了解到的内容，更多是有关企业和私有财产之间的资产划分问题。
59. Hildebrandt, Reinhard. 1966. *Die "George Fuggerischen Erben"*. p. 81.
60. 同上，第 86 页。
61. 同上，第 82 – 87 页。
62. Mathew, K. S. 1997. *Indo-Portuguese Trade and the Fuggers*. pp. 226 – 236.
63. Safley, Thomas Max. 2009. "Business Failure and Civil Scandal." pp. 37 – 42.

第 7 章　商 人 网 络

1. Goitein, S. D. and Mordechai A. Friedman. 2007. *India Traders of the Middle Ages*. pp. 3 – 9. 也可以参见 Gotein, S. D. and Mordechai Avika Friedman. 2009. "*India Book*" *Part One*. pp. 3 – 8。
2. Goitein, S. D. and Mordechai A. Friedman. 2007. *India Traders of the Middle Ages*. Gotein, S. D. and Mordechai Avika Friedman. 2009. "*India Book*" *Part One*. Gotein, S. D. and Mordechai Avika Friedman. 2010. "*India Book*" *Part Two*. Gotein, S. D. and Mordechai Avika Friedman. 2010. "*India Book*" *Part Three*. Friedman, Mordechai Avika. 2013. "*India Book*" *Part Four（1）*. Friedman, Mordechai Akiva. 2013. "*India Book*" *Part Four（2）*.
3. Gotein, S. D. and Mordechai Avika Friedman. 2009. "*India Book*" *Part One*. pp. 3 – 8. Gotein, S. D. and Mordechai A. Friedman. 2007. *India Traders of the Middle Ages*. pp. 5 – 6.
4. Goitein, S. D. and Mordechai A. Friedman. 2007. *India Traders of the Middle Ages*. pp. 8 – 24. 也可以参见 Gotein, S. D. and Mordechai Avika Friedman. 2009. "*India Book*" *Part One*. pp. 5 – 18。
5. Greif, Avner. 1989. "Evidence on the Maghribi Traders."
6. Cohen, Mark R. 2013. "A Partnership Gone Bad."
7. Goitein, S. D. and Mordechai A. Friedman. 2007. *India Traders of the Middle Ages*. Margariti, Roxani. 2007. *Aden and the Indian Ocean Trade*. pp. 150 – 153. 也可以参见 Gotein, S. D. and Mordechai Avika Friedman. 2009. "*India Book*" *Part One*。
8. Margariti, Roxani. 2007. *Aden and the Indian Ocean Trade*. pp. 150 – 154.
9. 同上，第 177 – 205 页。
10. Benedict, Robert D. 1909. "Historical Position of the Rhodian Law."
11. Goitein, S. D. 1999. *A Mediterranean Society*. pp. 344 – 349. Goitein, S. D.

1978. *The Family*. pp. 33 – 47.
12. Goitein, S. D. 1967. *Economic Foundations*. pp. 149 – 164, 169 – 180. Margariti, Roxani. 2007. *Aden and the Indian Ocean Trade*. pp. 148 – 150.
13. Goitein, S. D. 1967. *Economic Foundations*. pp. 164 – 169. Udovitch, Abraham. 1977. "Formalism and Informalism."
14. Greif, Avner. 1989. "Evidence on the Maghribi Traders." pp. 857 – 882. Goldberg, Jessica L. 2012. "Reassessing the 'Maghribī Traders'." Ackerman-Lieberman, Phillip I. 2007. "A Partnership Culture."
15. Greif, Avner. 2012. "The Maghribi Traders: a Reappraisal?"
16. Goldberg, Jessica L. 2012. "Reassessing the 'Maghribī Traders.'" pp. 17 – 22.
17. 同上，第17页。
18. Goitein, S. D. and Mordechai A. Friedman. 2007. *India Traders of the Middle Ages*. pp. 13 – 14.
19. Aslanian, Sebouh David. 2008. "Aden, Geniza, and the Indian Ocean."
20. Goitein, S. D. and Mordechai A. Friedman. 2007. *India Traders of the Middle Ages*. pp. 27 – 35.
21. Gotein, S. D. and Mordechai Avika Friedman. 2010. "*India Book*" Part Three. pp. 3 – 34. Gotein, S. D. and Mordechai A. Friedman. 2007. *India Traders of the Middle Ages*. pp. 52 – 69.
22. Goitein, S. D. and Mordechai A. Friedman. 2007. *India Traders of the Middle Ages*. pp. 52 – 66.
23. Margariti, Roxani. 2007. *Aden and the Indian Ocean Trade*. pp. 177 – 188.
24. Chakravarti, Ranabir. 2015. "Indian Trade Through Jewish Geniza Letters." Goitein, S. D. and Mordechai A. Friedman. 2007. *India Traders of the Middle Ages*. pp. 37 – 47.
25. Goitein, S. D. and Mordechai A. Friedman. 2007. *India Traders of the Middle Ages*. pp. 37 – 48.
26. 参见本书第3章，第67页。
27. 参见 Chakravarti, Ranabir. 2000. "Nakhudas and Nauvittakas"。
28. 概述可参见 Goitein, S. D. and Mordechai A. Friedman. 2007. *India Traders of the Middle Ages*. pp. 288 – 299。希伯来文对照 Gotein, S. D. and Mordechai Avika Friedman. 2010. "*India Book*" Part Two. pp. 73 – 112, esp. 80。
29. 更多关于行商的讨论，参见本书第3章，第68页。
30. Goitein, S. D. and Mordechai A. Friedman. 2007. *India Traders of the Middle Ages*. p. 575. 希伯来文对照可参见 Gotein, S. D. and Mordechai Avika Friedman. 2010. "*India Book*" Part Three。
31. Goitein, S. D. and Mordechai A. Friedman. 2007. *India Traders of the Middle*

32. 概述可参见 Goitein, S. D. and Mordechai A. Friedman. 2007. *India Traders of the Middle Ages*. p. 251. 希伯来文对照 Gotein, S. D. and Mordechai Avika Friedman. 2009. "*India Book*" Part One. pp. 222 – 223。
33. 书信中还有其他提到康曼达的地方，但书中没有出现更多的合同。
34. 马赫迪耶是突尼斯的一座城市。
35. Goitein, S. D. and Mordechai A. Friedman. 2007. *India Traders of the Middle Ages*. pp. 222 – 223。希伯来文对照 Gotein, S. D. and Mordechai Avika Friedman. 2009. "*India Book*" Part One。
36. Goitein, S. D. and Mordechai A. Friedman. 2007. *India Traders of the Middle Ages*. pp. 226 – 227. 希伯来文对照 Gotein, S. D. and Mordechai Avika Friedman. 2009. "*India Book*" Part One。
37. 也可以参见 Aslanian, Sebouh David. 2011. *From the Indian Ocean to the Mediterranean*. pp. 1 – 5, 36 – 40。
38. Aslanian, Sebouh David. 2007. "Circulation and the Global Trade Networks of Armenian Merchants."
39. 史料丰富的原因可能是：这些商人直到不久之前仍然活跃；族群的一致性；它的成功；历史学家的浓厚兴趣；以及综合以上所有的因素。
40. Sanjian, Avedis K. 1999. "Medieval Armenian Manuscripts at the University of California, Los Angeles."
41. Herzig, Edmund M. 1991. "The Armenian merchants of New Julfa, Isfahan."
42. Aslanian, Sebouh David. 2007. "Circulation and the Global Trade Networks of Armenian Merchants." Aslanian, Sebouh David. 2011. *From the Indian Ocean to the Mediterranean*.
43. Aslanian, Sebouh David. 2007. "Circulation and the Global Trade Networks of Armenian Merchants." 文献的一小部分，大约 330 份文件，被分开并作为兰斯当手稿（Lansdowne Manuscripts）的一部分保存在大英图书馆。包括赫齐格在内的历史学家知道这些文件已有一段时间了。
44. 在我们看来，其短板主要在于文献所涉及的时间较晚。在 1604 年至 1605 年新朱尔法建立之前，以及此后不久建造神圣救世主大教堂时期，只有极少数的文献保存了下来。有些文献可追溯到 17 世纪末和 18 世纪初。而大多数的圣卡特里娜文献源自 18 世纪 40 年代。另一个局限是，亚美尼亚人的案例研究虽然涉及整个欧亚大陆的商人和代理人，但不一定代表其他亚洲人的组织习俗，因为亚美尼亚商人是基督徒，在历史上与高加索和西亚有着密切联系。他们有关制度的知识和习俗可能源于那里，故而不能作为印度和东南亚其他商人的代表。这个缺陷与开罗犹太经家相似，即源于一个族群-宗教群体——犹太人——却并不一定能够代表穆斯林商人的做法。

45. 也可以参见 Aslanian, Sebouh David. 2007. "Circulation of Men and Credit." p. 144。
46. Aslanian, Sebouh David. 2011. *From the Indian Ocean to the Mediterranean*. pp. 144–149. Herzig, Edmund. 1991. "The Armenian merchants of New Julfa, Isfahan." pp. 156–182.
47. Aslanian, Sebouh David. 2011. *From the Indian Ocean to the Mediterranean*. pp. 156–165. Herzig, Edmund M. 1991. "The Armenian merchants of New Julfa, Isfahan." pp. 174–179.
48. Aslanian, Sebouh David. 2011. *From the Indian Ocean to the Mediterranean*. pp. 149–158.
49. 赫齐格确定了四种类型的关系：康曼达伙伴关系、真正的合伙关系、委托代理和代表。阿斯拉尼安的结论是，康曼达在新朱尔法的亚美尼亚人中占主导地位。显然，与许多保存至今的康曼达合同不同，没有真正的（一般性的）合伙关系合同留存下来，只有间接证据表明亚美尼亚人使用了这些合同。这也说明了后者并不被经常使用。
50. Khachikian, Shushanik. 1998. "Typology of the Trading Companies."
51. Aslanian, Sebouh David. 2007. "Circulation and the Global Trade Networks of Armenian Merchants." p. 494.
52. 康曼达是地中海地区最为普遍的合伙形式，但在中世纪的欧洲贸易中，只有几种合伙形式结合了信贷和劳动，可以参见 Aslanian, Sebouh David. 2007. "Circulation of Men and Credit"; Lopez, Robert S. 1971. *The Commercial Revolution of the Middle Ages*. pp. 74–76; Lane, Frederic C. 1944. "Family Partnerships and Joint Ventures"。
53. Aslanian, Sebouh David. 2007. "Circulation and the Global Trade Networks of Armenian Merchants." p. 513.
54. 双边合同在财务上可能被认为过于复杂，或因有超过两方参与其中。
55. 新朱尔法商人大会是公司的说法最早起源于 20 世纪 40 年代。有人认为，俄国沙皇与商人之间的条约是由"朱尔法贸易公司"于 1673 年签署的。后世的历史学家驳斥了这种观点。他们解释说，该条约的俄语译文中存在错误，因此被误解。他们还提到，该公司没有在其他的 18 世纪文献中被提及。那些支持公司观点的人声称，公司实际上就是一个商人大会，或者换言之，那些主要的商人一起行动即可被视为"准公司"。但这个不太站得住脚的说法也遭到了驳斥。条约是由一群个体签署的。新朱尔法有一些行使不同政治职能和司法职能的个体大会，但没有一人参与贸易或其他利润最大化的活动。这些大会没有公司的属性。我认同那些驳斥公司实体主张的学者。即便家族企业很常见，它们也不占主导地位；这里没有公司，而康曼达却十分普遍，参见 Baghdiantz McCabe, Ina. 1999. *The Shah's Silk for Europe's Silver*; Baghdiantz McCabe, Ina, et al. 2005. *Diaspora Entrepreneurial Networks*。

56. Aslanian, Sebouh David. 2011. *From the Indian Ocean to the Mediterranean*. pp. 188 - 197. 然而，一项新的研究表明，从马德拉斯和网络中其他偏远城市来看，事情似乎并没有那么简单。亚美尼亚人之间的纠纷也会被带到当地非亚美尼亚人的法庭，可参见 Bhattacharya, Bhaswati. 2008. "The 'Book of Will' of Petrus Woskan"。
57. Bhattacharya, Bhaswati. 2008. "The 'Book of Will' of Petrus Woskan." p. 72. Greif, Avner. 2006. *Lessons from Medieval Trade*. pp. 86 - 87.
58. Trivellato, Francesca. 2009. *The Familiarity of Strangers*. pp. 107 - 108.
59. 同上，第 50 - 58 页。
60. 同上，第 21 - 42 页。
61. 同上，第 201 - 205 页。
62. Epstein, Louis M. 1942. *Marriage Laws in the Bible and the Talmud*. Ray, Jonathan. 2013. *After Expulsion*. pp. 94 - 98. Davidoff, Leonore and Catherine Hall. 1987. *Family Fortunes*.
63. Trivellato, Francesca. 2009. *The Familiarity of Strangers*. pp. 23 - 42.
64. 同上，第 139 - 141 页。
65. 同上，第 111 页。
66. 同上，第 142 - 143 页。
67. 同上，第 329 页。
68. 同上，第 160 - 161 页。
69. 同上，第 148 - 149 页。
70. 同上，第 145 - 146 页。
71. 同上。

第 8 章　统治者与国营的贸易

1. Hansen, Valerie. 2000. *The Open Empire*. pp. 376 - 387.
2. Dreyer, Edward L. 2007. *Zheng He: China and the Oceans*.
3. 此处微观研究使用过的文献包括：Foccardi, Gabriele. 1986. *The Chinese Travelers*; Dreyer, Edward L. 2007. *Zheng He: China and the Oceans*; Ma, Huan. 1970 [1433]. *Ying-Yai Sheng-Lan*; Levathes, Louise. 1997. *When China Ruled the Seas*; Duyvendak, J. J. L. 1939. "The True Dates of the Chinese Maritime Expeditions"; Ptak, Roderich. 1989. "China and Calicut in the Early Ming Period"。
4. Church, Sally K. 2010. "Two Ming Dynasty Shipyards."

5. Chang, Kuei-Sheng. 1974. "Maritime Scene in China at the Dawn of Great European Discoveries."
6. 后期的航行船只和人员更少,一些学者甚至质疑这些数字的可靠性。Church, Sally K. 2005. "Zheng He."
7. 有多个文献详细记载了第七次航行,这一点有利于核实第一次航行的规模。祝允明的《前闻记·下西洋》是一部极为重要的史料文献,其中记述了第七次下西洋的细节。据作者称,此次航行共有300多艘船,人员包括官校、旗军、火长、舵工、班碇手、通事、办事、书算手、医士、铁锚、木舱、搭材等工匠,水手和民艄等共27 550员名。
8. Ding, J., et al. 2007. "Zheng He's Sailing to West Ocean."
9. Reddick, Zachary. 2014. "The Zheng He Voyages Reconsidered."
10. Kang, David. 2010. *East Asia Before the West Five Centuries of Trade and Tribute*. pp. 54–81, 107–138.
11. Levathes, Louise. 1997. *When China Ruled the Seas*.
12. 同上。
13. Finlay, Robert. 2008. "The Voyages of Zheng He." pp. 330–31, 336, 339.
14. Stent, Carter G. 1877. "Chinese Eunuchs."
15. Manz, Beatrice. 2007. *Power, Politics and Religion in Timurid Iran*. p. 16.
16. 也可以参见 Levathes, Louise. 1997. *When China Ruled the Seas*. pp. 173–181。
17. Subrahmanyam, Sanjay. 1997. *The Career and Legend of Vasco da Gama*. pp. 18, 68.
18. Souza, George. 1986. *The Survival of Empire*. pp. 12–15.
19. 这一点在部分文献中有所提及,比如 Chaudhuri, K. N. 1985. *Trade and Civilisation in the Indian Ocean*. pp. 63–79; Abu-Lughod, Janet. 1991. *Before European Hegemony*. pp. 19–20。
20. Steensgaard, Niels. 1974. *The Asian Trade Revolution of the Seventeenth Century*.
21. Subrahmanyam, Sanjay. 2012. *The Portuguese Empire in Asia*. Subrahmanyam, Sanjay and Luís Filipe Thomaz. 1991. "Evolution of Empire."
22. Mathew, K. S. 1997. *Indo-Portuguese trade and the Fuggers*. Malekandathil, Pius. 1999. *The Germans, the Portuguese and India*.
23. 柯廷提到,"葡萄牙政府长期的财政收支平衡为负值",参见 Curtin, Philip D. 1984. *Cross-Cultural Trade*. pp. 141–143。
24. Mathew, K. S. 1983. *Portuguese Trade with India*. 凯伦本茨(Kellenbenz)指出,早在1493年,就有一位名叫迪奥戈·费尔南德斯(Diogo Fernandes)的葡萄牙外交官试图让富格尔家族参与前往中国的探险,但此事最终没能落实。Kellenbenz, Hermann. 1999. *Die Fugger in Spanien und Portugal bis*

1560. p. 49.
25. Prakash, Om. 2006. "International Consortiums, Merchant Networks and Portuguese Trade with Asia in the Early Modern Period." p. 6.
26. Mathew, K. S. 1983. *Portuguese Trade with India*. p. 84.
27. 同上。值得一提的是，在大的商行介入之前，有不少人员和机构试图参与胡椒的贸易。例如，拉文斯堡协会（Ravensburger society）购买了从安特卫普运往热那亚的生姜和丁香（1503年10月由瓦斯科·达·伽马带回），以便在德意志分发。然而，在1503年，德意志人尼古拉斯·德·雷希特格姆（Nikolaus de Rechterghem）第一次直接从安特卫普购买香料并在德意志销售。起初他独立经营，但后来受聘于富格尔家族。Malekandathil, Pius. 1999. *The Germans, the Portuguese and India*. pp. 54 – 55. Kellenbenz, Hermann. 1999. *Die Fugger in Spanien und Portugal bis 1560*. p. 437.
28. Mathew, K. S. 1983. *Portuguese Trade with India*. p. 84.
29. Cotta do Amaral, Maria. 1965. "Privilegios do mercadores estrangeiros."
30. Kellenbenz, Hermann. 1999. *Die Fugger in Spanien und Portugal bis 1560*. p. 50. Malekandathil, Pius. 1999. *The Germans, the Portuguese and India*. pp. 43 – 44. Hümmerich, Franz. 1922. "Die Erste Deutsche Handelsfahrt Nach Indien 1505/06." pp. 10 – 11. Mathew, K. S. 1983. *Portuguese Trade with India*. p. 163.
31. 更多有关富格尔家族的内容，请参见本书第6章，第196页。
32. Kellenbenz, Hermann. 1999. *Die Fugger in Spanien und Portugal bis 1560*. p. 50.
33. Hümmerich, Franz. 1922. "Die Erste Deutsche Handelsfahrt Nach Indien." p. 11.
34. 同上，第17页。
35. 也可以参见 Walter, Rolf. 2006. "High-Finance Interrelated—International Consortiums in the Commercial World of the 16th Century." pp. 5 – 6。
36. Mathew, K. S. 1983. *Portuguese Trade with India*. p. 85.
37. Walter, Rolf. 2006. "High-Finance Interrelated—International Consortiums in the Commercial World of the 16th Century." p. 6.
38. Hümmerich, Franz. 1922. "Die Erste Deutsche Handelsfahrt Nach Indien." p. 16. Kellenbenz, Hermann. 1999. *Die Fugger in Spanien und Portugal bis 1560*. p. 50.
39. Mathew, K. S. 1983. *Portuguese Trade with India*. p. 84.
40. 同上，第85页。
41. 同上，第98 – 99页。
42. Subrahmanyam, Sanjay and Luís Filipe Thomaz. 1991. "Evolution of Empire." p. 310.

43. Mathew, K. S. 1983. *Portuguese Trade with India*. pp. 98–99.
44. 同上，第85–86页。
45. 同上，第86页。
46. Prakash, Om. 2006. "International Consortiums, Merchant Networks and Portuguese Trade with Asia in the Early Modern Period." p. 6.
47. 同上，第17页。
48. 同上，第18–19页。Subrahmanyam, Sanjay. 1986. *The Coromandel-Malacca Trade in the 16th Century*. p. 60.
49. Walter, Rolf. 2006. "High-Finance Interrelated—International Consortiums in the Commercial World of the 16th Century." p. 9.
50. 同上。
51. Haebler, Konrad. 1895. "Konrad Rott und die Thüringische Gesellschaft."
52. Malekandathil, Pius. 1999. *The Germans, the Portuguese and India*. p. 77.
53. 同上，第77–78页。根据博雅建（Boyajian）的说法，该合同分为12股，分别给予了罗特（5股）、罗瓦莱斯卡和乔瓦尼·巴蒂斯塔·丽莎（两人共3.5股），以及一群葡萄牙商人（3.5股）。Boyajian, James C. 1993. *Portuguese Trade in Asia under the Habsburgs*. p. 18. 目前尚不清楚这一点如何对应马勒坎达蒂尔（Malekandathil）提到的3/8股的销售，或许是卖光了罗特的股份。
54. Kalus, Maximilian. 2006. "Tracing Business Patterns in Sixteenth Century European – Asian Trade. New Methods Using Semantic Networking Models." Malekandathil, Pius. 1999. *The Germans, the Portuguese and India*. pp. 77–90.
55. 这是一个渐进的过程，参见 Boyajian, James C. 1993. *Portuguese Trade in Asia under the Habsburgs*. pp. 18–22。
56. Malekandathil, Pius. 1999. *The Germans, the Portuguese and India*. p. 82.
57. 同上，第83页。
58. 国王需要资金来支付他与尼德兰以及后来与英国的战争开销。同上。
59. 同上，第84页。
60. 同上，第84–87页。
61. 同上，第84页。
62. Boyajian, James C. 1993. *Portuguese Trade in Asia under the Habsburgs*. pp. 20–22.
63. 同上，第19–20页。
64. 这是1587年为格奥尔格·富格尔·埃尔本购买的。
65. Malekandathil, Pius. 1999. *The Germans, the Portuguese and India*. p. 84.
66. 同上，第83页。
67. 同上，第87–88页。

68. 同上，第 91-92 页。
69. Boyajian, James C. 1993. *Portuguese Trade in Asia under the Habsburgs*. p. 12.

第 9 章　商业公司的起源

1. 引用自 *Black's Law Dictionary Free Online Legal Dictionary*. 2nd ed. Black, Henry. "Black's Law Dictionary." https://thelawdictionary.org/corporation/。
2. 这些特征在《金特纳法规》（Kintner regulations）的基础上修改，该法规于 20 世纪 60 至 70 年代在美国开始适用，旨在确定一个实体是会作为公司（课征所得税的企业组织）还是作为合伙关系（不课征所得税的企业组织）被征收联邦所得税。United States v. Kintner (1954). http://msi.nga.mil/NGAPortal/MSI.portal?_nfpb=true&_st=&_pageLabel=msi_portal_page_62&pubCode=0005.《金特纳法规》指出公司的六项特质：① 组织；② 具有经营企业及分享利益之目标；③ 永续经营；④ 集中管理；⑤ 公司债务之偿还以公司资产为限；⑥ 权益自由转让。
3. Coke, Edward. 1853 [1628]. *A Commentarie upon Littleton*.
4. Duff, P. W. 1938. *Personality in Roman Private Law*.
5. Malmendier, Ulrike. 2009. "Law and Finance 'at the Origin'."
6. Abatino, Barbara, et al. 2011. "Depersonalization of Business."
7. Avi-Yonah, Reuven S. 2005. "The Cyclical Transformations of the Corporate Form."
8. von Gierke, Otto. 1900 [1881]. *Political Theories of the Middle Age*.
9. 关于欧洲公司起源的四种观点并不一定相互排斥。中世纪罗马天主教会的神职人员和教会法学家们进一步发展了古罗马的组织和罗马法中蕴含的公司理念，这一点是可行的。
10. Berman, Harold. 1983. *Law and Revolution*. Grant, Edward. 2001. *God and Reason in the Middle Ages*.
11. Tierney, Brian. 1955. *Foundations of the Conciliar Theory*. pp. 96-131. 伯尔曼和蒂尔尼的分析基于更早期的文献，比如 Vauchez, André. 1971. "Michaud-Quantin (Pierre) Universitas"; Gillet, Pierre. 1927. *La personnalité juridique en droit ecclésiastique*. 近年来，关于教廷司法改革、公司诞生及其对大学组织和欧洲科学兴起的影响，可参见 Huff, Toby E. 2017. *The Rise of Early Modern Science*。
12. Ekelund, Robert B., et al. 1996. *Sacred Trust*.
13. Harris, Steven J. 1996. "Confession-Building." pp. 287-318.
14. 公司的概念在统治者和国家的概念化过程中也发挥了一些作用，尽管这种作用有所不同且极为有限。当然，这个话题超出了本书的研究范围，参见 Maitland, Frederic W. 1900. "Corporation Sole"; Maitland, Frederic W. 1901.

"Crown as Corporation"; Kantorowicz, Ernst H. 1970. *The King's Two Bodies*。

15. 也可以参见 Feldman, Stephen M. 1997. *Please Don't Wish Me a Merry Christmas*。

16. 也可以参见 Black, Antony. 2003. *Guild and State*. pp. 12 – 32; Epstein, S. R. 1998. "Technological Change in Preindustrial Europe"; Ogilvie, Sheilagh. 2011. *Institutions and European Trade*。

17. 有关 17 世纪英国公司的法律定义，可参见 *The Case of Sutton's Hospital* (1610); Coke, Edward. 1853 [1628]. *A Commentary upon Littleton*; Sheppard, William. 1659. *Of Corporations, Fraternities and Guilds*。有关 18 世纪英国公司的定义，参见 Blackstone, William. 1890. *Commentaries on the Laws of England*. pp. 462 – 467; Kyd, Stewart. 1793. *A Treatise on the Law of Corporations*. pp. 69 – 70; Harris, Ron. 2000. *Industrializing English Law*. chap. 1。

18. Ogilvie, Sheilagh. 2011. *Institutions and European Trade*. pp. 172, 205.

19. Cawston, George and A. H. Keane. 1896. *The Early Chartered Companies*. pp. 60 – 66.

20. Braudel, Fernand. 1982. *The Wheels of Commerce*. pp. 433 – 452.

21. Scott, William. 1912. *The General Development of the Joint-Stock System*. p. 22

22. Felloni, Giuseppe. 2014. *Amministrazione ed etica*. Schmitthoff, Clive M. 1939. "The Origin of the Joint-Stock Company."

23. Headed by Pauw, Hudde, and Karel. Fouché, Leo. 1936. "The Origins and Early History of the Dutch East India Company." pp. 444 – 448.

24. Bruijn, J. R., et al. 1979. *Dutch-Asiatic Shipping*. 一些文献称有 14 次航行和 65 艘船只。

25. 与欧洲其他地方一样，尼德兰也允许人们成为贸易合伙关系中的一方。这种合伙关系包括对商品的投资或对商品和船舶的联合投资。人们通常会为某一次航行而组建合资企业，在航程结束时再分配利润。但有的时候，他们也会成为长期的合作伙伴。

26. 更多有关二级市场的信息，可参见 Gelderblom, Oscar and Joost Jonker. 2004. "Completing a Financial Revolution"。

27. Riemersma, Jelle. 1952. "Trading and Shipping Associations." Mansvelt, William. 1922. *Rechtsvorm en Geldelijk Beheer bij de Oost-Indische Compagnie*.

28. Andrews, Kenneth R. 1964. *Elizabethan Privateering*. p. 46.

29. Scott, William. 1910. *Companies for Foreign Trade, Colonization, Fishing and Mining*. Andrews, Kenneth R. 1985. *Trade, Plunder, and Settlement*. pp. 101 – 115. 荷兰两类不同的投资者在前期公司和荷兰东印度公司中均可找到，在我看来，荷兰的模式建立在康曼达的不对称模型之上；与此不同的是英

国，其合资模式属于辛迪加，即所有的投资者都属于同一等级，不同之处仅在于他们持有的股份上。辛迪加模式中的成员出售自己的部分股份，这一点同样可以在葡萄牙的亚洲合同中找到。

30. Scott, William. 1910. *Companies for Foreign Trade*, *Colonization*, *Fishing and Mining*. pp. 76 – 78.

31. Sicard, Germain. 2015. *The Origins of Corporations*. p. 240. 该书最早的版本为：Sicard, Germain and Georges Boyer. 1953. *Aux origines des sociétés anonymes*。

32. 巴扎克勒磨坊的股东人数在63至79人之间，而间接证据表明，纳合堡磨坊的股东人数在24至63人之间。几乎所有的股东都住在图卢兹及周边地区。起初，似乎大多数股东都是富人，但随着时间的推移，也有工匠、商人和土地主成了股东。Sicard, Germain. 2015. *The Origins of Corporations*. pp. 166 – 189.

33. 同上，第199 – 218页。

34. Harris, Ron. 2000. *Industrializing English Law*. pp. 190 – 193. 向伦敦供水的新河公司，其股份被分成36份（英文中用"moieties"指代）。这种治理结构基于财产法，与工厂和矿山的治理结构相似，可参见 Rudden, Bernard. 1985. "The New River"。

35. Willan, T. S. 1956. *The Early History of the Russia Company*.

36. Wood, Alfred C. 1964. *A History of the Levant Company*. Epstein, M. 1908. *The Early History of the Levant Company*. Braudel, Fernand. 1982. *The Wheels of Commerce*. pp. 447 – 452.

37. Willan, T. S. 1956. *The Early History of the Russia Company*. pp. 41 – 47, 211 – 216.

38. 同上，第273页。

39. Wood, Alfred C. 1964. *A History of the Levant Company*. pp. 16 – 23.

40. 这些失败的、转瞬即逝的或规模较小的公司包括：几内亚商人探险（The Merchant Adventures for Guinea）、塞内加尔探险（the Senegal Adventures）、金尼和拜尼公司（the Gynney and Bynney Company）、格陵兰公司（the Greenland Company）、巴巴里（或摩洛哥）公司［the Barbary（or Morocco）Company］、金丝雀公司（the Canary Company）、契丹公司（the Cathay Company），以及西北公司（the North West Company），参见 Scott, William. 1912. *The General Development of the Joint-Stock System*. pp. 105 – 129。东北公司是这类小型公司的代表，其相关历史可参见 Shammas, Carole. 1975. "The Invisible Merchant and Property Rights"。

41. 也可以参见本书第8章，第250页。Chaudhuri, K. N. 1965. *The English East India Company*. Aghassian, Michel and Kéram Kévonian. 1999. "The

Armenian Merchant Network." Scott, William. 1912. *The General Development of the Joint-Stock System*. Scott, William. 1910. *Companies for Foreign Trade, Colonization, Fishing and Mining*. Furber, Holden. 1976. *Rival Empires of Trade in the Orient*.

42. Brenner, Robert. 1993. *Merchants and Revolution*.
43. Prakash, Omar Chouhan. 1985. *The Dutch East India Company and the Economy of Bengal*. Chaudhuri, K. N. 1965. *The English East India Company*. pp. 1 – 14. Braudel, Fernand. 1982. *The Wheels of Commerce*. pp. 445 – 453. Gelderblom, Oscar, et al. 2013. "The Formative Years of the Modern Corporation."
44. 关于同时代的高利贷法律与保险，参见 Malynes, Gerard. 1622. *The Ancient Law-Merchant*. pp. 329 – 336。关于欧洲主要城市保险业的发展，参见 Leonard, A. B. (Ed.). 2016. *Marine Insurance*。

第10章　荷兰东印度公司

1. de Vries, Jan and Adrianus van der Woude. 1997. *The First Modern Economy*. Israel, Jonathan I. 1989. *Dutch Primacy in World Trade*. Furber, Holden. 1976. *Rival Empires of Trade in the Orient*. Adams, Julia. 2005. *The Familial State*. Gelderblom, Oscar. 2013. *Cities of Commerce*.
2. de Vries, Jan and Adrianus van der Woude. 1997. *The First Modern Economy*. Prakash, Omar Chouhan. 1985. *The Dutch East India Company and the Economy of Bengal*. Steensgaard, Niels. 1977. "Dutch East India Company as an Institutional Innovation."
3. Gepken-Jager, Ella, et al. 2005. *VOC 1602 – 2002*. pp. 17 – 38. 荷兰语的文本，第17 – 28页，英文翻译件，第29 – 38页。另一版本的英文翻译件，参见 Reynders, Peter. 2009. "A Translation of the Charter of the Dutch East India Company." http://www.australiaonthemap.org.au/voc-charter/。
4. Gepken-Jager, Ella, et al. 2005. *VOC 1602 – 2002*. pp. 17 – 38. 荷兰语的文本，第17 – 28页，英文翻译件，第29 – 38页。另一版本的英文翻译件，参见 Reynders, Peter. 2009. "A Translation of the Charter of the Dutch East India Company." http://www.australiaonthemap.org.au/voc-charter/。
5. 对于公司的成立是否也包含了有限责任这个问题，学者之间多有争论，可以参见 de Jongh, Johan Matthijs. 2009. "Shareholder Activists Avant la Lettre: The Complaining Shareholders in the Dutch East India Company"。从更加宏观的角度，可以参见 de Jongh, Johan Matthijs. 2014. *Tussen Societas en Universitas*。
6. Gepken-Jager, Ella, et al. 2005. *VOC 1602 – 2002*. pp. 17 – 38. 荷兰语的文本，第17 – 28页，英文翻译件，第29 – 38页。另一版本的英文翻译件，

参见 Reynders, Peter. 2009. "A Translation of the Charter of the Dutch East India Company." http://www.australiaonthemap.org.au/voc-charter/。

7. 其他商会的认购书未能保存至今。
8. den Heijer, Hendrik. 2005. *De geoctrooieerde compagnie*. pp. 70 - 80. van Dillen, Johannes. 1958. *Het oudste Aandeelhoudersregister van de Kamer Amsterdam*. pp. 42 - 59.
9. den Heijer, Hendrik. 2005. *De geoctrooieerde compagnie*.
10. 更准确地说,至少需要持有1 000弗拉芒镑(霍恩和恩克赫伊曾500)的股份,才有资格获得执行董事的身份。这种身份可以世袭,但无法在市场上销售。拥有该身份的人可以购买更大的利润份额,但不能因此获得更多的投票权。
11. Gaastra, F. S. 2007. "The Organization of the VOC."
12. Gepken-Jager, Ella, et al. 2005. *VOC 1602 - 2002*. pp. 17 - 38. 荷兰语的文本,第17 - 28页,英文翻译件,第29 - 38页。另一版本的英文翻译件,参见 Reynders, Peter. 2009. "A Translation of the Charter of the Dutch East India Company." http://www.australiaonthemap.org.au/voc-charter/。
13. 同上。
14. 同上。
15. North, Douglass C. and Barry R. Weingast. 1989. "Constitutions and Commitment."
16. Israel, Jonathan I. 1989. *Dutch Primacy in World Trade*.
17. Adams, Julia. 2005. *The Familial State*. pp. 38 - 74.
18. Weingast, Barry R. 1995. "The Economic Role of Political Institutions."
19. Mansvelt, William. 1922. *Rechtsvorm en Geldelijk Beheer bij de Oost-Indische Compagnie*. p. 54.
20. den Heijer, Hendrik. 2005. *De geoctrooieerde compagnie*. pp. 66 - 68.
21. Harris, Ron. 2010. "Law, Finance and the First Corporations."
22. Adams, Julia. 2005. *The Familial State*. pp. 52 - 61.
23. van Dillen, Johannes. 2006 [1935]. "Isaac Le Maire and the Early Trading in Dutch East India Company Shares." Gelderblom, Oscar, et al. 2016. "An Admiralty for Asia."
24. Gepken-Jager, Ella. 2005. "The Dutch East India Company (VOC)." den Heijer, Hendrik. 2005. *De geoctrooieerde compagnie*.
25. 即增加税负,且战时的税收缺口必须通过借贷来填补。由于联省政府没有征收税款的行政机构或政治权力,组成联省的七个省必须各自承担这一负担。它们通过谈判来达成一致,再通过配额制度来分摊这一负担。每个省依次将部分负担分摊给其领土内的城市治安法官和包税人。de Vries, Jan and Adrianus van der Woude. 1997. *The First Modern Economy*. pp. 91 - 129.

26. Tracy, James D. 1985. *A Financial Revolution in the Habsburg Netherlands*. 't Hart, Marjolein C. 1993. *Making of a Bourgeois State*.
27. 一些学者认为这个时间应该在16世纪70年代，另一些学者则断定在1600年前后，还有些学者强调市政借贷的时间起源于15世纪。一些学者更为关注公共借贷的引入，而另一些则认为税收重组同样重要。一些学者表示，根本性的变化是通过向省一级的转变而实现的；其他人则提出是在市一级。有几名学者认为，在债务方面，正是从短期债务向年金形式的长期债务的转变，让人们获得了更高的信誉和更多的借贷；而另一些人则觉得，可转让的短期债务需求更高。还有一些学者认为，鉴于各个发行人之间的债券类型不同以及由此产生的标准有所差异，因此市场的流动性会受到限制。一些人称，信贷的提供者主要是"吃息族"，而另一些人则表示，他们主要是寻求流动投资的商人，参见 Tracy, James D. 1985. *A Financial Revolution in the Habsburg Netherlands*；'t Hart, Marjolein C. 1993. *Making of a Bourgeois State*. Fritschy, W. 2003. "A Financial Revolution Reconsidered"。
28. Braudel, Fernand. 1982. *The Wheels of Commerce*.
29. van Dillen, Johannes. 1958. *Het oudste Aandeelhoudersregister van de Kamer Amsterdam*. pp. 32–34.
30. de Vries, Jan and Adrianus van der Woude. 1997. *The First Modern Economy*. pp. 147–158. Garber, Peter M. 2000. *Famous First Bubbles*. pp. 15–83. 关于17世纪末阿姆斯特丹的股市，参见 Neal, Larry. 1990. *The Rise of Financial Capitalism*。
31. Gelderblom, Oscar and Joost Jonker. 2004. "Completing a Financial Revolution."
32. 同上。Gelderblom, Oscar and Joost Jonker. 2005. "Amsterdam as the Cradle of Modern Futures."
33. Gaastra, F S. 2007. "The Organization of the VOC." p. 16.
34. de Vries, Jan and Adrianus van der Woude. 1997. *The First Modern Economy*.
35. Parthesius, Robert. 2010. *Dutch Ships in Tropical Waters*. pp. 113–117.
36. Findlay, Ronald and Kevin H. O'Rourke. 2007. *Power and Plenty*. pp. 175–187.

第11章　英国东印度公司

1. 因此，关于设计英国东印度公司的解释及其原因，多少让人觉得带有一丝试探性的意味。它们基于1600年英国可供参考的组织选项的分析，基于有记录的先前案例的关注焦点和讨论内容，以及每种选择所带来的优缺点的理论见解。
2. Harris, Ron. 2005. "The Formation of the East India Company as a Cooperation-

Enhancing Institution."
3. 参见 Stevens, Henry. 1967. *The Dawn of British Trade to the East Indies*; Harris, Ron. 2005. "The English East India Company and the History of Company Law." pp. 224 – 234。
4. Shaw, John. 1887 [1774]. *Charters relating to the East India Company*. pp. 1 – 15.
5. Hale, Matthew. 1976. *The Prerogatives of the King*. Maitland, Frederic. 1908. *The Constitutional History of England*.
6. Shaw, John. 1887 [1774]. *Charters Relating to the East India Company*. p. 16. 参见 The Charter Granted by James I, 31 May 1609。
7. 同上。参见 The Charter of 1600。
8. 按照同时代的儒略历法，新的一年从3月25日开始，因此，航程在获得特许状后的第14个月结束。
9. Scott, William. 1910. *Companies for Foreign Trade*, *Colonization*, *Fishing and Mining*. pp. 91 – 95. Harris, Ron. 2005. "The Formation of the East India Company."
10. 与荷兰东印度公司相比。这里是以当今的货币或银币计算。
11. 数据库为笔者所拥有。更多相关信息，请参见 Harris, Ron. 2005. "The Formation of the East India Company." pp. 6 – 7。
12. Rabb, Theodore. 1967. *Enterprise and Empire*.
13. Chaudhuri, Kirti. 1965. *The English East India Company*. p. 33.
14. 为了简化后面的讨论并使其符合现代的理论分析，我将把英国东印度公司中的不同投资者分为内部人员和外部人士。内部人员，即推动英国东印度公司发展的企业家群体，享有更多关于亚洲商品、市场和航线状况的信息。
15. Brenner, Robert. 1993. *Merchants and Revolution*. pp. 21 – 22. 第二次航行没有投资记录。重构本章内容的数据是依据了拉布（Rabb）在黎凡特公司的成员身份，其数字亦略有不同：出席第一次会议的19人中，有5人在此期间被任命为董事，而原始特许委员会中的8名成员还是黎凡特公司的成员。
16. 在一项涵盖1575年至1630年的研究中，拉布发现近43%的黎凡特公司成员（共157名）是英国东印度公司的成员，约19%的英国东印度公司成员（共230名）同样也是黎凡特公司的成员。Rabb, Theodore. 1967. *Enterprise and Empire*. p. 108（参见表11.5）。从1581年到1630年，黎凡特公司一侧的成员重合比例有所下降，而那时的英国东印度公司成立仅19年。
17. 参见同上。针对这三个群体的研究，可以参见 Brenner, Robert. 1993.

Merchants and Revolution; Grassby, Richard. 1995. *The Business Community of Seventeenth-Century England*. 在拙著出版之前不久，一本关于 1599 年至 1625 年英国东印度公司的投资者及其网络的著作刚刚出版。那本书拥有全新且综合的分析视野，只可惜我未能将其纳入自己的研究当中。总的来说，那本书的发现与这里的分析结果是一致的。它揭示了参与大西洋贸易的投资者有着广泛的圈子。虽然它淡化了黎凡特商人在英国东印度公司投资者中的重要性，但并没有反驳他们在英国东印度公司初始设计中的作用，参见 Smith, Edmond. 2018. "The Global Interests of London's Commercial Community." pp. 1118 – 1146。

18. Chaudhuri, Kirti. 1965. *The English East India Company*. pp. 207 – 224. Scott, William. 1910. *Companies for Foreign Trade*, *Colonization*, *Fishing and Mining*. Scott, William. 1911. Water Supply, *Postal*, *Street-Lighting*, *Manufacturing*, *Banking*, *Finance and Insurance Companies*. pp. 464 – 467.

19. Scott, William. 1912. *The General Development of the Joint-Stock System*. Harris, Ron. 2005. "The English East India Company and the History of Company Law." pp. 233 – 234.

20. Shaw, John. 1887 [1774]. *Charters Relating to the East India Company*. 参见本章中的英国东印度公司特许状部分。

21. 关于荷兰东印度公司治理结构方面的讨论，可参见本书第 10 章。

22. Shaw, John. 1887 [1774]. *Charters Relating to the East India Company*. p. 16. 参见 The Charter Granted by James I, 31 May 1609。

23. 1661 年宪章保留了这一点，同上，第 32 页。参见 The Charter Granted by Charles II on April 3, 1661。

24. 同上。

25. 同上。参见 Charter of 1600, Charter of 1609, The Charter Granted by Charles II on April 3, 1661, Charter of 1693, and Charter of 1698。

26. 参见 Harris, Ron. 2005. "The English East India Company and the History of Company Law"。

27. The East India Company. 1621. *The Lawes or Standing Orders of the East India Company*. p. 2. 相关的规章制度于 1621 年印刷出版。据我所知，更早期的版本未能留存至今。我推测，其中的内容至少能部分反映出 17 世纪初期的规章制度。

28. 同上，第 4、7 页。

29. 为了简化，我将内部人员（黎凡特公司和俄罗斯公司的成员）和外部人士（其他人）进行了区分，尽管现存文献中的实际区别是逐渐形成的。

30. EIC. 1621. *The Lawes or Standing Orders of the East India Company*. Clauses 297 – 319.

31. Harris, Ron. 2000. *Industrializing English Law*.
32. Carruthers, Bruce. 1999. *City of Capital*. p. 167.
33. Chancellor, Edward. 2000. *Devil Take the Hindmost*. p. 34.
34. Braudel, Fernand. 1982. *The Wheels of Commerce*. pp. 97 – 100, 106 – 110. Morgan, Edward and William Thomas. 1969. *The Stock Exchange*.
35. Neal, Larry. 1990. *The Rise of Financial Capitalism*. Chancellor, Edward. 2000. *Devil Take the Hindmost*. Harris, Ron. 2000. *Industrializing English Law*. Michie, Ranald. 1999. *The London Stock Exchange*. Morgan, Edward and William Thomas. 1969. *The Stock Exchange*.
36. 请参见卡洛斯（Carlos, Ann）和尼古拉斯（Stephen Nicholas）同琼斯（Jones, S. R. H.）和维尔（Simon Ville）之间的辩论，其中有一条假设，即固定资本投资的需求可以用来解释特许公司的形成，参见 Jones, S. R. H. and Simon Ville. 1996. "Efficient Transactors or Rent-Seeking Monopolists?"; Jones, S. R. H. and Simon Ville. 1996. "Theory and Evidence"; Carlos, Ann and Stephen Nicholas. 1988. "Giants of an Earlier Capitalism"; Carlos, Ann and Stephen Nicholas. 1996. "Theory and History"; Carlos, Ann and Stephen Nicholas. 1990. "Agency Problems in Early Chartered Companies"。双方辩论的焦点集中在后来出现的公司上，比如在不同环境中运作的英国王家非洲公司，参见 Carlos, Ann and Jamie Kruse. 1996. "The Decline of the Royal African Company"。
37. Harris, Ron. 2005. "The Formation of the East India Company."
38. Ekelund, Robert and Robert Tollison. 1980. "Mercantilist Origins of the Corporation."
39. North, Douglass C. and Barry R. Weingast. 1989. "Constitutions and Commitment."
40. 这一部分内容基于 Harris, Ron. 2013. "Could the Crown Credibly Commit to Respect its Charters?"
41. 同上。有关司法独立作为承诺手段的作用，参见 Klerman, Daniel M. 2005. "The Value of Judicial Independence"。
42. Erikson, Emily. 2014. *Between Monopoly and Free Trade*.
43. Chaudhuri, Kirti. 1965. *The English East India Company*. p. 74.
44. Stern, Philip. 2011. *The Company-State*. pp. 19 – 40.
45. Smith, Edmond. "The Global Interests of London's Commercial Community, 1599 – 1625: Investment in the East India Company."
46. 荷兰盾兑换英镑的计算是根据 1603 年至 1610 年间荷兰盾对英镑的平均汇率，选自 Denzel, Markus. 2010. *Handbook of World Exchange Rates*。这一时期的最低汇率为每英镑 10.232 荷兰盾，最高汇率为每英镑 10.875 荷兰盾，由此计算出的平均汇率为每英镑 10.553 荷兰盾。这个数值与马塞尔·范德比克（Marcel van der Beek）为奥斯卡·基德勃姆（Oscar Gelderblom）准备的（笔者存档的）备忘录中的计算结果进行了比较。我要感谢他们两位。范德比克检查了一英镑硬币中的黄金数量，又将其从英国的重量转换为荷兰重量，检查了可以用这一数量的黄金制造出的荷兰黄金杜卡（ducat）的数量，最后计算了这一数量的杜卡在荷兰盾和便士中的价值。根据这一计算，1610年的汇率为每英镑10.36荷兰盾，该数值处在上文计算的范围内，因此也证实了这一点。

47. Ehrenberg, Richard. 1928. *A Study of the Fuggers, and Their Connections*. p. 87. Häberlein, Mark. 2012. *The Fuggers of Augsburg*.
48. 这些数据基于：Allen, Robert. "Consumer Price Indices." http://www.iisg.nl/hpw/allen.rar. and van Zanden, Jan Luiten. "The Prices of the Most Important Consumer Goods." http://www.iisg.nl/scripts/print.php?language=en&url=www.iisg.nl%2Fhpw%2Fbrenv.php. http://www.iisg.nl/hpw/allen.rar. de Vries, Jan and Adrianus van der Woude. 1997. *The First Modern Economy*. p. 85. Posthumus, Nicolaas. 1964. *Prices in Holland*. Vol. 2. pp. 46-48. Posthumus, Nicolaas. 1964. *Prices in Holland*. Vol. 1. p. 107.
49. 这是对1610年富格尔家族企业购买力的估算，依据的是1610年白银的价格，每荷兰盾包含10.71克的白银。
50. Pfister, Ulrich. 2010. "Consumer Prices and Wages in Germany." https://www.wiwi.uni-muenster.de/cqe/de/publikationen/cqe-working-papers. p. 11.
51. 参见 Allen, Robert. 2001. "The Great Divergence in European Wages." p. 426; Brown, Henry and Sheila Hopkins. 1957. "Wage-Rates and Prices"。
52. 从国家的名称并不能立即看出相关的组织形式，但可以是一个很好的指标。事实上，16世纪末的英国公司是由商人集团经营的，早期的荷兰船只是由前期公司运营的。然而，从17世纪初开始，英国和荷兰的公司都是由法人经营。而绝大多数的葡萄牙船只不由公司运营。在1628年至1633年期间，只有一小部分船只由葡萄牙东印度公司（Companhia do commércio da Índia）运营。其他欧洲国家的船只数量很少，主要由公司运营。参见 de Vries, Jan. 2003. "Connecting Europe and Asia"。
53. Furber, Holden. 2001. "East India Companies." Prakash, Om. 1998. *European Commercial Enterprise in Pre-Colonial India*. pp. 72-83.
54. Conac, Pierre-Henri. 2005. "The French and Dutch East India Companies."
55. Sørensen, Karsten. 2005. "The Danish East India Company."
56. Amend—Traut, Anja. 2012. "The Aulic Council and Incorporated Companies."
57. Bergfeld, Christoph. 2005. "Trade Companies in Brandenburg."
58. Mokyr, Joel. 1993. "The New Economic History and the Industrial Revolution."
59. Weber, Max. 1930 [1905]. *The Protestant Ethic*.

第 12 章　公司为何只出现在欧洲？

1. 大多数人类社会不仅驯化谷物，还会驯化豆类、纤维类、根茎类和瓜类。例如，豌豆和鹰嘴豆在肥沃的新月沃土得到驯化，大豆在中国被驯化，利马豆在安第斯山脉得到驯化，这些豆子均能提供蛋白质。而新月沃土的亚麻、中国的大麻、印度的棉花和中美洲的丝兰都可以提供纤维。Diamond, Jared. 1999. *Guns, Germs, and Steel*. pp. 123－130.
2. Hooker, James. 1990. *Reading the Past.*
3. Nabhan, Gary. 2014. *Cumin, Camels, and Caravans.*
4. Davies, Glyn. 2002. *A History of Money*. pp. 181－182.
5. 同上，第 183 页。Allsen, Thomas T. 2004. *Culture and Conquest*. pp. 177－178.
6. Polo, Marco. 1903 [ca. 1300]. *The Book of Ser Marco Polo, the Venetian*. Vols. 1 and 2.
7. 拉希德丁·哈马达尼（Rashid-al-Din Hamadani, 1247—1318）是一位波斯的政治家、历史学家和医生。他的著作《史集》（*Jami' al-Tawarikh*）描述了世界历史上的文化和重大事件，从中国到欧洲，尤其是蒙古的历史。Melville, Charles. 2012. "Jāmeʿ al-Tawārik." http://www.iranicaonline.org/articles/jame-al-tawarik. Davies, Glyn. 2002. *A History of Money*. p. 183.
8. Davies, Glyn. 2002. *A History of Money*. pp. 178－180.
9. 同上，第 552 页。
10. 同上，第 462 页。Goldberg, Dror. 2009. "The Massachusetts Paper Money."
11. Buringh, Eltjo and Jan Luiten van Zanden. 2009. "Charting the 'Rise of the West'." 更一般性的内容，请参见 Eisenstein, Elizabeth. 2005. *The Printing Revolution*。
12. 中国和中东欧书写系统的发展路径，请参见 Fischer, Steven. 2001. *A History of Writing*. pp. 166－211; Diamond, Jared. 1999. *Guns, Germs, and Steel*. pp. 218－231。
13. Angeles, Luis. 2014. "The Economics of Printing." Unpublished. Chow, Kai-wing. 2004. *Publishing, Culture, and Power in Early Modern China*.
14. Bulliet, Richard. 1987. "Medieval Arabic Tarsh."
15. Aslanian, Sebouh D. 2014. "The Early Arrival of Print in Safavid Iran." pp. 1636－1650, 1686－1693.
16. Ayalon, Ami. 2016. *The Arabic Print Revolution*. Robinson, Francis. 1993. "Technology and Religious Change." Coşgel, Metin, et al. 2012. "The Political Economy of Mass Printing." Rubin, Jared. 2017. *Rulers, Religion, and Riches*. pp. 99－118.

17. Abu-Lughod, Janet. 1991. *Before European Hegemony*. pp. 186 – 209.
18. 也可以参见 Peacock, Andrew. 2015. *The Great Seljuk Empire*。
19. Abu-Lughod, Janet. 1991. *Before European Hegemony*. Hourani, George. 1995. *Arab Seafaring in the Indian Ocean*. Risso, Patricia. 1995. *Merchants and Faith*.
20. Cansdale, Lena. 1996. "The Radhanites." Gil, Moshe. 1974. "The Rādhānite Merchants." Lopez, Robert S. and Irving W. Raymond. 2001 [1955]. *Medieval Trade in the Mediterranean World*. Thomas, Nigel. 1991. "The Silk Road of the Steppes."
21. Ashtor, Eliyahu. 1956. "The Kārimī Merchants." Fischel, Walter. 1958. "The Spice Tradein Mamluk Egypt." Goitein, Shelomo. 1958. "The Beginnings of the Kārim Merchants." Labib, Subhi. 1969. "Capitalism in Medieval Islam." Tsugitaka, Sato. 2006 "Slave Traders and Karimi Merchants."
22. Fischel, Walter. 1958. "The Spice Trade in Mamluk Egypt." p. 170. Labib, Subhi. 1969. "Capitalism in Medieval Islam." p. 83.
23. Casale, Giancarlo. 2010. *The Ottoman Age of Exploration*.
24. 也可以参见 Özbaran, Salih. 1994. *The Ottoman Response to European Expansion*。
25. Stern, Samuel. 1970. "The Constitution of the Islamic City." pp. 25 – 36. Johansen, Baber. 1981. "The All-Embracing Town and its Mosques." Raymond, André. 1994. "Islamic City, Arab City." Sevket, Pamuk. 2014. "Institutional Change and Economic Development in the Middle East."
26. Stern, Samuel. 1970. "The Constitution of the Islamic City." pp. 36 – 47.
27. Makdisi, George. 1970. "Madrasa and University in the Middle Ages." Arjomand, Said. 1999. "The Law, Agency, and Policy in Medieval Islamic Society."
28. Zahraa, Mahdi. 1995. "Legal Personality in Islamic Law." Nyazee, Imran. 1999. *Islamic Law of Business Organization*. pp. 75 – 108. Çizakça, Murat. 1996. *A Comparative Evolution of Business Partnerships*. Çizakça, Murat. 2010. "Was Shari'ah Indeed the Culprit?" Kuran, Timur. 2005. "The Absence of the Corporation in Islamic Law."
29. Kuran, Timur. 2001. "The Provision of Public Goods Under Islamic Law." Kuran, Timur. 2011. *The Long Divergence*. pp. 110 – 115.
30. Hennigan, Peter. 2004. *The Birth of a Legal Institution*. Powers, David. 1999. "The Islamic Family Endowment." Powers, David. 1993. "The Maliki Family Endowment." Schacht, Joseph. 1982. *An Introduction to Islamic Law*.
31. Zahraa, Mahdi. 1995. "Legal Personality in Islamic Law."
32. Heyneman, Stephen. 2004. *Islam and Social Policy*. p. 18.
33. Çizakça, Murat. 1996. *A Comparative Evolution of Business Partnerships*. p. 131.

34. Çizakça, Murat. 2000. *A History of Philanthropic Foundations*. p. 10. Verbit, Gilbert. 2002. *The Origins of the Trust*. pp. 250 – 273.
35. Avini, Avishe. 1996. "Origins of the Modern English Trust Revisited." p. 1155.
36. Çizakça, Murat. 2000. *A History of Philanthropic Foundations*. p. 10.
37. Shatzmiller, Maya. 2001. "Islamic Institutions and Property Rights." p. 48. Kuran, Timur. 2001. "The Provision of Public Goods Under Islamic Law."
38. 参见本书第 4 章。
39. Lambton, Ann. 1997. "Economy."
40. Çizakça, Murat. 2000. *A History of Philanthropic Foundations*. p. 97.
41. 参见 Bean, John. 1968. *The Decline of English Feudalism*; Barton, John. 1965. "The Medieval Use"; Milsom, Stroud. 1981. *Historical Foundation of the Common Law*. pp. 166 – 239; Simpson, Alfred. 1986. *A History of the Land Law*. pp. 173 – 192; Baker, John. 1979. *Introduction to English Legal History*. pp. 283 – 295, 318 – 336。
42. Verbit, Gilbert. 2002. *The Origins of the Trust*. Avini, Avishe. 1996. "Origins of the Modern English Trust Revisited."
43. 牛津默顿学院（Merton College, Oxford）1264 年的条例提供了一个关于伊斯兰起源观点的有趣证据，该学院被认为是英国最古老的学院之一。根据一项研究，因其明显的相似性，如果它是用阿拉伯语写的，它将被视为有效创建瓦克夫的文件，参见 Gaudiosi, Monica. 1988. "The Case of Merton College"。
44. 参见本书第 5 章。
45. Cohen, Mark. 2013. "A Partnership Gone Bad." Ackerman-Lieberman, Phillip. 2007. "A Partnership Culture."
46. Kuran, Timur. 2011. *The Long Divergence*. pp. 45 – 96.
47. Kuran, Timur. 2005. "The Absence of the Corporation in Islamic Law." pp. 815 – 820.
48. 同上。Kuran, Timur. 2011. *The Long Divergence*. pp. 25 – 29.
49. Kuran, Timur. 2001. "The Provision of Public Goods Under Islamic Law." Kuran, Timur. 2011. *The Long Divergence*. pp. 110 – 114.
50. 参见 Harris, Ron. 2000. *Industrializing English Law*。
51. Kuran, Timur. 2011. *The Long Divergence*. p. 97.
52. 第一部印度公司法于 1866 年立法，参见 Rungta, Shyam. 1970. *The Rise of Business Corporations in India*. pp. 109 – 135。
53. Abu-Lughod, Janet. 1991. *Before European Hegemony*. p. 261.
54. Findlay, Ronald and Kevin O'Rourke. 2007. *Power and Plenty*. pp. 67 – 71, 98 – 108, 133 – 142.

55. Abu-Lughod, Janet. 1991. *Before European Hegemony*. p. 285.
56. Das Gupta, Ashin. 2001. *The World of the Indian Ocean Merchant*.
57. Schimmel, Annemarie and Burzine Waghmar. 2004. *The Empire of the Great Mughals*. pp. 101–102. Levi, Scott. 2002. *The Indian Diaspora in Central Asia and Its Trade*.
58. 由于其他国家对中国贸易的干涉,一些学者将其视为政治军事考察,参见 Sen, Tansen. 2009. "The Military Campaigns of Rajendra Chola"。
59. Kulke, Hermann. 2009. "The Navel Expeditions of the Cholas."
60. 参见本书第6章。
61. Weber, Max. 1919. *Politics as a Vocation*. pp. 26–27.
62. Abraham, Meera. 1988. *Two Medieval Merchant Guilds*.
63. Roy, Tirthankar. 2008. "The Guild in Modern South Asia." Bayly, Christopher. 1983. *Rulers, Townsmen and Bazaars*. pp. 163–196.
64. Davis, Donald. 2005. "Intermediate Realms of Law."
65. Khanna, Vikramaditya. 2005. "The Economic History of the Corporate Form."
66. 同上。
67. Arasaratnam, Sinnappah. 1966. "Indian Merchants and Their Trading Methods." p. 86.
68. 同上,第85页。
69. Brennig, Joseph. 1979. "Joint-Stock Companies of Coromandel." p. 71.
70. Lucassen, Jan, et al. 2008. "The Return of the Guilds." p. 6.
71. 参见本书第1章。
72. Kang, David. 2010. *East Asia Before the West Five Centuries of Trade and Tribute*.
73. 同上,第42–44、46–47页。So, Billy Kee-Long. 2000. *Prosperity, Region, and Institutions in Maritime China*. pp. 33–37. Chaffee, John. 2006. "Diasporic Identities." pp. 403–404. Chaffee, John. 2008. "At the Intersection of Empire and World Trade." Clark, Hugh. 1991. *Community, Trade, and Networks*. pp. 121–127. Clark, Hugh. 2001. "Overseas Trade and Social Change in Quanzhou." pp. 50–52.
74. 参见本书第8章。
75. Maddison, Angus. 2001. *The World Economy*. p. 35.
76. Morris, Terence. 1998. *Europe and England in the Sixteenth Century*. p. 9.
77. Chang, Chiung-Fang. 2012. *Population Policy in China*. p. 2.
78. Huang, Ray. 1974. *Taxation and Governmental Finance*.
79. 参见本书第8章。
80. 参见本书第6章。

81. 比如 Ruskola, Teemu. 2000. "Conceptualizing Corporations and Kinship"。
82. Freedman, Maurice. 1965. *Lineage Organization in Southeastern China*. 这本书提供了大量的文献，引起了人们对类型、周期、方法、地区差异等方面的讨论。关于文献概览，可参见 Ebrey, Patricia and James Watson. 1986. *Kinship Organization in Late Imperial China*。也可以参见 Goody, Jack. 1996. *The East in the West*. Gates, Hill. 1996. *China's Motor*。
83. Ebrey, Patricia and James Watson. 1986. *Kinship Organization in Late Imperial China*.
84. 必须意识到地区和不同时期之间的差异，尽管在这里无法展开讨论。对于宗族的一般性讨论，可参见 Zhenman, Zheng. 2001. *Family Lineage Organization*; Cohen, Myron. 2005. *Kinship, Contract, Community, and State*; Sangren, Steven. 1984. "Traditional Chinese Corporations"。
85. Cohen, Myron. 2004. "Writs of Passage in Late Imperial China."
86. Gates, Hill. 1996. *China's Motor*.
87. Zelin, Madeleine. 1990. "The Rise and Fall of the Fu-Rong Salt-Yard Elite." Zelin, Madeleine. 2004. "Managing Multiple Ownership." Zelin, Madeleine. 2005. *The Merchants of Zigong*. Zelin, Madeleine. 2006. "Eastern Sichuan Coal Mines in the Late Qing." Zelin, Madeleine. 2009. "The Firm in Early Modern China."
88. Pomeranz, Kenneth. 1997. "Traditional Chinese Business Forms Revisited."
89. So, Billy Kee-Long. 2000. *Prosperity, Region, and Institutions in Maritime China*.
90. Faure, David. 2007. *Emperor and Ancestor*. pp. 218–232. 也可以参见 Faure, David. 1986. *The Structure of Chinese Rural Society*。
91. McDermott, Joseph P. Forthcoming (2020). *The Making of a New Rural Order in South China*.
92. Rosenthal, Jean-Laurent and R. Bin Wong. 2011. *Before and Beyond Divergence*. pp. 63–66. Wong, R. Bin. 2014. "China before Capitalism." 对中国和欧洲进行平行比较，以及将宗族和城市视为组织框架进行类比，参见 Greif, Avner and Guido Tabellini. 2010. "Cultural and Institutional Bifurcation." Greif, Avner and Guido Tabellini. 2012. *The Clan and the City*。
93. Zhenman, Zheng. 2001. *Family Lineage Organization*.
94. Goetzmann, William and Elisabeth Koll. 2007. "The History of Corporate Ownership in China." 有趣的是，当时它是以日本的法律为基础，而日本法律不久前受到德国法律的影响，只轻微受到英国法律的影响，参见 Harris, Ron. 2014. "Spread of Legal Innovations"。
95. 也就是说，我在这里并不认为中国需要非人格化的合作才能扩大其海外贸易。

结 论

1. Rosenthal, Jean-Laurent and R. Bin Wong. 2011. *Before and Beyond Divergence*. pp. 67–98.
2. Greif, Avner and Guido Tabellini. 2017. "The Clan and The Corporation."
3. Masten, Scott and Jens Prüfer. 2014. "On the Evolution of Collective Enforcement Institutions."
4. Harris, Ron. 2000. *Industrializing English Law*. pp. 168–198, 218–223.
5. Grafe, Regina and Alejandra Irigoin. 2012. "A Stakeholder Empire." Grafe, Regina. 2014. "On the Spatial Nature of Institutions."
6. Scott, William. 1910. *Companies for Foreign Trade, Colonization, Fishing and Mining*. pp. 241–337. Rose-Troup, Frances. 1930. *The Massachusetts Bay Company*. Craven, Wesley. 1957. "The Virginia Company of London."
7. Bjork, Katharine. 1998. "The Link That Kept the Philippines Spanish." Tremml, Birgit. 2012. "The Global and the Local." Garcia, Rolando, et al. 2001. "Atmospheric Circulation Changes." pp. 2436–2437.

参考文献

Abatino, Barbara, Giuseppe Dari-Mattiacci, and Enrico C. Perotti. 2011. "Depersonalization of Business in Ancient Rome." *Oxford Journal of Legal Studies* 31(2):365–89.
Abraham, Meera. 1988. *Two Medieval Merchant Guilds of South India*. New Delhi: Manohar.
Abt, Oded. 2012. "Muslim Ancestry and Chinese Identity in Southeast China." PhD dissertation, Tel Aviv University.
Abt, Oded. 2014. "Locking and Unlocking the City Gates: Muslim Memories of Song-Yuan-Ming Transition in Southeast China." Paper presented at the Conference on Middle Period China, 800–1400, Harvard University.
Abt, Oded. 2014. "Muslim Memories of Yuan-Ming Transition in Southeast China." Pp. 147–170 in *Political Strategies of Identity Building in Non-Han Empires in China*, edited by F. Fiaschetti and J. Schneider. Wiesbaden: Harrassowitz.
Abu-Lughod, Janet L. 1991. *Before European Hegemony: The World System A.D. 1250–1350*. New York: Oxford University Press.
Acemoglu, Daron, Simon Johnson, and James A. Robinson. 2001. "The Colonial Origins of Comparative Development: An Empirical Investigation." *American Economic Review* 91(5):1369–1401.
Acemoglu, Daron, Simon Johnson, and James A. Robinson. 2002. "Reversal of Fortune: Geography and Institutions in the Making of the Modern World Income Distribution." *Quarterly Journal of Economics* 117(4):1231–1294.
Acemoglu, Daron and James A. Robinson. 2012. *Why Nations Fail: The Origins of Power, Prosperity, and Poverty*. New York: Crown Business.
Ackerman-Lieberman, Phillip I. 2007. "A Partnership Culture: Jewish Economic and Social Life Viewed through the Documents of the Cairo Geniza." PhD dissertation, Princeton University.
Ackerman-Lieberman, Phillip I. 2014. *The Business of Identity: Jews, Muslims, and Economic Life in Medieval Egypt*. Stanford: Stanford University Press.
Adams, Julia. 2005. *The Familial State: Ruling Families and Merchant Capitalism in Early Modern Europe*. Ithaca: Cornell University Press.
Aghassian, Michel and Kéram Kévonian. 1999. "The Armenian Merchant Network: Overall Autonomy and Local Integration." Pp. 74–94 in *Merchants, Companies and Trade Europe and Asia in the Early Modern Era*, edited by S. Chaudhury and M. Morineau. Cambridge: Cambridge University Press.
Agius, Dionisius Albertus. 2002. "Classifying Vessel Types in Ibn Baṭūṭa's Riḥla." Pp. 174–208 in *Ships and the Development of Maritime Technology on the Indian Ocean*, edited by D. Parkin and R. Barnes. London: Routledge-Curzon.
Agius, Dionisius A. 2005. *Seafaring in the Arabian Gulf and Oman: People of the Dhow*. London: Routledge.
Akerlof, George A. 1970. "The Market for Lemons: Quality Uncertainty and the Market Mechanism." *Quarterly Journal of Economics* 84(3):488–500.

Al-Hassani, Salim T. S., Elizabeth Woodcock, and Rabah Saoud, eds. 2006. *1001 Inventions: Muslim Heritage in Our World*. Manchester: Foundation for Science Technology and Civilization.

Al-Zuhayli, Wahbah. 2001. *Financial Transactions in Islamic Jurisprudence*, Vol. 1. Translated by M. A. El-Gamal. Damascus: Dar Al-Fikr.

Al-Zuhayli, Wahba. 2006. "The Juridical Meaning of Riba." Pp. 25–53 in *Interest in Islamic Economics: Understanding Riba*, edited by A. Thomas. New York: Routledge.

Alchian, Armen A. and Harold Demsetz. 1973. "The Property Right Paradigm." *Journal of Economic History* 33(1):16–27.

Allen, Robert C. "Consumer Price Indices, Nominal/Real Wages and Welfare Ratios of Building Craftsmen and Labourers, 1260–1913." http://www.iisg.nl/hpw/allen.rar.

Allen, Robert C. 2001. "The Great Divergence in European Wages and Prices from the Middle Ages to the First World War." *Explorations in Economic History* 38(4):411–447.

Allsen, Thomas T. 1989. "Mongolian Princes and Their Merchant Partners, 1200–1260." *Asia Major* 2(2):86–126.

Allsen, Thomas T. 2004. *Culture and Conquest in Mongol Eurasia*. Cambridge: Cambridge University Press.

Alpers, Edward A. 2014. *The Indian Ocean in World History*. New York: Oxford University Press.

Alston, Lee J., Gary D. Libecap, and Robert Schneider. 1996. "The Determinants and Impact of Property Rights: Land Titles on the Brazilian Frontier." *Journal of Law, Economics, and Organization* 12(1):25–61.

Amelung, Iwo. 2001. "Weights and Forces: The Introduction of Western Mechanics into Late Qing China." Pp. 197–234 in *New Terms for New Ideas: Western Knowledge and Lexical Change in Late Imperial China*, edited by M. Lackner, I. Amelung, and J. Kurtz. Leiden: Brill.

Amend-Traut, Anja. 2012. "The Aulic Council and Incorporated Companies: Efforts to Establish a Trading Company between the Hanseatic Cities and Spain." *Annales Universitatis Scientiarum Budapestinensis de Rolando Eötvös Nominatae. Sectio juridica* 53:203–238.

Amitai, Reuven and Michal Biran. 2014. *Nomads as Agents of Cultural Change: The Mongols and Their Eurasian Predecessors*. Honolulu: University of Hawai'i Press.

Amrith, Sunil S. 2013. *Crossing the Bay of Bengal: The Furies of Nature and the Fortunes of Migrants*. Cambridge, MA: Harvard University Press.

Anand, R. P. 1983. *Origin and Development of the Law of the Sea. History of International Law Revisited*. The Hague: Martinus Nijhoff.

Andrade, Tonio. 2011. *Lost Colony: The Untold Story of China's First Great Victory Over the West*. Princeton: Princeton University Press.

Andreau, Jean. 2006. "Maritime Loans." *Brill's New Pauly, Antiquity Volumes*. Leiden: Brill. http://dx.doi.org.rproxy.tau.ac.il/10.1163/1574-9347_bnp_e1106380.

Andrews, Kenneth R. 1985. *Trade, Plunder, and Settlement: Maritime Enterprise and the Genesis of the British Empire, 1480–1630*. Cambridge: Cambridge University Press.

Andrews, Kenneth R. 1964. *Elizabethan Privateering: English Privateering During the Spanish War, 1585–1603*. Cambridge: Cambridge University Press.

Angeles, Luis. 2014. "The Economics of Printing in Early Modern China and Europe." London School of Economics.

Arasaratnam, S. 1966. "Indian Merchants and Their Trading Methods (circa 1700)." *Indian Economic and Social History Review* 3(1):85–95.

Arasaratnam, Sinnappah. 1994. *Maritime India in the Seventeenth Century*. New York: Oxford University Press.

Arasaratnam, Sinnappah. 1999. "India and the Indian Ocean in the Seventeenth Century." Pp. 94–130 in *India and the Indian Ocean, 1500–1800*, edited by M. N. Pearson and A. Das Gupta. New Delhi: Oxford University Press.

Arjomand, Said Amir. 1999. "The Law, Agency, and Policy in Medieval Islamic Society: Development of the Institutions of Learning from the Tenth to the Fifteenth Century." *Comparative Studies in Society and History* 41(2):263–93.

Arnold, Guy. 2000. *World Strategic Highways*. London: Fitzroy Dearborn.

Arthur, Brian W. 1994. *Increasing Returns and Path Dependence in the Economy*. Ann Arbor: University of Michigan Press.

Ashburner, Walter. 1909. *The Rhodian Sea-Law*. Oxford: Clarendon.

Ashtor, Eliyahu. 1956. "The Kārimī Merchants." *Journal of the Royal Asiatic Society of Great Britain and Ireland* 88(1–2):45–56.

Aslanian, Sebouh David. 2007. "From the Indian Ocean to the Mediterranean: Circulation and the Global Trade Networks of Armenian Merchants from New Julfa/Isfahan, 1605–1747." PhD dissertation, Columbia University.

Aslanian, Sebouh David. 2007. "The Circulation of Men and Credit: The Role of the Commenda and the Family Firm in Julfan Society." *Journal of the Economic and Social History of the Orient* 50(2–3):124–170.

Aslanian, Sebouh David. 2008. "Aden, Geniza, and the Indian Ocean During the Middle Ages." *Journal of Global History* 3(3):451–457.

Aslanian, Sebouh David. 2011. *From the Indian Ocean to the Mediterranean: The Global Trade Networks of Armenian Merchants from New Julfa*. Berkeley: University of California Press.

Aslanian, Sebouh David. 2014. "The Early Arrival of Print in Safavid Iran: New Light on the First Armenian Printing Press in New Julfa, Isfahan (1636–1650, 1686–1693)." Pp. 381–468 in *Handes Amsorya* (Vienna/Yerevan).

Atwood, Christopher P. 2004. "Ortoq (partners)." Pp. 429–430 in *Encyclopedia of Mongolia and the Mongol Empire*, edited by C. Atwood. New York: Facts on File.

Atwood, Christopher P. 2004. "Chronology." Pp. 630–631 in *Encyclopedia of Mongolia and the Mongol Empire*, edited by C. Atwood. New York: Facts on File.

Atwood, Christopher P. 2004. "Mongol Empire." P. 365 in *Encyclopedia of Mongolia and the Mongol Empire*, edited by C. Atwood. New York: Facts on File.

Avi-Yonah, Reuven S. 2005. "The Cyclical Transformations of the Corporate Form: A Historical Perspective on Corporate Social Responsibility." *Delaware Journal of Corporate Law* 30(3):767–818.

Avini, Avishe. 1996. "The Origins of the Modern English Trust Revisited." *Tulane Law Review* 70(4):1139–1164.

Ayalon, Ami. 2016. *The Arabic Print Revolution*. Cambridge: Cambridge University Press.

Ayres, Ian and Robert Gertner. 1989. "Filling Gaps in Incomplete Contracts: An Economic Theory of Default Rules." *Yale Law Journal* 99(1):87–130.

Baghdiantz McCabe, Ina. 1999. *The Shah's Silk for Europe's Silver: The Eurasian Trade of the Julfa Armenians in Safavid Iran and India (1530–1750)*. Atlanta: Scholar's Press.

Baghdiantz McCabe, Ina, Gelina Hariaftis, and Ioanna Pepelasis Minoglou, eds. 2005. *Diaspora Entrepreneurial Networks: Four Centuries of History*. Oxford: Berg.
Baker, J. H. 1979. *An Introduction to English Legal History*. London: Butterworths.
Barton, John. 1965. "The Medieval Use." *Law Quarterly Review* 81:562–577.
Barzel, Yoram. 1997. *Economic Analysis of Property Rights*. New York: Cambridge University Press.
Bayly, C. A. 1983. *Rulers, Townsmen and Bazaars: North Indian Society in the Age of British Expansion, 1770–1870*. London: Cambridge University Press.
Bean, J. M. W. 1968. *The Decline of English Feudalism, 1215–1540*. Manchester: Manchester University Press.
Bebchuk, Arye Lucian and Mark J. Roe. 1999. "A Theory of Path Dependence in Corporate Ownership and Governance." *Stanford Law Review* 52(1):127–170.
Beckwith, Christopher I. 2009. *Empires of the Silk Road: A History of Central Eurasia from the Bronze Age to the Present*. Princeton: Princeton University Press.
Beja-Pereira, Albano et al. 2006. "The Origin of European Cattle: Evidence from Modern and Ancient DNA." *Proceedings of the National Academy of Sciences* 103(21):8113–118.
Benedict, Robert D. 1909. "The Historical Position of the Rhodian Law." *Yale Law Journal* 18(4):223–242.
Bentley, Jerry H. 1993. *Old World Encounters: Cross-Cultural Contacts and Exchanges in Pre-Modern Times*. New York: Oxford University Press.
Benton, Lauren. 2010. *A Search for Sovereignty: Law and Geography in European Empires, 1400–1900*. New York: Cambridge University Press.
Bergfeld, Christoph. 2005. "Trade Companies in Brandenburg." Pp. 251–261 in *VOC 1602–2002: 400 Years of Company Law*, Vol. 6, edited by E. Gepken-Jager, G. van Solinge, and L. Timmerman. Deventer: Kluwer.
Berkowitz, Daniel, Katharina Pistor, and Jean-Francois Richard. 2003. "Economic Development, Legality, and the Transplant Effect." *European Economic Review* 47(1):165–95.
Berlow, Rosalind Kent. 1979. "The Sailing of the 'Saint Esprit.'" *Journal of Economic History* 39(2):345–362.
Berman, Harold J. 1983. *Law and Revolution: The Formation of the Western Legal Tradition*. Cambridge, MA: Harvard University Press.
Bhattacharya, Bhaswati. 2008. "The 'Book of Will' of Petrus Woskan (1680–1751): Some Insights into the Global Commercial Network of the Armenians in the Indian Ocean." *Journal of the Economic and Social History of the Orient* 51(1):67–98.
Bin Haji Hasan, Abdullah Alwi. 1989. "Al-Mudarabah (Dormant Partnership) and Its Identical Islamic Partnership in Early Islam." *Hamdard Islamicus* 12(2):11–38.
Biran, Michal. 2008. "Culture and Cross-Cultural Contacts in the Chaghadaid Realm (1220–1370): Some Preliminary Notes." *Chronica* 7:26–43.
Biran, Michal. 2015. "The Mongols and the Inter-Civilizational Exchange." Pp. 534–558 in *Expanding Webs of Exchange and Conflict, 500 CE–1500 CE*, edited by B. Kedar and M. Wiesner-Hanks. Cambridge: Cambridge University Press.
Bjork, Katharine. 1998. "The Link that Kept the Philippines Spanish: Mexican Merchant Interests and the Manila Trade, 1571–1815." *Journal of World History* 9(1):25–50.
Black, Antony. 2003. *Guild and State: European Political Thought from the Twelfth Century to the Present*. New Brunswick: Transaction.

Black, Henry. "Black's Law Dictionary Free Online Legal Dictionary." https://thelaw dictionary.org/corporation/.
Blackstone, William. 1890. *Commentaries on the Laws of England*, Vol. 1. San Francisco: Bancroft-Whitney.
Blendinger, Friedrich. 2009. "Fugger Family." Encyclopedia Britannica website. https://www.britannica.com/topic/Fugger-family.
Blume, Fred H. and Timothy Kearley. 2014 [540]. "Novel 106: Concerning Interest on Maritime Loans (De nautico fenore)." *Annotated Justinian Code*, 2. http://www.uwyo.edu/lawlib/blume-justinian/ajc-edition-2/novels/101–120/novel%20106_replacement.pdf.
Borschberg, Peter. 2011. *Hugo Grotius, the Portuguese, and Free Trade in the East Indies*. Singapore: NUS Press.
Boruchoff, David A. 2012. "The Three Greatest Inventions of Modern Times: An Idea and Its Public." Pp. 133–163 in *Entangled Knowledge: Scientific Discourses and Cultural Difference*, edited by K. Hock and G. Mackenthun. Münster: Waxmann.
Bouchon, Genevieve and Denys Lombard. 1999. "The Indian Ocean in the Fifteenth Century." Pp. 46–70 in *India and the Indian Ocean, 1500–1800*, edited by A. Das Gupta and M. N. Pearson. New Delhi: Oxford University Press.
Boyajian, James C. 1993. *Portuguese Trade in Asia under the Habsburgs, 1580–1640*. Baltimore: Johns Hopkins University Press.
Braudel, Fernand. 1981–1985. *Civilization and Capitalism, 15th–18th Century*. 3 vols. London: Collins.
Brenner, Robert. 1993. *Merchants and Revolution: Commercial Change, Political Conflict, and London's Overseas Traders, 1550–1653*. Princeton: Princeton University Press.
Brennig, Joseph. 1979. "Joint-Stock Companies of Coromandel." Pp. 71–96 in *The Age of Partnership: Europeans in Asia before Dominion*, edited by B. Kling and M. Pearson. Honolulu: University Press of Hawaii.
Brewer, John. 1989. *The Sinews of Power: War, Money and the English State, 1688–1783*. London: Routledge.
Brook, Timothy. 2010. *Vermeer's Hat: The Seventeenth Century and the Dawn of the Global World*. London: Profile.
Brown, E. H. and Sheila V. Hopkins. 1957. "Wage-Rates and Prices: Evidence for Population Pressure in the Sixteenth Century." *Economica* 24(96):289–306.
Bruijn, J. R., F. S. Gaastra, and I. Schöffer, eds. 1979. *Dutch-Asiatic Shipping in the 17th and 18th Centuries*, Vol. 3: *Homeward-bound Voyages from Asia and the Cape to the Netherlands, 1597–1795*. The Hague: Martinus Nijhoff.
Bryce, Derek, Kevin D. O'Gorman, and Ian W. F. Baxter. 2013. "Commerce, Empire and Faith in Safavid Iran: The Caravanserai of Isfahan." *International Journal of Contemporary Hospitality Management* 25(2):204–226.
Bullard, Melissa Meriam. 1979. "Marriage Politics and the Family in Florence: The Strozzi-Medici Alliance of 1508." *American Historical Review* 84(3):668–687.
Bulliet, Richard W. 1975. *The Camel and the Wheel*. Cambridge, MA: Harvard University Press.
Bulliet, Richard W. 1987. "Medieval Arabic Ṭarsh: A Forgotten Chapter in the History of Printing." *Journal of the American Oriental Society* 107(3):427–438.
Bulliet, Richard W., Pamela Crossley, and Daniel Headrick. 2015. *The Earth and Its Peoples: A Global History*. Stamford: Cengage Learning.

Burger, Pauline, Armelle Charrié-Duhaut, Jacques Connan, and Pierre Albrecht. 2010. "The 9th-Century-AD Belitung Wreck, Indonesia: Analysis of a Resin Lump." *International Journal of Nautical Archaeology* 39(2):383–386.

Buringh, Eltjo and Jan Luiten van Zanden. 2009. "Charting the 'Rise of the West': Manuscripts and Printed Books in Europe—a Long-Term Perspective from the Sixth through Eighteenth Centuries." *Journal of Economic History* 69(2):409–445.

Burke, Katherine Strange. 2004. "Quseir Al-Qadim." Pp. 125–132 in *The Oriental Institute Annual Report 2003–2004*, edited by G. J. Stein. Chicago: University of Chicago Oriental Institute.

Burke, Katherine Strange. 2007. "Archaeological Texts and Contexts on the Red Sea: The Shcikh's House at Quseir Al-Qadim." PhD dissertation, Department of Near Eastern Languages and Civilizations, University of Chicago.

Burns, William E. 2001. "East Asian Science." Pp. 89–90 in *The Scientific Revolution: An Encyclopedia*. Santa Barbara: ABC-CLIO.

Byrne, Eugene Hugh. 1916. "Commercial Contracts of the Genoese in the Syrian Trade of the Twelfth Century." *Quarterly Journal of Economics* 31(1):128–170.

Cansdale, Lena. 1996. "The Radhanites: Ninth Century Jewish International Traders." *Australian Journal of Jewish Studies* 10(1/2):65–77.

Carlos, Ann M. 1992. "Principal-Agent Problems in Early Trading Companies: A Tale of Two Firms." *American Economic Review* 82(2):140–45.

Carlos, Ann M. and Santhi Hejeebu. 2007. "The Timing and Quality of Information: The Case of the Long-Distance Trading Companies, 1650–1750." Pp. 139–168 in *Information Flows: New Approaches in the Historical Study of Business Information*, edited by L. Müller and J. Ojala. Helsinki: Finnish Literature Society.

Carlos, Ann M. and Jamie Kruse Brown. 1996. "The Decline of the Royal African Company: Fringe Firms and the Role of the Charter." *Economic History Review* 49(2):291–313.

Carlos, Ann M. and Stephen Nicholas. 1988. "Giants of an Earlier Capitalism: The Chartered Trading Companies as Modern Multinationals." *Business History Review* 62(3):398–419.

Carlos, Ann M. and Stephen Nicholas. 1990. "Agency Problems in Early Chartered Companies: The Case of the Hudson's Bay Company." *Journal of Economic History* 50(4):853–875.

Carlos, Ann M. and Stephen Nicholas. 1996. "Theory and History: Seventeenth-Century Joint-Stock Chartered Trading Companies." *Journal of Economic History* 56(4):916–924.

Carruthers, Bruce G. 1999. *City of Capital: Politics and Markets in the English Financial Revolution*. Princeton: Princeton University Press.

Casale, Giancarlo. 2010. *The Ottoman Age of Exploration*. New York: Oxford University Press.

The Case of Sutton's Hospital. 1612. 77 Eng Rep 960 (Court of Exchequer Chamber).

Casson, Lionel. 1980. "Rome's Trade with the East: The Sea Voyage to Africa and India." *Transactions of the American Philological Association* 110:21–36.

Casson, Lionel. 1986. "P. Vindob G 40822 and the Shipping of Goods from India." *Bulletin of the American Society of Papyrologists* 23(3/4):73–79.

Casson, Lionel. 1989. *The Periplus Maris Erythraei: Text with Introduction, Translation, and Commentary*. Princeton: Princeton University Press.

Casson, Lionel. 1990. "New Light on Maritime Loans: P. Vindob G 40822." *Zeitschrift für Papyrologie und Epigraphik* 84:195–206.

Cawston, George and A. H. Keane. 1896. *The Early Chartered Companies (A.D. 1296–1858)*. London: Edward Arnold.

Chaffee, John. 2006. "Diasporic Identities in the Historical Development of the Maritime Muslim Communities of Song-Yuan China." *Journal of the Economic and Social History of the Orient* 49(4):395–420.

Chaffee, John. 2008. "At the Intersection of Empire and World Trade: The Chinese Port City of Quanzhou (Zaitun), Eleventh–Fifteenth Centuries." Pp. 99–122 in *Secondary Cities and Urban Networking in the Indian Ocean Realm, c. 1400–1800 (2008)*, edited by K. R. Hall. Lanham: Lexington.

Chaffee, John. 2008. "Muslim Merchants and Quanzhou in the Late Yuan-Early Ming: Conjectures on the Ending of the Medieval Muslim Trade Diaspora." Pp. 115–132 in *The East Asian "Mediterranean,"* Vol. 6: *Maritime Crossroads of Culture, Commerce and Human Migration*, edited by A. Schottenhammer. Wiesbaden: Harrassowitz.

Chakravarti, Ranabir. 2000. "Nakhudas and Nauvittakas: Ship-Owning Merchants in the West Coast of India (c. AD 1000–1500)." *Journal of the Economic and Social History of the Orient* 41(3):34–64.

Chakravarti, Ranabir. 2015. "Indian Trade Through Jewish Geniza Letters (1000–1300)." *Studies in Peoples History* 2(1):27–40.

Chancellor, Edward. 2000. *Devil Take the Hindmost: A History of Financial Speculation*. New York: Plume.

Chandler, Tertius. 1987. *Four Thousand Years of Urban Growth: An Historical Census*. Lewiston: St. David's University Press.

Chang, Chiung-Fang. 2012. *Fertility, Family Planning and Population Policy in China*. London: Routledge.

Chang, Kuei-Sheng. 1974. "The Maritime Scene in China at the Dawn of Great European Discoveries." *Journal of the American Oriental Society* 94(3):347–359.

Chaudhuri, K. N. 1965. *The English East India Company: The Study of an Early Joint-Stock Company 1600–1640*, Vol. 4. London: Cass.

Chaudhuri, K. N. 1985. *Trade and Civilisation in the Indian Ocean: An Economic History from the Rise of Islam to 1750*. Cambridge: Cambridge University Press.

Chow, Kai-wing. 2004. *Publishing, Culture, and Power in Early Modern China*. Stanford: Stanford University Press.

Church, Sally K. 2005. "Zheng He: An Investigation into the Plausibility of 450-ft Treasures Ships." *Monumenta Serica* 53(1):1–43.

Church, Sally K. 2010. "Two Ming Dynasty Shipyards in Nanjing and their Infrastructure." Pp. 32–49 in *Shipwreck Asia: Thematic Studies in East Asian Maritime Archaeology*, edited by J. Kimura. Adelaide: Maritime Archaeology Program.

Cipolla, Carlo M. 1965. *Guns, Sails, and Empires: Technological Innovation and the Early Phases of European Expansion, 1400–1700*. New York: Pantheon.

Çizakça, Murat. 1996. *A Comparative Evolution of Business Partnerships: The Islamic World and Europe, with Specific Reference to the Ottoman Archives*. Leiden: Brill.

Çizakça, Murat. 2000. *A History of Philanthropic Foundations: The Islamic World from the Seventh Century to the Present*. Istanbul: Boğaziçi University Press.

Çizakça, Murat. 2007. "Cross-cultural Borrowing and Comparative Evolution of Institutions Between Islamic World and the West." Pp. 671–718 in *Relazioni economiche tra*

Europa e mondo Islamico, Secc. XIII–XVIII, edited by S. Cavaciochi. Florence: Le Monnier.

Çizakça, Murat. 2010. "Was Shari'ah Indeed the Culprit?" Pp. 97–116 in *The Long Divergence: How Islamic Law Held Back the Middle East*, edited by T. Kuran. Princeton: Princeton University Press.

Clark, Hugh R. 1991. *Community, Trade, and Networks: Southern Fujian Province from the Third to the Thirteenth Century*. Cambridge: Cambridge University Press.

Clark, Hugh R. 1995. "Muslims and Hindus in the Culture and Morphology of Quanzhou from the Tenth to the Thirteenth Century." *Journal of World History* 6(1):49–74.

Clark, Hugh R. 2001. "Overseas Trade and Social Change in Quanzhou Through the Sung." Pp. 47–94 in *The Emporium of the World: Maritime Quanzhou, 1000–1400*, edited by A. Schottenhammer. Leiden: Brill.

Coase, R. H. 1937. "The Nature of the Firm." *Economica* 4(16):386–405.

Coase, R. H. 1960. "The Problem of Social Cost." *Journal of Law and Economics* 3:1–44.

Cobb, Paul M. 2010. "The Empire in Syria, 705–763." Pp. 226–268 in *The Formation of the Islamic World, Sixth to Eleventh Centuries*, edited by C. F. Robinson. Cambridge: Cambridge University Press.

Cohen, Edward E. 1992. *Athenian Economy and Society: A Banking Perspective*. Princeton: Princeton University Press.

Cohen, Mark Nathan. 1977. *The Food Crisis in Prehistory: Overpopulation and the Origins of Agriculture*. New Haven: Yale University Press.

Cohen, Mark R. 2013. "A Partnership Gone Bad: Business Relationships and the Evolving Law of the Cairo Geniza Period." *Journal of the Economic and Social History of the Orient* 56(2):218–263.

Cohen, Mark R. 2014. *Jewish Self-Government in Medieval Egypt: The Origins of the Office of the Head of the Jews, ca. 1065–1126*. Princeton: Princeton University Press.

Cohen, Myron L. 2004. "Writs of Passage in Late Imperial China: The Documentation of Practical Understandings in Minong, Taiwan." Pp. 39–93 in *Contract and Property in Early Modern China: Rational Choice in Political Science*, edited by M. Zelin, J. Ocko, and R. Gardella. Stanford: Stanford University Press.

Cohen, Myron L. 2005. *Kinship, Contract, Community, and State: Anthropological Perspectives on China*. Stanford: Stanford University Press.

Cohen, Saul B. 2008. "Sarai." In *The Columbia Gazetteer of the World*, Vol. 3: *P to Z*, edited by S. B. Cohen. New York: Columbia University Press.

Coke, Edward. 1853 [1628]. *The First Part of the Institutes of the Laws of England, Or a Commentarie upon Littleton*, Vol. 1. Philadelphia: Robert H. Small.

Coleman v. Marham. 1321. Y.B 14 Edw. II 353.

Columbus, Christopher. 1906 [1492–1493]. "Journal of the First Voyage of Columbus." Pp. 87–258 in *The Northmen, Columbus and Cabot, 985–1503: Original Narratives of Early American History*, edited by J. Olson and E. Bourne. New York: Scribner.

Conac, Pierre-Henri. 2005. "The French and Dutch East India Companies in Comparative Legal Perspective." Pp. 131–158 in *VOC 1602–2002: 400 Years of Company Law*, edited by E. Gepken-Jager, G. van Solinge and L. Timmerman. Deventer: Kluwer.

Constable, Olivia Remie. 2003. *Housing the Stranger in the Mediterranean World: Lodging, Trade, and Travel in Late Antiquity and the Middle Ages*. New York: Cambridge University Press.

Cordes, Albrecht. 1997. "Gewinnteilungprinzipien im Hansischen und Oberitalienischen

Gesellschaftshandel des Spätmittelalters." In *Wirkungen europäischer Rechtskultur*, edited by K. Kroeschell, G. Köbler, and H. Nehlsen. Munich: Beck'sche Verlagsbuchhandlung.

Cordes, Albrecht. 1998. *Spätmittelalterlicher Gesellschaftshandel im Hanseraum Quellen und Darstellungen zur hansischen Geschichte*. Cologne: Bohlau.

Cordes, Albrecht. 2003. "The Search for a Medieval Lex Mercatoria." In *5th Oxford University Comparative Law Forum*.

Coşgel, Metin, Thomas J. Miceli, and Jared Rubin. 2012. "The Political Economy of Mass Printing: Legitimacy and Technological Change in the Ottoman Empire." *Journal of Comparative Economics* 40(3):357–371.

Cotta do Amaral, Maria. 1965. "Privilegios do mercadores estrangeiros no reinado de D. João III." Lisbon: Instituto de Alta Cultura, Centro de Estudos Históricos.

Craven, Wesley. 1957. "The Virginia Company of London, 1606–1624." Pp. 57–117 in *Jamestown 350th Anniversary Historical Booklets*, edited by E. G. Swem. Richmond: Virginia 350th Anniversary Celebration Corporation.

Crone, Patricia. 1987. *Meccan Trade and the Rise of Islam*. Princeton: Princeton University Press.

Crone, Patricia. 1987. *Roman, Provincial, and Islamic Law: The Origins of the Islamic Patronate*. Cambridge: Cambridge University Press.

Crosby, Alfred W. 1972. *The Columbian Exchange: Biological and Cultural Consequences of 1492*. Westport: Greenwood Press.

Cunliffe, Barry. 2015. *By Steppe, Desert, and Ocean: The Birth of Eurasia*. Oxford: Oxford University Press.

Curtin, Philip D. 1984. *Cross-Cultural Trade in World History*. Cambridge: Cambridge University Press.

Cytryn-Silverman, Katia. 2010. *The Road Inns (Khāns) in Bilād al-Shām*. Oxford: Archaeopress.

da Gama, Vasco. 1989 [1497–1499]. *A Journal of the First Voyage of Vasco da Gama, 1497–1499*. Translated by E. G. Ravenstein. London: Hakluyt Society.

Dale, Stephen Frederic. 2002. *Indian Merchants and Eurasian Trade, 1600–1750*. Cambridge: Cambridge University Press.

Das Gupta, Ashin. 1967. "Malabar in 1740." *Bengal: Past and Present* 86:90–117.

Das Gupta, Ashin. 1982. "Indian Merchants and the Trade in the Indian Ocean c. 1500–1750." Pp. 407–433 in *The Cambridge Economic History of India*, Vol. 1, edited by T. Raychaudhuri and I. Habib. Cambridge: Cambridge University Press.

Das Gupta, Ashin. 1987. "A Note on the Ship-Owning Merchants of Surat, c. 1700." Pp. 109–115 in *Marchands et hommes d'affaires asiatiques dans l'Océan Indien et la mer de Chine, 13–20 siècles*, edited by D. Lombard and J. Aubin. Paris: Editions de l'Ecole des Hautes Etudes en Sciences Sociales (EHESS).

Das Gupta, Ashin. 1991. "The Changing Face of the Indian Maritime Merchant." Pp. 353–362 in *Emporia, Commodities, and Entrepreneurs in Asian Maritime Trade, C. 1400–1750*, edited by R. Ptak and D. Rothermund: Steiner.

Das Gupta, Ashin. 1994. *Merchants of Maritime India, 1500–1800*. Aldershot: Variorum.

Das Gupta, Ashin. 1999. "India and the Indian Ocean in the Eighteenth Century." Pp. 131–161 in *India and the Indian Ocean, 1500–1800*, edited by M. N. Pearson and A. Das Gupta. New Delhi: Oxford University Press.

Das Gupta, Ashin. 2001. *The World of the Indian Ocean Merchant, 1500–1800: Collected Essays of Ashin Das Gupta*. New Delhi: Oxford University Press.

David, Paul A. 1985. "Clio and the Economics of QWERTY." *American Economic Review* 75(2):332–337.

Davidoff, Leonore and Catherine Hall. 1987. *Family Fortunes: Men and Women of the English Middle Class, 1780–1850*. Chicago: University of Chicago Press.

Davies, Glyn. 2002. *A History of Money from Ancient Times to the Present Day*. Cardiff: University of Wales Press.

Davis, Donald R. 2005. "Intermediate Realms of Law: Corporate Groups and Rulers in Medieval India." *Journal of the Economic and Social History of the Orient* 48(1):92–117.

de Jongh, Johan Matthijs. 2009. "Shareholder Activists Avant La Lettre: The Complaining Shareholders in the Dutch East India Company." In *Welberade (Festscrift of the Research Department of the Supreme Court of The Netherlands)*, edited by M. Duker, R. Pieterse, and A. J. P. Schild.

de Jongh, Johan Matthijs. 2014. *Tussen Societas en Universitas: de Beursvennootschap en Haar Aandeelhouders in Historisch Perspectief*. Deventer: Kluwer.

de la Vaissière, Étienne. 2005. *Sogdian Traders: A History*. Translated by J. Ward. Leiden: Brill.

de la Vaissière, Étienne. 2014. "Trans-Asian Trade, or Silk Road Deconstructed (Antiquity, Middle Ages)." Pp. 101–124 in *The Cambridge History of Capitalism*, Vol. 1: *The Rise of Capitalism: From Ancient Origins to 1848*, edited by L. Neal and J. G. Williamson. Cambridge: Cambridge University Press.

De Moor, Tine and Jan Luiten Van Zanden. 2009. "Girl Power: The European Marriage Pattern and Labour Markets in the North Sea Region in the Late Medieval and Early Modern Period." *Economic History Review* 63(1):1–33.

den Heijer, Hendrik. 2005. *De geoctrooieerde compagnie: De VOC en de WIC als voorlopers van de naamloze vennootschap*. Deventer: Kluwer.

Denzel, Markus A. 2010. *Handbook of World Exchange Rates, 1590–1914*. Burlington: Ashgate.

De Romanis, Frederico. 2012. "Playing Sudoku on the Verso of the 'Muziris Papyrus': Pepper, Malabathron and Tortoise Shell in the Cargo of the Hermapollon." *Journal of Ancient Indian History* 27:75–101.

de Roover, Raymond. 1948. *The Medici Bank: Its Organization, Management, Operations and Decline*. New York: New York University Press.

de Roover, Raymond. 1963. "The Organization of Trade." Pp. 42–118 in *Economic Organization and Policies in the Middle Ages*, edited by M. Postan, E. E. Rich, and E. Miller. Cambridge: Cambridge University Press.

Devendra, Somasiri. 2002. "Pre-Modern Sri Lankan Ships." Pp. 128–173 in *Ships and the Development of Maritime Technology on the Indian Ocean*, edited by D. Parkin and R. Barnes. London: Routledge-Curzon.

de Vries, Jan. 2003. "Connecting Europe and Asia: A Quantitative Analysis of the Cape-route Trade, 1497–1795." Pp. 35–106 in *Global Connections and Monetary History, 1470–1800*, edited by D. O. Flynn, A. Giráldez and R. von Glahn. London: Ashgate.

de Vries, Jan and Adrianus van der Woude. 1997. *The First Modern Economy: Success, Failure, and Perseverance of the Dutch Economy, 1500–1815*. Cambridge: Cambridge University Press.

De Zwart, Pim. 2016. *Globalization and the Colonial Origins of the Great Divergence: Intercontinental Trade and Living Standards in the Dutch East India Company's Commercial Empire, c. 1600–1800*. Leiden: Brill.
Diamond, Jared. 1999. *Guns, Germs, and Steel: The Fates of Human Societies*. London: Norton.
Dickson, P. G. M. 1967. *The Financial Revolution in England: A Study in the Development of Public Credit 1688–1756*. London: Macmillan.
DiMaggio, Paul J. and Walter W. Powell. 1983. "The Iron Cage Revisited: Institutional Isomorphism and Collective Rationality in Organizational Fields." *American Sociological Review* 48(2):147–160.
Ding, J., C. J. Shi, and A. Weintrit. 2007. "An Important Waypoint on Passage of Navigation History: Zheng He's Sailing to West Ocean." *TransNav: International Journal on Marine Navigation and Safety of Sea Transportation* 1(3):285–293.
Donner, Fred M. 1981. *The Early Islamic Conquests*. Princeton: Princeton University Press.
Donner, Fred M. 2010. *Muhammad and the Believers: At the Origins of Islam*. Cambridge, MA: Harvard University Press.
Dreyer, Edward L. 2007. *Zheng He: China and the Oceans in the Early Ming Dynasty, 1405–1433*. New York: Pearson-Longman.
Duff, P. W. 1938. *Personality in Roman Private Law*. Cambridge: Cambridge University Press.
Duyvendak, J. J. L. 1939. "The True Dates of the Chinese Maritime Expeditions in the Early Fifteenth Century." *T'oung Pao* 34(5):341–413.
Dworkin, Ronald. 1977. *Taking Rights Seriously*. Cambridge, MA: Harvard University Press.
The East India Company. 1621. *The Lawes or Standing Orders of the East India Company*. London.
Easterbrook, Frank H. and Daniel R. Fischel. 1996. *The Economic Structure of Corporate Law*. Cambridge: Harvard University Press.
Ebrey, Patricia Ebrey and James L. Watson. 1986. *Kinship Organization in Late Imperial China, 1000–1940*. Berkeley: University of California Press.
Eggertsson, Thráinn. 1990. *Economic Behavior and Institutions: Principles of Neoinstitutional Economics*. Cambridge: Cambridge University Press.
Ehrenberg, Richard. 1928. *Capital and Finance in the Age of the Renaissance: A Study of the Fuggers, and Their Connections*. Translated by H. M. Lucas. New York: Harcourt Brace.
Einaudi, Luca. 2013 "Florins and Ducats: The Return of Gold to Europe in the late Middle Ages." *Coins of the Month*, Joint Centre for History and Economics, Magdalene College and King's College, University of Cambridge. http://www.histecon.magd.cam.ac.uk/coins_april2013.html.
Eisenstein, Elizabeth L. 2005. *The Printing Revolution in Early Modern Europe*. Cambridge: Cambridge University Press.
Ekelund, Robert B., Jr., Robert F. Hébert, Robert D. Tollison, Garmy M. Anderson, and Audrey B. Davidson. 1996. *Sacred Trust: The Medieval Church as an Economic Firm*. Oxford: Oxford University Press.
Ekelund, Robert B. and Robert D. Tollison. 1980. "Mercantilist Origins of the Corporation." *Bell Journal of Economics* 11(2):715–720.
Ekelund, Robert B. and Robert D. Tollison. 1997. *Politicized Economies: Monarchy, Monopoly, & Mercantilism*. College Station: Texas A&M University Press.

Ellacott, Samuel. 1954. *The Story of Ships*. New York: Roy.
Elliott, J. H. 2006. *Empires of the Atlantic World: Britain and Spain in America, 1492–1830*. New Haven: Yale University Press.
Endicott-West, Elizabeth. 1989. "Merchant Associations in Yüan China: The 'Ortoy.'" *Asia Major* 2(2):127–154.
Enigk, K. and H. C. Habil. 1989. "History of Veterinary Parasitology in Germany and Scandinavia." *Veterinary Parasitology* 33(1):65–91.
Epstein, Louis M. 1942. *Marriage Laws in the Bible and the Talmud*. Cambridge, MA: Harvard University Press.
Epstein, M. 1908. *The Early History of the Levant Company*. London: G. Routledge.
Epstein, S. R. 1998. "Craft Guilds, Apprenticeship, and Technological Change in Preindustrial Europe." *Journal of Economic History* 58(3):684–713.
Erickson-Gini, Tali. 2010. *Nabataean Settlement and Self-Organized Economy in the Central Negev: Crisis and Renewal*. Oxford: Archaeopress.
Erikson, Emily. 2014. *Between Monopoly and Free Trade: The English East India Company, 1600–1757*. Princeton: Princeton University Press.
Esposito, John L. 2014. "Riba." *The Oxford Dictionary of Islam*. Oxford University Press. http://www.oxfordreference.com/view/10.1093/acref/9780195125580.001.0001/acref-9780195125580-e-2013?rskey=YRBdc0&result=2013.
Even-Zohar, Itamar. 1981. "Translation Theory Today: A Call for Transfer Theory." *Poetics Today* 2(4):1–7.
Evers, Kasper Grønlund. 2016. *Worlds Apart Trading Together: The Organization of Long-Distance Trade Between the Mediterranean and the Indian Ocean, 1st–6th Cen. CE*: Oxford: Archaeopress.
Fama, Eugene F. and Michael C. Jensen. 1983. "Agency Problems and Residual Claims." *Journal of Law and Economics* 26(2):327–349.
Faure, David. 1986. *The Structure of Chinese Rural Society: Lineage Organization and Village in the Eastern New Territories*. Hong Kong: Oxford University Press.
Faure, David. 2007. *Emperor and Ancestor: State and Lineage in South China*. Stanford: Stanford University Press.
Favali, Lyda. 2004. *Qirad islamico, commenda medievale e strategie culturali dell'Occidente*. Turin: Giappichelli.
"Fedosiya." 2014. Encyclopedia Britannica website. http://www.britannica.com/place/Feodosiya.
Feldman, Stephen M. 1997. *Please Don't Wish Me a Merry Christmas: A Critical History of the Separation of Church and State*. New York: New York University Press.
Felloni, Giuseppe. 2014. *Amministrazione ed etica nella casa di San Giorgio (1407–1805): Lo Statuto del 1568*. Florence: Olschk.
Ferguson, Niall. 2001. *The Cash Nexus: Money and Power in the Modern World, 1700–2000*. London: Allen Lane.
Findlay, Ronald and Kevin H. O'Rourke. 2007. *Power and Plenty: Trade, War, and the World Economy in the Second Millennium*. Princeton: Princeton University Press.
Finlay, Robert. 2004. "How Not to (Re)Write World History: Gavin Menzies and the Chinese Discovery of America." *Journal of World History* 15(2):229–242.
Finlay, Robert. 2008. "The Voyages of Zheng He: Ideology, State Power, and Maritime Trade in Ming China." *Journal of the Historical Society* 8(3):327–347.
Fischel, Walter J. 1958. "The Spice Trade in Mamluk Egypt: A Contribution to the Eco-

nomic History of Medieval Islam." *Journal of the Economic and Social History of the Orient* 1(2):157–174.

Fischer, Steven Roger. 2001. *A History of Writing*. London: Reaktion.

Fitzpatrick, Matthew P. 2011. "Provincializing Rome: The Indian Ocean Trade Network and Roman Imperialism." *Journal of World History* 22(1):27–54.

Flecker, Michael. 2011. "A Ninth-Century Arab or Indian Shipwreck in Indonesia: The First Archaeological Evidence of Direct Trade with China." Pp. 101–119 in *Shipwrecked: Tang Treasures and Monsoon Winds*, edited by R. Krahl and A. Effeny. Washington, DC: Arthur M. Sackler Gallery (Smithsonian Institution), the National Heritage Board of Singapore, and the Singapore Tourism Board.

Floor, Willem. 2006. *The Persian Gulf: A Political and Economic History of Five Port Cities, 1500–1730*. Washington, DC: Mage.

Floor, Willem. 2012 "Hormuz (Section 2: Islamic Period)": Encyclopædia Iranica website. http://www.iranicaonline.org/articles/hormuz-ii.

Foccardi, Gabriele. 1986. *The Chinese Travelers of the Ming Period*. Wiesbaden: Harrassowitz.

Fogel, Robert W. 1994. "Economic Growth, Population Theory, and Physiology: The Bearing of Long-Term Processes on the Making of Economic Policy." *American Economic Review* 84(3):369–395.

Fontaine, Laurence. 1996. *History of Pedlars in Europe*. Translated by V. Whittaker. Durham: Duke University Press.

Fouché, Leo. 1936. "The Origins and Early History of the Dutch East India Company (1602–1652)." *South African Journal of Economics* 4(4):444–59.

Freedman, Maurice. 1965. *Lineage Organization in Southeastern China*. London: Athlone.

Freedman, Paul. 2008. *Out of the East: Spices and the Medieval Imagination*: New Haven: Yale University Press.

Friedberg, Aemilius. 1879 "Decretum magistri Gratiani" *Corpus iuris canonici*, Leipzig. http://geschichte.digitale-sammlungen.de/decretum-gratiani/online/angebot.

Friedman, Mordechai A. 2006. "Quṣayr and Geniza Documents on the Indian Ocean Trade." *Journal of the American Oriental Society* 126(3):401–409.

Friedman, Mordechai Akiva. 2013. *Sefer Hodu Dalet(Alef)—Halfon veYehuda Halevi: Al-Pi Teudot Genizat Kahir* ["India Book" part four(1)—Halfon and Judah Halevi: According to the Cairo Genizah documents]. Jerusalem: Ben Zvi Institute.

Friedman, Mordechai Akiva. 2013. *Sefer Hodu Dalet(Beth)—Halfon haSoher haMaskill vehaNosea haGadol: Teudot meGenizat Kahir* ["India Book" part four(2)—Halfon the educated merchant and great traveler: Documents from the Cairo Geniza]. Jerusalem: Ben Zvi Institute.

Fritschy, W. 2003. "A Financial Revolution Reconsidered: Public Finance in Holland During the Dutch Revolt, 1568–1648." *Economic History Review* 6(1):57–89.

Furber, Holden. 1976. *Rival Empires of Trade in the Orient, 1600–1800*. Minneapolis: University of Minnesota Press.

Furber, Holden. 2001. "East India Companies." Pp. 269–314 in *South East Asia: Colonial History*, Vol. 1: *Imperialism Before 1800*, edited by P. Kratoska and P. Borschberg. London: Routledge.

Gaastra, F. S. 2007. "The Organization of the VOC." Pp. 13–27 in *Archives of the Dutch*

East India Company (VOC) and the Local Institutions in Batavia (Jakarta), edited by L. Balk, F. van Dijk, and D. Kortlang. Leiden: Brill.
Garber, Peter M. 2000. *Famous First Bubbles: The Fundamentals of Early Manias*. Cambridge, MA: MIT Press.
Garcia, Rolando R., Henry F. Díaz, Ricardo García Herrera, Jon Eischeid, María del Rosario Prieto, Emiliano Hernández, Luis Gimeno, Francisco Rubio Durán, and Ana María Bascary. 2001. "Atmospheric Circulation Changes in the Tropical Pacific Inferred from the Voyages of the Manila Galleons in the Sixteenth–Eighteenth Centuries." *Bulletin of the American Meteorological Society* 82(11):2435–2455.
Gat, Azar. 2006. *War in Human Civilization*. New York: Oxford University Press.
Gates, Hill. 1996. *China's Motor: A Thousand Years of Petty Capitalism*. Ithaca: Cornell University Press.
Gaudiosi, Monica M. 1988. "The Influence of the Islamic Law of Waqf on the Development of the Trust in England: The Case of Merton College." *University of Pennsylvania Law Review* 136(4):1231–1261.
Geisst, Charles R. 2013. *Beggar Thy Neighbor: A History of Usury and Debt*. Philadelphia: University of Pennsylvania Press.
Gelderblom, Oscar. 2013. *Cities of Commerce: The Institutional Foundations of International Trade in the Low Countries, 1250–1650*. Princeton: Princeton University Press.
Gelderblom, Oscar, Abe de Jong, and Joost Jonker. 2013. "The Formative Years of the Modern Corporation: The Dutch East India Company VOC, 1602–1623." *Journal of Economic History* 73(4):1050–76.
Gelderblom, Oscar, Abe de Jong, and Joost Jonker. 2016. "An Admiralty for Asia: Isaac le Maire and Conflicting Conceptions about the Corporate Governance of the VOC." Pp. 29–60 in *Origins of Shareholder Advocacy*, edited by J. G. Koppell. New York: Palgrave Macmillan.
Gelderblom, Oscar and Joost Jonker. 2004. "Completing a Financial Revolution: The Finance of the Dutch East India Trade and the Rise of the Amsterdam Capital Market, 1595–1612." *Journal of Economic History* 64(3):641–672.
Gelderblom, Oscar and Joost Jonker. 2005. "Amsterdam as the Cradle of Modern Futures and Options Trading, 1550–1650." Pp. 189–206 in *The Origins of Value*, edited by W. Gotezmann and G. Rouwenhorst. Oxford: Oxford University Press.
Gepken-Jager, Ella. 2005. "The Dutch East India Company (VOC)." Pp. 41–82 in *VOC 1602–2002: 400 Years of Company Law*, edited by E. Gepken-Jager, G. Van Solinge, and L. Timmerman. Deventer: Kluwer.
Gepken-Jager, Ella, Gerard van Solinge, and Levinus Timmerman, eds. 2005. *VOC 1602 2002: 400 Years of Company Law*. Deventer: Kluwer.
Gialdroni, Stefania. 2016. "'Propter Conversationem Diversarum Gentium': Migrating Words and Merchants in Medieval Pisa." Paper presented at the Migrating Words, Migrating Merchants, Migrating Law, Frankfurt.
Gibb, Hamilton and Charles Beckingham. 2010 [1994]. *The Travels of Ibn Battuta, AD 1325–1354*. Vol. 4. Farnham: Ashgate.
Gibb, Hamilton and J. H. Kramers. 1961. *Shorter Encyclopaedia of Islam*. Leiden: Brill.
Gil, Moshe. 1974. "The Rādhānite Merchants and the Land of Rādhān." *Journal of the Economic and Social History of the Orient* 17(3):299–328.
Gillet, Pierre. 1927. *La Personnalité juridique en droit ecclésiastique: Spécialement chez les décrétistes et les décrétalistes et dans le code de droit canonique*. Malines: W. Godenne.

Gilson, Ronald J. and Bernard S. Black. 1995. *The Law and Finance of Corporate Acquisitions*. Westbury: Foundation.

Gilson, Ronald J. and Bernard S. Black. 2003. *The Law and Finance of Corporate Acquisitions: 2003–2004 Supplement*. Westbury: Foundation.

Girard, René. 1996. *The Girard Reader*. New York: Crossroad Herder.

Glaeser, Edward L. and Andrei Shleifer. 2002. "Legal Origins." *Quarterly Journal of Economics* 117(4):1193–1229.

Glassner, Jean-Jacques. 2003. *The Invention of Cuneiform: Writing in Sumer*. Translated by Z. Bahrani and M. Van de Mieroop. Baltimore: Johns Hopkins University Press.

Glick, Thomas F. 2014. "Ibn Majid, Ahmad." Pp. 252 in *Medieval Science, Technology, and Medicine: An Encyclopedia*, edited by T. Glick, S. Livesey, and F. Wallis. New York: Routledge.

Goetzmann, William and Elisabeth Koll. 2007. "The History of Corporate Ownership in China." Pp. 149–184 in *A History of Corporate Governance around the World: Family Business Groups to Professional Managers*, edited by R. Morck. Chicago: University of Chicago Press.

Gofas, Demetrios. 2007. "The Byzantine Law of Interest." Pp. 1095–1104 in *The Economic History of Byzantium from the Seventh Through the Fifteenth Century*, Vol. 3, edited by A. Laiou. Washington, DC: Dumbarton Oaks Research Library and Collection.

Goitein, S. D. 1958. "New Light on the Beginnings of the Kārim Merchants." *Journal of the Economic and Social History of the Orient* 1(2):175–184.

Goitein, S. D. 1967–1999. *A Mediterranean Society: The Jewish Communities of the World as Portrayed in the Documents of the Cairo Geniza*. 3 vols. Berkeley: University of California Press.

Gotein, S. D. and Mordechai A. Friedman. 2007. *India Traders of the Middle Ages: Documents from the Cairo Geniza, India Book*. Leiden: Brill.

Gotein, S. D. and Mordechai Akiva Friedman. 2009. *Sefer Hodu Alef—Yosef Al-Lebdi, Soher-Hodu Hagadol: Teudot meGenizat Kahir* ["India Book" part one—Joseph Al-Lebdi, the great Indian trader: Documents from the Cairo Geniza]. Jerusalem: Ben Zvi Institute.

Gotein, S. D. and Mordechai Akiva Friedman. 2010. *Sefer Hodu Beth—Madmūn Nagid Eretz Teiman veSahar Hodu: Teudot meGenizat Kahir* ["India Book" part two—Madmūn, governor of Yemen and India trade: Documents from the Cairo Geniza]. Jerusalem: Ben Zvi Institute.

Gotein, S. D. and Mordechai Akiva Friedman. 2010. *Sefer Hodu Gimmel—Avraham Ben Yijū, Soher veYatzran beHodu: Teudot meGenizat Kahir* ["India Book" part three—Avraham Ben Yijū, trader and manufacturer in India: Documents from the Cairo Geniza]. Jerusalem: Ben Zvi Institute.

Goldberg, Dror. 2009. "The Massachusetts Paper Money of 1690." *Journal of Economic History* 69(04):1092–1106.

Goldberg, Jessica L. 2012. "Choosing and Enforcing Business Relationships in the Eleventh-Century Mediterranean: Reassessing the 'Maghribī Traders.'" *Past & Present* 216(1):3–40.

Goldberg, Jessica L. 2012. *Trade and Institutions in the Medieval Mediterranean*. New York: Cambridge University Press.

González de Lara, Yadira. 2000. "Enforceability and Risk-Sharing in Financial Contracts:

From the Sea Loan to the Commenda in Late Medieval Venice." PhD dissertation, Department of Economics, European University Institute, Florence.
Gonzalez de Lara, Yadira. 2003. "Commercial Partnerships." Pp. 480–483 in *The Oxford Encyclopedia of Economic History*, Vol. 1, edited by J. Mokyr. Oxford: Oxford University Press.
González de Lara, Yadira. 2008. "The Secret of Venetian Success: A Public-Order, Reputation-Based Institution." *European Review of Economic History* 12(3):247–285.
Goody, Jack. 1996. *The East in the West*. Cambridge: Cambridge University Press.
Grafe, Regina and Alejandra Irigoin. 2012. "A Stakeholder Empire: The Political Economy of Spanish Imperial Rule in America." *Economic History Review* 65(2):609–651.
Grafe, Regina. 2014. "On the Spatial Nature of Institutions and the Institutional Nature of Personal Networks in the Spanish Atlantic." *Culture and History Digital Journal* 3(1):e006.
Granovetter, Mark. 1985. "Economic Action and Social Structure: The Problem of Embeddedness." *American Journal of Sociology* 91(3):481–510.
Grant, Edward. 2001. *God and Reason in the Middle Ages*. Cambridge: Cambridge University Press.
Grassby, Richard. 1995. *The Business Community of Seventeenth-Century England*. Cambridge: Cambridge University Press.
Graziadei, Michele. 2006. "Comparative Law as the Study of Transplants and Receptions." Pp. 441–475 in *The Oxford Handbook of Comparative Law*, edited by M. Reimann and R. Zimmermann. Oxford: Oxford University Press.
Green, Tom. 2010. *From Rome to Byzantium: Trade and Continuity in the First Millennium AD*. Bristol: Werburgh.
Greif, Avner. 1989. "Reputation and Coalitions in Medieval Trade: Evidence on the Maghribi Traders." *Journal of Economic History* 49(4):857–882.
Greif, Avner. 1998. "Historical and Comparative Institutional Analysis." *American Economic Review* 88(2):80–84.
Greif, Avner. 2000. "The Fundamental Problem of Exchange: A Research Agenda in Historical Institutional Analysis." *European Review of Economic History* 4(3):251–284.
Greif, Avner. 2006. "Family Structure, Institutions, and Growth: The Origins and Implications of Western Corporations." *American Economic Review* 96(2):308–312.
Greif, Avner. 2006. *Institutions and the Path to the Modern Economy: Lessons from Medieval Trade*. Cambridge: Cambridge University Press.
Greif, Avner. 2008. "Commitment, Coercion and Markets: The Nature and Dynamics of Institutions Supporting Exchange." Pp. 727–786 in *Handbook of New Institutional Economics*, edited by C. Ménard and M. Shirley. Dordrecht: Springer.
Greif, Avner. 2012. "The Maghribi Traders: A Reappraisal?" *Economic History Review* 65(2):445–469.
Greif, Avner, Paul Milgrom, and Barry R. Weingast. 1994. "Coordination, Commitment, and Enforcement: The Case of the Merchant Guild." *Journal of Political Economy* 102(4):745–776.
Greif, Avner and Guido Tabellini. 2010. "Cultural and Institutional Bifurcation: China and Europe Compared." *American Economic Review* 100(2):135–140.
Greif, Avner and Guido Tabellini. 2012. "The Clan and the City: Sustaining Cooperation in China and Europe." Working paper. Centre for Economic Policy Research, London.

Greif, Avner and Guido Tabellini. 2017. "The Clan and The Corporation: Sustaining Cooperation in China and Europe." *Journal of Comparative Economics* 45(1):1–35.

Gunaratne, Shelton A. 2001. "Paper, Printing and the Printing Press: A Horizontally Integrative Macrohistory Analysis." *International Communication Gazette* 63(6):459–479.

Guo, Li. 1999. "Arabic Documents from the Red Sea Port of Quseir in the Seventh/Thirteenth Century, Part 1: Business Letters." *Journal of Near Eastern Studies* 58(3):161–190.

Guo, Li. 2004. *Commerce, Culture, and Community in a Red Sea Port in the Thirteenth Century: The Arabic Documents from Quseir*. Leiden: Brill.

Gurani, Yesim F. and Tulay Ozdemir Canbolat. 2012. "Aksaray Sultanhan Caravanserai: A Study of Cultural Interactions and Sustainability Along the Silk Road." Pp. 277–279 in *Archi-Cultural Translations through the Silk Road*. Mukogawa Women's University, Nishinomiya, Japan.

Guy, John. 2001. "Tamil Merchants Guild and the Quanzhou Trade." Pp. 283–308 in *The Emporium of the World: Maritime Quanzhou, 1000–1400*, edited by A. Schottenhammer. Leiden: Brill.

Guy, John. 2010. "Rare and Strange Goods: International Trade in Ninth-Century Asia." Pp. 19–28 in *Shipwrecked: Tang Treasures and Monsoon Winds*, edited by R. Krahl and A. Effeny. Washington, DC: Smithsonian Institute Press.

Häberlein, Mark. 2012. *The Fuggers of Augsburg: Pursuing Wealth and Honor in Renaissance Germany*. Charlottesville: University of Virginia Press.

Haebler, Konrad. 1895. "Konrad Rott und die Thüringische Gesellschaft." Pp. 180–181 in *Neues Archiv für Sächsische Geschichte und Alterumskunde*, Vol. 16, edited by H. Ermisch.

Hajnal, J. 1965. "European Marriage Patterns in Perspective." Pp. 101–143 in *Population in History: Essays in Historical Demography*, edited by D. V. Glass and D. Eversley. Chicago: Aldine.

Hale, Matthew. 1976. *The Prerogatives of the King*. London: Selden Society.

Hall, Robert A. 1974. *External History of the Romance Languages*. New York: Elsevier.

Hang, Xing. 2016. *Conflict and Commerce in Maritime East Asia: The Zheng Family and the Shaping of the Modern World, c. 1620–1720*. Cambridge: Cambridge University Press.

Hansen, Valerie. 2000. *The Open Empire: A History of China to 1600*. New York: Norton.

Hansen, Valerie. 2005. "How Business Was Conducted on the Chinese Silk Road during the Tang Dynasty, 618–907." Pp. 43–64 in *The Origins of Value: The Financial Innovations that Created Modern Capital Markets*, edited by W. M. Goetzmann and G. K. Rouwenhorst. New York: Oxford University Press.

Hansen, Valerie. 2005. "The Impact of the Silk Road Trade on a Local Community: The Turfan Oasis, 500–800." Pp. 283–310 in *Les Sogdiens en Chine*, edited by E. de la Vaissiere and E. Trombert. Paris: Ecole Française d'Extreme Orient.

Hansen, Valerie. 2012. *The Silk Road: A New History*. New York: Oxford University Press.

Hansmann, Henry, Reinier Kraakman, and Richard Squire. 2006. "Law and the Rise of the Firm." *Harvard Law Review* 119(5):1333–1403.

Harrauer, Hermann and Pieter Sijpesteijn. 1986. *Ein neues Dokument zu Roms Indienhandel P. Vindob. G 40822. Anzeiger der österreichischen Akademie der Wissenschaften*.

Harris, Ron. 2000. *Industrializing English Law Entrepreneurship and Business Organization, 1720–1844.* Cambridge: Cambridge University Press.
Harris, Ron. 2003. "The Encounters of Economic History and Legal History." *Law and History Review* 21(2):297–346.
Harris, Ron. 2005. "The English East India Company and the History of Company Law." Pp. 217–248 in *VOC 1602–2002: 400 Years of Company Law*, edited by E. Gepken-Jager, G. van Solinge, and L. Timmerman. Deventer: Kluwer.
Harris, Ron. 2005. "The Formation of the East India Company as a Cooperation-Enhancing Institution." SSRN (Social Science Research Network) working paper. Available at http://ssrn.com/abstract=874406.
Harris, Ron. 2010. "Law, Finance and the First Corporations." Pp. 145–172 in *Global Perspectives on the Rule of Law*, edited by J. Heckman, R. Nelson, and L. Cabatingan. Abingdon: Routledge.
Harris, Ron. 2013. "Could the Crown Credibly Commit to Respect its Charters? England 1558–1640." Pp. 21–47 in *Questioning Credible Commitment: Perspectives on the Rise of Financial Capitalism*, edited by D. M. Coffman, A. Leonard, and L. Neal. Cambridge: Cambridge University Press.
Harris, Ron. 2014. "Spread of Legal Innovations Defining Private and Public Domains." Pp. 127–168 in *The Cambridge History of Capitalism*, Vol. 2: *The Spread of Capitalism: From 1848 to the Present*, edited by L. Neal and J. G. Williamson. Cambridge: Cambridge University Press.
Harris, Ron. Forthcoming. "The Organization of Rome to India Trade: Loans and Agents in the Muziris Papyrus." Vol. 2: *Roman Law & Economics*, edited by G. Dari-Mattiacci and D. P. Kehoe. Oxford: Oxford University Press.
Harris, Ron and Assaf Likhovski. 2009. "Histories of Legal Transplantations." *Histories of Legal Transplantations*, special issue of *Theoretical Inquiries in Law* 10(2):299–743.
Harris, Steven J. 1996. "Confession-Building, Long-Distance Networks, and the Organization of Jesuit Science." *Early Science and Medicine* 1(3):287–318.
Hart, H. L. A. 1961. *The Concept of Law*. Oxford: Oxford University Press.
Hart, Oliver. 1989. "An Economist's Perspective on the Theory of the Firm." *Columbia Law Review* 89(7):1757–1774.
Harvey, Peter. 2012. *An Introduction to Buddhism: Teachings, History and Practices*. Cambridge: Cambridge University Press.
Headrick, Daniel R. 2010. *Power over Peoples Technology, Environments, and Western Imperialism, 1400 to the Present*. Princeton: Princeton University Press.
Hejeebu, Santhi. 2005. "Contract Enforcement in the English East India Company." *Journal of Economic History* 65(2):496–523.
Hennigan, Peter C. 2004. *The Birth of a Legal Institution: The Formation of the Waqf in Third-Century AH Hanafī Legal Discourse*. Leiden: Brill.
Herzig, Edmund M. 1991. "The Armenian Merchants of New Julfa, Isfahan: A Study in Pre-Modern Asian Trade." PhD dissertation, Oxford University.
Heyneman, Stephen P. 2004. *Islam and Social Policy*. Nashville: Vanderbilt University Press.
Hildebrandt, Reinhard. 1966. *Die "George Fuggerischen Erben."* Berlin: Duncker & Humblot.
Hillenbrand, Robert. 1994. *Islamic Architecture: Form, Function, and Meaning*. New York: Columbia University Press.

Hitti, Philip K. 1970. *History of the Arabs: From the Earliest Times to the Present.* New York: St. Martin's Press.
Hobson, John M. 2004. *The Eastern Origins of Western Civilization.* Cambridge: Cambridge University Press.
Hock, Hans Henrich and Joseph D. Brian. 2009. *Language History, Language Change, and Language Relationship: An Introduction to Historical and Comparative Linguistics.* Berlin: Mouton de Gruyter.
Hodgson, Geoffrey M. 2006. "What Are Institutions?" *Journal of Economic Issues* 40(1): 1–25.
Hoffman, Philip T. 2012. "Why Was It Europeans Who Conquered the World?" *Journal of Economic History* 72(3):601–633.
Hoffman, Philip T. 2015. *Why Did Europe Conquer the World?* Princeton: Princeton University Press.
Holdsworth, William. 1931. *A History of English Law,* Vol. 8. Boston: Little, Brown.
Hooker, J. T. 1990. *Reading the Past: Ancient Writing from Cuneiform to the Alphabet.* Berkeley: University of California Press.
Hoover, Calvin B. 1926. "The Sea Loan in Genoa in the Twelfth Century." *Quarterly Journal of Economics* 40(3):495–529.
Hourani, George F. 1995. *Arab Seafaring in the Indian Ocean in Ancient and Early Medieval Times.* Princeton: Princeton University Press.
Huang, Ray. 1974. *Taxation and Governmental Finance in Sixteenth-Century Ming China.* Cambridge: Cambridge University Press.
Huang, Zhongzhao. 2006 [1490]. *Bamin Tongzhi* [Comprehensive gazetteer of the eight Min prefectures]. Fuzhou: Fujian Renmin Chubanshe.
Huff, Toby E. 2017. *The Rise of Early Modern Science: Islam, China, and the West.* Cambridge: Cambridge University Press.
Hui, Deng and Li Xin. 2011. "The Asian Monsoons and Zheng He's Voyages to the Western Ocean." *Journal of Navigation* 64(2):207–218.
"Human mtDNA Migrations." 2013. MITOMAP: A Human Mitochondrial Genome Database. http://www.mitomap.org/pub/MITOMAP/MitomapFigures/WorldMigrations2013.pdf.
Hümmerich, Franz. 1922. "Die Erste Deutsche Handelsfahrt Nach Indien 1505/06." In *Ein Unternehmen der Welser, Fugger und anderer Augsbutger sowie Nürnberger Häuser.* Munich: R. Oldenbourg.
Hunt, Edwin S. 1994. *The Medieval Super-Companies: A Study of the Peruzzi Company of Florence.* Cambridge: Cambridge University Press.
Hunt, Edwin S. and James M. Murray. 1999. *A History of Business in Medieval Europe, 1200–1550.* New York: Cambridge University Press.
Ibn Batuta, Muhammad. 1829 [ca. 1355]. *The Travels of Ibn Batuta.* Translated by S. Lee. London: Oriental Translation Committee.
Ibn Ḥawqal, Muhammad Abu al-Kasim. 2014 [977, originally translated 1938–1939]. *Kitāb Ṣūrat al-arḍ.* Translated by J. H. Kramers. Leiden: Brill.
Israel, Jonathan I. 1989. *Dutch Primacy in World Trade, 1585–1740.* Oxford: Clarendon.
Israel, Jonathan I. 1998. *The Dutch Republic: Its Rise, Greatness, and Fall, 1477–1806.* New York: Clarendon.
Jan Qaisar, Ahsan. 1999. "From Port to Port: Life on Indian Ships in the Sixteenth and

Seventeenth Centuries." Pp. 331–350 in *India and the Indian Ocean, 1500–1800*, edited by A. Das Gupta and M. N. Pearson. New Delhi: Oxford University Press.
Jensen, Michael C. and William H. Meckling. 1976. "Theory of the Firm: Managerial Behavior, Agency Costs and Ownership Structure." *Journal of Financial Economics* 3(4):305–360.
Johansen, Baber. 1981. "The All-Embracing Town and Its Mosques: Al-Misr Al-Gâmi'." *Revue de l'Occident Musulman et de la Méditerranée* 32(1):139–161.
Johnson, David. 1987. "Nabataean Trade: Intensification and Culture Change." PhD dissertation, Department of Anthropology, University of Utah.
Jones, Eric. 2003. *The European Miracle: Environments, Economies and Geopolitics in the History of Europe and Asia*. New York: Cambridge University Press.
Jones, S.R.H. and Simon P. Ville. 1996. "Efficient Transactors or Rent-Seeking Monopolists? The Rationale for Early Chartered Trading Companies." *Journal of Economic History* 56(4):898–915.
Jones, S.R.H. and Simon P. Ville. 1996. "Theory and Evidence: Understanding Chartered Trading Companies." *Journal of Economic History* 56(4):925–926.
Jongman, Willem M. 2014. "Re-Constructing the Roman Economy." Pp. 75–100 in *The Cambridge History of Capitalism*, Vol. 1: *The Rise of Capitalism: From Ancient Origins to 1848*, edited by L. Neal and J. Williamson. Cambridge: Cambridge University Press.
Kahan, Marcel and Edward B. Rock. 2007. "Hedge Funds in Corporate Governance and Corporate Control." *University of Pennsylvania Law Review* 155(5):1021–1093.
Kahn-Freund, Otto. 1974. "On Uses and Misuses of Comparative Law." *Modern Law Review* 37(1):1–27.
Kalus, Maximilian. 2006. "Tracing Business Patterns in Sixteenth Century European-Asian Trade. New Methods Using Semantic Networking Models." Paper presented at the Fourteenth International Economic History Congress, Helsinki.
Kamdar, Keshavlal H. 1968. "Virji Vorah, Surat Millionaire Mahajan (in Gujarati)." *Journal of the Gujarat Research Society* 30(4):277–279.
Kang, David. 2010. *East Asia Before the West Five Centuries of Trade and Tribute*. New York: Columbia University Press.
Kantorowicz, Ernst H. 1970. *The King's Two Bodies: A Study in Mediaeval Theology*. Princeton University Press.
Kapchan, Deborah A. and Pauline Strong. 1999. "Theorizing the Hybrid." *Journal of American Folklore* 112(445):239–253.
Kaw, Mushtaq. 2011. "Restoring India's Links with Central Asia across Kashmir: Challenges and Opportunities." Pp. 179–196 in *Mapping Central Asia: Indian Perceptions and Strategies*, edited by S. Peyrouse and M. Laruelle. Farnham: Ashgate.
Kellenbenz, Hermann. 1999. *Die Fugger in Spanien und Portugal bis 1560: Ein Grossunternehmen des 16 Jahrhunderts*. Munich: Vogel.
Kennedy, Paul. 1987. *The Rise and Fall of the Great Powers: Economic Change and Military Conflict from 1500 to 2000*. New York: Random House.
Khachikian, Shushanik. 1998. "Typology of the Trading Companies Owned by the Merchants of New Julfa." *Iran and the Caucasus* 2(1):1–4.
Khadduri, Majid. 1987. *Al-Shafi'i's Risala: Treatise on the Foundation of Islamic Jurisprudence*. Cambridge: Islamic Texts Society.
Khalil, Emad H. 2006. "An Overview of the Sharia'a Prohibition of Riba." Pp. 53–68 in

Interest in Islamic Economics: Understanding Riba, edited by A. Thomas. New York: Routledge.

Khalilieh, Hassan S. 1998. *Islamic Maritime Law: An Introduction*. Leiden: Brill.

Khalilieh, Hassan S. 2006. *Admiralty and Maritime Laws in the Mediterranean Sea (ca. 800–1050): The "Kitāb Akriyat al-Sufun" vis-à-vis the "Nomos Rhodion Nautikos."* Leiden: Brill.

Khanna, Vikramaditya S. 2005 "The Economic History of the Corporate Form in Ancient India." Social Science Research Network. http://papers.ssrn.com/sol3/papers.cfm?abstract_id=796464.

Khyade, Vitthalrao B. 2012. "Silk Route: The UNESCO World Heritage." *International Academic Journal of Science and Engineering* 3(12):20–27.

Kister, M. J. 1965. "Mecca and Tamim (Aspects of Their Relations)." *Journal of the Economic and Social History of the Orient* 8(2):113–163.

Kittell, Ellen E. and Thomas F. Madden, eds. 1999. *Medieval and Renaissance Venice*. Urbana: University of Illinois Press.

Klerman, Daniel M. 2005. "The Value of Judicial Independence: Evidence from Eighteenth Century England." *American Law and Economics Review* 7(1):1–27. doi: 10.1093/aler/ahi005.

Klerman, Daniel M. 2018. "Quantitative Legal History." P. 343 in *The Oxford Handbook of Legal History*. Oxford: Oxford University Press.

Klerman, Daniel M., Paul G. Mahoney, Holger Spamann, and Mark I. Weinstein. 2011. "Legal Origin or Colonial History?" *Journal of Legal Analysis* 3:379–539.

Knopf, Ellen. 2005. "Contracts in Athenian Law." PhD dissertation, Classics, City University of New York.

Koehler, Benedikt. 2014. *Early Islam and the Birth of Capitalism*. Lanham: Lexington.

Kulke, Hermann. 2009. "The Naval Expeditions of the Cholas in the Context of Asian History." Pp. 1–19 in *Nagapattinam to Suvarnadwipa: Reflections on the Chola Naval Expeditions to Southeast Asia*, edited by H. Kulke, K. Kesavapany and V. Sakhuja. Singapore: Institute of Southeast Asian Studies.

Kuran, Timur. 2001. "The Provision of Public Goods Under Islamic Law: Origins, Impact, and Limitations of the Waqf System." *Law & Society Review* 35(4):841–898.

Kuran, Timur. 2005. "The Absence of the Corporation in Islamic Law: Origins and Persistence." *American Journal of Comparative Law* 53(4):785–834.

Kuran, Timur. 2011. *The Long Divergence: How Islamic Law Held Back the Middle East*. Princeton: Princeton University Press.

Kuwabara, Jitsuzo. 1928–1935. *On P'u Shou-keng*, 2 vols. Tokyo: Memoirs of the Research Department of the Toyo Bunko. Oriental Library.

Kyd, Stewart. 1793. *A Treatise on the Law of Corporations*, Vol. 1. London: J. Butterworth.

La Porta, Rafael, Florencio Lopez-de-Silanes, Andrei Shleifer, and Robert W. Vishny. 1998. "Law and Finance." *Journal of Political Economy* 106(6):1113–1155.

La Porta, Rafael, Florencio Lopez-de-Silanes, and Andrei Shleifer. 2008. "The Economic Consequences of Legal Origins." *Journal of Economic Literature* 46(2):285–332.

Labib, Subhi Y. 1969. "Capitalism in Medieval Islam." *Journal of Economic History* 29(1):79–96.

Laiou, Angeliki E. 1991. "God and Mammon: Credit, Trade, Profit and the Canonists." Pp. 261–300 in *Byzantium in the 12th Century: Canon Law, State and Society*, edited by N. Oikonomides. Athens: Etareia Byzantinon kai Metabyzantinon Meleton.

Laiou, Angeliki E. 2002. *The Economic History of Byzantium from the Seventh Through the Fifteenth Century*, Vol. 1. Washington, DC: Dumbarton Oaks Research Library and Collection.

Lambton, Ann. 1997. "Economy (Section 5: From the Arab Conquest to the End of the Il-Khanids)." Pp. 107–132 in *Encyclopaedia Iranica*, Vol. 8, edited by E. Yarshater. Encyclopaedia Iranica Foundation.

Landes, David S. 1998. *The Wealth and Poverty of Nations: Why Some Are So Rich and Some So Poor*. New York: Norton.

Lane, Frederic C. 1944. "Family Partnerships and Joint Ventures in the Venetian Republic." *Journal of Economic History* 4(2):178–196.

Lane, Frederic C. 1973. *Venice, a Maritime Republic*. Baltimore: Johns Hopkins University Press.

Lapidus, Ira M. 2014. *A History of Islamic Societies*. New York: Cambridge University Press.

Larson, Greger. 2011. "Genetics and Domestication: Important Questions for New Answers." *Current Anthropology* 52(4):485–495.

Laslett, Peter. 1988. "Family, Kinship and Collectivity as Systems of Support in Pre-Industrial Europe: A Consideration of the 'Nuclear-Hardship' Hypothesis." *Continuity and Change* 3(2):153–175.

Lawler, Andrew. 2017. "Satellites Trace Afghanistan's Lost Empires." *Science* 358(6369):1364–1365.

Leonard, A. B. (Ed.). 2016. *Marine Insurance: Origins and Institutions, 1300–1850*. London: Palgrave Macmillan.

Levathes, Louise. 1997. *When China Ruled the Seas: The Treasure Fleet of the Dragon Throne, 1405–1433*. New York: Oxford University Press.

Levi, Scott C. 2002. *The Indian Diaspora in Central Asia and Its Trade, 1550–1900*, Vol. 3. Leiden: Brill.

Li, Yukun. 2001. "20 shiji Pu Shougeng yanjiu shuping" [Review of twentieth-century research about Pu Shougeng]. *Zhongguo shi yanjiu dongtai* 8:16–23.

Libecap, Gary. 1978. "Economic Variables and the Development of the Law: The Case of Western Mineral Rights." *Journal of Economic History* 38(2):338–362.

Libecap, Gary. 1989. *Contracting for Property Rights*. Cambridge: Cambridge University Press.

Libson, Gideon. 2003. *Jewish and Islamic Law: A Comparative Study of Custom During the Geonic Period*. Cambridge: Islamic Legal Studies Program, Harvard Law School.

Lieber, Alfred E. 1968. "Eastern Business Practices and Medieval European Commerce." *Economic History Review* 21(2):230–243.

Liebowitz, Stan and Stephen Margolis. 1995. "Path Dependence, Lock-In, and History." *Journal of Law, Economics, and Organization* 11(1):205–226.

Liu, Xinru and Lynda Shaffer. 2007. *Connections Across Eurasia: Transportation, Communication, and Cultural Exchange on the Silk Roads*. Boston: McGraw-Hill.

Liu, Xinru. 2010. *The Silk Road in World History*. New York: Oxford University Press.

Lockard, Craig A. 2010. "The Sea Common to All: Maritime Frontiers, Port Cities, and Chinese Traders in the Southeast Asian Age of Commerce, ca. 1400–1750." *Journal of World History* 21(2):219–247.

Lopez, Robert Sabatino. 1952. "China Silk in Europe in the Yuan Period." *Journal of the American Oriental Society* 72(2):72–76.

Lopez, Robert S. 1959. "The Role of Trade in the Economic Readjustment of Byzantium in the Seventh Century." *Dumbarton Oaks Papers* 13:67–85.

Lopez, Robert S. 1971. *The Commercial Revolution of the Middle Ages, 950–1350*. Englewood Cliffs: Prentice-Hall.

Lopez, Robert S. and Irving W. Raymond. 2001 [1955]. *Medieval Trade in the Mediterranean World: Illustrative Documents*. New York: Columbia University Press.

Lucassen, Jan, Tine De Moor, and Jan Luiten van Zanden. 2008. "The Return of the Guilds: Towards a Global History of the Guilds in Pre-Industrial Times." *International Review of Social History* 53(S16):5–18.

Ma, Huan. 1970 [1433]. *Ying-Yai Sheng-Lan* [The overall survey of the ocean's shores]. Translated by J. V. G. Mills. Cambridge: Cambridge University Press for the Hakluyt Society.

Macaulay, Stewart. 1963. "Non-Contractual Relations in Business: A Preliminary Study." *American Sociological Review* 28(1):55–67.

MacHugh, David E., et al. 1997. "Microsatellite DNA Variation and the Evolution, Domestication and Phylogeography of Taurine and Zebu Cattle (Bos Taurus and Bos Indicus)." *Genetics* 146(3):1071–1086.

MacNeil, Ian R. 1978. "Contracts: Adjustment of Long-Term Economic Relations under Classical, Neoclassical and Relational Contract Law." *Northwestern University Law Review* 72(6):854–905.

Maddison, Angus. 2001. *The World Economy: A Millennial Perspective*. France: Development Center of Organization for Economic Cooperation and Development (OECD).

Maejima, Shinji. 1974. "The Muslims in Ch'uan-chou at the End of the Yuan Dynasty—Part 2." *Memoirs of the Research Department of the Toyo Bunko* 32:47–71.

Maitland, Frederic W. 1900. "Corporation Sole." *Law Quarterly Review* 16:335.

Maitland, Frederic W. 1901. "Crown as Corporation." *Law Quarterly Review* 17:131.

Maitland, Frederic W. 1908. *The Constitutional History of England: A Course of Lectures*. Cambridge: Cambridge University Press.

Makdisi, George. 1970. "Madrasa and University in the Middle Ages." *Studia Islamica* 32:255–264.

Malekandathil, Pius. 1999. *The Germans, the Portuguese and India*. Münster: Lit Verlag.

Malmendier, Ulrike. 2009. "Law and Finance 'at the Origin'." *Journal of Economic Literature* 47(4):1076–1108.

Malynes, Gerard. 1622. *Consuetudo, Vel Lex Mercatoria, or the Ancient Law Merchant*. London: Adam Islip.

Manguin, Pierre-Yves. 1993. "Trading ships of the South China Sea. Shipbuilding Techniques and Their Role in the History of the Development of Asian Trade Networks." *Journal of the Economic and Social History of the Orient* 36(3):253–280.

Mansvelt, William. 1922. *Rechtsvorm en Geldelijk Beheer bij de Oost-Indische Compagnie*. Amsterdam: Swets & Zeitlinger.

Manz, Beatrice. 2007. *Power, Politics and Religion in Timurid Iran*. Cambridge: Cambridge University Press.

Maqbul Sayyid, Ahmad. 2008. "Ibn Mājid." Pp. 35–37 in *Complete Dictionary of Scientific Biography*, Vol. 9. Detroit: Scribner.

Margariti, Roxani Eleni. 2007. *Aden and the Indian Ocean Trade: 150 Years in the Life of a Medieval Arabian Port*. Chapel Hill: University of North Carolina Press.

Markovits, Claude. 2000. *The Global World of Indian Merchants, 1750–1947: Taders of Sind from Bukhara to Panama*. Cambridge: Cambridge University Press.
Masten, Scott E. and Jens Prüfer. 2014. "On the Evolution of Collective Enforcement Institutions: Communities and Courts." *Journal of Legal Studies* 43(2):359–400.
Mathew, K. S. 1983. *Portuguese Trade with India in the Sixteenth Century*. New Delhi: Manohar.
Mathew, K. S. 1997. *Indo-Portuguese trade and the Fuggers of Germany*. New Delhi: Manohar.
McDermott, Joseph P. Forthcoming (2020). *The Making of a New Rural Order in South China*. Vol. 2: *Merchants, Markets, and Lineages, 1500–1700*. Cambridge: Cambridge University Press.
McEvedy, Colin and Richard Jones. 1978. *Atlas of World Population History*. New York: Penguin.
McLaughlin, Raoul. 2010. *Rome and the Distant East: Trade Routes to the Ancient Lands of Arabia, India and China*. New York: Continuum.
McLaughlin, Terence Patrick. 1939. "The Teaching of the Canonists on Usury, XII, XIII and XIV Centuries." *Mediaeval Studies* 1:81–147.
McNeill, William H. 1991. *The Rise of the West: A History of the Human Community*. Chicago: University of Chicago Press.
Mehta, Makrand. 1991. *Indian Merchants and Entrepreneurs in Historical Perspective: With a Special Reference to Shroffs of Gujarat, 17th to 19th Centuries*. Delhi: Academic Foundation.
Meilink-Roelofsz, Marie. 1962. *Asian Trade and European Influence in the Indonesian Archipelago Between 1500 and About 1630*. The Hague: Martinus Nijhoff.
Melville, Charles. 2012. "Jāmeʿ al-Tawārik." Encyclopedia Iranica website. http://www.iranicaonline.org/articles/jame-al-tawarik.
Menzies, Gavin. 2002. *1421: The Year China Discovered the World*. London: Bantam.
Meyer, Carol. 1992. *Glass from Quseir al-Qadim and the Indian Ocean Trade*. Chicago: Oriental Institute, University of Chicago.
Michaels, Ralf. 2007. "The True Lex Mercatoria: Law Beyond the State." *Indiana Journal of Global Legal Studies* 14(2):447–468.
Michie, Ranald. 1999. *The London Stock Exchange: A History*. Oxford: Oxford University Press.
Mignone, Gianni. 2005. *Un contratto per i mercanti del Mediterraneo: L'evoluzione del rapporto partecipativo*. Naples: Jovene.
Milgrom, Paul R., Douglass C. North, and Barry R. Weingast. 1990. "The Role of Institutions in the Revival of Trade: The Law Merchant, Private Judges, and the Champagne Fairs." *Economics & Politics* 2(1):1–23.
Millett, Paul. 2002. *Lending and Borrowing in Ancient Athens*. Cambridge: Cambridge University Press.
Millward, James A. 2013. *The Silk Road: A Very Short Introduction*. New York: Oxford University Press.
Milsom, S.F.C. 1981. *Historical Foundation of the Common Law*. London: Butterworths.
Mokyr, Joel. 1993. "Editor's Introduction: The New Economic History and the Industrial Revolution." Pp. 1–131 in *The British Industrial Revolution: An Economic Perspective*, edited by J. Mokyr. Boulder: Westview.
Mokyr, Joel. 2005. *Gifts of Athena: Historical Origins of the Knowledge Economy*. Princeton: Princeton University Press.

Mokyr, Joel. 2009. *The Enlightened Economy: An Economic History of Britain 1700–1850*. New Haven: Yale University Press.

Monnickendam, Yifat. 2012. "The Kiss and the Earnest: Early Roman Influences on Syriac Matrimonial Law." *Le Muséon* 125(3–4):307–334.

Morelli, Federico. 2011. "Dal Mar Rosso ad Alessandria. Il verso (ma anche il recto) del 'papiro di Muziris' (SB 18, 13167)." *TYCHE–Contributions to Ancient History, Papyrology and Epigraphy* 26:41–41.

Morgan, David and A. Reid. 2010. "Introduction: Islam in a Plural Asia." Pp. 1–17 in *The Eastern Islamic World, Eleventh to Eighteenth Centuries*, edited by D. Morgan and A. Reid. Cambridge: Cambridge University Press.

Morgan, E. Victor and W. A. Thomas. 1969. *The Stock Exchange: Its History and Functions*. London: Elek.

Morris, T. A. 1998. *Europe and England in the Sixteenth Century*. London: Routledge.

Moser, Thomas. 2000. "The Idea of Usury in Patristic Literature." Pp. 24–44 in *The Canon in the History of Economics: Critical Essays*, edited by M. Psalidopoulos. New York: Routledge.

Mukai, Masaki. 2010. "The Interests of the Rulers, Agents and Merchants behind the Southward Expansion of the Yuan Dynasty." Pp. 428–445 in *Journal of the Turfan Studies: Essays on the Third International Conference on Turfan Studies: The Origin and Migration of Eurasian Nomadic Peoples*. Shanghai: Shanghai Guji Chubanshe.

Mukai, Masaki. 2011. "Contacts between Empires and Entrepots and the Role of Supra-regional Network: Song-Yuan-Ming Transition of the Maritime Asia, 960–1405 / Empires, Systems, and Maritime Networks." Paper presented at the Workshop on Empires and Networks: Maritime Asian Experiences, 9th to 19th Centuries, Institute of Southeast Asian Studies, Singapore.

Mukai, Masaki. 2014. "Transforming Dashi Shippers: The Tributary System and the Trans-National Network during the Song Period." Paper presented at the Conference on Middle Period China, 800–1400, Harvard University.

Munro, John H. 2003. "The Medieval Origins of the Financial Revolution: Usury, Rentes, and Negotiability." *The International History Review* 25(3):505–562.

Nabhan, Gary Paul. 2014. *Cumin, Camels, and Caravans: A Spice Odyssey*. Berkeley: University of California Press.

Nadri, Ghulam. 2007. "The Maritime Merchants of Surat: A Long-Term Perspective." *Journal of the Economic and Social History of the Orient* 50(2/3):235–258.

Neal, Larry. 1990. *The Rise of Financial Capitalism: International Capital Markets in the Age of Reason*. New York: Cambridge University Press.

Needham, Joseph. 1971. *Science and Civilisation in China*, Vol. 4: *Physics and Physical Technology*, Part 3: *Civil Engineering and Nautics*. Cambridge: Cambridge University Press.

Negev, Avraham. 1977. "The Nabateans and the Provincia Arabia." Pp. 520–586 in *Politische Geschichte (Provinzen und Randvölker: Syrien, Palästina, Arabien)*, Vol. 8, edited by W. Haase and H. Temporini. Berlin: De Gruyter.

Noonan, John T. 1957. *The Scholastic Analysis of Usury*. Cambridge, MA: Harvard University Press.

North, Douglass C. 1990. *Institutions, Institutional Change and Economic Performance*. Cambridge: Cambridge University Press.

North, Douglass C. 1994. "Economic Performance Through Time." *American Economic Review* 84(3):359–368.

North, Douglass C. 1997. "Institutions, Transaction Costs, and the Rise of Merchant Empires." Pp. 22–40 in *The Political Economy of Merchant Empires: State Power and World Trade, 1350–1750*, edited by J. Tracy. Cambridge: Cambridge University Press.

North, Douglass C. and Robert Paul Thomas. 1973. *The Rise of the Western World: A New Economic History*. New York: Cambridge University Press.

North, Douglass C., John Joseph Wallis, and Barry R. Weingast. 2009. *Violence and Social Order: A Conceptual Framework for Interpreting Recorded Human History*. Cambridge: Cambridge University Press.

North, Douglass C. and Barry R. Weingast. 1989. "Constitutions and Commitment: The Evolution of Institutions Governing Public Choice in Seventeenth-Century England." *Journal of Economic History* 49(4):803–832.

Nunn, Nathan and Nancy Qian. 2010. "The Columbian Exchange: A History of Disease, Food, and Ideas." *Journal of Economic Perspectives* 24(2):163–188.

Nyazee, Imran Ashan Khan. 1999. *Islamic Law of Business Organization: Partnerships*. Islamabad: International Institute of Islamic Thought, Islamic Research Institute.

O'Brien, Patrick K. 1988. "The Political Economy of British Taxation, 1660–1815." *Economic History Review* 41(1):1–32.

Ogilvie, Sheilagh. 2011. *Institutions and European Trade: Merchant Guilds, 1000–1800*. Cambridge Cambridge University Press.

Oka, Mihoko. 2013. "A Comparative Analysis on the Capital Investment into Portuguese Traders in the XVII Century Asian Port Cities: Case of Japan, Manila and Siam." Paper presented at the First International Conference: Globalisation's Origins and the Great Divergence: Trading Networks and the Trajectory of Economic Institutions, Europe-Asia, 1500–2000, Paris. https://f.hypotheses.org/wp-content/blogs.dir/158/files/2013/11/Non-commentateurs_-Tentative-Programme-26–11.2013–1st-GDRI-conference.pdf.

Oka, Mihoko and François Gipouloux. 2013. "Pooling Capital and Spreading Risk: Maritime Investment in East Asia at the Beginning of the Seventeenth Century." *Itinerario* Itinerario 37(3):75–91.

Önge, Mustafa. 2007. "Caravanserais as Symbols of Power in Seljuk Anatolia." Pp. 49–69 in *Power and Culture: Identity, Ideology, Representation*, edited by J. Osmond and A. Cimdina. Pisa: Pisa University Press.

Ostrom, Elinor. 2005. *Understanding Institutional Diversity*. Princeton: Princeton University Press.

Özbaran, Salih. 1994. *The Ottoman Response to European Expansion: Studies on Ottoman-Portuguese Relations in the Indian Ocean and Ottoman Administration in the Arab Lands During the Sixteenth Century*. Istanbul: Isis.

Özyetgin, Ayşe. 2007. "On the Term Ortuq (~ Ortaq) "Merchant" among the Old Turks." *International Journal of Central Asian Studies* 1(11):1–17.

Padgett, John F. 2012. "The Emergence of Corporate Merchant-Banks in Dugento Tuscany" and "Transposition and Refunctionality: The Birth of Partnership Systems in Renaissance Florence. Pp. 121–167 and 168–207 in *The Emergence of Organizations and Markets*, edited by J. Padgett and W. Powell. Princeton: Princeton University Press.

Pamuk, Sevket. 2014. "Institutional Change and Economic Development in the Middle East, 700–1800." Pp. 193–224 in *The Cambridge History of Capitalism*, Vol. 1: *The Rise of Capitalism: From Ancient Origins to 1848*, edited by L. Neal and J. G. Williamson. Cambridge: Cambridge University Press.

Panzac, Daniel. 2002. "Le Contrat d'affrètement maritime en Méditerranée: Droit maritime et pratique commerciale entre Islam et Chrétienté (XVIIe–XVIIIe siècles)." *Journal of the Economic and Social History of the Orient* 45(3):342–362.

Park, Hyunhee. 2012. *Mapping the Chinese and Islamic Worlds: Cross-Cultural Exchange in Pre-Modern Asia*. New York: Cambridge University Press.

Parker, Charles H. 2010. *Global Interactions in the Early Modern Age, 1400–1800*. New York: Cambridge University Press.

Parthesius, Robert. 2010. *Dutch Ships in Tropical Waters: The Development of the Dutch East India Company (VOC) Shipping Network in Asia 1595–1660*. Amsterdam: Amsterdam University Press.

Passamaneck, Stephen M. 1974. *Insurance in Rabbinic Law*. Edinburgh: Edinburgh University Press.

Peacock, A. C. S. 2015. *The Great Seljuk Empire*. Edinburgh: Edinburgh University Press

Pegolotti, Francesco. 1936 [ca. 1340]. "La Pratica della mercature." Edited by A. Evans. Cambridge: Medieval Academy of America.

Pegolotti, Francesco. 2010 [ca. 1340]. "Notices of the Land Route to Cathay and of Asiatic Trade in the First Half of the Fourteenth Century." Pp. 277–308 in *Cathay and the Way Thither: Being a Collection of Medieval Notices of China*, edited by H. Yule. New York: Cambridge University Press.

Perdue, Peter C. 2005. *China Marches West: The Qing Conquest of Central Eurasia*. Cambridge, MA: Belknap, Harvard University Press.

Peters, Francis. 1988. "The Commerce of Mecca Before Islam." Pp. 3–26 in *A Way Prepared: Essays on Islamic Culture in Honor of Richard Bayly Winder*, edited by F. Kazemi and R. D. McChesney. New York: New York University Press.

Petrushevsky, Il'ia. 1968. "The Socio-Economic Condition of Iran Under the Īl-Khāns." Pp. 483–537 in *The Saljuq and Mongol Periods*, edited by J. A. Boyle. Cambridge: Cambridge University Press.

Pfister, Ulrich. 2010 "Consumer Prices and Wages in Germany, 1500–1850." University of Münster, Center for Quantitative Economics (CQE). https://www.wiwi.uni-muenster.de/cqe/de/publikationen/cqe-working-papers.

Pires, Tomé. 1944 [1512–1515]. *The Suma Oriental of Tomé Pires*. Vols. 1 and 2. Translated by A. Cortesão. London: Hakluyt Society.

Plucknett, Theodore F. T. 1956. *A Concise History of the Common Law*. Boston: Little, Brown.

Poitras, Geoffrey. 2016. *Equity Capital: From Ancient Partnerships to Modern Exchange Traded Funds*. New York: Routledge.

Polo, Marco. 1903 [ca. 1300]. *The Book of Ser Marco Polo, the Venetian*. Vols. 1 and 2. Translated by H. Yule. London: John Murray.

Pomeranz, Kenneth. 1997. "Traditional Chinese Business Forms Revisited: Family, Firm, and Financing in the History of the Yutang Company of Jining, 1779–1956." *Late Imperial China* 18(1): 1–38.

Pomeranz, Kenneth. 2000. *The Great Divergence: China, Europe, and the Making of the Modern World Economy*. Princeton: Princeton University Press.

Poppe, Nicholas. 1955. "The Turkic Loan Words in Middle Mongolian." *Central Asiatic Journal* 1(1):36–42.

Postan, Michael. 1973. "Partnership in English Medieval Commerce." Pp. 65–71 in *Medieval Trade and Finance*. Cambridge: Cambridge University Press.

Posthumus, Nicolaas W. 1964. *Inquiry into the History of Prices in Holland*, Vol. 1. Leiden: E. J. Brill.

Powers, David S. 1993. "The Maliki Family Endowment: Legal Norms and Social Practices." *International Journal of Middle East Studies* 25(3):379–406.

Powers, David S. 1999. "The Islamic Family Endowment (Waqf)." *Vanderbilt Journal of Transnational Law* 32(4):1167–1190.

Prakash, Omar Chouhan. 1985. *The Dutch East India Company and the Economy of Bengal, 1630–1720*. Princeton: Princeton University Press.

Prakash, Om. 1998. *European Commercial Enterprise in Pre-Colonial India*. Cambridge: Cambridge University Press.

Prakash, Om. 2006. "International Consortiums, Merchant Networks and Portuguese Trade with Asia in the Early Modern Period." Paper presented at Session 37 of the Fourteenth International Economic History Congress, Helsinki.

Pryor, John H. 1974. "The Commenda in Mediterranean Maritime Commerce During the Thirteenth Century: A Study Based on Marseilles." PhD dissertation, University of Toronto.

Pryor, John H. 1977. "The Origins of the Commenda Contract." *Speculum: A Journal of Medieval Studies* 52(1):5–37.

Pryor, John H. 1983. "Mediterranean Commerce in the Middle Ages: A Voyage under Contract of Commenda." *Viator* 14(1):133–194.

Ptak, Roderich. 1989. "China and Calicut in the Early Ming Period: Envoys and Tribute Embassies." *Journal of the Royal Asiatic Society of Great Britain & Ireland* 121(1):81–111.

Pu, Faren. 1988. *Pu Shougeng xingyi yu xianshi jiguan* [Pu Shougeng family line and ancestors' birthplace]. Tainan: Shijie Puxing zongqin zonghui.

"Pub. 151: Distance Between Ports." 2001. 11th ed. Bethesda: National Geospatial Intelligence Agency. http://msi.nga.mil/NGAPortal/MSI.portal?_nfpb=true&_st=&_pageLabel=msi_portal_page_62&pubCode=0005.

"Pub. 161: Sailing Directions (Enroute)—South China Sea and the Gulf of Thailand." 2011. 13th ed. Bethesda: National Geospatial Intelligence Agency. https://msi.nga.mil/MSISiteContent/StaticFiles/NAV_PUBS/SD/Pub161/Pub161bk.pdf.

Quintern, Detlev. 2011. "Cosmopolitism, Scientific Discoveries, and Technological Inventions along the Ancient Silk Road: The Role of Samarkand and Bukhara." In *Annual Report of the Institute for Transport and Development*, Vol. 1, edited by Hans-Heinrich Bass and Hans-Martin Niemeier.

Rabb, Theodore F. 1967. *Enterprise and Empire: Merchant and Gentry Investment in the Expansion of England, 1575–1630*. Cambridge, MA: Harvard University Press.

Randazzo, Salvo. 2005. "The Nature of Partnership in Roman Law." *Australian Journal of Legal History* 9(1):119–130.

Rathbone, Dominic. 2000. "The 'Muziris' Papyrus (SB XVIII): Financing Roman Trade with India." *Bulletin de la Société archéologique d'Alexandrie (The Archaeological Society of Alexandria-Bulletin, Alexandrian Studies II in Honour of Mostafa el Abbadi)*. Vol. 46.

Rathbone, Dominic. 2007. "Merchant Networks in the Greek World: The Impact of Rome." *Mediterranean Historical Review* 22(2):309–320.

Rawson, Stuart. 2012. "How Far Were the Commercial Arrangements for Maritime Loans in Fourth Century BC Athens Dictated by the Legal Framework Available?" *Student Researcher* 2(1):33–44.

Ray, Jonathan. 2013. *After Expulsion: 1492 and the Making of Sephardic Jewry*. New York: New York University Press.
Raymond, André. 1994. "Islamic City, Arab City: Orientalist Myths and Recent Views." *British Journal of Middle Eastern Studies* 21(1):3–18.
Reddick, Zachary. 2014. "The Zheng He Voyages Reconsidered: A Means of Imperial Power Projection." *Quarterly Journal of Chinese Studies* 3(1):55–65.
Reynders, Peter. 2009 "A Translation of the Charter of the Dutch East India Company (Verenidge Ostiindische Compagnie or VOC)." Australasian Hydrographic Society. http://www.australiaonthemap.org.au/voc-charter/.
Riemersma, Jelle. 1952. "Trading and Shipping Associations in 16th Century Holland." *Tijdschrift voor geschiedenis* 65:330–338.
Riggsby, Andrew M. 2010. *Roman Law and the Legal World of the Romans*. Cambridge: Cambridge University Press.
Risso, Patricia. 1995. *Merchants and Faith: Muslim Commerce and Culture in the Indian Ocean*. Boulder: Westview.
Robinson, Francis. 1993. "Technology and Religious Change: Islam and the Impact of Print." *Modern Asian Studies* 27(1):229–251.
Rodger, N.A.M. 2001. "Guns and Sails in the First Phase of English Colonization: 1500–1650." Pp. 79–98 in *The Origins of Empire: British Overseas Enterprise to the Close of the Seventeenth Century*, Vol. 1, edited by N. Canny and A. Low. Oxford: Oxford University Press.
Roe, Mark J. 1996. "Chaos and Evolution in Law and Economics." *Harvard Law Review* 109(3):641–668.
Rogers, James Steven. 1995. *The Early History of the Law of Bills and Notes: A Study of the Origins of Anglo-American Commercial Law*. Cambridge: Cambridge University Press.
Rose-Troup, Frances. 1930. *The Massachusetts Bay Company and Its Predecessors*. New York: Grafton.
Rosenthal, Jean-Laurent and R. Bin Wong. 2011. *Before and Beyond Divergence: The Politics of Economic Change in China and Europe*. Cambridge, MA: Harvard University Press.
Rossabi, Morris. 1972. "Ming China and Turfan, 1406–1517." *Central Asiatic Journal* 16(3):206–225.
Rossabi, Morris. 1981. "The Muslims in the Early Yuan Dynasty." Pp. 257–295 in *China Under Mongol Rule*, edited by J. Langlois. Princeton: Princeton University Press.
Rossabi, Morris. 1993. "The Decline of the Central Asian Caravan Trade." Pp. 351–370 in *The Rise of Merchant Empires: Long Distance Trade in the Early Modern World 1350–1750*, edited by J. Tracy. Cambridge: Cambridge University Press.
Rowley-Conwy, Peter, Umberto Albarella, and Keith Dobney. 2012. "Distinguishing Wild Boar from Domestic Pigs in Prehistory: A Review of Approaches and Recent Results." *Journal of World Prehistory* 25(1):1–44.
Roy, Tirthankar. 2008. "The Guild in Modern South Asia." *International Review of Social History* 53(S16):95–120.
Rubin, Jared. 2017. *Rulers, Religion, and Riches: Why the West Got Rich and the Middle East Did Not*. New York: Cambridge University Press.
Rudden, Bernard. 1985. *The New River: A Legal History*. Oxford: Oxford University Press.
Ruffing, Kai. 2013. "The Trade with India and the Problem of Agency in the Economy of

the Roman Empire." Pp. 199–210 in *Egitto dai Faraoni agli Arabi*, edited by S. Bussi. Pisa, Rome: Fabrizio Serra.

Rungta, Shyam Radhe. 1970. *The Rise of Business Corporations in India, 1851–1900*. Cambridge: Cambridge University Press.

Ruskola, Teemu. 2000. "Conceptualizing Corporations and Kinship: Comparative Law and Development Theory in a Chinese Perspective." *Stanford Law Review* 52(6):1599–1729.

Safley, Thomas Max. 2009. "Business Failure and Civil Scandal in Early Modern Europe." *Business History Review* 83(1):35–60.

Salaymeh, Lena. 2013. "Between Scholarship and Polemic in Judeo-Islamic Studies." *Islam and Christian-Muslim Relations* 24(3):407–418.

Slae, Menachem. 1980. *HaBituach BaHalachah* [Insurance in Halachah]. Tel Aviv: Israel Insurance Association.

Samarqandī, Abd-al-Razzāq. 1857 [ca. 1442]. *India in the Fifteenth Century: Being a Collection of Narratives of Voyages to India, in the Century Preceding the Portuguese Discovery of the Cape of Good Hope; From Latin, Persian, Russian, and Italian Sources.* Edited by R. H. Major. London: Hakluyt Society.

Sangren, Steven P. 1984. "Traditional Chinese Corporations: Beyond Kinship." *Journal of Asian Studies* 43(3):391–415.

Sanjian, Avedis K. 1999. "Medieval Armenian Manuscripts at the University of California, Los Angeles." Berkeley: University of California Press.

Sapori, Armando. 1926. *La Crisi delle compagnie mercantili dei Bardi e dei Peruzzi*. Florence: Olschki.

Sarkar, Jagadish Narayan. 1991. *Private Traders in Medieval India*. Calcutta: Naya Prokash.

Scammell, G. V. 1981. *The World Encompassed: The First European Maritime Empires, c. 800–1650*. Berkeley: University of California Press.

Schacht, Joseph. 1982. *An Introduction to Islamic Law*. Oxford: Clarendon.

Schick, Léon. 1957. *Un grand homme d'affaires au début du XVIe siècle, Jacob Fugger*. Paris: S.E.V.P.E.N.

Schimmel, Annemarie. 2004. *The Empire of the Great Mughals: History, Art and Culture*. London: Reaktion.

Schmitthoff, Clive M. 1939. "The Origin of the Joint-Stock Company." *University of Toronto Law Journal* 3(1):74–96.

Schulz, Fritz. 1951. *Classical Roman Law*. Oxford: Clarendon.

Schurmann, Herbert Franz. 1956. *Economic Structure of the Yüan Dynasty*. Cambridge, MA: Harvard University Press.

Scott, William. 1910–1912. *The Constitution and Finance of English, Scottish and Irish Joint-Stock Companies to 1720*. 3 vols. Cambridge: Cambridge University Press.

Secunda, Shai. 2014. *The Iranian Talmud: Reading the Bavli in Its Sasanian Context*. Philadelphia: University of Pennsylvania Press.

Sen, Tansen. 2003. *Buddhism, Diplomacy, and Trade: The Realignment of Sino-Indian Relations, 600–1400*. Honolulu: Association for Asian Studies and University of Hawaii Press.

Sen, Tansen. 2009. "The Military Campaigns of Rajendra Chola and the Chola-Sri Vijaya-China Triangle." Pp. 61–75 in *Nagapattinam to Suvarnadwipa: Reflections on the Chola*

Naval Expeditions to Southeast Asia, edited by H. Kulke, K. Kesavapany, and V. Sakhuja. Singapore: Institute of Southeast Asian Studies.

Septvaux v. Marchaunt. 1377. Y.B. 8–10 Rich II 187.

Serjeant, Robert. 1990. "Meccan Trade and the Rise of Islam: Misconceptions and Flawed Polemics." Book review. *Journal of the American Oriental Society* 110(3):472–486.

Shammas, Carole. 1975. "The Invisible Merchant and Property Rights." *Business History* 17(2):95–108.

Shankar, D., P. N. Vinayachandran, and A. S. Unnikrishnan. 2002. "The Monsoon Currents in the North Indian Ocean." *Progress in Oceanography* 52(1):63–120.

Shapiro, Scott J. 2007. "The Hart-Dworkin Debate: A Short Guide for the Perplexed." Pp. 22–55 in *Ronald Dworkin*, edited by A. Ripstein. New York: Cambridge University Press.

Shatzmiller, Maya. 2001. "Islamic Institutions and Property Rights: The Case of the 'Public Good' Waqf." *Journal of the Economic and Social History of the Orient* 44(1):44–74.

Shaw, John. 1887 [1774]. *Charters Relating to the East India Company from 1600 to 1761*. Reprint. Madras: Government Press.

Sheppard, William. 1659. *Of Corporations, Fraternities and Guilds*. London: H. Twyford, T. Dring, and J. Place.

Shiba, Yoshinobu. 1970. *Commerce and Society in Sung China*. Translated by M. Elvin. Ann Arbor: University of Michigan Center for Chinese Studies.

Shihab, Saleh Hassan. 1997. "Aden in Pre-Turkish Times (1232–1538): The Arabian Entrepot of the Western Asian." Pp. 17–32 in *Gateways of Asia: Port Cities of Asia in the 13th–20th Centuries*, edited by F. Broeze. London: Kegan Paul.

Sicard, Germain. 2015 [1953]. *The Origins of Corporations: The Mills of Toulouse in the Middle Ages*. Translated by Matthew Landry. New Haven: Yale University Press.

Simkin, Colin. 1968. *The Traditional Trade of Asia*. London: Oxford University Press.

Simonsohn, Uriel. 2008. "Overlapping Jurisdictions: Confessional Boundaries and Judicial Choice Among Christians and Jews under Early Muslim Rule." PhD dissertation, Princeton University.

Simpson, A.W.B. 1986. *A History of the Land Law*. Oxford: Oxford University Press.

Skaff, Jonathan Karam. 2003. "The Sogdian Trade Diaspora in East Turkestan during the Seventh and Eighth Centuries." *Journal of the Economic and Social History of the Orient* 46(4):475–524.

Smith, Edmond. 2018. "The Global Interests of London's Commercial Community, 1599–1625: Investment in the East India Company." *Economic History Review* 71(4):1118–1146. doi: 10.1111/ehr.12665.

Smith, Julian A. 1992. "Precursors to Peregrinus: The Early History of Magnetism and the Mariner's Compass in Europe." *Journal of Medieval History* 18(1):21–74.

So, Billy Kee-Long. 2000. *Prosperity, Region, and Institutions in Maritime China: The South Fukien Pattern, 946–1368*. Cambridge: Harvard University Asia Center.

Song, Lian. 1976 [ca. 1370]. *Yuanshi Juan* [Yuan history]. Beijing: Zhonghua Shuju.

Sørensen, Karsten Engsig. 2005. "The Danish East India Company." Pp. 107–130 in *VOC 1602–2002: 400 Years of Company Law*, edited by E. Gepken-Jager, G. van Solinge, and L. Timmerman. Deventer: Kluwer.

Souza, George. 1986. *The Survival of Empire: Portuguese Trade and Society in China and the South China Sea, 1630–1754*. Cambridge: Cambridge University Press.

Spence, Michael. 1973. "Job Market Signaling." *Quarterly Journal of Economics* 87(3):355–374.

Spufford, Peter. 2002. *Power and Profit: The Merchant in Medieval Europe*. London: Thames & Hudson.

Starr, Frederick S. 2013. *Lost Enlightenment: Central Asia's Golden Age from the Arab Conquest to Tamerlane*. Princeton: Princeton University Press.

Steensgaard, Niels. 1974. *The Asian Trade Revolution of the Seventeenth Century: The East India Companies and the Decline of the Caravan Trade*. Chicago: University of Chicago Press.

Steensgaard, Niels. 1977. "Dutch East India Company as an Institutional Innovation." Pp. 235–257 in *Dutch Capitalism and World Capitalism*, edited by M. Aymard. Cambridge: Cambridge University Press.

Stent, Carter G. 1877. "Chinese Eunuchs." *Journal of the North China Branch of the Royal Asiatic Society* 11:143–84.

Stern, Philip J. 2011. *The Company-State: Corporate Sovereignty and the Early Modern Foundations of the British Empire in India*. New York: Oxford University Press.

Stern, Samuel. 1970. "The Constitution of the Islamic City." Pp. 25–50 in *The Islamic City: A Colloquium*, edited by A. Hourani and S. Stern. Oxford: Cassirer.

Stevens, Henry. 1967. *The Dawn of British Trade to the East Indies as Recorded in the Court Minutes of the East India Company, 1599–1603*. London: Cass.

Stiglitz, Joseph and Bruce Greenwald. 1986. "Externalities in Economies with Imperfect Information and Incomplete Markets." *Quarterly Journal of Economics* 101(2):229–264.

Strang, David and John W. Meyer. 1993. "Institutional Conditions for Diffusion." *Theory and Society* 22(4):487–511.

Su, Yanming. 2002. "Jiuzhuan Wenwu Hui Quan Sheng—Jinian Shichuang 'Yanzhi Sushi Zupu' 500 Zhou Nian" [A marvelous ancient relic of historical records—marking the 500th anniversary of initiating the compilation of the 'Yanzhi Su family genealogy']."

Subrahmanyam, Sanjay. 1986. "The Coromandel-Malacca Trade in the 16th Century: A Study of Its Evolving Structure." *Moyen Orient et Océan Indien* 3: 55–80.

Subrahmanyam, Sanjay. 1997. *The Career and Legend of Vasco da Gama*. New York: Cambridge University Press.

Subrahmanyam, Sanjay. 2012. *The Portuguese Empire in Asia, 1500–1700: A Political and Economic History*. Chichester: Wiley.

Subrahmanyam, Sanjay and Luís Filipe Thomaz. 1991. "Evolution of Empire: The Portuguese in the Indian Ocean During the Sixteenth Century." Pp. 298–331 in *The Political Economy of Merchant Empires: State Power and World Trade, 1350–1750*, edited by J. Tracy. Cambridge: Cambridge University Press.

Tan, Elaine. 2002. "An Empty Shell? Rethinking the Usury Laws in Medieval Europe." *Journal of Legal History* 23(3):177–196.

Teubner, Gunther. 1998. "Legal Irritants: Good Faith in British Law, or How Unifying Law Ends Up in New Divergencies." *Modern Law Review* 61(1):11–32.

Thareani-Sussely, Yifat. 2007. "Ancient Caravanserais: An Archaeological View from Aroer." *Levant* 39(1):123–141.

't Hart, Marjolein C. 1993. *Making of a Bourgeois State: War, Politics and Finance During the Dutch Revolt*. Manchester: Manchester University Press.

Thomas, George. 1991. *Linguistic Purism*. London: Longman.

Thomas, Nigel. 1991. "Râdhânites, Chinese Jews, and the Silk Road of the Steppes." *Sino-Judaica* 1:1–25.
Thür, Gerhard. 1987. "Hypotheken-Urkunde eines Seedarlehens für eine Reise nach Muziris und Apographe für die Tetarte in Alexandria (zu P. Vindob. G. 40.822)." *Tyche* (2):229–245.
Tibbetts, G. R. 1971. *Arab Navigation in the Indian Ocean Before the Coming of the Portuguese*. London: Royal Asiatic Society of Great Britain and Ireland.
Tierney, Brian. 1955. *Foundations of the Conciliar Theory: The Contribution of the Medieval Canonists from Gratian to the Great Schism*. Cambridge: Cambridge University Press.
Toma, Marina. 2008. "A History of Zero." *Journal of Science and Arts* 8(1):117–122.
Toqto'a. 1977 [1343]. *Songshi juan* [Song history], Vol. 47. Beijing: Zhonghua Shuju.
Tracy, James D. 1985. *A Financial Revolution in the Habsburg Netherlands: Renten and Renteniers in the County of Holland, 1515–1565*. Los Angeles: University of California Press.
Tremml-Werner, Birgit. 2012. "The Global and the Local: Problematic Dynamics of the Triangular Trade in Early Modern Manila." *Journal of World History* 23(3):555–586.
Trivellato, Francesca. 2009. *The Familiarity of Strangers: The Sephardic Diaspora, Livorno, and Cross-Cultural Trade in the Early Modern Period*. New Haven: Yale University Press.
Tsugitaka, Sato. 2006 "Slave Traders and Karimi Merchants during the Mamluk Period: A Comparative Study." *Mamluk Studies Review* 10(1):141–155.
Udovitch, Abraham. 1962. "At the Origins of the Western Commenda: Islam, Israel, Byzantium?" *Speculum* 37(2):198–207.
Udovitch, Abraham. 1970. *Partnership and Profit in Medieval Islam*. Princeton: Princeton University Press.
Udovitch, Abraham. 1977. "Formalism and Informalism in the Social and Economic Institutions of the Medieval Islamic World." Pp. 61–81 in *Individualism and Conformity in Classical Islam*, edited by A. Banani. Wiesbaden: O. Harrassowitz.
Udovitch, Abraham. 1993. "An Eleventh Century Islamic Treatise on the Law of the Sea." *Annales islamologiques* 27:37–54.
UNESCO. n.d. "The UNESCO Website on Caravanserais." http://www.unesco.org/culture/dialogue/eastwest/caravan/page1.htm.
United States v. Kintner. 1954. 216 F.2d 418 (9th Cir.).
van Dillen, Johannes. 1958. *Het oudste Aandeelhoudersregister van de Kamer Amsterdam der Oost-Indische Compagnie*. Leiden: Martinus Nijhoff.
van Dillen, Johannes. 2006 [1935]. "Isaac Le Maire and the Early Trading in Dutch East India Company Shares." Pp. 45–63 in *Pioneers of Financial Economics* 1, translated by Asha Majithia.
van Doosselaere, Quentin. 2009. *Commercial Agreements and Social Dynamics in Medieval Genoa*. Cambridge: Cambridge University Press.
van Leur, J. C. 1967. *Indonesian Trade and Society: Essays in Asian Social and Economic History*. The Hague: W. van Hoeve.
van Zanden, Jan Luiten. "The Prices of the Most Important Consumer Goods, and Indices of Wages and the Cost of Living in the Western Part of the Netherlands, 1450–1800." http://www.iisg.nl/scripts/print.php?language=en&url=www.iisg.nl%2Fhpw%2Fbrenv.php.
Varadarajan, Lotika. 1976. "The Brothers Boras and Virji Vora." *Journal of the Economic and Social History of the Orient* 19(1):224–227.

Vaucher, Jean. 2014 "(Brief) History of European-Asian Trade." http://www.iro.umontreal.ca/~vaucher/Genealogy/Documents/Asia/EuropeanExploration.html.
Vauchez, André. 1971. "Michaud-Quantin (Pierre) Universitas. Expressions du mouvement communautaire dans le Moyen Age latin." *Archives de Sciences Sociales des Religions* 31(1):225–226.
Verbit, Gilbert. 2002. *The Origins of the Trust*. Philadelphia: Xlibris.
von-Gierke, Otto. 1900 [1881]. *Political Theories of the Middle Age*. Translated by F. W. Maitland. Cambridge: Cambridge University Press.
Vosoughi, Mohammad. 2009. "The Kings of Hormuz: From the Beginning until the Arrival of the Portuguese." Pp. 89–104 in *The Persian Gulf in History*, edited by L. G. Potter. New York: Palgrave Macmillan.
Wall, Richard, Jean Robin, and Peter Laslett, eds. 1983. *Family Forms in Historic Europe*. Cambridge: Cambridge University Press.
Wallerstein, Immanuel. 2011 [1974, 1980, 1989, 2011]. *The Modern World-System*. 4 vols. Berkeley: University of California Press.
Walter, Rolf. 2006. "High-Finance Interrelated: International Consortiums in the Commercial World of the 16th Century." Paper presented at Session 37 of the Fourteenth International Economic History Congress, Helsinki. http://www.helsinki.fi/iehc2006/papers1/Walter.pdf.
Watson, Alan. 1961. *Contract of Mandate in Roman Law*. Oxford: Clarendon.
Watson, Alan. 1974. *Legal Transplants: An Approach to Comparative Law*. Athens: University of Georgia Press.
Weber, Max. 1919. *Politics as a Vocation*. Munich: Duncker & Humblodt.
Weber, Max. 1930 [1905]. *The Protestant Ethic and the Spirit of Capitalism*. Translated by T. Parsons. London: George Allen & Unwina.
Weber, Max. 2003 [1889]. *The History of Commercial Partnerships in the Middle Ages*. Translated by L. Kaelber. Lanham: Rowman & Littlefield.
Weingast, Barry R. 1995. "The Economic Role of Political Institutions: Market-Preserving Federalism and Economic Development." *Journal of Law, Economics and Organization* 11(1):1–31.
Wenke, Robert J. 1990. *Patterns in Prehistory: Humankind's First Three Million Years*. New York: Oxford University Press.
White, Lynn. 1964. *Medieval Technology and Social Change*. London: Oxford University Press.
Whitman, James Q. 2009. "Western Legal Imperialism: Thinking About the Deep Historical Roots." *Theoretical Inquiries in Law* 10(2):305–332.
Wild, Oliver. 1992 "The Silk Road." University of California, Irvine, Department of Earth System Science. http://www.ess.uci.edu/~oliver/silk.html.
Willan, T. S. 1956. *The Early History of the Russia Company, 1553–1603*. Manchester: Manchester University Press.
Willetts, William. 1964. "The Maritime Adventures of Grand Eunuch Ho." *Journal of Southeast Asian History* 5(2):25–42.
Williamson, Dean. 2003. "Transparency and Contract Selection: Evidence from the Financing of Trade in Venetian Crete, 1303–1351." *Journal of Economic History* 63(2):555–557.
Williamson, Dean. 2010. "The Financial Structure of Commercial Revolution: Financing Long-Distance Trade in Venice 1190–1220 and Venetian Crete 1278–1400." Paper

presented at the Fifteenth Annual Conference of the International Society for New Institutional Economics, Stanford.

Williamson, Oliver E. 1979. "Transaction-Cost Economics: The Governance of Contractual Relations." *Journal of Law and Economics* 22(2):233–261.

Williamson, Oliver E. 1985. *The Economic Institutions of Capitalism: Firms, Markets, Relational Contracting*. New York: Free Press.

Wink, André. 2010. "The Early Expansion of Islam in India." Pp. 78–99 in *The Eastern Islamic World, Eleventh to Eighteenth Centuries*, edited by D. Morgan and A. Reid. Cambridge: Cambridge University Press.

Wong, R. Bin. 2014. "China before Capitalism." Pp. 125–164 in *The Cambridge History of Capitalism*, Vol. 1: *The Rise of Capitalism: From Ancient Origins to 1848*, edited by L. Neal and J. Williamson. Cambridge: Cambridge University Press.

Wood, Alfred C. 1964. *A History of the Levant Company*. London: Cass.

Xianglin, Luo. 1959. *Pu Shougeng Yanjiu* [A new study of Pu Shougeng and his times]. Hong Kong: Institute of Chinese Culture.

Yamamoto, Tatsuro and On Ikeda. 1986. *Tun-Huang and Turfan Documents: Concerning Social and Economic History*, Vol. 3: *Contracts*. Tokyo: Committee for the Studies of the Tun-Huang Manuscripts; the Toyo Bunko.

Yasuhiro, Yokkaichi. 2006. "The Structure of Political Power and the Nanhai Trade from the Perspective of Local Elites in Zhejiang in the Yuan Period." Paper presented at the Association for Asian Studies Annual Conference. San Francisco. http://aas2.asian-studies.org/absts/2006abst/Interarea/I-27.htm.

Yasuhiro, Yokkaichi. 2008. "Chinese and Muslim Diasporas and the Indian Ocean Trade Network under Mongol Hegemony." Pp. 73–102 in *The East Asian Mediterranean*, Vol. 6: *Maritime Crossroads of Culture, Commerce and Human Migration*, edited by A. Schottenhammer. Wiesbaden: Harrassowitz.

Young, Gary Y. 2001. *Rome's Eastern Trade: International Commerce and Imperial Policy, 31 BC—305 AD*. London: Routledge.

Yuguang, Zhang and Jin Debao. 1983. "Baogao fajian Pu Shougeng jiapu jingguo" [An account of discovering Pu Shougeng's genealogy]." In *yanjiu lunwen xuan* [Symposium on Quanzhou Islam], edited by the Q. F. M. Museum. Quanzhou: Fujian People's Publishing Society.

Zahraa, Mahdi. 1995. "Legal Personality in Islamic Law." *Arab Law Quarterly* 10(3):193–206.

Zelin, Madeleine. 1990. "The Rise and Fall of the Fu-Rong Salt-Yard Elite: Merchant Domi Nance in Late Qing China." Pp. 82–109 in *Chinese Local Elites and Patterns of Dominance*, edited by J. Esherick and M. Rankin. Berkeley: University of California Press.

Zelin, Madeleine. 2004. "Managing Multiple Ownership at the Zigong Saltyards." Pp. 230–268 in *Contract and Property in Early Modern China*, edited by M. Zelin, J. Ocko and R. Gardella. Stanford: Stanford University Press.

Zelin, Madeleine. 2005. *The Merchants of Zigong: Industrial Entrepreneurship in Early Modern China*. New York: Columbia University Press.

Zelin, Madeleine. 2006. "Eastern Sichuan Coal Mines in the Late Qing." Pp. 102–122 in *Empire, Nation, and Beyond: Chinese History in Late Imperial and Modern Times*, edited by F. Wakeman, J. Esherick, W. H. Yeh, and M. Zelin. Berkeley: Institute of East Asian Studies.

Zelin, Madeleine. 2009. "The Firm in Early Modern China." *Journal of Economic Behavior & Organization* 71(3):623–637.

Zhang, Taisu. 2017. *The Laws and Economics of Confucianism: Kinship and Property in Preindustrial China and England*. New York: Cambridge University Press.

Zhenman, Zheng. 2001. *Family Lineage Organization and Social Changein Ming and Qing Fujian*. Honolulu: University of Hawai'i Press.

Zhixing, Jin. 1555. "Li Shi." Pp. 52a-53a in *Qingyuan Jin Shi Zupu*. [Genealogy of the Qingyuan Jin family], edited by J. Zhixing.

Zimmermann, Reinhard. 1996. *The Law of Obligations: Roman Foundations of the Civilian Tradition*. New York: Oxford University Press.

Ziskind, Jonathan. 1974. "Sea Loans at Ugarit." *Journal of the American Oriental Society* 94(1):134–137.

索　引

注意：索引页码为英文原版书页码，即本书边页码。加 n 的页码，指脚注中的信息。

A

芭芭拉·阿巴蒂诺，255
阿巴斯哈里发国，338
阿卜杜勒·拉兹瓦克，107
阿卜杜勒·迈吉德（奥斯曼苏丹），350
奥德·阿布特，398-99n18
珍妮特·阿布-卢古德，16，18-19，351
达伦·阿西莫格鲁，58
执行（合同），73
亚丁（也门），107-8；作为马格里布商人网络的枢纽，201-3
阿富汗犹太经冢，386n52
代理，在穆泽里斯纸草中，75-76
代理，康曼达，132；在古希腊罗马时期，73。另见借贷和代理
农业：农作物的驯化，333-34，415n1；新石器革命，98，335
阿方索·德·阿尔布克尔克，241
阿曼·A.阿尔奇安，382n15
阿勒颇（叙利亚），219
穆罕默德·阿里（d.1732），176
弗朗西斯科·德·阿尔梅达，234，238

美洲：哥伦布交换时期迁移到美洲，94-95；欧洲与美洲的早期贸易，2；从美洲出口白银，30；西班牙和英国与美洲的大西洋贸易，373
阿姆斯特丹（荷兰），285-87，312，319
欧阳泰，44-45
英荷战争，288
英西战争，292
安东·富格尔与侄子（商号），187
阿拉伯人：发明雕版印刷，337；在印度洋的航运，87-92
辛那帕·阿拉萨拉特纳姆，353
尼卡诺档案馆，77-78
亚美尼亚，康曼达，153-55，167
亚美尼亚人：亚美尼亚人历史文献，403n44；亚美尼亚人之间的商人网络，209-18，225
布莱恩·亚瑟，54
亚洲合同：1578 年的，243-44；1585 年的，188-89，244-46
塞博·大卫·阿斯拉尼安，155，212，403n49；纠纷调解，217
商人大会（新朱尔法），216-17，404n55
雅典法中的航海借贷，111

索 引

B

巴格达（伊拉克），338
巴哈丁·阿亚兹（霍尔木兹的首领），388n27
班达群岛，381n88
英格兰银行，312
万丹，316
巴尔迪（家族和商号），189
巴达维亚（荷属东印度），287–88，316
伊本·白图泰，25，38，107，108
卢锡安·别布丘克，54
迈尔·本·伊萨克，117–18
亚伯拉罕·本·伊朱，204，205
执行董事（荷兰公司董事），279，410n10
双边合同：康曼达作为双边合同，214–15；借贷和代理作为双边合同，69
孟买（印度），316，317
船舶抵押借款（航海借贷），113
吉纳维芙·布乔恩，108
勃兰登堡公司，327
费尔南·布罗代尔，16–17
约瑟夫·布伦尼格，353
不列颠。参见英国
大英帝国，376
佛教，93，104
马德蒙·b.哈桑·L.邦达，204
商业公司：商业公司的相关属性，251–52；第一批商业公司，267–69；《金特纳法规》，407n2。另见公司
商业组织，50–51

C

佩德罗·阿尔瓦雷斯·卡布拉尔，237
开罗（埃及）：马格里布犹太商人网络，199–209；在开罗的犹太商人，152–53
开罗犹太经纪：康曼达，151–52；家族企业，347；马格里布网络，199–200；穆斯林康曼达，152；纳胡达，88–89；与印度的贸易往来，79
加尔各答（印度），317
好望角航线，1–2，22–23，291，323
资本主义：资本主义发展中的康曼达，130；贸易是资本主义的必要条件，16；韦伯论资本主义，17，273
粟特人的商队，84
商队旅馆（客栈），120–24，127，391–92n103；以商队旅馆为基础的商人网络，198；由瓦克夫（宗教公产）支持的商队旅馆，345
安·M.卡洛斯，54
印度航线（葡萄牙至印度之旅），194，234，241，247
吉安卡洛·卡萨莱，340
种姓，352
天主教会。参见罗马天主教会
托马斯·卡文迪西，291
中亚，康曼达在中亚的形式——斡脱，155–58
贾志扬，400n42
查理一世（英国国王），314
基尔蒂·N.乔杜里，17，158，299
中国：商业公司未在本土得到发展，354–64；康曼达，159–63，167；中东与中国的早期贸易，87；发明火药，43；军事技术，44–45；印刷，335–37；蒲氏宗族，178–85，195；航海技术，38；中国到地中海的丝绸之路，23–27；郑和下西洋的航线，226–34，247
中国的宗族组织，357–63，374
基督教：高利贷，114–15，117。另见新教；罗马天主教会

东正教会，高利贷，115 - 16
奇里乞亚，154
卡洛·希波拉，43，45
城市，259 - 60，342
爱德华·柯克，251，254
让·巴蒂斯特·科尔贝，326
殖民地，死亡率，58
哥伦布交换，94 - 95
哥伦布，20，22，37
两合公司，393n16
康曼达（双边有限合伙协议），79，110，130 - 31，163 - 70；在亚美尼亚，153 - 55；在中亚和蒙古，155 - 58；在中国，159 - 63；公司与康曼达的区别，262；在东印度，159；在英国，151 - 52；康曼达的特点，131 - 36；汉萨康曼达，147 - 51；在印度，158 - 59；康曼达的伊斯兰起源，136 - 40；在意大利，140 - 47；商人网络与康曼达，207 - 9；康曼达的起源，347；亚美尼亚商人网络所使用，213 - 16；在开罗的犹太商人所使用，152 - 53；穆斯林商人所使用，117
康柏尼亚（意大利公司），195 - 96，222，263
东印度公司（法国公司），326
远地公司，264
《公司律》（中国，1904），362
比较制度分析，55 - 56
指南针，99
康佩拉，263
儒家思想，103，226，361，363
奥利维亚·康斯特布尔，119，120，122，125
合同/契约：康曼达作为合同，132，136；穆泽里斯纸草作为合同，70 - 73，76 - 77；吐鲁番契约，80 - 85

简·皮特斯佐恩·科恩，287 - 88
阿尔布雷希特·科德斯，394n55，394n58，395n59，395n64，395n65，395n68，395n70，395n72，395 - 96n73；论意大利康曼达，148 - 51
公司：未在中国得到发展，354 - 64；未在印度得到发展，350 - 54；未在伊斯兰中东地区得到发展，338 - 50；关于公司的定义，251 - 52；公司的发展，252 - 54；早期公司，4 - 5；所需环境，366；欧亚贸易与公司紧密相连，372 - 76；公司的欧洲起源，259 - 62；第一批公司，267 - 69；第一批股份制贸易公司，269 - 72；公司需要非人格化合作，367 - 72；作为公司的股份制股权投资，263 - 67；《金特纳法规》，407n2；公司的起源，2，255 - 58
弗朗西斯科·科维内利，239 - 40
维也纳大公会议（1311 - 1312），115
"可信承诺"问题，314
十字军东征，347

D

瓦斯科·达·伽马，405 - 6n27；瓦斯科·达·伽马发现好望角航线，1；首航印度，22，378n29，378n30；瓦斯科·达·伽马率领的舰队，234；瓦斯科·达·伽马的船只，37
丹麦东印度公司，327
达里-马蒂亚奇，255
达斯·古普塔，158
保罗·大卫，54
唐纳德·戴维斯，353
约翰·戴维斯，291
魏义天，84，156
德里苏丹国，104，351

蒂内·德穆尔，353-54
德摩斯梯尼，111，119
哈罗德·德姆塞茨，382n15
皮姆·德兹瓦特，381n88
贾里德·戴蒙德，333
植物和动物的驯化，96-98
弗朗西斯·德雷克，291
P. W.达夫，255
敦煌（中国），80-81
荷兰东印度公司（VOC），1，231，275，289-90；在亚洲，287-89；资本锁定，282-85；特许状，276-77；殖民主义，381n88；与国家，280-82；与英国东印度公司对比，318-23；作为首批股份公司，4；援助加富尔，176；治理结构，279-80；成立，272；作为股份公司，277-79；适用的海洋法，41；料罗湾海战，44；组织，275-76；航海技术，37-38；斯特恩斯加德论荷兰东印度公司，17；股市与荷兰东印度公司，285-87；前期公司，荷兰东印度公司的前身，264
荷兰共和国：来自荷兰共和国的商人们所使用的康曼达，158-59；与英国之间的竞争，291；公司形式，328-30；公司演变，262；与亚洲之间的直接贸易，272-74；与荷兰东印度公司，280-82；特许的荷兰东印度公司，276-77，287；贸易优势，42；荷兰东印度公司前身所在，263-64
动态制度理论，52-54

E

东印度，康曼达，159
东陆公司，261
埃及，发明象形文字，96，98

伊丽莎白一世（英国女王），292，293，313
"嵌入性"制度，7
埃姆登公司，327
帝国，101-2
"内生性"制度，7
英国（不列颠）：大西洋贸易，373；康曼达，151-52，167；公司形式，328-30；特许的英国东印度公司，292-95；首批股份贸易公司，269-72；工业革命，36；海军，41-42；王家特许公司，260-62；航海技术，37-38；信托，346
英国东印度公司（EIC），1，291；英国东印度公司在亚洲，315-17；特许状，292-95；殖民主义，381n88；王室承诺，313-15；与荷兰东印度公司对比，318-23；首批股份公司，4；经英国的亚洲贸易信息流，307-8；筹建，292，412n1；治理与结构，304-6；成立，272；合股出资，295-304；资金流和退出选项，308-13；航海技术，38；斯特恩斯加德论英国东印度公司，17
坏境：环境危害，31-34；制度与环境的相互作用，53，55-56
埃尔加斯家族，219，222
艾米丽·埃里克森，316
葡属印度，17，234，273，320，377n7
宦官，232
欧洲中心主义，11，381n87
欧罗巴合同（1575-1591），242-43；1580年的，244；1585-1591年的，244-46；1591年的，189；1575-1580年的，243-44
欧洲：从欧洲经好望角航线抵达亚洲，22-23；东印度公司，323-28；首批公司，268；丰达科，126-27；

军事技术，40－47；航海技术，39－40；公司的起源，259－62；航运和造船技术，36－39；世界体系（1250－1350）中的欧洲，18

F

家庭：中国的宗族体系，349；中国，宗族组织，357－63，374；伊斯兰中东的家庭，347－48
家族企业，68
家族企业，66－68，173，195－96，367；亚美尼亚商人网络中的家族企业，212－13；富格尔家族的家族企业，185－95；古吉拉特（印度）的家族企业，174－78；印度家族企业，352；蒲氏（中国）家族企业，178－85
家族合伙，68
科大卫，360
莱达·法瓦利，143－44
迪奥戈·费尔南德斯，405n24
罗纳德·芬德利，16，28，29，30
第一次尼西亚大公会议（325 年），115
佛罗伦萨（意大利），家族企业，190
罗伯特·福格尔，53
佛莲，181
德意志丰达科（威尼斯），127－28
土耳其丰达科（威尼斯），128
丰达科（客栈），125－27，169
马丁·福比舍，291
"正式友谊"，203－4
法国：绝对君主制，329；法国与东亚贸易的公司，326－327；第一批商业公司，267
莫里斯·弗里德曼，357
法国公司，261，302，307
法国东印度公司，326－327

莫德凯·阿基瓦·弗里德曼，200，201，204
1576 年的首次弗洛比舍远洋，266－267
安德烈亚斯·富格尔，186
安东·富格尔，187，192
汉斯·雅各布·富格尔，187
雅各布·富格尔（1398－1469，老雅各布），186，192
雅各布·富格尔二世（1459－1525，"富翁"雅各布），186－187，190－192
约翰·富格尔，186，190
马库斯·富格尔，187
屋大维·塞孔杜斯·富格尔，187，193，246
菲利普·爱德华·富格尔，187，193，246
乌尔里希二世·富格尔，191－92
富格尔家族，173，185－96，238，322－23，405n24
福建（中国），173
凡杜克（客栈），119－20，122－29，169

G

甘纳布沙夫特（德国家族企业），190－91
奥斯卡·基德勃姆，286
成吉思汗，24，42－43，156
经家。参见开罗经家
热那亚（意大利）：康曼达，141，148，165；康佩拉，263
地理，35
格奥尔格·富格尔·埃尔本（商号），193
格奥尔格·富格尔继承人（商号），188，189
德意志：富格尔家族，185－95；对葡

萄牙人亚洲航线的投资，237－39；公司的起源，256

阿卜杜勒·加富尔，173－78，352

斯特凡尼亚·贾尔德罗尼，169

奥托·冯·吉尔克，256

果阿（印度），塞法迪犹太人，219

施马洛·多夫·戈泰因，152，200，201，203，204

黄金，29－30

杰西卡·L.戈德堡，204

莱温·戈德施密特，147

冈萨雷斯·德拉拉，141，165

马克·格兰诺维特，223－24

古希腊，73－74

教皇格列高利九世，115，117

阿夫纳·格雷夫，49，55，203，371

雨果·格劳秀斯，41，251

斯密型增长，15－16

行会，259，261－62，342；在印度，352－54

几内亚，266

古吉拉特（印度），173；家族企业，174－78，196

火药，99

火炮技术，43－47

约翰·古腾堡，336

H

哈布斯堡家族：亚洲合同，243；葡萄牙和西班牙的统一联合，244，246，272

阿卜杜勒·海，176

汉萨港口，147－51

芮乐伟·韩森，84，85

伊什托里·哈帕奇，118

伊本·霍卡尔，120

丹尼尔·海德里克，36

赫尔马波龙号船，70

埃德蒙·M.赫齐格，154－55，210－12，403n49

罗伯特·希伦布兰德，122

印度教徒，346，352

历史新制度经济学派（HNIE），52，61，381n5

菲利普·霍夫曼，42

威廉·霍尔兹沃思，151

荷兰。参见荷兰共和国

神圣罗马帝国，101，327

霍尔木兹（伊朗），107，231

枢纽城市，105－9

惠州（中国），360

埃德温·S.亨特，190

I

伊本·白图泰，25

伊本·马吉德，20－21，378n25

印度：公司未在本土得到发展，350－54；开罗犹太经家商人在中东与印度间的活动，200，201；火炮的应用，44；康曼达，158－159；英国东印度公司，316－317；家族企业，174－178，196；中东与印度间的贸易组织，204；与葡萄牙间的贸易，235－240；航运技术，38；罗马帝国与印度间的贸易，69－70，78，79；瓦克夫，346

印度洋：阿拉伯航运，87－92；印度洋环线，18；海洋法的应用，40－41；奥斯曼人的出现，341，港口城市，105－9；航运技术，36－37；贸易路线，19－20

印度尼西亚，159

工业革命，36

英诺森四世（教皇），257

旅馆，客栈［凡杜克/可汗（khan）/商队旅馆］，118－29，391－92n103

制度：比较制度分析，55－57；定义，49；动态制度理论，52－54；内生起源，65；家族企业，66–68；接待旅行商队的旅馆，118–128；行商，65–66；关于制度迁移影响的计量经济学研究，57–59；迁移，93–94；与组织加以区分，50，51；静态制度分析，51–52；耐迁移理论，331–338

保险，274

利率：基督教法，114–16；伊斯兰教法，114，390n63；航海借贷，113

投资：康曼达，132–134；股份制股权投资，263–67。另见股份制商业公司

伊尔内留斯，257

伊斯兰/伊斯兰教：公司未在本土得到发展，338–50；康曼达，131，132，134，136–40，143–45，167；迁移，93，104–5；航海借贷不被使用，116–17，128

伊斯兰教法：康曼达，137，140，152；伊斯兰世界没有产生公司，348–49；利息和借贷，114–15；迁移，101；航海借贷，113，114，117；瓦克夫，343

亦思巴奚战乱（中国泉州），182，183

伊斯卡（合伙关系），152

意大利：与西班牙、葡萄牙签订的亚洲合同，188–89；康曼达，140–47，167；家族企业，189–90；来自意大利的商人，339；航海借贷，116；塞法迪犹太人，218

行商（流动商贩），65–66；客栈，119；商人网络，206–7；粟特人，83–85

J

雅各布·富格尔及兄弟之子（商号），192

雅各布·富格尔与侄子（商号），187

日本，388n20

耶稣会，258

犹太教法：康曼达，131–32；航海借贷，117–18

犹太人：康曼达，152–53；马格里布犹太商人网络，199–209；拉丹人，339；塞法迪犹太人，商人网络，218–24；在威尼斯的犹太人，128

西蒙·约翰逊，58

股份制商业公司，369；荷兰东印度公司与英国东印度公司，272，277–79；英国东印度公司，295–304；首批股份制商业公司，269–72；在印度，353。另见公司

股份制股权投资，263–67

S. R. H. 琼斯，54

约斯特·容克，286

旧朱尔法（阿塞拜疆），154。另见新朱尔法

朱尔法贸易公司，404n55

中式帆船，37，45；行商的使用，383–84n2；郑和，227–28

查士丁尼大帝（拜占庭皇帝），115

K

卡里米商人，339–40

赫尔曼·凯伦本茨，405n24

舒沙尼克·卡奇季扬，154

赫蒂彻，137–38

哈桑·哈利耶，113

可汗（客栈的一种），120

维克拉玛蒂亚·罕娜，353

赫瓦贾-米纳西亚家族企业，213

《金特纳法规》，407n2

《基塔布·阿克里亚特·苏富恩》，113

郑成功，44，45

忽必烈，180

铁木尔·库兰，343，347

索 引

L

詹姆斯·兰开斯特, 291
拉斐尔·珀塔, 57
法律: 适用于制度, 49; 亚美尼亚, 216-18; 康曼达, 164; 公司法, 255-58; 伊斯兰教法, 104-5; 迁移的法律理论, 59-60; 迁移, 101; 关于法律迁移影响的计量经济学研究, 57-59; 穆泽里斯纸草, 73-74; 罗马帝国, 70
海洋法, 40-41;《基塔布·阿克里亚特·苏富恩》, 113
约瑟夫·勒布迪, 204
艾萨克·勒梅尔, 285
黎凡特公司（土耳其公司）, 269, 271, 291, 292; 与英国东印度公司成员重合, 299-300, 412n16
商业法, 395-96n73
料罗湾, 战斗, 44
里窝那（意大利）, 218-25
借贷和代理, 69; 穆泽里斯纸草, 69-79; 航海借贷, 110-18; 丝绸之路, 80-86
克雷格·洛克德, 106
丹尼斯·伦巴德, 108
伦敦（英国）, 319; 亚美尼亚商人网络, 209-18; 证券交易所的发展, 312
罗伯特·S.洛佩兹, 134-135
弗洛伦西奥·洛佩兹·德西兰兹, 57
路易十四（法国国王）, 326
西皮奥·洛温斯坦, 237
吕贝克（德国）, 148
扬·卢卡森, 353-54

M

澳门（中国）, 44
马德拉斯（印度）, 316, 317
马格里布商人网络, 166, 199-200, 224-25; 开罗枢纽及其辐条, 201-3; 康曼达与合伙关系, 207-9; 组织性, 203-6; 行商与马格里布商人网络, 206-7
马六甲（马来西亚）, 106, 231
马立克, 138
乌尔里希·马尔门迪尔, 255, 394n19
委托（合同）, 73
摩尼教, 103
马尼拉（菲律宾）: 亚美尼亚商人网络, 209-18; 马尼拉帆船航行, 373
曼努埃尔一世（葡萄牙国王）, 234-39
巴尔托洛梅奥·马尔基奥尼, 237, 238
航海借贷, 111
马库斯和马蒂亚斯·韦尔瑟和公司, 246
马克思主义, 16
斯科特·梅斯顿, 371
马克西米利安一世（神圣罗马帝国皇帝）, 237
周绍明, 360
麦加（沙特阿拉伯）, 138-139
美第奇商业公司, 190
地中海, 宣称控制权, 41
玛丽·梅林-罗洛夫斯, 66
加文·孟席斯, 380n71
商业冒险者联谊会, 261
远赴几内亚的商业冒险者联谊会（1564）, 266
商人网络, 198-99, 224-25, 367-68; 亚美尼亚, 209-18; 康曼达与商人网络, 207-9; 行商, 206-7; 马格里布犹太商人网络, 199-209; 塞法迪犹太商人网络, 218-24

英国牛津大学墨顿学院，417n43

墨西哥，373

中东：商业公司未在本土得到发展，338 - 50；与印度贸易相关的开罗犹太经纪，201；与中国的早期贸易，87；凡杜克，124

詹尼·米格诺，144

迁移：康曼达，130；关于法律/制度迁移影响的计量经济学研究，57 - 59；促进迁移的因素，100 - 102；法律理论的迁移，59 - 60；"迁移性"组织形式，94 - 100，365 - 66；宗教，103 - 5；航海借贷，110 - 18；耐迁移理论，331 - 38；贸易组织的迁移，109 - 10；瓦克夫，346 - 47

"迁移性"制度，7，93 - 94

军事技术，40 - 43；火炮与船舶，43 - 47

磨坊公司，267 - 268

明朝（中国），181

矿业公司，268

蒙古帝国和蒙古：征服巴格达，338；康曼达，155 - 158，160 - 62，167；蒲氏家族，179，182

蒙古人，24

季风，20 - 21

穆达拉巴，136 - 40

莫卧儿帝国，351

穆罕默德（先知），114，137 - 38

向正树，160

穆斯林：中国，181，182，400n42；凡杜克（客栈），119 - 20；迁移，103 - 5。另见伊斯兰

借款合同，74

穆泽里斯纸草（维也纳纸草），69 - 73，78 - 79；代理，75 - 76；法律，73 - 74；借贷协议，74 - 75；在商人网络环境中，77 - 78；作为航海借贷，112

N

纳胡达，88 - 89，92，348

海军技术，43 - 47

航海：指南针的使用，99；航海技术，39 - 40

那兀纳，182

新石器革命，98，335

景教，103

尼德兰/荷兰。参见荷兰共和国

网络。参见商人网络

新基督徒（皈依的犹太人），218，222

新朱尔法（伊朗），210；亚美尼亚商人网络，209 - 18，225；亚美尼亚人，153 - 55；商人大会，404n55

新河公司，409n34

尼卡诺，77 - 78

斯蒂芬·尼古拉斯，54

道格拉斯·诺斯：关于王室对债务的承诺，313；历史新制度经济学派，52；制度的定义，49；诺贝尔奖获得者，53；关于组织创新，54；组织与制度的区别，50

核心家庭，66 - 67

O

市舶司（中国），355

旧朱尔法（阿塞拜疆），210

组织：商业组织，50 - 51；旅行商队旅馆，118 - 28；与制度的区别，50；商人网络，198 - 99；组织形式的迁移，94 - 100；贸易组织的迁移，109 - 10

凯文·奥罗克，16，29，30

斡脱：在中亚，155 - 58；在中国，159 - 63

奥斯坦德公司，327

奥斯曼帝国，43-44，337，350
奥斯曼苏丹国，340-41

P

约翰·E.帕吉特，190
潘多切恩（客栈），119-20
纸币，335-38
格哈德·帕里斯，244
持股股东（荷兰东印度公司股东），279
合伙关系：康曼达作为合伙关系，403n52；康曼达作为合伙关系的前身，136；家族，68；富格尔家族，191-93；意大利家族企业，190；商人网络与合伙关系，207-9；作为合伙关系的穆泽里斯纸草，76
路径依赖，54
家长，68
蒙古和平，102
特有产，255
流动商贩。参见行商
弗朗切斯科·巴尔杜奇·佩戈洛蒂，25-27
恩里科·C.佩罗蒂，255
波斯湾，18-19
乌尔里希·普菲斯特，322
菲利普（西班牙国王），244，246
菲利普三世（西班牙和葡萄牙国王），292，325
菲律宾，373
托梅·皮列士，159
比萨（意大利），141，169
植物的驯化，333-35，415nl
老普林尼，78
西奥多·F. T.普拉克内特，151
卡尔·波兰尼，377n7
马可·波罗，102-3；描述的中国帆船，383-84n2；带到欧洲的纸币，355；丝绸之路旅行，25
彭慕兰，55，359
葡萄牙：绝对君主制，329；亚洲合同，188-89，242-46；亚洲航行，234-42，246-48；来自葡萄牙的商人使用的康曼达，158；与荷兰之间的竞争，275，287；与亚洲之间的直接贸易，272-74；东印度公司，325-26；富格尔家族，185；东印度公司控制下的印度洋，40-41，341；被驱逐的犹太人，218，222；海军技术，43-44；东印度公司控制下的红海，341；对航海借贷的使用，113-14；航运技术，37，38；贸易，226
葡萄牙东印度公司，325-26
印刷，335-38
新教，273，328-29
延斯·普吕弗，371
蒲氏宗族（中国），173，178-85，195，399n19
蒲崇谟，181
蒲均文，180-81
蒲师斯，180
蒲师文，180
蒲寿庚，161-62，179-81，184

Q

齐拉德，136 40，143-45；在中国，159-63；被犹太商人使用，152-53
泉州（中国），108；亦思巴奚战乱，182，183；泉府司，161-62；蒲氏宗族，178-80，399n19
库塞尔·卡迪姆（埃及），347

R

费奥多·拉布，298

拉丹人，339
拉希德丁·哈马达尼，156－57，335，415n7
多米尼克·拉思伯恩，71，76
理性化（经济），17
拉文斯堡协会，405－6n27
欧文·W.雷蒙德，134－35
尼古拉斯·德·雷希特格姆，405－6n7
红海，18－19，339，341
受规制公司，261，262；与股份公司的比较，269
宗教：在中国，363；企业在宗教环境中发展，368；宗教移民，93，103－5；新教伦理，273，328－29。另见特定宗教
卢卡斯·雷姆，237，238
航海借贷，113
罗得海法，112，113，115
里巴什，118
利玛窦，103
风险：康曼达中的风险，133；环境风险和政治风险，31－34；航海借贷中的风险，111，115
詹姆斯·A.罗宾逊，58
马克·劳，54
詹姆斯·史蒂文·罗杰斯，151
罗马天主教会，328；对核心家庭的鼓励，66－67；公司的起源，256－58，260，368；传入亚洲，103；关于高利贷，115－16
罗马帝国：航海借贷协议，111；罗马法在帝国境内的迁移，59；印度与罗马帝国之间的贸易，69－70，78，79
罗马法，169；由查士丁尼大帝编纂，115；关于康曼达，140－41，144－45，167；关于公司，255－58；关于贷款，73－74；迁移，101；关于合伙关系，76
让-洛朗·罗森塔尔，55，370
康拉德·罗特，243－44
乔瓦尼·罗瓦莱斯卡，244，246
王家交易所（伦敦），312
贾里德·鲁宾，55
统治者：拥有的企业，368；参与中东贸易，348；贸易，226。另见国家
俄罗斯公司（莫斯科公司），269－71，291，300
马歇尔·萨林斯，224
圣埃斯普丽特号船，393n15
圣托马斯基督徒，103
撒马尔罕（乌兹别克斯坦），385n47
圣卡塔琳娜号船，41
阿尔曼多·萨波里，189
萨莱（蒙古金帐汗国首都），379n34
斯克里曼/沙里曼家族企业，213
邓玉函，388n20
H. F.舒尔曼，161
科学的迁移，93
威廉·斯科特，262
航海借贷（雅典法中的贷款类别；古罗马法中的贷款类别），74－75，79；和康曼达比较，165；迁移，110－18，128，129
塞巴斯蒂安一世（葡萄牙国王），242－43
西蒙·塞茨，237
塞尔柱帝国，339
塞法迪犹太人的商人网络，218－25
斯波义信，29
造船，38－39，86
航运：阿拉伯人在印度洋上的航运，87－92；技术，36－39
船舶：作为组织单位，86－92；部分所有权，268－69；船舶技术，43－47，334；郑和，227－28

安德烈·施莱弗，57
杰曼·西卡德，267
西西里，346–47
维利·西尔伯施密特，147
丝绸之路，23–27；沿线客栈，119；行商，66；关于沿线贸易的吐鲁番契约，80–86；在世界体系中（1250–1350），18–19
银：金银比，29–30；郑和下西洋获取的银器，232
西尔维拉家族，219，222
乔纳森·斯卡夫，84
亚当·斯密，373
斯密型增长，15–16
苏基朗，159，359–60
劳资合作关系（合伙关系，在罗马法中），76
粟特人，83–85
宋朝（中国），179–80，355
西班牙：与葡萄牙、意大利之间的亚洲合同，188–89；大西洋贸易，373；在哈布斯堡王朝统治下与葡萄牙合并，244
西班牙公司，261
什列尼（印度行会），353
国家：在中国，蒲氏宗族与国家，184–85；在公司发展中，329–30；荷兰东印度公司与国家，280–82；英国，41–42；国家拥有的企业，368，在制度演变中，32；与罗马天主教会分离，258；国家进行的贸易，226
静态制度分析，51–52
尼尔斯·斯特恩斯加德，17，377n7
菲利普·L.斯特恩，317，381n88
约定合同（合同），73–74
股票市场，366；荷兰东印度公司与股票市场，285–87；在荷兰共和国，283；在伦敦，311，312

苏氏家族，181
糖，30
苏莱曼（奥斯曼帝国苏丹），340
罗姆苏丹国，339
苏美尔，96，98
苏唐舍，181
瑞典东印度公司（SEIC），327

T

基多·塔贝里尼，371
帖木儿，43，230
泰米尔的乔拉王朝（印度），352
塔什拉巴特商队驻地（吉尔吉斯斯坦），123
柚木，38–39
技术：火炮与船舶，43–47；军事，40–43；航海，39–40；对技术引进的抵制，334；船舶和造船，36–39；郑和船队，228
第三次拉特朗大公会议（1179），115
图卢兹（法国），267
贸易组织的迁移，109–10
弗朗西斯卡·特里维拉托，219，222–224
信托（经济制度），346–47，349
吐鲁番（中国），80–86
土耳其，269

U

亚伯拉罕·乌多维奇，113，132，137，203
奥格斯堡的乌尔里希·富格尔及兄弟（商号），192
倭马亚哈里发国，104，338
英国商人在东印度贸易的公司，303
美国：《金特纳法规》，407n2
高利贷，114–18

V

昆廷·范杜斯莱尔,142,165
范勒尔,66,174
范赞登,353-54
威尼斯(意大利):康曼达,141-42,144,154;德意志商馆(德意志丰达科),127;土耳其丰达科,128
威尼斯公司,300
西蒙·维尔,54
暴力和战争,技术与经济,40-43
W.魏施尼,57
康拉德·弗林,237
Voorcompagnieeën(荷兰公司),264
南昌德·沃拉,175
维尔吉·沃拉,173,174,177,352

W

伊曼纽尔·沃勒斯坦,16
瓦克夫,342-350
战争,技术和经济,41-43
马克斯·韦伯:论康曼达,140-41;论印度教社会结构,352;论新教伦理与资本主义,273,329;论理性化,17
巴里·温格斯特,313
安东·韦尔瑟,237
韦尔瑟公司,189,239,246
西印度公司,321

威德勒贡(海上贸易组织形式),147,149
迪安·威廉姆森,141-42,165
王国斌,55,370
世界体系,18-19
书写:发明,95-97,332;迁移,98;迁移的障碍,334

Y

永乐皇帝,233
斯波义信,159
元朝(中国),230;康曼达,160,167;蒲氏家族,180-82
玉堂公司,359

Z

扎莫林人,40
曾小萍,359
雷尼尔·泽诺,392-93n14
张泰苏,55
郑振满,361
郑和:访问亚丁,108;航行长度,372;第七次航行,21,378n28;船队,38;国家资助,362;航行,226-34,356
祝允明,405n7
马库斯·齐默尔曼,187,238
拜火教,103